AF299272

ENQUÊTE

DE LA COMMISSION EXTRA-PARLEMENTAIRE

DES ASSOCIATIONS OUVRIÈRES.

MINISTÈRE DE L'INTÉRIEUR.

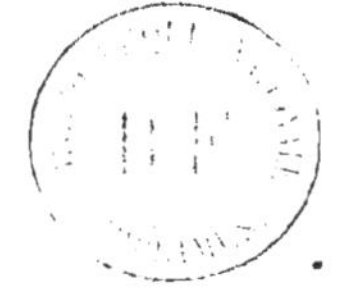

ENQUÊTE

DE LA COMMISSION EXTRA-PARLEMENTAIRE

DES ASSOCIATIONS OUVRIÈRES

NOMMÉE

PAR M. LE MINISTRE DE L'INTÉRIEUR.

1re PARTIE.

PARIS.

IMPRIMERIE NATIONALE.

M DCCC LXXXIII.

RAPPORT

A MONSIEUR LE MINISTRE DE L'INTÉRIEUR

sur les moyens de faciliter aux associations ouvrières les adjudications et concessions des travaux de l'État, et faire participer les ouvriers aux bénéfices des entreprises particulières.

MONSIEUR LE MINISTRE,

J'ai l'honneur de vous exposer que les associations coopératives ouvrières de production de Paris, notamment celles comprises dans les professions du bâtiment, sont, depuis l'année dernière, en instance pour obtenir des travaux de la ville de Paris et de l'État.

Quelques-unes d'entre elles ont déjà reçu satisfaction dans une certaine mesure.

Les typographes et imprimeurs associés de l'*Imprimerie Nouvelle* et de la *Société typographique parisienne* ont obtenu, à forfait, pour un groupe de leurs adhérents qu'ils ont désigné, la composition, l'impression et la distribution du *Journal officiel*.

L'une des associations d'ouvriers peintres en bâtiment a été déclarée adjudicataire des travaux courants du Ministère des finances.

L'association des ouvriers sculpteurs en tous genres a traité de gré à gré, avec le Ministère des travaux publics et l'Administration de la ville de Paris, plusieurs commandes de quelque importance.

Celles-là ont reçu, en effet, un commencement de satisfaction.

Mais, parmi les autres, d'aucunes se maintiennent difficilement, faute de capitaux suffisants, et ont à lutter contre les préventions du public, qui ne considère pas comme sérieuses les tentatives de production directe faites par les ouvriers livrés à leurs propres forces. Aussi sont-elles très désireuses de devenir également ou adjudicataires, ou concessionnaires d'une partie des travaux de la Ville et de l'État.

En ce qui concerne les travaux de la ville de Paris, M. le Préfet de la Seine a nommé une commission municipale, dont la mission consiste précisément à faciliter aux associations ouvrières l'accessibilité de ces travaux.

1.

D'ailleurs, il y a des précédents. Un décret des 15-19 juillet 1848 autorisait le Ministre des travaux publics à concéder aux associations d'ouvriers certains travaux publics, dont la nature fût déterminée par un règlement spécial. Il fallait aussi que les associations ouvrières fussent constituées conformément à l'article 2 du décret de 1848, ainsi conçu :

Art. 2. Pour être admises à soumissionner une entreprise de travaux publics, les associations doivent préalablement justifier, auprès de l'Administration, de l'acte contenant les conditions auxquelles l'association s'est formée, lequel acte stipulera notamment la création d'un fonds de secours destiné à subvenir aux besoins des associés malades ou qui seraient blessés par suite de l'exécution des travaux, des veuves et enfants des associés morts. Il sera pourvu à ce fonds de secours par une retenue de 2 p. 0/0 au moins sur les salaires.

Le coup d'État du 2 décembre 1851 et l'article 2 du décret des 25 mars et 2 avril 1852 ont détruit ces associations. Mais d'autres, au nombre d'une quarantaine pour Paris seulement, se sont constituées en vertu de la loi du 24 juillet 1867.

Leur existence est donc parfaitement légale et régulière, et elles offrent des garanties suffisantes pour que l'État puisse leur confier certains travaux.

Dès lors, n'y aurait-il pas lieu, Monsieur le Ministre, d'instituer, pour les adjudications et concessions des travaux de l'État, une commission analogue à celle qui a été nommée par M. le Préfet de la Seine?

Cette commission pourrait être composée d'hommes compétents, choisis dans chaque ministère. Son rôle, quant à présent, se bornerait à l'étude de la question, et ensuite, s'il y avait lieu, elle se transformerait en commission administrative.

En tous cas, je crois qu'elle aplanirait sensiblement les difficultés que le Gouvernement rencontre dans la solution des problèmes économiques. C'est pourquoi je me permets de soumettre cette idée à votre haute appréciation.

Veuillez agréer, Monsieur le Ministre, l'expression de mes sentiments respectueux et dévoués.

J. BARBERET,

Chef du bureau des Sociétés professionnelles.

Paris, le 15 mars 1883.

ARRÊTÉ

DE M. LE MINISTRE DE L'INTÉRIEUR

nommant une Commission extra-parlementaire dans le but indiqué par le rapport précédent.

Le Ministre de l'Intérieur,

Arrête :

ARTICLE PREMIER.

Une commission est instituée en vue de rechercher :

1° Le moyen de faciliter aux associations ouvrières leur admission aux adjudications et soumissions des travaux de l'État;

2° D'étudier dans quelles mesures il serait possible d'obtenir des entrepreneurs la participation de leurs ouvriers dans les bénéfices de leurs entreprises.

ART. 2.

Cette commission est composée comme il suit :

MM. LE MINISTRE DE L'INTÉRIEUR, *président;*

LE SOUS-SECRÉTAIRE D'ÉTAT au Ministère de l'intérieur, *vice-président;*

GONSE, directeur au Ministère de la justice;

DE LAIGUE, chef de bureau au Ministère de la justice;

MARCEL, chef du Cabinet au Ministère des affaires étrangères;

HOUETTE, inspecteur des finances, chargé de la division de la Comptabilité au Ministère des affaires étrangères;

CAMILLE LYON, directeur du Cabinet au Ministère de l'intérieur;

J. BARBERET, chef du bureau des Sociétés professionnelles au Ministère de l'intérieur;

LANJALLEY, chef du Cabinet au Ministère des finances;

GARNIER, chef du bureau du Matériel au Ministère des finances;

MM. GUILLE-DESBUTTES, sous-intendant militaire de première class., attaché
au Ministère de la guerre ;

HENRY, chef de bataillon du génie, attaché au Ministère de la guerre,

GODRON, ingénieur de première classe de la Marine, attaché au Ministère
de la Marine ;

NEGRE, commissaire-adjoint délégué des directions près le magasin cen
tral, au Ministère de la marine ;

PITRE, contrôleur principal des Bâtiments civils, au Ministère de l'in
struction publique et des beaux-arts ;

GAUTIER, contrôleur des travaux des Monuments historiques et des lycées,
au Ministère de l'instruction publique et des beaux-arts ;

GOUZAY, directeur du Personnel et du Secrétariat, au Ministère des tra
vaux publics ;

FREMAUX, inspecteur général des ponts et chaussées, au Ministère des
travaux publics ;

TISSERAND, conseiller d'Etat, directeur de l'Agriculture, au Ministère de
l'agriculture ;

PHILIPPE, directeur de l'Hydraulique agricole, au Ministère de l'agri
culture ;

GRISON, directeur du Secrétariat et de la Comptabilité, au Ministère du
commerce ;

GIRARD, conseiller d'Etat, directeur du Commerce intérieur, au Ministère du commerce ;

DE MEAUX, chef de bureau à l'Administration centrale des postes et
télégraphes ;

CAËL, directeur-ingénieur de la région de Paris, au Ministère des postes
et télégraphes.

M. BARBERET remplira auprès de la Commission les fonctions de
secrétaire.

Fait à Paris, le 20 mars 1883.

Le Ministre de l'Intérieur,
WALDECK-ROUSSEAU.

RAPPORT SUPPLÉMENTAIRE

adressé à M. le Ministre de l'intérieur sur la question de la participation des associations ouvrières aux travaux de l'État et des ouvriers dans les bénéfices des entreprises particulières.

MONSIEUR LE MINISTRE,

J'ai l'honneur de vous adresser un rapport complémentaire touchant les travaux de la Commission administrative que vous avez nommée, par arrêté du 20 mars dernier, pour rechercher les moyens de faciliter aux associations ouvrières les adjudications ou concessions des travaux de l'État.

Généralement, la presse a bien accueilli votre haute intervention dans cette question, si digne, aujourd'hui plus que jamais, de l'intérêt du Gouvernement de la République.

Les associations coopératives ouvrières de production, qui sont composées de l'élite des ouvriers, ont vu avec bonheur l'initiative que vous avez prise sur ce terrain.

En outre, les chefs des principales maisons qui font participer leurs ouvriers et employés dans les bénéfices de leurs entreprises ont bien voulu se mettre à la disposition de la Commission pour la renseigner sur la méthode qu'ils pratiquent et sur les résultats qu'ils en ont obtenus.

En ce qui concerne les adjudications ou concessions de travaux publics aux associations ouvrières, j'ai mentionné, dans le premier rapport que je vous ai soumis à ce sujet, Monsieur le Ministre, le décret des 15-19 juillet 1848, qui autorise ces adjudications ou concessions.

Voici le texte de ce décret :

« ART. 1ᵉʳ. Le Ministre des travaux publics est autorisé à adjuger ou à concéder aux associations d'ouvriers les travaux publics qui en seront susceptibles. Un règlement d'administration publique déterminera la nature des travaux à adjuger ou à concéder, la forme et les conditions des adjudications ou concessions.

ART. 2. Pour être admises à soumissionner une entreprise de travaux publics, les associations doivent préalablement justifier, auprès de l'Administration, de l'acte contenant les conditions auxquelles l'association s'est formée, lequel acte stipulera notamment la création d'un fonds de secours destiné à subvenir aux besoins des associés malades ou qui seraient blessés par suite de l'exécution des travaux, des veuves et enfants des associés morts. Il sera pourvu à ce fonds de secours par une retenue sur les salaires. »

Ce décret a été rendu sur la proposition de M. Latrade, faite à l'Assemblée constituante dans sa séance du 12 juin (*Moniteur* du 13). Cette proposition a été développée par son auteur et prise en considération dans la séance du 22 juin (*Moniteur* du 23). M. Mourand, nommé rapporteur, a déposé son rapport le 12 juillet (*Moniteur* du 13). La discussion a eu lieu le 14 du même mois (*Moniteur* du 15), et l'adoption date du 15 (*Moniteur* du 16).

Le rapporteur a fait connaître en ces termes la pensée qui a présidé à la rédaction du décret :

« Citoyens représentants, a-t-il dit, par de récents décrets, vous avez prouvé toute votre sollicitude pour les ouvriers et combien vous protégez les associations volontaires qui peuvent améliorer les conditions du travail. Vous avez voulu non seulement encourager, par des prêts, ces associations, mais aussi leur ouvrir toutes les carrières, lever tous les obstacles qui pouvaient entraver leur formation et leur réussite.

« C'est dans ce but que vous avez pris en considération la proposition du citoyen Latrade.

« Jusqu'à ce jour, il était impossible aux associations d'ouvriers de soumissionner les travaux publics; les règlements d'administration imposaient, pour ces adjudications, des conditions de cautionnement, de payement mensuel, de solidarité entre les diverses natures d'ouvrages d'un même marché, qui rendaient indispensable l'emploi des entrepreneurs généraux.

« Est-il possible de supprimer ces intermédiaires entre l'État et les travailleurs? Les travaux publics peuvent-ils se diviser par nature d'ouvrages? Le mode d'association peut-il se substituer aux entrepreneurs généraux sans nuire à la surveillance des travaux et aux nécessités d'une comptabilité compliquée?

« Il a paru à votre Comité que, dans le plus grand nombre de cas, l'on pouvait, sans inconvénient, supprimer les entrepreneurs généraux et passer des adjudications partielles aux associations.

« Adoptant les opinions de l'auteur de la proposition, le Comité a pensé avec lui que c'est surtout à l'administration des travaux publics qu'il appartient de fournir de larges bases à l'application du principe de l'association, d'en faire ressortir d'utiles enseignements pour l'industrie privée, et d'ouvrir par là aux ouvriers une carrière nouvelle et plus heureuse que celle qu'ils ont parcourue, enfin que l'association des travailleurs peut donner de bons résultats au point de vue moral et au point de vue des intérêts matériels.

« Toutefois nous ne devons pas dissimuler que plusieurs ingénieurs distingués, adjoints à votre Comité, ont présenté des objections graves contre l'application de ce nouveau système en général et dans tous les cas, et l'ont considéré comme impossible dans les travaux très importants et difficiles. Sans contester la vérité des objections faites, votre Comité n'a pas cru devoir établir des exceptions. Il a pensé que les conditions du travail lui-même suffiront pour faire apprécier aux associations les adjudications qu'elles peuvent soumissionner, et que, s'il est vrai qu'aujourd'hui les exclusions sont encore nombreuses et les difficultés grandes, l'on ne doit pas reculer devant un essai qui les fera disparaître de plus en plus chaque jour.

« On crée à l'Administration un surcroît de travail et de surveillance, mais son zèle n'y faillira-pas; elle désire même entrer dans cette voie de progrès, qui n'est, au reste, que la conséquence des décrets que vous avez déjà rendus, et, de plus, vivement désirée par les patrons et les ouvriers, ainsi qu'il est prouvé par les pétitions qu'ils ont présentées à cet effet. »

Le projet déposé par M. Latrade contenait un assez grand nombre de dispositions réglementaires; mais il fut amendé par le Comité, et l'Assemblée pensa qu'il convenait de consacrer le principe que les travaux publics pourraient être adjugés ou concédés à des associations d'ouvriers, et de renvoyer, pour l'exécution, à un règlement d'administration publique. Elle a été déterminée par deux motifs : l'un, que les conditions qui se rattachent à des travaux publics et qui intéressent et l'Administration et la fortune de l'État seront bien mieux réglées administrativement, par des hommes compétents que l'Administration pourra consulter, que par les dispositions proposées; l'autre, qu'il s'agissait d'une expérience à faire, que la pratique révélerait sans doute que les dispositions primitivement adoptées ne sont pas les meilleures, et qu'il était beaucoup plus facile de modifier un règlement d'administration publique qu'un décret rendu par l'Assemblée.

Au surplus, voici le texte du règlement d'administration publique dont il est fait mention dans l'article 1er du décret de 1848 :

ARRÊTÉ sur les travaux publics à adjuger ou à concéder
aux associations d'ouvriers.

(18 août. — 23 septembre 1848.)

LE PRÉSIDENT DU CONSEIL, CHARGÉ DU POUVOIR EXÉCUTIF;

Sur le rapport du Ministre des travaux publics;

Vu le décret du 15 juillet 1848, sur les associations d'ouvriers pour les entreprises des travaux publics, portant qu'un règlement d'administration pu-

blique déterminera la nature des travaux à adjuger ou a concéder, la forme et
les conditions des adjudications ou des concessions;

Vu l'ordonnance du 31 mai 1838, portant règlement général sur la comptabilité publique;

Le Conseil d'État entendu,

Arrête :

Art. 1ᵉʳ. Les travaux que le Ministre des travaux publics est autorisé a adjuger ou à concéder aux associations d'ouvriers, constituées dans les conditions
ci-après déterminées, sont : les extractions de rochers; les exploitations de
carrières ouvertes par l'État; les percements de puits et de galerie; les terrassements a exécuter à la pelle, a la brouette ou au tombereau; les dragages; les
fournitures de matériaux pour construction ou entretien de chaussées pavées et
empierrées; les maçonneries à pierres sèches pour perrés et murs de soutène-
ment; les sculptures d'ornement; les ouvrages de maçonnerie, de charpente, de
menuiserie, de serrurerie, de couverture, de pavage, etc., quand il n'y aura pas
de matériaux à fournir, par l'association, pour l'exécution des ouvrages; pour
ceux de ces travaux dont l'estimation ne dépasse pas 20,000 francs, l'Administration est autorisée à passer avec les associations des marchés directs.

Art. 2. Pour être admises à soumissionner les entreprises de travaux publics
déterminées par l'article 1ᵉʳ, ou en obtenir la concession, les associations doivent
préalablement justifier, auprès de l'Administration :

1° De la liste nominative des ouvriers, ou patrons et ouvriers, associés en
nombre suffisant, nombre dont le minimum sera fixé par le cahier des
charges;

2° De l'acte contenant les conditions auxquelles l'association s'est formée,
lequel acte stipulera notamment, conformément au décret du 15 juillet 1848,
la création d'un fonds de secours destiné à subvenir aux besoins des associés
malades ou qui seraient blessés par suite de l'exécution des travaux, des veuves
et enfants des associés morts. Il sera pourvu a ce fonds de secours par une
retenue de 2 p. 0/0, au moins, sur les salaires;

3° De la constitution d'un conseil de famille, de trois membres au moins,
choisis par les associés, dans leur sein ou en dehors, lequel devra être renouvelé
aux époques et dans les formes déterminées par l'acte d'association. Ce conseil
sera chargé de juger en dernier ressort, et comme amiable compositeur, toutes
les difficultés qui pourront s'élever entre les associés, lorsque leur objet ne
dépassera pas 150 francs; de faire exécuter le règlement intérieur de l'association, et d'infliger les peines qui y seront stipulées, sans préjudice des droits attribués par les règlements aux ingénieurs et architectes sur le personnel des chantiers; de fixer la part de chacun des associés dans les payements d'acomptes, et
de partager le solde de l'entreprise proportionnellement aux sommes reçues par
chacun d'eux pendant la durée de sa participation aux travaux de l'association;
de faire la distribution du fonds de secours, de régler la condition des ouvriers
associés qui seraient exclus des chantiers par les ingénieurs ou architectes;

4° De la nomination d'un ou de deux syndics, fondés de pouvoirs, munis de certificats de capacité et de moralité au moment de l'élection, lesquels seront chargés de soumissionner les travaux, de les diriger, de contracter pour l'association, de la représenter dans ses rapports avec l'Administration pour la réception des travaux, le règlement des comptes et l'acquittement des mandats de payement.

Les pièces justificatives exigées par le présent article devront être déposées au secrétariat de la préfecture quatre jours au moins avant celui de l'adjudication, et le préfet, en conseil de préfecture, assisté de l'ingénieur en chef ou de l'architecte, examine les pièces produites, et prononce en séance publique sur l'admission des associations.

Art. 3. Toutes les fois que des associations d'ouvriers seront admises à concourir, un maximum de rabais est fixé par le préfet, sur l'avis de l'ingénieur en chef ou de l'architecte. Ce maximum est inscrit dans un paquet cacheté, qui est déposé sur le bureau au moment de l'adjudication, et qui est ouvert immédiatement après le dépouillement des soumissions, lorsque cette limite a été dépassée par un ou plusieurs concurrents.

Art. 4 Les associations d'ouvriers sont dispensées de fournir un cautionnement; mais elles sont soumises à une retenue d'un dixième de garantie jusqu'à réception définitive des travaux, sauf à l'Administration à déterminer, toutes les fois qu'elle le jugera convenable, un maximum au delà duquel cette retenue cessera d'être exercée.

Art. 5. A égalité de rabais entre une soumission d'entrepreneur et une soumission d'association d'ouvriers, celle-ci sera préférée. A égalité de rabais n'ayant pas atteint le maximum entre plusieurs soumissions d'associations d'ouvriers, il est procédé, séance tenante, à un nouveau concours entre elles. A égalité de rabais ayant atteint le maximum entre soumissions d'associations d'ouvriers, il est procédé à un tirage au sort entre elles.

Art. 6. Le payement des ouvrages exécutés, déduction faite de la retenue de garantie, est effectué tous les quinze jours aux associations. Il a lieu sur des états de situation approximative des travaux et approvisionnements.

Art. 7. Les privilèges attribués par les lois et règlements aux fournisseurs contre l'entrepreneur sont attribués aux fournisseurs contre l'association d'ouvriers.

Art. 8. Les associations d'ouvriers sont soumises aux clauses et conditions générales imposées aux entrepreneurs, en tout ce qu'elles n'ont pas de contraire au présent règlement.

Art. 9. Il sera pourvu, par des règlements d'administration publique ultérieurs, à la classification des natures de travaux dont l'addition à ceux qui sont déterminés à l'article 1" serait reconnue utile.

Art 10. Le Ministre des travaux publics est chargé de l'exécution du présent arrêté.

Un peu avant la prise de l'arrêté ci-dessus, l'Assemblée constituante votait un crédit de 3 millions de francs en faveur des associations ouvrières, pour les aider à se développer. Les subventions furent accordées à raison de 3 p. o/o d'intérêt annuel au-dessous de 25,000 francs, et de 5 p. o/o au-dessus de cette somme. Il y avait aussi des associations mixtes, composées de patrons et d'ouvriers.

Sur trente-deux associations encouragées de la sorte à Paris, trente étaient composées exclusivement d'ouvriers. Deux seulement comprenaient des patrons. Tandis qu'en province, sur vingt-sept associations, douze seulement étaient uniquement composées d'ouvriers.

Les associations de Paris furent comprises pour 912,500 francs, et celles de province pour 2,035,000 francs. On leur adjugea ou concéda des travaux.

Cet état de choses dura jusqu'au coup d'État du 2 décembre 1851. Après la violation de la loi par celui-là même qui était chargé de la faire respecter, il n'y eût plus d'associations ouvrières. Elles furent toutes dissoutes par la terreur et par la force, uniquement parce qu'elles manifestaient des opinions républicaines. Inutile d'ajouter que la liberté d'association fut supprimée.

L'Empire reconnut plus tard, trop tard, qu'il ne pouvait exister sans rendre aux ouvriers quelques-uns des droits qu'il leur avait enlevés, et il fit édicter la loi du 24 juillet 1867, qui permettait l'association dans des conditions offrant quelques avantages. Mais les ouvriers, en général, se défiaient des présents impériaux, et ils ne crurent pas devoir bénéficier de cette loi. Quelques-uns seulement s'en servirent sous le règne de Napoléon III. Ceux-là ne firent pas, pour cela, acte d'adhésion à l'Empire, et ils ont eu raison de pratiquer dès lors une liberté utile, dont beaucoup font usage aujourd'hui.

Après la guerre de 1870-71, et pendant le septennat, les ouvriers n'eurent pas leurs coudées franches; leurs groupements professionnels étaient entravés dans leurs actes les plus légitimes. Ce ne fut qu'après la démission du Maréchal de Mac Mahon que la confiance revint un peu chez eux et qu'ils pensèrent à réorganiser les associations de 1848.

Cependant les statuts des chambres syndicales ouvrières, reconstituées à partir de 1872, disaient tous dans leur préambule que les cotisations de leurs membres serviraient exclusivement, à part certains frais généraux, à créditer des associations coopératives de production. Cette voie était excellente, en ce qu'elle coupait court aux grèves, attendu que les ouvriers associés pour produire lutteraient, en pareil cas, contre eux-mêmes.

Donc, ils se fussent associés pour travailler directement à leur propre compte, si les régimes des 24 mai 1873 et 16 mai 1877 ne les avaient pas tracassés systématiquement, sans motifs plausibles.

En 1878, les réfugiés politiques à l'étranger entrèrent en lice et déterminèrent, par leurs correspondances, plusieurs grèves importantes. Dès qu'ils furent rentrés en France, ils reprirent ce système, qu'ils avaient pratiqué énergiquement vers la fin de l'Empire, sans tenir compte que nous étions en République.

Les économies des sociétés ouvrières furent dissipées de la sorte, et notre industrie fut et est encore cruellement éprouvée par cette manière d'agir.

La guerre aux patrons ne fut pas goûtée des ouvriers sérieux. Si d'aucuns, en trop grop grand nombre, eurent le tort de marcher à la remorque des meneurs du mouvement gréviste, d'autres ont réagi en s'associant pour produire, malgré la réprobation des violents à l'endroit des partisans de la coopération [1]. Cette réaction contre l'abus des grèves a fait naître, à partir de 1879, dans Paris, une trentaine de groupements coopératifs professionnels.

Le courage de ces ouvriers associés fut apprécié par tous les républicains logiques, et, de toutes parts, ils reçurent des encouragements. Mais cela ne suffisait pas pour les faire vivre. Il fallait joindre l'action à la parole, c'est-à-dire leur procurer du travail.

A la suite de réclamations formulées en 1879 par une association ouvrière : « l'Association des Arts réunis de Cette », au sujet du maximum de l'adjudication (20,000 francs) aux associations d'ouvriers, prescrit par le décret de 1848, et à condition qu'elles ne comporteraient pas de fournitures de matériaux, le Ministre des travaux publics proposa au Conseil d'État d'étendre ce maximum à 50,000 francs, pour les ouvrages de maçonnerie, de charpente, de menuiserie, de serrurerie, de couverture, de pavage, etc., et d'admettre, pour ces ouvrages, la fourniture des matériaux.

---

[1] Les organisateurs des grèves qui ont troublé l'industrie française, de 1878 à 1882, reconnaissent aujourd'hui, dans leurs congrès, que ce système ne peut aboutir à aucun résultat, si ce n'est de plonger les ouvriers dans la misère.

En décembre 1880, le Ministre des travaux publics, M. Sadi-Carnot, appuya la proposition de son prédécesseur, en disant que cette modification était attendue avec une vive impatience par le pays et par un certain nombre de membres du Parlement.

Dans sa séance du 18 janvier 1881, le Conseil d'État a émis l'avis qu'il y avait lieu d'ajourner l'examen de ce projet, jusqu'à ce qu'une loi ait déterminé le mode de formation et les conditions d'existence de l'association ouvrière, qui ne peuvent être établis par décret.

Le 7 décembre 1880, M. de Lacretelle et plusieurs de ses collègues ont déposé sur le bureau de la Chambre des députés une proposition de loi ayant pour objet de faire admettre les associations ouvrières à concourir à l'adjudication et à l'exécution des grands travaux de l'État; mais cette proposition n'est pas venue en discussion.

M. Floquet, aussitôt qu'il fut nommé préfet de la Seine, pensa à faire revivre le décret de 1848, en ce qui concernait son administration. A cet effet, il nomma une commission d'étude, composée de législateurs, de conseillers municipaux et de fonctionnaires de la préfecture, pour rechercher les moyens de faciliter aux associations ouvrières les adjudications ou concessions des travaux de la Ville et du département de la Seine.

Cette commission, qui était certainement imbue des meilleurs sentiments envers les associations ouvrières, n'a pas abouti au résultat qu'elle désirait atteindre. Cela tient, sans doute, au besoin d'élargir et de préciser la loi du 24 juillet 1867.

Enfin, après avoir tenu dix-huit séances, la commission municipale a adopté le projet de règlement suivant, portant modification du cahier des charges générales des travaux de la ville de Paris :

PROJET DE RÈGLEMENT portant modification du cahier des charges générales des travaux de la Ville.

TITRE PREMIER.

ADMISSION À L'EXÉCUTION DES TRAVAUX DE LA VILLE.

En vue de faciliter aux associations ouvrières leur admission, concurremment avec les entrepreneurs, aux adjudications et concessions de travaux de la ville de Paris, il y a lieu d'imposer aux concurrents les conditions indiquées dans les articles suivants :

ART. 1er. Les entrepreneurs et les associations ouvrières sont dispensés de fournir un cautionnement, mais leur admission à concourir aux adjudications ou concessions des travaux de Paris est subordonnée aux décisions d'une commission administrative formée par le Préfet de la Seine et composée :

> Du Préfet ou de son délégué, *président ;*
>
> De cinq délégués du Conseil municipal ;
>
> D'un délégué de la Banque de France ;
>
> D'un délégué de la Chambre de commerce ;
>
> D'un délégué du service des Bâtiments civils ;
>
> D'un délégué du Conseil d'architecture de la ville de Paris ;
>
> D'un délégué du Conseil des ingénieurs de la ville de Paris ;
>
> De trois membres de l'Administration appartenant à la Direction des travaux et choisis par le Préfet.

Art. 2. La Commission classera les concurrents admis en trois groupes, correspondant aux trois catégories de travaux suivants :

> 1° *Travaux ordinaires ;*
>
> 2° *Grands travaux ;*
>
> 3° *Travaux susceptibles d'être concédés directement et ne pouvant être confiés qu'à des entrepreneurs ou à des ouvriers spéciaux.*

Les cahiers des charges de chaque entreprise détermineront la catégorie dans laquelle sont classés les travaux à entreprendre.

Art. 3. La Commission s'assurera que les concurrents présentent les garanties nécessaires au point de vue de l'honorabilité, de la solvabilité et de la capacité.

En ce qui concerne notamment les associations ouvrières, elle examinera : d'abord la liste nominative des associés, qui devront être en nombre suffisant pour assurer la bonne exécution des travaux compris dans la catégorie en vue de laquelle l'admission est demandée ; ensuite l'acte contenant les conditions auxquelles l'association s'est formée, lequel acte devra stipuler :

1° La création d'un fonds de secours destiné à subvenir aux besoins des associés malades ou qui seraient blessés par suite de l'exécution des travaux, des veuves et des enfants des associés morts ; ce fonds de secours pourra être remplacé par une assurance contractée en faveur des membres de l'association auprès d'une compagnie d'assurances sur la vie offrant des garanties sérieuses ;

2° La constitution d'un conseil de famille de trois membres au moins choisis par les associés, dans leur sein ou en dehors, lequel sera chargé de juger en dernier ressort et comme amiable compositeur toutes les difficultés qui pourraient s'élever entre les associés, sans préjudice des droits attribués par les règlements aux ingénieurs et aux architectes sur le personnel des chantiers, notamment le droit de prononcer l'exclusion du chantier dans les conditions fixées par le cahier des charges ;

3° La nomination d'un ou de plusieurs syndics, sans que leur nombre puisse dépasser trois, qui seront fondés de pouvoirs et munis de certificats de capacité et de moralité au moment de leur élection; lesquels seront chargés de soumissionner les travaux, de les diriger sous l'autorité des ingénieurs ou architectes, de contracter pour l'association, de la représenter dans ses rapports avec l'Administration pour la réception des travaux, le règlement des comptes et l'acquittement des mandats de payement.

Art. 4. Dans le cas où l'acte d'association ne contiendrait pas les conditions susénoncées, les concurrents devront s'engager, au préalable, à les introduire dans leurs statuts, par un acte additionnel, dans un délai qui sera déterminé par la Commission dont il est parlé à l'article 1ᵉʳ du règlement.

Art. 5. Un arrêté réglementaire du Préfet de la Seine constituera la commission et déterminera ses attributions. Il stipulera notamment que les entrepreneurs et les associations admises dans chaque catégorie ne pourront être exclus de toutes les entreprises de cette catégorie ou transportés d'une catégorie à une autre, sans avoir été mis en mesure de présenter leurs observations écrites ou verbales à la Commission.

TITRE II.

PARTICIPATION DU PERSONNEL DES EMPLOYÉS ET OUVRIERS
AUX BÉNÉFICES DE L'ENTREPRENEUR.

Art. 6. Lorsqu'un entrepreneur, avant de concourir à une adjudication, se sera engagé à donner à son personnel une part dans les bénéfices, soit pour l'ensemble de ses opérations, soit seulement pour le travail à adjuger, il aura droit, à la fin de son entreprise, a une remise de rabais proportionnelle à la fraction de bénéfice dont il aura consenti l'abandon.

La proportion entre la fraction de bénéfice abandonnée au personnel et la remise de rabais à accorder comme prime pourra être plus élevée pour les entrepreneurs qui auront consenti la participation d'une manière générale que pour ceux qui l'appliqueront seulement pour le travail spécial à adjuger.

Le chiffre maximum de cette remise sera fixé, au commencement de chaque année, pour ces deux catégories séparément, par le Conseil municipal, pour toutes les adjudications à passer dans le cours de cette même année.

Toutefois la remise à accorder, dans ces deux cas, ne pourra être de plus de 5 p. 0/0 de la dépense des travaux ni excéder, dans aucun cas, le montant des rabais.

Les dispositions ci-dessus seront applicables aux associations ouvrières.

Art. 7. La remise mentionnée à l'article précédent ne pourra être prononcée par le Préfet que sur l'avis conforme de la Commission instituée à l'article 1ᵉʳ et si les conditions de la participation sont jugées suffisantes pour associer, dans une mesure utile, les employés et ouvriers de l'entrepreneur aux bénéfices que celui-ci aurait pu réaliser.

A cet effet, les entrepreneurs qui voudront être admis à jouir de la remise énoncée à l'article 6 devront déposer à la Préfecture de la Seine, huit jours au moins avant l'adjudication, les actes et pièces justificatives contenant engagement, vis-à-vis de l'Administration, de faire participer leur personnel aux bénéfices.

Il devra être spécifié, dans ces diverses pièces, que les ouvriers ne sont pas des associés ordinaires, ayant le droit d'intervenir dans les actes de gestion, mais uniquement des participants aux bénéfices; qu'ils ne doivent pas contribuer aux pertes de l'entreprise, et que, pour parer aux risques que l'entrepreneur encourra de ce chef, il pourra prélever sur les bénéfices nets les sommes nécessaires pour constituer un fonds de réserve dont le quantum devra être indiqué dans l'engagement qu'ils prendront.

Art. 8. Lorsque la participation ne sera pas appliquée pour l'ensemble des opérations d'un entrepreneur, mais seulement pour l'entreprise à lui adjugée ou concédée par la Ville, l'entrepreneur devra indiquer le quantum des frais généraux afférents à cette entreprise, y compris l'intérêt des avances de fonds, et, sur les bénéfices qui auraient été réalisés, on prélèvera avant tout partage la somme nécessaire pour couvrir ces frais généraux, ainsi que pour constituer la réserve stipulée à l'article précédent.

Art. 9. L'entrepreneur devra faire connaître la part proportionnelle qui sera accordée à son personnel dans les bénéfices après les prélèvements ci-dessus indiqués. Cette part de bénéfice servira à déterminer le montant de la remise à faire dans les deux cas prévus à l'article 6.

La remise pour chacune des deux catégories indiquées à l'article 6 sera égale au maximun fixé par le Conseil municipal pour chaque catégorie, lorsque la part accordée au personnel sera de 5o p. o/o du bénéfice et au-dessus; elle sera réduite proportionnellement quand cette part sera inférieure à 5o p. o/o.

Art. 10. La part de bénéfice à distribuer aux employés et ouvriers devra être divisée en deux parties : l'une, qui sera remise aux ayants droit; l'autre, qui sera versée à une caisse de retraite choisie par chaque participant, soit la caisse des retraites particulières fondée par l'entreprise, soit la caisse des retraites pour la vieillesse, soit une compagnie d'assurances sur la vie.

Le mode de vérification des comptes de la participation pour le personnel devra être indiqué également dans les pièces produites.

Art. 11. La remise sur le rabais, prévue en faveur des entrepreneurs qui appliquent le système de la participation aux bénéfices, ne leur sera accordée que lorsqu'ils auront justifié de l'accomplissement de leurs obligations envers leur personnel. Les pièces qu'ils produiront dans ce but seront vérifiées par les ingénieurs ou les architectes de l'Administration, et, en cas de contestation entre les entrepreneurs et les agents de l'Administration, soumises à la Commission dont il est fait mention au titre Ier, et sur l'avis de laquelle le Préfet prononcera la remise partielle du rabais, s'il y a lieu.

D'autre part, depuis le mois de décembre dernier, l'ordre du jour de la Chambre des députés porte la discussion sur la prise en considération des propositions de loi :

1° De M. Ballue et plusieurs de ses collègues, ayant pour objet d'admettre à la participation aux bénéfices de toute exploitation concédée par l'État, les départements ou les communes, tous ceux qui auront été employés à cette exploitation;

2° De M. Laroche-Joubert, ayant pour objet de pousser au développement du système coopératif, c'est-à-dire à l'association de l'intelligence, du capital et du travail, par la participation imposée aux adjudicataires lors de la confection du cahier des charges des adjudications à faire pour le compte de l'État, des départements et des communes. (N°s 609, 680, 934.) — M. COUTURIER, rapporteur.

Voici le texte de la proposition de loi de MM. Ballue, Laisant, Lagrange et Jules Roche, déposée dans la séance du 16 mars 1882:

EXPOSÉ DES MOTIFS.

MESSIEURS,

Nous ne croyons pas qu'il soit besoin d'entrer dans de longs développements pour justifier la proposition que nous avons l'honneur de soumettre à la Chambre. Il est indiscutable, d'abord, que lorsque l'État aliène pour un temps plus ou moins long, au bénéfice d'un ou de plusieurs individus, une propriété nationale, il a le droit de déterminer à quelles conditions se fera cette aliénation.

Sans doute il a en vue l'augmentation de la richesse publique par la création de ce que nous appellerons, dans le langage des économistes, des *utilités* nouvelles, et il est juste, en conséquence, qu'il assure certains avantages aux hommes qui appliqueront leurs épargnes, leur intelligence et leur activité à cette création.

Mais jusqu'ici, l'épargne seule, c'est-à-dire le capital, a joui de ces avantages. Il nous serait facile de faire la longue énumération des particuliers ou des sociétés financières pour lesquels les concessions que nous visons dans cette proposition de loi ont été l'origine et la source de fortunes considérables.

Or, n'est-il pas de toute évidence que le travail sous toutes ses formes, manuel ou intellectuel, est un facteur non moins indispensable que le capital de la productivité de toute exploitation?

C'est à ce facteur trop longtemps négligé, subordonné et sacrifié, que nous voulons donner à l'avenir sa part légitime des bénéfices réalisés grâce à son concours.

Il ne nous aurait paru ni très prudent, ni très pratique de déterminer *a priori*, d'une façon rigoureuse, absolue, invariable la proportionnalité à établir entre les parts de bénéfice qui devront revenir soit au capital, soit au travail.

Il nous a semblé plus sage de laisser au législateur, ou aux assemblées départementales, en ce qui concerne les communes et les départements, le soin de fixer pour chaque cas particulier, en raison des aléas de l'exploitation, des charges imposées aux concessionnaires, des conditions si diverses et si complexes en un mot, dans lesquelles peuvent se présenter les entreprises de cette nature, le quantum, et les conditions de la participation entre le capital et le travail.

Nous avons la ferme conviction que notre proposition est strictement conforme aux lois de la justice, telle que la doit comprendre et pratiquer une démocratie républicaine, et qu'elle est en même temps un gage sérieux pour la paix sociale.

C'est pourquoi nous la soumettons avec confiance à l'approbation de la Chambre.

PROPOSITION DE LOI.

Art. 1er. A partir de la promulgation de la présente loi, toute concession faite par l'État, soit à un particulier, soit à une société, en vue d'une exploitation productive, devra impliquer la participation aux bénéfices de cette exploitation de tous ceux qui y auront été employés, dans les conditions déterminées au cahier des charges prévu ci-dessous.

Art. 2. Toute concession faite par l'État sera accompagnée d'un cahier des charges stipulant la clause de participation indiquée en l'article ci-dessus et en déterminant les conditions, qui seront soumises à l'approbation des Chambres.

Art. 3. Toute concession accordée par les communes ou les départements comportera également, pour le ou les concessionnaires, l'obligation stipulée en l'article 1er de la présente loi.

Les conseils municipaux pour les communes, les conseils généraux pour les départements, auront à statuer sur les cahiers des charges renfermant la clause de participation.

Voici, en outre, le texte de la proposition de loi de M. Laroche-Joubert, déposée dans la séance du 27 mars 1882 :

EXPOSÉ DES MOTIFS.

Messieurs,

La Chambre a refusé la prise en considération de cette proposition de loi présentée par moi en 1879; cependant, mes honorables collègues MM. Ballue, Laisant, Lagrange et Jules Roche en ayant présenté une presque identique ce mois-ci, je crois devoir reproduire la mienne.

Ainsi que je l'ai dit en maintes circonstances, il est incontestable qu'il y a trois éléments qui concourent au succès de toute entreprise, savoir :

L'*Intelligence*, qui conçoit, crée et dirige;

Le *Capital*, qui est le nerf de tout;

Le *Travail*, sans lequel rien ne saurait être fait.

3

Rien ne serait donc plus rationnel, au moment de la répartition annuelle des bénéfices, que de traiter ces trois éléments, sinon sur le pied d'égalité complète, mais, tout au moins, sur celui d'une équitable proportionnalité avec les services rendus par chacun.

L'*Intelligence* donne généralement lieu à un traitement fixe ;

Le *Capital* reçoit un intérêt annuel raisonnable ;

Le *Travail* reçoit un juste salaire.

Tout cela est porté au compte de frais généraux.

Jusque-là, tout est pour le mieux ; mais, où les choses cessent de se passer d'une façon équitable et normale, c'est quand les deux premiers éléments s'approprient, comme cela se fait presque partout, la totalité des profits (nets de tous frais généraux) et n'en laissent pas la moindre parcelle au troisième élément, aux travailleurs salariés.

Pourquoi cette exclusion (non moins inéquitable qu'irrationnelle) du troisième élément, au moment du partage des bénéfices produits par le concours de ces trois éléments ? C'est ce que je me suis toujours vainement demandé ! C'est anormal, injuste, inique, inhumain ! car c'est celui des trois éléments dont la situation est la plus intéressante et la plus critique qui se trouve le moins bien partagé.

C'est évidemment pour cela que les travailleurs, avec raison irrités d'être aussi injustement traités, sont si facilement accessibles aux suggestions qui les poussent à prendre part aux émeutes, préludes de toutes les révolutions.

Cependant, qu'elles réussissent ou non, ces révolutions ne tournent jamais à leur avantage, bien au contraire ; mais ces pauvres gens ne se rendent point compte que ceux qui les poussent ne se servent d'eux que comme prétexte et comme moyen ; ils ne voient pas qu'après s'en être servis, ceux-ci les oublient toujours, puisque, ensuite le lot qu'on leur attribue pour leur concours est toujours moindre que celui, déjà si peu raisonnable, qui leur est accordé à l'occasion de leur travail quotidien.

Si donc l'on veut voir cesser les grèves et les révolutions violentes, si, en un mot, on veut enlever aux perturbateurs de profession leur principal élément de troubles, il faut absolument faire disparaître, au plus vite, les légitimes motifs de mécontentement des travailleurs.

La coopération, c'est-à-dire la participation des travailleurs aux bénéfices des patrons, est seule capable de procurer ce résultat désirable. En effet, outre que la coopération améliore la situation matérielle du travailleur, *elle le relève dans son propre esprit ;* rien en réalité ne satisfait autant le légitime amour-propre du travailleur que de se sentir un peu plus l'égal de son patron, comme cela a lieu lorsqu'il prend part aux bénéfices de celui-ci. *Les agitateurs perdent leur temps auprès de ces travailleurs-là, quand ils cherchent à les embaucher.*

La coopération est le levier le plus puissant qui se puisse imaginer pour arriver à augmenter la somme de production (par un travail donné), *en agriculture aussi bien qu'en industrie.*

Cependant, les bons et trop rares exemples qui en ont été donnés trouvent extrémement peu d'imitateurs. Cela tient, sans doute, à ce que la routine est ce qu'il y a de plus difficile à déraciner. Habitué que l'on est à ne pas faire participer son personnel à ses bénéfices, on se croirait perdu si les coopérateurs du travail devaient se préoccuper de coopérer aux bénéfices que leur travail a aidé à procurer.

Si, cependant, on voulait seulement y réfléchir, si peu que ce soit, c'est-à-dire ne pas regarder la chose avec des verres grossissants, on serait tout de suite persuadé que rien n'est plus avantageux.

Si le régime actuel ne donne pas une impulsion à l'idée coopérative; s'il ne pousse pas à la propagation de la participation aux bénéfices que les travailleurs aident à réaliser, et auxquels ils ont bien quelque droit, *quel est donc celui qui devra procurer ce si grand bienfait* à la société française? La République veut-elle que l'on pense que seul l'Empire le pourra?

Si l'on veut voter la loi que je propose, un moyen tout naturel se trouvera tout de suite à la disposition du Gouvernement pour ouvrir une large et salutaire voie à la coopération. Grâce à cette loi, les sociétés qui voudront faire coopérer ou participer les travailleurs à leurs profits pourront seules être admises à soumissionner, pour toutes les concessions de chemins de fer et autres, comme à l'occasion de toutes les adjudications, soit pour travaux à effectuer, soit pour fournitures à faire dans toutes les administrations : centrales, départementales et communales.

Quand la coopération existera pour tout cela, les excellents résultats qu'elle procurera seront si éclatants, que l'exemple, donné sur cette grande échelle, ne tardera pas à être suivi par tout le monde, et ainsi la participation aux bénéfices se propagera avec la rapidité du feu sur une traînée de poudre.

On conçoit aisément que les travailleurs, qui savent que plus et mieux ils font, plus ils gagnent, travaillent avec infiniment plus de courage que ceux qui se disent que, quoi qu'ils fassent, quelques efforts, quelque zèle qu'ils déploient, leur situation ne s'en trouvera pas améliorée; que, tout au contraire, leur santé pourra se trouver bénévolement altérée, s'ils mettent une trop généreuse ardeur au travail.

Quand, par hasard, dans une entreprise coopérative, il se rencontre parmi les travailleurs quelques indolents assez insouciants pour ne pas se sentir stimulés par l'appât d'une plus large et plus équitable rémunération, parmi leurs co-participants, qui tous seraient victimes d'un relâchement partiel, il s'en trouve toujours quelques-uns qui se hâtent de relancer les moins zélés, afin que l'apathie de ceux-ci ne vienne point, en prenant la place d'une activité qui a tant de raison d'être, paralyser les efforts des plus vaillants.

Aussi, grâce à ce stimulant, il ne tarde pas à s'établir instinctivement une surveillance mutuelle et incessante, cent fois préférable à celle des surveillants salariés les plus zélés et les plus sévères.

Grâce à ce système, toutes les journées sont laborieusement employées; toutes les heures, tous les instants sont intelligemment utilisés; rien, en un mot, n'est gaspillé, et c'est ce qui explique les excellents résultats obtenus par les sociétés coopératives, résultats bien plus avantageux que ceux qui peuvent être obtenus par le vieux système, système cependant encore non moins maladroitement que généralement préféré.

Quand tout se fera en coopération — et toute entreprise collective peut être ainsi organisée — la grande propriété produira autant et plus que la petite, que celle enfin qui est faite par les bras même de celui qui la possède; c'est-à-dire plus du double que ce qu'elle produit actuellement. Alors, c'est l'abondance en toutes choses qui sera produite par le travail; alors chacun pourra se procurer bien plus facilement ce dont il aura besoin; alors enfin sera réalisée l'amélioration du sort du plus grand nombre, amélioration matérielle d'abord, et morale ensuite, car le bien-être, l'instruction aidant, adoucit sensiblement les mœurs, d'autant plus sensiblement que l'aisance qui procure ce bien-être permet, en même temps, de satisfaire aux besoins matériels et aux besoins intellectuels et moraux.

C'est ce qui me décide à renouveler ma proposition de 1879, à laquelle je n'ai rien à retrancher ni à ajouter.

PROPOSITION DE LOI.

Art. 1er. Lors des adjudications par soumissions cachetées, à faire pour le compte de l'État, des départements ou des communes, soit pour concessions de chemins de fer, soit pour travaux à effectuer, soit pour fournitures à faire, etc. etc., aucun particulier, aucune association ne seront déclarés adjudicataires, s'ils ne se sont engagés, dans leurs soumissions cachetées, à faire participer à leurs bénéfices tout le personnel qui sera employé par eux, par suite de ces adjudications.

Art. 2. Un règlement d'administration publique déterminera le mode de coopération et le quantum de participation aux bénéfices que les adjudicataires devront appliquer chez eux, quantum qui pourra varier selon l'importance des adjudications et le genre d'entreprise ou de commerce des adjudicataires.

Les deux propositions de loi qui précèdent ont donné lieu au rapport suivant, déposé par M. Couturier, dans la séance du 8 juin 1882 :

Rapport sommaire fait au nom de la 5e Commission d'initiative parlementaire, chargée d'examiner les propositions de loi :

1° *De M. BALLUE et plusieurs de ses collègues, ayant pour objet d'admettre à la participation aux bénéfices de toute exploitation concédée par l'État, les départements ou les communes, tous ceux qui auront été employés à cette exploitation.*

2° *De* **M. LAROCHE-JOUBERT**, *ayant pour objet de pousser au développement du système coopératif, c'est-à-dire à l'association de l'intelligence, du capital et du travail, par la participation imposée aux adjudicataires lors de la confection du cahier des charges des* adjudications à faire **pour le** compte de l'État, des départements et des communes,

PAR M. COUTURIER,
Député.

MESSIEURS,

Ces deux propositions ont assez d'analogie et de points communs entre elles pour que nous ayons cru pouvoir les réunir dans un examen simultané.

Toutes les deux énoncent les mérites de la participation des ouvriers aux bénéfices des chefs d'industrie, et sollicitent la Chambre d'introduire, par voie législative, ce procédé de rémunération du travail dans les entreprises de l'État.

Nous commençons par exprimer à nos collègues tout le sentiment de satisfaction avec lequel nous voyons produire devant la Chambre des propositions qui touchent de si près à une des grosses questions de notre époque, la répartition équitable des produits du travail.

La participation de l'ouvrier aux bénéfices qu'il concourt à produire est une des formes de l'association, ce levier encore mal connu, mal étudié, et dont il n'est plus permis aujourd'hui de méconnaître la haute portée sociale.

Cette application d'un grand principe n'est plus à l'état de théorie. Elle a reçu, dans une large mesure, la sanction de l'expérience.

L'essai qu'en ont fait un grand nombre d'industriels, en France, en Angleterre, aux États-Unis, ceux plus spécialement remarqués des maisons Leclaire, Paul Dupont, Chaix, Laroche-Joubert, Arlès-Dufour, de la Compagnie d'Orléans, de plusieurs Compagnies d'assurances à Paris, sont des témoignages de ce qu'on peut obtenir de ce procédé simple, appliqué aux rapports des patrons et de leurs auxiliaires. M. Leclaire, dont l'exemple honorable se cite entre tous, a tout à la fois fait la fortune de sa maison et créé l'aisance de ses ouvriers. Créé l'aisance, je ne dis pas assez ; il s'est fait aimer et vénérer d'eux. Quel contraste avec ce qui se passe dans les autres régions du travail, sous le régime du salaire !

La participation, sous toutes les formes variées qu'elle a revêtues, a déjà de brillants états de service.

L'autorité indiscutable que lui ont acquise des succès nombreux et avérés a fait naître l'espoir d'un accord possible entre les agents de la production.

Elle n'est pas, d'ailleurs, le dernier mot du remède à opposer aux méfiances, aux querelles toujours imminentes qui troublent nos ateliers et à ces grèves douloureuses qui viennent si souvent nous révéler l'état de guerre qui existe entre le capital et le travail.

On peut même dire qu'elle ne constitue qu'un acheminement à des solutions plus complètes que l'association, pourvue de ses organes perfectionnés, peut seule donner.

Mais telle que nous la voyons fonctionner aujourd'hui, elle a sa mission utile, son rôle bienfaisant et peut être considérée comme une des issues du salariat simple que tant de vices condamnent.

Sur le terrain spécial où nous ont appelés les auteurs de la proposition de loi, la question se limite aux entreprises dont l'administration de la fortune publique est la source : chemins de fer, canaux, mines, sociétés financières, etc. Il s'agit de solliciter l'acceptation par l'État d'un progrès économique qui, sorti des i   ives privées, est déjà consacré par des résultats très remarquables.

Or, l'État doit, tout au moins, le bon exemple. A plus forte raison peut-on lui demander qu'il suive les sentiers tracés, et utilise les expériences faites.

L'État est responsable des iniquités qu'il peut empêcher et des désordres qu'elles engendrent. Les représentants des intérêts et des vœux du pays ont le droit de le lui dire.

Il sera digne de la Chambre d'avoir imposé législativement aux administrations publiques l'obligation d'appliquer, dans la sphère de leurs propres entreprises et des exploitations qu'elles concèdent, le procédé facile de la participation, dont les mérites ne sont plus à démontrer, et d'avoir ainsi, sur le terrain où l'État est maître, tenté de tarir les sources des conflits dans le milieu du travail, en y introduisant les pratiques de la justice, plus sages et plus efficaces que celles de la répression.

Ces considérations s'appliquent, au point de vue du principe dans sa généralité, à l'une et l'autre des propositions qui nous sont soumises.

L'une et l'autre excitent, en ce sens, notre plus vif intérêt.

Mais, entre la première, celle de MM. Ballue et ses collègues, et celle de M. Laroche-Joubert, il y a des différences notables à signaler.

La proposition Ballue ne vise que les exploitations concédées par l'État, les départements ou les communes. Celle de M. Laroche-Joubert comprend, sans distinctions, toutes les adjudications à faire pour le compte de l'État, des départements ou des communes.

Or, si les exploitations que concèdent les administrations publiques permettent, comme entreprises permanentes, l'application du principe de la participation, tout aussi bien que les industries privées, les travaux temporaires, tels que constructions d'édifices, de ponts, de digues, de canaux, de chemins de fer, etc.; ne peuvent, dans la majorité des cas, la comporter. Ces travaux ne se font, en général, que par des entrepreneurs qui divisent et fractionnent leur opération d'ensemble par des sous-traités entre divers chefs d'industrie, avec lesquels le système de la participation serait tout à fait inapplicable.

Dans ces conditions, les administrations ne trouveraient pas des soumissionnaires qui voulussent accepter des exigences dont ils ne pourraient réaliser les fins, et les adjudications publiques en éprouveraient des entraves sans solution.

En conséquence, votre 5e Commission d'initiative :

Considérant que la proposition Ballue, Laisant, Lagrange et Jules Roche, tendant à introduire la participation des ouvriers aux bénéfices du travail dans les exploitations concédées par l'État, les départements ou les communes, promet, sur un terrain de réforme sociale déjà préparé, les salutaires résultats que les applications de ce principe ont réalisés dans les entreprises privées;

Considérant, d'autre part, que la proposition Laroche-Joubert, bien qu'accessible à des objections sérieuses, dans les termes trop généraux où elle présente la question de participation, ne nous paraît pas, comme reposant sur les mêmes données que celle de M. Ballue et ses collègues, devoir être écartée par une fin de non-recevoir;

Estime que toutes les deux doivent être comprises dans les mêmes conclusions favorables et, sous réserve des éliminations nécessaires qu'il faudra faire subir à celle de M. Laroche-Joubert, vous propose de les prendre l'une et l'autre en considération.

Tel est, Monsieur le Ministre, l'état de la question.

De 1848 à 1852, les associations ouvrières, dont plusieurs s'étaient fondées l'année même de l'avénement de la République, manquaient absolument d'expérience, tant pour l'administration de leurs entreprises, que sur les côtés essentiels de leur constitution.

D'ailleurs, aucune loi ne fixait leurs attributions. Elles avaient la liberté de se fonder, et c'était tout; de sorte que leur responsabilité vis-à-vis des tiers était illusoire.

Aujourd'hui, la loi du 24 juillet 1867 règle la matière. Les associations coopératives ouvrières de production qui se sont établies sous l'égide de cette loi sont plus expérimentées, leurs membres sont plus instruits, et elles présentent beaucoup plus de chances de succès que leurs devancières.

Elles n'ont pas encore atteint le degré de stabilité et de connaissance des affaires qu'elles posséderont un jour. Par exemple, les nouvelles associations changent trop souvent leurs directeurs, ce qui leur ôte, aux yeux du public, une certaine garantie qui leur est nécessaire.

En outre, elles accordent à leurs associés travaillant à l'atelier social le maximum des salaires, ce qui les empêche souvent de réaliser des bénéfices et leur occasionne parfois, surtout à présent, des pertes. Mais il y a tout lieu d'espérer qu'elles gagneront de l'expérience au fur et à mesure qu'elles vieilliront, et que leurs connaissances pratique se développeront en raison de leur responsabilité.

La Commission municipale a appelé à déposer devant elle indistinctement les délégués des chambres syndicales ouvrières et ceux des associations coopératives. Dans l'espèce, ces dernières seules sont intéressées, car elles seules peuvent être appelées, d'après la loi, à bénéficier de la mesure qu'on étudie.

Veuillez agréer, Monsieur le Ministre, l'hommage de mon respectueux dévouement.

J. BARBERET,

Chef du bureau des Sociétés professionnelles.

Paris, le 12 avril 1883.

PREMIÈRE SÉANCE.

LUNDI 16 AVRIL 1883.

PRÉSIDENCE DE M. LE MINISTRE DE L'INTÉRIEUR.

La séance est ouverte à 3 heures.

Tous les membres de la Commission sont présents.

M. le Ministre de l'intérieur prononce le discours suivant, dans lequel il expose l'idée qui a inspiré son arrêté du 20 mars, nommant la Commission :

MESSIEURS,

Je tiens tout d'abord à vous exprimer mes remerciements pour la bonne volonté que vous avez témoignée en vous associant à une œuvre qui n'est pas sans difficultés, mais dont les conséquences peuvent être très fécondes.

Vous connaissez, Messieurs, les termes de l'arrêté ministériel qui a formé cette Commission. Je voudrais m'attacher à en préciser l'esprit.

Cet arrêté, à peine connu, a été l'objet déjà d'assez nombreuses critiques, et je suis loin de m'en plaindre : la critique est un stimulant nécessaire, elle nous oblige à examiner de plus près les questions.

Ces critiques sont de deux sortes : d'une part, on a dit qu'alors même que nous arriverions à trouver un mécanisme simple et facile qui permît aux associations ouvrières de concourir aux travaux de l'État, nous n'aurions pas, pour employer une expression courante, résolu la question sociale.

D'un autre côté, on nous a reproché d'être trop hardis. On a dit qu'en mêlant l'État à certaines transactions, qu'en recherchant dans quelle mesure il pouvait se mettre en relation

I.

avec les sociétés ouvrières, nous faisions, au contraire, une œuvre imprudente, dangereuse : du socialisme d'État.

Je voudrais répondre très brièvement à ces deux ordres de reproches qui nous ont été adressés et vous mettre en garde contre des appréhensions que des critiques aussi graves en apparence pourraient très légitimement faire naître.

D'abord, je tiens à déclarer que nous n'avons pas la prétention de penser qu'on puisse transformer notre état social par la vertu ou la magie d'un mot ou d'une formule. On ne transforme pas une société, elle se modifie graduellement, lentement. On ne traite pas les hommes comme on ferait d'une monnaie démodée qu'on met au creuset pour la frapper en bloc, en masse, à une effigie nouvelle. En un mot, je ne crois pas à ce que j'appellerais volontiers l'alchimie sociale.

Je pense, au contraire, qu'il peut y avoir une science sociale, qu'elle consiste à rechercher les moyens par lesquels on peut faciliter les relations entre les intérêts, leur mécanisme, leurs rapports.

Ce peut être un apostolat facile, ou même une profession qui dispense parfois d'en exercer aucune autre, que d'aller de réunions en réunions, irritant, exaspérant les souffrances, prêchant un Évangile nouveau dont on n'a pas écrit une seule ligne; mais je ne vois pas que ceux dont je parle, si tant est qu'ils soient dépositaires d'une méthode ou d'une doctrine nouvelle, en aient jamais livré le secret. Ces campagnes sociales se traduisent par des déceptions plus que par des solutions. Avec une ambition plus modeste, nous espérons arriver à des résultats plus certains.

Tout progrès est une œuvre d'éducation, d'adaptation à des besoins, à des milieux nouveaux, et le Gouvernement a, par conséquent, dans une œuvre de cette nature un certain rôle à jouer. Ce n'est pas qu'il puisse imposer des solutions ni se substituer à l'initiative particulière des individus; mais gouverner, si j'entends bien le sens de ce mot, ce n'est pas seulement assurer à tous les citoyens la sécurité, c'est surtout

instruire, faire œuvre d'éducation, solliciter toutes les initia-
tives et amener les citoyens, par des efforts répétés, à réaliser
des progrès successifs, continus.

De telle sorte que je ne crois pas me tromper en disant
qu'un gouvernement qui ne reste pas indifférent à certain
mouvement des esprits, à certains faits qui se produisent, ne
fait pas du socialisme d'État lorsque, s'entourant d'hommes
éclairés, capables de sauvegarder les intérêts de l'État, il
recherche par quelle procédure, si je puis ainsi parler, on
peut engager le travail dans une voie peut-être plus féconde
que celle dans laquelle il a jusqu'à présent cherché ses satis-
factions.

En effet, nous avons plus particulièrement, dans ces derniers temps, assisté à des phénomènes économiques qui n'ont
pas été sans préoccuper les intéressés eux-mêmes, et qui s'imposent à l'attention des hommes politiques.

Cet élément, cette force : le travail — je me sers d'une
expression qui trouve sa définition dans la pratique même
qu'on en a faite — recherche aujourd'hui une rémunération
plus considérable de la valeur qu'il représente. Et cette rémunération plus considérable, il la demande surtout et presque
exclusivement à l'augmentation des salaires.

Or, comme nous sommes aujourd'hui placés dans des conditions économiques qui font que la valeur des produits tend
plutôt à diminuer qu'à augmenter, comme il s'est établi entre
tous les pays européens — on pourrait dire entre tous les pays
où s'exerce un commerce ou une industrie — une concurrence très active, dont le premier résultat est l'abaissement des
prix de vente, il s'ensuit que, si le travail recherche une rémunération plus élevée de sa valeur dans une augmentation des
salaires, on aboutit à une crise par l'impossibilité de donner
satisfaction aux deux intérêts en présence.

En effet, le prix auquel on vend les choses étant nécessairement limité par la concurrence, et ce prix devant comprendre
la valeur de la main-d'œuvre, si cette main-d'œuvre dépasse

certaines limites, il arrive de deux choses l'une, ou bien que le fabricant français doit faire appel à la main-d'œuvre étrangère, ou que la fabrication se déplace si elle n'a pas cette ressource de faire venir en France l'ouvrier étranger.

On se trouve ainsi en présence d'une alternative également désastreuse : ou bien l'importation en France de la main-d'œuvre empruntée aux marchés étrangers — ou bien le déplacement, au profit des marchés étrangers, des centres de fabrication, de production industrielle.

Cependant cette tendance du travail à rechercher un salaire très élevé est tellement marquée, tellement accentuée, qu'il est impossible de ne pas se demander si, dans une certaine mesure, elle n'est pas logique, et s'il serait d'une politique prudente, sage, de chercher, alors même que ce serait possible, à opposer à ce mouvement des digues, au lieu de lui ouvrir des voies nouvelles.

Je crois que ce qui se produit était facile à prévoir. En élevant la condition intellectuelle de l'ouvrier, en lui ouvrant par là même des horizons nouveaux, on l'a naturellement et, je le dis, heureusement amené à chercher un niveau matériel supérieur à celui d'autrefois, dans lequel il puisse trouver la satisfaction de besoins, de goûts plus élevés. C'est la conséquence d'une éducation intellectuelle et morale plus relevée, plus complète.

La solution que nous recherchons intéresse donc le pays tout entier, parce que le travail proprement dit tient en France une trop grande place pour qu'on se désintéresse des conditions dans lesquelles il s'exerce et qu'on évite de rechercher s'il n'y a pas quelque chose de plus sûr et de plus conforme à l'intérêt général que la lutte entre la main-d'œuvre qui demande une augmentation de salaire et le fabricant qui la refuse.

Cela m'amène, Messieurs, à vous indiquer dans quel ordre d'idées, de moyen, on doit, suivant moi, rechercher une solution pacifique, progressive. Cette solution, il me semble qu'on ne la trouvera qu'à la condition d'amener les travailleurs à demander la rémunération de leurs efforts de moins en moins au louage d'ouvrage et de plus en plus à l'association.

Il faut l'habituer à réunir, à concentrer, à solidariser des forces qui sont impuissantes dans l'isolement et qui seront mer-veilleusement fécondes dans leur groupement, dans la commu-nauté d'une entente et d'une action raisonnée.

C'est là, sans doute, une œuvre qu'on ne saurait improvi-ser; cet avenir, il n'est pas en notre pouvoir, à nous Gouver-nement ou Commission, de le réaliser sur l'heure. On n'obtient pas de résultats aussi immédiats. Il faut préparer l'avènement d'une évolution aussi considérable; il faut faire l'éducation so-ciale du travail, après avoir fait l'éducation primaire des citoyens.

Mais si l'on veut préparer, assurer cette transformation, il faut y travailler par une sorte d'initiation progressive; il faut montrer que la chose est possible et prouver, par des faits, que les ouvriers peuvent utilement, pratiquement, substituer le groupement, l'association, au procédé courant auquel ils ont jusqu'à présent exclusivement demandé la satisfaction de leurs besoins : l'augmentation du prix auquel ils louent leurs ser-vices.

Que l'association soit un progrès, un procédé meilleur et plus lucratif de l'utilisation des forces, c'est ce dont personne ne disconvient. Mais si l'association est un progrès, est-elle pos-sible légalement, pratiquement, entre ouvriers cherchant ainsi à se créer une situation meilleure?

Que l'association soit possible, cela n'est pas douteux. Qu'elle soit facile à l'heure actuelle et dans l'état présent de la légis-lation, c'est là une proposition beaucoup plus incertaine, et sur ce point je ne voudrais pas me montrer aussi affirmatif.

Sans doute dans l'économie de nos lois il y a un très grand nombre de formes de sociétés qui pourraient, à la rigueur, être mises en pratique par les ouvriers, c'est-à-dire par des personnes intelligentes, actives, mais peu familiarisées avec les mécanismes divers que les lois ont créés.

Pour parler d'abord des sociétés civiles, il est certain que l'article 1842 permettrait parfaitement à un nombre quelconque d'ouvriers de mettre en commun leur industrie seulement sans l'adjonction d'un capital, en vue d'un objet déterminé, d'une entreprise spéciale; mais il faut remarquer qu'une société civile ainsi formée est une société peu extensible, peu susceptible de développement; qu'elle ne se prête que difficilement aux modifications par lesquelles doit nécessairement passer une association ouvrière pour acquérir une grande force d'action.

On peut dire d'une association civile fondée dans ces conditions qu'aussitôt créée elle est une association fermée. Elle ne comporte pas l'adjonction successive de nouveaux membres; elle est exposée à de nombreuses chances de dissolution. Elle est périssable et peu élastique. Elle se signale donc à l'attention par deux caractères qu'on devra soigneusement éviter lorsqu'on voudra solliciter des ouvriers à former des associations: c'est qu'elle n'est pas durable et qu'elle n'est pas capable d'être développée, de s'étendre.

Ces inconvénients avaient très vivement frappé beaucoup d'esprits depuis longtemps, et vous savez qu'en 1867, quand on a fait la loi sur les sociétés, on a cherché à donner à ces associations ouvrières, à ces coopérations, une formule pratique en consacrant un des titres de cette loi de 1867 aux sociétés à capital variable.

Vous connaissez, Messieurs, l'économie des dispositions législatives relatives à ces associations. Je ne crois pas que la loi de 1867, bien qu'elle ait constitué en cette partie un progrès, soit parfaitement en harmonie avec les aptitudes particulières, d'origine, si je puis ainsi dire, des personnes auxquelles nous voulons inspirer l'esprit d'association. Je crois qu'en 1867 on a peut-être moins cherché à faire une loi sur les sociétés ouvrières qu'une loi destinée à entraver la formation de sociétés ouvrières puissantes, et ce n'est pas sans un grand esprit de défiance qu'on a abordé l'étude de ces dispositions relatives aux associations.

C'est là un esprit que je ne partage pas, que nous ne partageons pas assurément, et je suis au contraire pénétré de cette idée que les citoyens qui ne demandent qu'au travail une amélioration de leur condition ne sont pas ceux dont on doit craindre qu'ils acquièrent une notoriété plus haute ou une situation matérielle plus grande; toutes les fois qu'on élève un homme d'un degré, d'un échelon, dans la société, on le moralise, on en fait un agent plus actif de la prospérité commune et du bon ordre.

Or, la loi de 1867, dans laquelle on n'a même pas voulu insérer les mots d'associations coopératives, contient un ensemble de dispositions qui nécessitent le versement de capitaux, qui subordonnent à ce versement toute espèce d'opérations.

De plus, vous savez qu'une des critiques qui ont été dirigées avec le plus de vivacité contre la loi de 1867 porte sur ces dispositions qui veulent que les titres et les coupures de titres soient d'un certain chiffre, fixé au minimum de 5o francs.

D'un autre côté, l'association à capital variable ne peut être portée à plus de 6oo,ooo francs, de sorte qu'on peut dire que la loi de 1867 s'est également défiée des sociétés entre ouvriers, qu'elles fussent élémentaires ou qu'elles fussent puissantes.

On ne saurait donc trouver extraordinaire que les ouvriers ne soient pas entrés dans la voie ouverte par la loi de 1867 alors qu'on leur interdisait certaines visées d'avenir et que, d'autre part, on les soumettait à une sorte de droit de péage.

En outre, la loi porte que ces sociétés devront revêtir une des formes indiquées dans la loi de 1867, c'est-à-dire qu'elles devront être des sociétés anonymes ou en commandite. Ainsi on demande à des personnes qui ont vécu plutôt dans le travail matériel que dans l'étude des rouages et des subtilités d'un contrat de société financière un effort d'attention, la réunion de capitaux, une élaboration de statuts complexes, compliqués.

La loi de 1867 ne fournit donc pas un moule dans lequel on puisse jeter les activités qui se produisent ou auxquelles nous devrons faire appel, et j'estime que le premier objectif de la Commission devrait être de rechercher s'il n'est pas possible de créer un type d'association, de société, aussi élémentaire que possible; de dégager la constitution d'une société de ce genre de tous les dangers, de tous les écueils que la loi de 1867 sème sous les pas des gens inexpérimentés, en demandant à des ouvriers de se réunir pour former des conseils d'administration, nommer des commissaires, remplir des formalités très nombreuses, nécessaires sans doute quand il s'agit de sociétés de capitaux, mais qui perdent beaucoup de leur utilité quand il s'agit de sociétés de personnes.

Dans cet ordre d'idées, je recommande à la Commission un point de vue qui m'a frappé; toutes ces modalités, toutes ces précautions prévues par la loi de 1867, ont été créées pour empêcher l'agiotage, le trafic des capitaux. Ce danger n'est pas à craindre quand il s'agit de réunir des hommes de bonne volonté, sages, laborieux, étrangers à la spéculation et qui ne se proposeront pas d'emblée sans doute d'obtenir sur le marché financier des fluctuations pour spéculer sur leurs actions.

Là n'est pas le péril. Le péril est, suivant moi, dans les complications et les difficultés qui découragent.

Je vous fais part de mes réflexions, Messieurs, très simplement, très franchement; je vous prie de ne les considérer que comme des indications. C'est la Commission qui devra rechercher, dans la plénitude de l'expérience de ses membres, la meilleure forme à adopter. Je n'indique qu'un champ de discussions, et je serais désolé que vous pussiez croire que j'apporte ici des idées préconçues.

J'ai dû à ma profession d'être mêlé à bien des questions d'intérêt, d'entendre bien des commerçants et des industriels m'expliquer le mécanisme de leurs affaires. Eh bien! dans le commerce, on rencontre une pratique, une manière d'être, une forme de société remarquablement simple; il arrive tous les jours qu'un négociant, ne voulant pas faire à lui seul une opération déterminée, fait appel au concours d'un certain nombre d'autres commerçants et forme avec eux ce qu'on appelle une participation.

Elle produit cet effet — bien qu'aucune législation complète ne l'ait réglementée — que l'économie intérieure de cette société se prête à toutes les modifications, que son personnel peut s'accroître ; seule la responsabilité du maître de l'affaire est engagée, ses participants ne sont tenus que dans la limite du concours qu'ils lui ont promis. Ils peuvent disparaître, ils peuvent être remplacés.

Mais si la participation, dans le domaine des affaires commerciales, peut fonctionner, c'est parce que celui qui la représente et la titularise a son crédit, présente une surface ; on lui fait confiance, et si ses participants sont aussi libres que je l'indiquais, c'est à la condition essentielle de rester inconnus du public.

Mais si nous nous plaçons en face des nécessités inévitables qui s'imposent à l'association ouvrière, nous voyons qu'elle ne peut obtenir le crédit de l'État ou des particuliers qu'en se manifestant, en disant ce qu'elle est et qui la compose. Il faudra que celui qui la représente pour traiter, soit avec l'État, soit avec des particuliers, montre qu'il n'est pas isolé et qu'il est au contraire associé à d'autres forces. Or, dans l'état actuel de notre législation, quand on a fait connaître les noms des membres d'une société, on n'est plus une participation, mais une association pure et simple, une société ordinaire, avec toutes les responsabilités, toutes les charges et tous les inconvénients des sociétés ordinaires.

Eh bien ! je me demande si l'on ne pourrait pas — c'est un petit point d'interrogation que je me permets de poser devant vous, Messieurs — faire une société à responsabilité limitée, qui présenterait tous les avantages du contrat de participation, tout en permettant à la participation d'être publique. Cela revient à se demander si l'on ne pourrait pas, à côté de la commandite, à côté de la société anonyme, trouver un mécanisme plus élémentaire qui permettrait à un certain nombre d'ouvriers de se réunir, de former une société à responsabilité limitée pour chacun de ses membres, ayant un administrateur se présentant au public, conservant le droit de modifier et d'augmenter son personnel, de laisser partir tel membre, de remplacer ceux qui seraient partis et de s'en adjoindre de nouveaux, et cela sans que le contrat originairement formé subît d'atteinte, mais de telle sorte qu'au contraire, par l'accession de capitaux nouveaux, l'association primitive acquît une force nouvelle et formât un faisceau plus résistant pour entreprendre des travaux plus importants.

Vous voyez, Messieurs, que c'est un projet que je vous soumets bien plus qu'une conception définitive. C'est sur cette donnée que je vous serai reconnaissant de porter tout d'abord votre attention. En effet, lorsqu'à une certaine époque, en 1848, on s'est préoccupé de chercher la solution que nous cherchons nous-mêmes, on a peut-être commis la faute de s'occuper surtout des catégories de travaux qu'on pourrait adjuger aux associations ouvrières, sans se préoccuper assez de pousser, d'inciter à la formation de ces associations, sans leur ouvrir une voie assez large ni assez facile.

On eut aussi le tort de mêler beaucoup de questions. On déclara que l'État pourrait adjuger certains travaux à la condition que les ouvriers qui s'associeraient en vue de les exécuter, formassent des caisses de secours, de prévoyance, des conseils de famille, constituassent des syndics. J'estime qu'il n'est pas bon de mêler toutes les questions.

Les associations de prévoyance se placent au premier rang des préoccupations de tout homme politique et de tout économiste sérieux. Elles ont été l'objet de dispositions qui ne sont peut-être pas assez connues; mais je ne puis voir l'utilité qu'il y aurait à mêler, à confondre des ordres d'idées extrêmement distincts.

Au point de vue des garanties que l'État doit rechercher, on est entré, à mon sens, dans une voie plus pratique lorsqu'on les a demandées à l'expérience, à la moralité, à la capacité professionnelle.

L'objection qui se présente le plus naturellement à l'esprit est, en effet, tirée de ce que les associations ouvrières, quel que soit le mécanisme mis à leur disposition, ne seront pas pourvues d'un capital; qu'elles rencontreront ainsi un écueil insurmontable.

Mais comment donc opère un entrepreneur qui soumissionne pour un million de travaux? Pensez-vous qu'il possède ordinairement ce capital? Non; son crédit, il le trouve dans la commande elle-même. Il s'adresse à un prêteur, il se fait ouvrir un crédit, et pour gage de ce crédit il offre une délégation sur les payements qu'il doit recevoir.

Une association qui serait concessionnaire d'un travail quelconque trouvera donc dans la concession elle-même le premier crédit nécessaire. Et je ne crains pas de dire que l'avenir de ces associations tiendra surtout au résultat des premières expériences qui seront faites de leur efficacité, de leur vitalité.

C'est pour cela que je voudrais qu'on pût favoriser, surtout au début, les associations formées en vue d'une entreprise déterminée plutôt qu'en vue d'une période de temps. Alors la société qui se fondera recherchera les associés les plus propres à mener à bonne fin l'entreprise Et si, après avoir exécuté avec succès un premier travail, l'association a réalisé un bénéfice, elle s'étendra, se développera et deviendra le berceau d'une association nouvelle plus forte, plus ambitieuse, plus durable.

Vous aurez à examiner, Messieurs, une seconde question, celle de savoir dans quelle mesure l'État pourra engager des traités, des opérations, avec des associations de cette nature. C'est ici qu'il me paraît bien facile de répondre à l'accusation de socialisme d'État qui a été lancée.

Une commission qui aura recherché et déterminé des moyens pratiques pour les associations ouvrières aura fait faire un pas considérable à la législation sur l'association, et quand elle aura précisé les travaux qui pourront être adjugés, les précautions à prendre, les facilités à donner, elle aura fait œuvre de bonne et intelligente administration.

En 1848, on a donné l'énumération des travaux qui pourraient être confiés aux associations : terrassements, déblais, entreprises de carrières ouvertes, travaux de maçonnerie et de charpente, lorsqu'il n'y aurait pas de fournitures de matériaux à faire. Cette restriction fut l'objet de vives critiques. En effet, il faut reconnaître que si l'État ne doit traiter avec les associations ouvrières que quand elles n'auront pas de fournitures à faire, il assigne à leur activité, à l'esprit d'entreprise, un champ d'opération d'où les plus instruits et les plus actifs seraient par là même éloignés.

Et si, comme je l'ai dit, il n'est pas impossible aux associations ouvrières de trouver du crédit, je ne vois pas la nécessité de se renfermer dans la limitation de l'arrêté du 27 septembre 1848. Je vous demande donc d'examiner par quels moyens on pourrait fournir à l'État, aux contribuables, les garanties auxquelles ils ont droit en faisant appel à la capacité, à la moralité, à l'expérience, à la bonne volonté des associations ouvrières ou des ouvriers qui les composeront, et en supprimant des restrictions qui me paraîtraient condamner notre œuvre, dès le début, à une quasi-stérilité.

A ce point de vue, il y a lieu de se demander aussi quelles seront les facilités particulières accordées par l'État aux associations. Il y a la dispense du cautionnement. C'est une question technique. La Commission sait ce que vaut la garantie du cautionnement. Je crois que jamais le cautionnement n'a été une garantie bien efficace pour l'État, lorsque l'entrepreneur vient à manquer à ses engagements. On peut donc douter que le cautionnement soit indispensable, et l'on peut espérer de trouver un équivalent.

En 1848, le cautionnement avait été supprimé ; on avait, en revanche, maintenu le dixième de garantie, c'est-à-dire une seconde ressource en cas d'action contre l'entrepreneur. On pourrait maintenir cette garantie sans gêner l'association, même celle fondée sur des apports en nature ou en travail et nullement sur des apports de capitaux.

Ce sont là des questions d'expérience et de pratique que vous pourrez résoudre avec plus de compétence que moi-même, et je n'insiste pas.

Une troisième question à examiner est celle des associations mixtes. Dans l'arrêté ministériel il est dit qu'on recherchera quels sont les encouragements à donner aux sociétés, aux entrepreneurs qui associeront leurs ouvriers à leurs travaux. Il n'y a peut-être pas assez de clarté dans ces expressions.

Il me paraît désirable d'amener le plus grand nombre possible d'industriels à intéresser leurs ouvriers dans leurs opérations, dans leurs bénéfices. Étant donné un entrepreneur qui aura fondé une association, une participation, avec ceux qu'il emploie, n'est-il pas utile, légitime, que l'État encourage une œuvre dont les conséquences sont si profitables à la société ? Ne lui appartient-il pas de faire la preuve que certaines théories traitées d'irréalisables peuvent être utilement mises en pratique ?

L'encouragement de l'État, en pareil cas, se justifie encore par cette considération, qu'en traitant avec un entrepreneur qui, par la participation avec ses ouvriers, les aura intéressés à la bonne exécution de l'ouvrage, il évitera bien des difficultés et bien des mécomptes.

C'est encore un point à examiner et sur lequel avec une entière liberté, vous me ferez connaître votre opinion.

Telles sont, Messieurs, les explications qu'il m'a paru utile de vous présenter au début de vos travaux. En instituant cette commission, en vous exposant ces idées, en appelant ici des hommes particulièrement versés dans ces difficiles questions, je me suis efforcé de bien marquer que le désir du Gouvernement est de les résoudre et non de les ajourner.

Vous ne serez pas une commission d'apparat, mais une commission de travail et d'étude. Nous n'avons pas la prétention, comme je le disais au début de cet exposé, de résoudre tout d'un coup et comme par miracle toutes les difficultés ; mais nous nous estimerons heureux si nous pouvons en dénouer quelques-unes. Si l'on arrive à faire cette démonstration, qu'avec de l'esprit d'ordre, de l'économie, de l'entente, par l'union, par l'association, le travail peut devenir plus fructueux; si l'on peut monter une société de vingt ou cent ouvriers, par exemple, exécutant un travail public, trouvant dans les résultats de leur entreprise des ressources nouvelles pour faire d'autres opérations, se faisant ainsi dans la société, et par leur travail, une situation de plus en plus large et de plus en plus sûre, on aura prouvé définitivement que la déclamation, l'aigreur et la passion ne remplacent pas l'effort patient, la bonne volonté, l'étude. Il y a quelque chose de mieux que de dire: Marchons, courons; c'est de se mettre en route et de faire un pas. C'est ce que nous allons essayer de faire.

Après l'audition du discours de M. le Ministre de l'intérieur, la Commission s'est subdivisée en deux sections, dont l'une a pour mission d'étudier les modifications qu'il conviendrait d'apporter à la loi du 24 juillet 1867, sur les sociétés à capital variable, et dont l'autre doit entendre les délégués des associations coopératives ouvrières et les chefs des maisons qui font participer leurs ouvriers et employés aux bénéfices de leurs entreprises.

Ces deux sections sont ainsi composées :

PREMIÈRE SECTION.

MM. GONSE, directeur au Ministère de la justice;

MARCEL, chef du Cabinet au Ministère des affaires étrangères;

CAMILLE LYON, directeur du Cabinet au Ministère de l'intérieur;

GARNIER, chef du bureau du Matériel au Ministère des finances;

GUILLE-DESBUTTES, sous-intendant militaire de 1re classe, attaché au Ministère de la guerre;

NEGRE, commissaire-adjoint, délégué des Directions près le magasin central au Ministère de la marine;

GAUTIER, contrôleur des travaux des monuments historiques et des lycées au Ministère de l'instruction publique et des beaux-arts.

GOUZAY, directeur du personnel et du secrétariat au Ministère des travaux publics;

TISSERAND, conseiller d'État, directeur de l'agriculture au Ministère de l'agriculture;

GIRARD, conseiller d'État, directeur du commerce intérieur au Ministère du commerce;

DE MEAUX, chef de bureau à l'Administration centrale des postes et des télégraphes.

DEUXIÈME SECTION.

MM. DE LAIGUE, chef de bureau au Ministère de la justice;

HOUETTE, inspecteur des finances, chargé de la division de la Comptabilité du Ministère des affaires étrangères;

.BARBERET, chef du bureau des Sociétés professionnelles au Ministère de l'intérieur;

LANJALLEY, chef du Cabinet au Ministère des finances;

HENRY, chef de bataillon du génie, attaché au Ministère de la guerre;

GODRON, ingénieur de 1re classe de la marine, attaché au Ministère de la marine;

PÊTRE, contrôleur principal des bâtiments civils au Ministère de l'instruction publique et des beaux-arts;

FRÉMAUX, inspecteur général des ponts et chaussées au Ministère des travaux publics;

PHILIPPE, directeur de l'Hydraulique agricole au Ministère de l'agriculture;

GRISON, directeur du Secrétariat et de la Comptabilité au Ministère du commerce;

CAËL, directeur-ingénieur de la région de Paris au Ministère des postes et des télégraphes.

La Commission décide que les deux sections se réuniront samedi prochain, 21 avril 1883, au Ministère de l'intérieur.

La séance est levée à 4 heures et demie.

Le Secrétaire de la Commission,

J. BARBERET,

Chef du bureau des Sociétés professionnelles.

2ᵉ SÉANCE.

SAMEDI 21 AVRIL 1883.

PRÉSIDENCE DE M. LE SOUS-SECRÉTAIRE D'ÉTAT

AU MINISTÈRE DE L'INTÉRIEUR.

M. Barberet, secrétaire de la Commission, donne lecture du procès-verbal de la dernière séance, qui est adopté.

M. le Président demande aux membres de la Commission de vouloir bien formuler leurs observations sur la marche à suivre pour mener les études sur le terrain pratique.

M. Gonse, directeur au Ministère de la justice, ne pense pas que les deux sections de la Commission puissent fonctionner séparément avant que la section technique ait fourni à la section juridique le résultat de ses travaux.

Une Commission administrative a fonctionné antérieurement, mais elle n'avait pas, de la part des intéressés, les renseignements suffisants sur les objections qu'on peut opposer à la loi du 24 juillet 1867. Or, il croit qu'il serait utile d'entendre d'abord les intéressés, c'est-à-dire les délégués des associations ouvrières, et les entrepreneurs qui font participer leurs ouvriers ou employés aux bénéfices de leur exploitation.

Il estime même qu'il serait bon de prendre des renseignements sur ce qui se pratique à l'étranger. M. Gonse parle notamment des associations allemandes et des ouvrages de M. Schultze-Delitsch.

M. le Président fait observer qu'il croyait que les études ne s'étendraient pas si loin sur le terrain théorique, et il prie la Commission de se renfermer le plus possible sur le terrain pratique.

M. Tisserand, conseiller d'État, appuie M. Gonse et demande que l'enquête s'étende aux renseignements qu'on pourra puiser à l'étranger.

M. Marcel, chef du Cabinet au Ministère des affaires étrangères, craint que l'enquête à l'étranger ne prenne un temps considérable, et il préfère s'en tenir à ce qui a eu lieu en France.

M. Barberet, secrétaire de la Commission, dit que les associations ouvrières des autres pays n'ont pas en vue immédiate la production directe. Les ouvriers anglais ont institué des associations coopératives de consommation. Les ouvriers allemands, pratiquant le système de M. Schultze-Delitsch, ont établi des banques populaires. Les ouvriers italiens pratiquent aussi les banques populaires. Presque seuls, les ouvriers de Paris ont fondé, à part une trentaine d'associations coopératives de consommation, des associations coopératives de production. C'est là surtout, selon l'opinant, que doit porter l'attention de la Commission.

Après plusieurs autres observations de divers membres, la Commission décide que le travail de la section juridique restera suspendu jusqu'à ce que la section technique ait terminé son enquête.

Puis est adoptée la proposition faite par M. Gonse d'établir un questionnaire pour faciliter les dépositions des personnes qui seront invitées à se présenter devant la Commission.

Une Sous-Commission, composée de deux membres de chaque section, à laquelle est adjoint le secrétaire de la Commission, est désignée pour rédiger le questionnaire.

Cette Sous-Commission est composée de :

MM. GONSE, directeur au Ministère de la justice;

GIRARD, conseiller d'État, directeur au Ministère du commerce;

HENRY, chef de bataillon du génie, attaché au Ministère de la guerre;

PITRE, contrôleur principal des bâtiments civils au Ministère de l'instruction publique et des beaux-arts;

BARBERET, chef du bureau des Sociétés professionnelles au Ministère de l'intérieur et secrétaire de la Commission.

La prochaine réunion de la Commission est fixée au jeudi 26 courant, à 9 heures du matin, au Ministère de l'intérieur, pour entendre la lecture du questionnaire.

La séance est levée à 10 heures et demie.

Le Secrétaire de la Commission,

J. BARBERET.

SÉANCES DE LA SOUS-COMMISSION.

Les membres de la Sous-Commission se sont réunis deux fois, le mardi 24 et le mercredi 25 avril.

Dans la première réunion, chaque membre a apporté un canevas de questionnaire, qui a été remis à M. le Secrétaire, avec mission de les coordonner et d'en faire deux projets, l'un relatif aux associations coopératives et l'autre se rapportant à la participation.

Dans sa seconde réunion, la Sous-Commission a adopté les projets de questionnaires suivants, pour être soumis à la Commission dans sa séance du lendemain, 26 avril.

PROJETS DE QUESTIONNAIRES

ASSOCIATIONS COOPÉRATIVES OUVRIÈRES DE PRODUCTION.

1° Sous quelle forme êtes-vous constitués? Sous la forme anonyme? À capital variable? En commandite? En nom collectif?

2° Avez-vous éprouvé des difficultés pour vous constituer? A combien se sont montés les frais de votre constitution? Votre acte constitutif est-il notarié? Si oui, pourquoi, attendu que l'article 21 de la loi du 24 juillet 1867 dit que les sociétés anonymes peuvent se constituer par acte sous seing privé?

3° Voyez-vous des modifications à apporter à la loi du 24 juillet 1867? Lesquelles?

4° La responsabilité imposée pendant 5 ans aux sociétaires qui se retirent ou sont exclus arrête-t-elle les souscripteurs?

5° Dans quelles mesures pouvez-vous participer aux travaux de l'État? Quel est votre capital souscrit? Quel est votre capital versé? Quel est votre fonds de roulement? Quel est le nombre de vos associés?

6° Avez-vous déjà passé avec des particuliers, des compagnies, avec des administrations publiques, ou avec l'État, des marchés d'une certaine importance? Dans ce cas, comment vous êtes-vous procuré les fonds nécessaires pour faire marcher l'entreprise? Quelles sont les institutions de crédit qui vous ont fait des avances? Quels résultats avez-vous obtenus?

7° Comment vos directeurs ou gérants sont-ils nommés? Pour quelle durée? Sont-ils toujours révocables?

8° Lorsque vous changez de gérant ou de directeur, combien vous coûte la procuration ou délégation du nouveau gérant ou directeur vis-à-vis de vos créditeurs qui encaissent vos acomptes sur vos travaux exécutés?

9° Avez-vous des certificats de capacité signés par des ingénieurs ou des architectes?

10° Le coût de la matière première, dans votre industrie, est-il élevé? En avez-vous un approvisionnement? Quelle est l'importance de votre matériel et de votre outillage? Possédez-vous des machines? Votre outillage est-il propriété individuelle ou collective?

11° Pouvez-vous supporter une retenue sur les payements, pour servir de garantie jusqu'à l'achèvement et la réception des travaux adjugés ou concédés, ou préférez-vous déposer préalablement un cautionnement relatif à l'importance de ces travaux?

12° Quel mode de payement désirez-vous? Mensuel ou par règlement de mémoire?

13° Votre association emploie-t-elle des auxiliaires salariés? Dans ce cas, les fait-elle participer à ses bénéfices?

14° À quelles conditions et formalités sont astreints les candidats au titre d'associé? Font-ils un stage?

15° Avez-vous des associés ou des auxiliaires sortant des écoles professionnelles municipales ou des écoles d'arts et métiers?

16° Par qui votre travail et vos ateliers sont-ils dirigés? Comment traversez-vous les périodes de chômage?

17° Dans quelles proportions se font les rabais, lors des adjudications, par les soumissionnaires et adjudicataires de votre industrie?

18° Quelles en sont les conséquences?

19° Les droits de douane et d'octroi sont-ils une entrave au développement de votre industrie?

20° Les patrons de votre profession font-ils exécuter leurs travaux à l'étranger? Si oui, quelles sont les causes de ce déplacement de la main-d'œuvre?

21° Vos associés sont-ils assurés contre les accidents résultant du travail? Possédez-vous une caisse de retraite?

22° Quelles sont les conséquences du travail exécuté dans les maisons centrales, les couvents et les ouvroirs?

PARTICIPATION.

1° Sous quelle forme vos ouvriers participent-ils aux bénéfices de votre entreprise?

2° Quels résultats avez-vous obtenus, dans votre maison, par le système de la participation?

3° De quelle manière établissez-vous votre répartition? Par un contrat de louage d'ouvrage spécial? Par l'entrée de l'ouvrier en association avec vous? Par les bénéfices calculés au prorata de la somme et de la valeur de son travail?

4° Si l'entreprise donnait des pertes, quelle serait la participation des ouvriers?

5° Peut-on insérer dans le cahier des charges une clause excluant l'emploi d'ouvriers étrangers ou en limitant le nombre?

3ᵉ SÉANCE.

JEUDI 26 AVRIL 1883.

PRÉSIDENCE DE M. LE SOUS-SECRÉTAIRE D'ÉTAT

AU MINISTÈRE DE L'INTÉRIEUR.

M. Barberet, secrétaire de la Commission, donne lecture du procès-verbal de la dernière séance, qui est adopté à l'unanimité; puis il lit une lettre de M. le Ministre de la marine, adressée à M. le Ministre de l'intérieur, par laquelle il désigne M. Dupont, ingénieur de deuxième classe de la marine, pour remplacer, en qualité de délégué auprès de la Commission, M. Godron, ingénieur de première classe, dont les travaux administratifs ne lui permettent pas d'assister régulièrement aux séances.

M. Gautier, contrôleur des monuments historiques et des lycées, délégué du Ministère de l'instruction publique et des beaux-arts, s'excuse par lettre de ne pouvoir assister à la séance.

M. Caël, directeur au Ministère des postes et des télégraphes, excuse son collègue, M. de Meaux, empêché par ses travaux administratifs.

M. le Secrétaire présente, en outre, les excuses de M. Girard, conseiller d'État, directeur au Ministère du commerce, qui est retenu par sa présence indispensable à une autre commission dont il fait partie.

M. le Président invite M. le Secrétaire à donner lecture du questionnaire rédigé par la Sous-Commission, et il prie les membres de la Commission de vouloir bien présenter, sur chaque article, les observations qu'ils jugeront convenable de faire valoir.

Le questionnaire comprend deux parties : l'une est relative aux associations coopératives ouvrières, et l'autre est spéciale aux chefs de maison qui font participer leurs ouvriers et employés dans les bénéfices de leurs entreprises.

M. le Secrétaire commence la lecture par la première partie.

La première question est adoptée sans discussion.

La seconde question, relative à la constitution de la société par acte notarié, motive des objections de la part de plusieurs membres.

M. le Secrétaire répond à ces objections que les associations ouvrières sont obligées par les administrations publiques, pour être admises à soumissionner des travaux, de présenter leur acte constitutif *notarié*, et qu'il croit utiles des explications sur ce point de la part des intéressés.

La rédaction de la seconde question est maintenue.

Au sujet de la troisième question, touchant les modifications qu'il y aurait lieu d'apporter à la loi du 24 juillet 1867, M. Marcel, chef du cabinet au Ministère des affaires étrangères, demande si cette question s'adresse aux sociétés à capital variable, en nom collectif ou en commandite?

M. Gonse, directeur au Ministère de la justice, répond qu'elle regarde toutes les associations coopératives ouvrières, sauf celles en nom collectif, qui sont antérieures à la loi de 1867 et mises, par conséquent, en dehors de cette loi.

La troisième question est adoptée.

Les quatrième, cinquième, sixième et septième questions sont adoptées sans discussion.

Sur la huitième question, concernant les procurations des gérants ou directeurs, M. le Président demande quelques éclaircissements.

M. le Secrétaire explique à ce sujet que les associations ouvrières sont presque toutes créditées par une ou plusieurs maisons de banque, qui encaissent les acomptes qui leur sont dus sur les travaux qu'elles ont exécutés. Or, cet encaissement ne peut avoir lieu sans une procuration ou délégation personnelle du gérant ou directeur, et chaque fois que l'association nomme un nouveau mandataire, il doit être nanti de nouvelles procurations notariées. Ces formalités entraînent certains frais qu'il serait peut-être possible de réduire ou de supprimer.

M. Frémaux, inspecteur général des ponts et chaussées, ajoute qu'en effet il faut que les directeurs des associations fournissent des procurations à toutes les maisons qui les créditent.

M. Gonss dit que les frais ne sont pas élevés, et que, d'ailleurs, il serait bien préférable, dans l'intérêt même des associations, qu'elles ne changeassent pas si souvent de direction.

Sous le bénéfice de ces observations, la rédaction de la huitième question est maintenue.

Les neuvième et dixième questions sont adoptées sans discussion.

Sur la onzième question, relative au cautionnement, M. PHILIPPE ne pense pas qu'il soit exact de considérer le cautionnement et la retenue comme deux modes de garantie entre lesquels il y aurait lieu de faire un choix. Ils diffèrent essentiellement par leur objet. Le cautionnement est une garantie contre le fol enchérisseur, la retenue est une garantie contre les malfaçons dans l'exécution des travaux. Le cautionnement peut être remboursé dès que les chantiers sont installés, et il en est fréquemment ainsi; la retenue ne se rembourse qu'un an après la réception des travaux. Le cautionnement dépasse rarement le trentième de l'estimation; la retenue atteint généralement le dixième.

M. PITRE, contrôleur principal des bâtiments civils au Ministère de l'instruction publique et des beaux-arts, déclare que les travaux donnés par l'Administration des bâtiments civils sont exécutés sans donner lieu à la moindre retenue de garantie. C'est le mode du cautionnement qui est en vigueur. Aussitôt que les travaux sont terminés et vérifiés, ils sont payés. Depuis qu'il est dans l'Administration, il n'a pas eu connaissance que ce mode de procéder ait donné lieu à la moindre réclamation.

LE COMMANDANT HENRY, répondant à M. Pitre, fait remarquer que le Ministère de l'instruction publique et des beaux-arts, en n'exigeant pas de retenue de garantie, déroge à la règle établie par les cahiers des charges des grands services constructeurs de l'État, tels que les ponts et chaussées, le génie, l'intendance, lesquels exigent :

1° Le dépôt du cautionnement et une caution pour garantir le crédit de l'entrepreneur;

2° Une retenue de garantie du sixième, du dixième ou du douzième sur la valeur des ouvrages exécutés — retenue qui est remboursée en fin d'année ou en fin d'ouvrage, suivant les cas.

Il convient donc de faire une distinction entre le cautionnement et la retenue de garantie.

L'opinant exprime d'ailleurs l'avis qu'avec les associations on pourrait supprimer souvent le cautionnement, mais qu'il faut, en tout cas, conserver une retenue de garantie pour assurer la bonne exécution des travaux.

M. FRÉMAUX rappelle que les associations ouvrières, lors de l'enquête faite l'année dernière par la municipalité de Paris, se sont toutes prononcées pour l'abolition du cautionnement.

M. PITRE ajoute que des conversations qu'il a eues à ce sujet avec les délégués de plusieurs associations ouvrières il résulte que ces associations ne se sont pas montrées opposées au cautionnement.

M. LE SECRÉTAIRE objecte que jusqu'à présent, pour la plupart des associations coopératives ouvrières de production, le cautionnement a été fourni par la *Caisse centrale populaire*, et que si le traité qui les lie à cet établissement de crédit était rompu un jour ou l'autre, pour une cause quelconque, il leur serait peut-être difficile de se faire créditer ailleurs. Or, en pareil cas, le maintien du cautionnement les rendrait impuissantes devant les adjudications ou concessions des travaux de l'État. Aussi est-il d'avis que le cautionnement soit transformé en retenue de garantie, ce qui d'ailleurs reviendrait au même pour l'État et faciliterait les associations ouvrières.

M. LE PRÉSIDENT est d'avis que la retenue de garantie peut faire disparaître le cautionnement, et cela en le remplaçant.

M. TISSERAND, conseiller d'État, directeur au Ministère de l'agriculture, appuie cette transformation et il propose une légère modification dans la rédaction de la onzième question. La proposition de M. Tisserand est adoptée.

Les douzième, treizième et quatorzième questions sont adoptées sans discussion.

La quinzième question reçoit, sur la proposition de M. Henry, l'adjonction suivante : « Avez-vous des apprentis? »

La seizième question est adoptée sans discussion.

Les dix-septième et dix-huitième questions, relatives aux rabais des entrepreneurs soumissionnaires, donnent lieu à diverses observations et sont supprimées.

Est également supprimée la dix-neuvième question portant sur les droits de douane et d'octroi.

Les vingt et unième et vingt-deuxième questions sont adoptées sans discussion.

Par suite de la suppression des dix-septième, dix-huitième et dix-neuvième questions, les numéros 20, 21 et 22 sont devenus les numéros 17, 18 et 19.

M. le Secrétaire donne ensuite lecture des articles du questionnaire relatif à la participation des ouvriers et employés dans les bénéfices de l'entreprise.

Les première et deuxième questions sont d'abord adoptées sans discussion.

Sur la troisième question, M. Marcel demande qu'elle sóit posée avec plus de précision. M. le Président est de son avis. Finalement il est décidé qu'elle prendra le deuxième rang et que la deuxième question viendra au dernier rang.

M. Gonse demande qu'une question soit posée au sujet des gratifications que certains chefs donnent à leurs commis, contre-maîtres, ouvriers, etc.

M. Nègre, commissaire au Ministère de la marine, pense qu'il n'est guère possible d'assimiler les gratifications, qui sont allouées à titre gracieux, à la participation qui existe en vertu de contrats ou de règlements, et qui devient, dès lors, un dû envers les ouvriers.

La quatrième question, supposant les cas de pertes au lieu de bénéfices, donne lieu à une discussion à laquelle prennent part M. le Président, MM. Camille Lyon, directeur du cabinet au ministère de l'intérieur, Tisserand, Pitre, Henry et Gonse.

M. Gonse dit notamment que l'ouvrier ne peut éprouver des pertes, attendu qu'il a droit à un salaire fixe, et que si, outre ce salaire fixe, il compte sur une part éventuelle de bénéfices, l'entrepreneur, de son côté, prélève sur les bénéfices qu'il accorde une part pour les éventualités de pertes.

M. le Président estime que, du moment qu'un ouvrier participe dans les bénéfices, il cesse par cela même d'être ouvrier dans l'acception du mot, qu'il devient en quelque sorte un associé et qu'il doit, dans une certaine mesure, participer aux pertes comme aux bénéfices, mais par un système de prévoyance qui ne lui demanderait pas d'argent sur les salaires acquis.

M. Pitre propose l'addition de la question suivante : « Vos ouvriers ont-ils le droit et le moyen de contrôler les gains ou les pertes par vous déclarés, ou doivent-ils s'en rapporter à votre déclaration? »

Cette proposition est adoptée et forme la troisième question de la deuxième partie du questionnaire.

La cinquième question, parlant de l'emploi des ouvriers étrangers, est annulée.

L'ensemble des quatre questions est ensuite adopté.

M. le Sous-Secrétaire d'État ayant fait observer qu'il lui serait peut-être impossible d'assister régulièrement à toutes les séances, prie la Commission de vouloir désigner un vice-président pour le cas échéant.

La Commission nomme, en qualité de vice-président, M. Frémaux, inspecteur général des ponts et chaussées, et elle décide, en outre, que ses séances auront lieu dorénavant les mardi et samedi de chaque semaine.

Sur la proposition de M. le Secrétaire, la Commission convient d'entendre, mardi prochain, les délégués des associations coopératives ouvrières des professions de l'ameublement.

La séance est levée à onze heures un quart.

Le Secrétaire de la Commission,

J. BARBERET,

Chef de bureau des Sociétés professionnelles.

QUESTIONNAIRES MODIFIÉS.

ASSOCIATIONS COOPÉRATIVES OUVRIÈRES DE PRODUCTION.

1° Sous quelle forme êtes-vous constitués? Sous la forme anonyme? En commandite par actions? En nom collectif? A capital variable?

2° Avez-vous éprouvé des difficultés pour vous constituer? A combien se sont montés les frais de votre constitution? Votre acte constitutif est-il notarié? Si oui, pourquoi, attendu que l'article 21 de la loi du 24 juillet 1867 dit que les sociétés anonymes peuvent se constituer par acte sous seing privé?

3° Voyez-vous des modifications à apporter à la loi du 24 juillet 1867? Lesquelles?

4° La responsabilité imposée pendant cinq ans aux sociétaires qui se retirent ou sont exclus, arrête-t-elle les souscripteurs?

5° Dans quelles mesures pouvez-vous participer aux travaux de l'État? Quel est votre capital souscrit? Quel est votre capital versé? Quel est votre fonds de roulement? Quel est le nombre de vos associés?

6° Avez-vous déjà passé avec des particuliers, des compagnies, des administrations publiques, ou avec l'État, des marchés d'une certaine importance? Dans ce cas, comment vous êtes-vous procuré les fonds nécessaires pour faire marcher l'entreprise? Quelles sont les institutions de crédit qui vous ont fait des avances? Quels résultats avez-vous obtenus?

7° Comment vos directeurs ou gérants sont-ils nommés? Pour quelle durée? Sont-ils toujours révocables?

8° Lorsque vous changez de gérant ou de directeur, combien vous coûte la procuration ou délégation du nouveau gérant ou directeur, vis-à-vis de vos créditeurs, qui encaissent vos acomptes sur vos travaux exécutés?

9° Avez-vous des certificats de capacité signés par des ingénieurs ou des architectes?

10° Le coût de la matière première, dans votre industrie, est-il élevé? En avez-vous un approvisionnement? Quelle est l'importance de votre matériel et de votre outillage? Possédez-vous des machines? Votre outillage est-il propriété individuelle ou collective?

11° Pouvez-vous supporter une retenue sur les payements pour servir de garantie jusqu'à l'achèvement et à la réception des travaux adjugés ou concédés? Quelle objection avez-vous à présenter contre le dépôt d'un cautionnement préalable?

12° Quel mode de payement désirez-vous? Périodique? Par acomptes, ou par règlement de mémoire?

13° Votre association emploie-t-elle des auxiliaires salariés? Si oui, les fait-elle participer à ses bénéfices?

14° A quelles conditions et formalités sont astreints les candidats au titre d'associé? Font-ils un stage?

15° Avez-vous des associés ou des auxiliaires sortant des écoles professionnelles municipales, ou des écoles d'arts et métiers? Avez-vous des apprentis?

16° Par qui votre travail et vos ateliers sont-ils dirigés? Comment traversez-vous les périodes de chômage?

17° Les patrons de votre profession font-ils exécuter leurs travaux à l'étranger? Si oui, quelles sont les causes de ce déplacement de la main-d'œuvre?

18° Vos associés sont-ils assurés contre les accidents résultant du travail? Possédez-vous une caisse de retraite?

19° Quelles sont, pour l'exercice de votre industrie, les conséquences du travail exécuté dans les maisons centrales, les couvents et les ouvroirs?

PARTICIPATION.

1° Sous quelle forme vos ouvriers participent-ils aux bénéfices de votre entreprise? Et dans quelles conditions prendraient-ils part aux pertes si vous en subissiez?

2° De quelle manière établissez-vous votre répartition? Par un contrat de louage d'ouvrage spécial? Par l'entrée de l'ouvrier en association avec vous? Par les bénéfices calculés au prorata de la somme et de la valeur de son travail?

3° Vos ouvriers ont-ils le droit et le moyen de contrôler les gains ou les pertes par vous déclarés, ou doivent-ils s'en rapporter à votre déclaration?

4° Quels résultats avez-vous obtenus dans votre maison, par le système de la participation?

4ᵉ SÉANCE.

SAMEDI 28 AVRIL 1883.

PREMIÈRE SÉANCE DE DÉPOSITIONS.

PRÉSIDENCE DE M. FRÉMAUX.

La séance est ouverte à 9 heures un quart.

Sont présents : MM. DE LAIGUE, HOUETTE, BARBERET, LANJALLEY, HENRY, GODRON, PITRE, FRÉMAUX, PHILIPPE.

M. BARBERET, *secrétaire*, donne lecture du procès-verbal de la dernière séance qui est adopté.

Il est procédé à l'audition successive des représentants de six associations ouvrières.

ASSOCIATION GÉNÉRALE
DE L'ÉBÉNISTERIE PARISIENNE.

(Siège social, 106, rue du Chemin-Vert.)

Représentée par MM. BOISSEAU et HOFFMANN.

MM. BOISSEAU et HOFFMANN sont introduits.

M. LE PRÉSIDENT. Messieurs, avez-vous des statuts que vous puissiez nous communiquer ?

Déposition de MM. BOISSEAU et HOFFMANN.

M. BOISSEAU remet un exemplaire des statuts de l'association qu'il représente à M. le Président.

M. LE PRÉSIDENT. Veuillez nous renseigner sur la forme de votre association, sur le nombre de vos associés. Faites-nous connaître enfin votre organisation, vos moyens d'action.

Déposition
de MM. Boisseau
et Hoffmann.
(Suite.)

M. Boisseau. Notre association est constituée sous la forme anonyme, à capital variable.

Nos associés sont au nombre de 150, avec 60 à 65 adhérents qui ne sont pas encore considérés comme actionnaires. Ils n'ont pas encore été acceptés en assemblée générale.

M. le Président. Avez-vous éprouvé des difficultés pour vous constituer ?

M. Boisseau. Nous avons eu des difficultés, — ce sont les principales, — en ce sens que nous avons dû faire beaucoup de démarches auprès de ceux qui interprètent la loi, auprès des avocats, à propos de la loi de 1867.

M. Hoffmann. Oui, ce sont les démarches à faire qui ont été difficultueuses.

M. le Président. Ainsi, ce n'est pas au point de vue des frais que vous avez éprouvé des difficultés, c'est au point de vue des nombreuses démarches à faire et de l'interprétation des dispositions de la loi de 1867.

M. Hoffmann. Oui, Monsieur. Et j'attribue le grand nombre de ces démarches à ce que nous ne savions pas où nous adresser. Nous nous adressions à l'un et à l'autre et il y avait pour nous une grande perte de temps.

M. le Président. Vous n'avez pas pu voir ce que vous pouviez faire tout de suite, d'après la loi de 1867 ?

M. Hoffmann. Nous avons dû consulter des avocats qui ne sont pas unanimes sur cette loi.

M. le Président. Cependant cette loi est assez claire, surtout après les commentaires qu'en ont donnés différents jurisconsultes. On est maintenant fixé sur cette loi.

M. Boisseau. Nous fonctionnons aujourd'hui avec la loi de 1867 et nous marchons très bien avec elle.

Notre constitution nous a coûté 750 francs de premiers frais pour l'acte notarié, l'enregistrement, enfin l'ensemble des frais.

M. le Président. L'article 21 de la loi de 1.867 dit que les sociétés anonymes peuvent se constituer par acte sous seing privé. C'est ce que vous auriez pu faire.

Déposition de MM. Boisseau et Hoffmann. (Suite.)

M. Boisseau. C'est possible, mais si, dans les affaires, on ne peut pas montrer d'acte notarié, on inspire moins de confiance. Nous avons été appelés à soumissionner des travaux de la ville de Paris; nous avons déposé notre acte notarié; on ne l'exigeait pas, mais cet acte donne toujours confiance aussi bien aux particuliers qu'aux administrations, en général.

C'est dans ce but, et d'après les conseils qui nous ont été donnés, que nous avons fait faire un acte notarié.

M. le Président. Pensez-vous, si vous avez examiné la loi de 1867, qu'il y ait des modifications à y apporter, et quelles seraient ces modifications?

M. Boisseau. C'est une question de difficultés au commencement.

M. le Président. Je vous pose cette question, parce que, par suite de la pratique de votre association, vous pourriez donner d'utiles renseignements sur la formation des sociétés.

M. Boisseau. Il faudrait que la loi définît bien, expliquât bien qu'une société peut se constituer bien légalement avec peu de frais, de façon qu'à l'avenir les associations qui voudraient se former à capital variable pussent bien fonctionner et être bien reconnues.

Il faut faire beaucoup de choses qui demandent beaucoup de temps, des démarches nombreuses; il faut faire des déclarations fréquentes, tous les trois mois. C'est sur ces frais qu'il faudrait porter l'attention du fisc, et sur les démarches.

M. Caël. La constitution d'une société, d'après la loi de 1867, n'entraîne pas beaucoup de frais. Vous pouvez faire un acte sous seing privé, et vous affranchir des frais d'un acte notarié. La plupart de vos frais auraient pu être évités. Vous les avez faits de bon gré.

M. Hoffmann. Il y a aussi à faire des avances qui coûtent cher.

M. le Président. Oui, il y a les publications légales exigées par la loi de 1867.

Déposition
de MM. Boisseau
et Hoffmann.
(Suite.)

M. Hoffmann. Cette publication seule nous a coûté environ 250 francs.

M. Barberet. La publication doit être faite dans les journaux d'annonces légales, au tribunal de commerce et à la justice de paix de l'arrondissement où est établi le siège de la société.

M. Lanjalley. Voulez-vous préciser sur quels points ont porté les interprétations diverses de la loi de 1867, dont vous nous avez parlé?

M. Hoffmann. On nous disait d'abord : quand vous aurez fait telle chose et que le dixième de votre capital sera souscrit, vous serez constitués. Alors nous avons convoqué une assemblée générale, croyant que notre société était constituée; elle ne l'était pas. Il fallait dresser un acte par-devant notaire, après la délibération de cette assemblée. Et on nous avait dit que nous serions constitués après le versement du dixième du capital. Il nous a donc fallu faire un acte notarié et convoquer une nouvelle assemblée pour lui faire accepter toutes les clauses, ce qui nous a fait deux assemblées au lieu d'une.

M. Henry. Qui est-ce qui a exigé un acte notarié? Est-ce après la première assemblée générale qu'on vous l'a réclamé?

M. Hoffmann. Après cette première assemblée, nous pensions n'avoir plus rien à faire. Le notaire nous a dit que cela n'était pas valable et qu'après avoir fait l'acte notarié, il faudrait convoquer une nouvelle assemblée.

M. Caël. Cet acte notarié n'était pas obligatoire, je le répète.

M. Hoffmann. Oui, mais nous avons dit pourquoi nous l'avons fait faire. Il nous fallait un acte notarié pour donner confiance à nos clients. Nous avons donc convoqué une nouvelle assemblée générale.

M. le Président. En résumé, d'après votre opinion, la loi de 1867, bien connue, ne vous paraît pas présenter de graves difficultés pour la constitution d'associations ouvrières.

M. Hoffmann. Non, Monsieur, mais elle pourrait être simplifiée.

M. le Président. Vous avez déjà répondu aux quatre premières questions du questionnaire. Voici la suivante :

« Dans quelle mesure pouvez-vous participer aux travaux de l'État ? »

M. Boisseau. L'année dernière, nous avons fait des travaux pour la ville de Paris, dans les trois derniers mois de l'année, principalement. Au début, nous étions dix. Nous ne connaissions pas grand' chose. Lorsque M. Floquet, préfet de la Seine, a pensé aux associations et a organisé la commission spéciale qui a fonctionné depuis, nous avons été admis à faire des travaux pour la Ville, ce qui nous a beaucoup aidés. Nous avons eu 120,000 francs de travaux dans les derniers mois de l'année dernière, pour la ville de Paris. Quarante hommes ont pu travailler à l'atelier, grâce à ces travaux. Et cette commande nous a permis d'avoir aujourd'hui une maison qui peut entreprendre des travaux pour un chiffre assez fort; elle nous a, en outre, procuré un certain crédit; ensuite, nous avons pu trouver de l'argent, je dirai comment tout à l'heure.

Nous pouvons entreprendre facilement de grands travaux, pour des sommes assez fortes. Nous pouvons en faire pour 500,000 francs par an, en moyenne, et davantage si nous employions tous les adhérents de notre association. Nous pourrions travailler à deux cents et produire considérablement.

M. Caël. Vous n'avez travaillé que pour la ville de Paris et non pour l'État?

M. Boisseau. Oui, Monsieur.

M. Caël. Vous n'avez pas soumissionné pour des travaux dans l'Administration des télégraphes?

M. Boisseau. Non. Nous avons concouru pour des travaux à la préfecture de police.

M. le Président. Est-ce un marché de gré à gré que vous avez fait?

M. Boisseau. Nous avons traité par adjudication et aussi de gré à gré.

M. le Président. J'ai omis de vous poser la quatrième question : la responsabilité imposée pendant cinq ans aux sociétaires qui se retirent ou sont exclus, arrête-t-elle les souscripteurs?

M. Hoffmann. Non, elle ne les arrête pas.

Déposition de MM. Boisseau et Hoffmann. (Suite.)

M. LE PRÉSIDENT. Cette disposition de la loi n'a aucune influence sur l'entrée des adhérents ?

M. HOFFMANN. Ils ne s'en rendent pas compte.

M. LE PRÉSIDENT. Quel est votre capital souscrit ?

M. HOFFMANN. 70,000 francs.

M. LE PRÉSIDENT. Est-il versé ?

M. HOFFMANN. 20,000 francs seulement sont versés.

M. LE PRÉSIDENT. Quel est le chiffre de votre fonds de roulement ?

M. BOISSEAU. On appelle fonds de roulement, je crois, la somme employée pour faire les affaires.

M. CAËL. C'est cela.

M. BOISSEAU. D'abord, nous avons les 20,000 francs versés sur notre capital; ce serait là notre véritable fonds de roulement. Mais, en dehors de cette somme, nous avons un autre fonds de roulement, un peu fictif, il est vrai. Ainsi, quand nous avons une commande importante, nous nous adressons à la *Caisse centrale populaire*, notre banquier, qui nous avance des fonds sur notre commande.

UN MEMBRE DE LA COMMISSION. C'est votre crédit qui fait votre fonds de roulement ?

M. HOFFMANN. Oui, Monsieur.

M. PHILIPPE. A quel chiffre peuvent atteindre les avances qui vous sont ainsi faites ?

M. BOISSEAU. Cela peut atteindre 200,000 francs environ, selon l'importance des commandes qui nous sont faites. La *Caisse centrale populaire* ne nous refuse rien.

M. LE PRÉSIDENT. Quel est le nombre de vos associés ?

M. Boisseau. Je l'ai déjà dit : 150 environ, plus 65 adhérents. Nous pourrions être environ deux cents ouvriers.

M. le Président. *6ᵉ question.* « Avez-vous déjà passé avec des particuliers, des compagnies, des administrations publiques ou avec l'État, des marchés d'une certaine importance ? »

Vous avez déjà répondu, en partie, à cette question, en ce qui concerne les particuliers. Quels sont les autres marchés que vous avez passés ?

M. Boisseau. Nous avons fait un marché de 10,000 francs avec la compagnie du canal de Panama, puis un marché de 120,000 francs environ avec la ville de Paris; avec l'État nous n'avons encore rien fait.

M. Caël. Vous avez parlé, tout à l'heure, de la Préfecture de police?

M. Boisseau. Nous n'avons pas conclu de marché avec cette administration, parce que nos prix étaient trop élevés lorsque nous avons soumissionné. Nous avons fait 2,000 francs d'affaires pour la Compagnie des chemins de fer de l'Afrique centrale, et 3,000 francs avec la Compagnie du Sénégal.

En outre, nous avons une petite clientèle bourgeoise. Nous avons fait environ 10,000 francs de travaux pour les particuliers. Nous travaillons, en ce moment, dans un petit hôtel qui se monte à Passy, puis dans un autre à Neuilly. Ces deux affaires avec des particuliers représentent au moins 10,000 francs. Cette année nous avons fait 25 à 30,000 francs avec la ville de Paris, pour l'organisation des bataillons scolaires. Nous avons fourni des devis et des croquis pour les bibliothèques communales. Ils ont été communiqués à M. le Préfet de la Seine, qui a dit que des travaux nous seraient commandés. Notre travail a été reconnu bon et meilleur que celui de certains entrepreneurs, et à des prix plus bas. Ce sont des travaux concédés de gré à gré.

M. le Président. Vous avez répondu sur la fin de la sixième question. Voici la septième.

« Comment vos directeurs ou gérants sont-ils nommés? Pour quelle durée? Sont-ils toujours révocables? »

8.

Déposition
de MM. Boisseau
et Hoffmann.
(Suite.)

M. Boisseau. Notre directeur est nommé par le conseil d'administration, qui est responsable. C'est le conseil, par le fait, composé de neuf membres, qui gère la Société. Il délègue ses pouvoirs à un directeur qu'il désigne lui-même. Il lui confie tout ou partie de ses pouvoirs. Le directeur doit être actionnaire. Les neuf membres du conseil sont nommés, suivant les statuts, par l'assemblée générale. Le conseil est renouvelable tous les six mois, par tiers. Le directeur est nommé pour un an. Il ne reste jamais sans anciens administrateurs. Les membres du conseil sont presque toujours renommés.

M. le Président. *8e question.* « Lorsque vous changez de directeur ou de gérant, combien vous coûte la procuration ou délégation du nouveau gérant ou directeur, vis-à-vis de vos créditeurs qui encaissent vos acomptes sur vos travaux exécutés? »

M. Boisseau. Le tout revient à 60 francs, environ, à chaque changement de directeur. Le directeur peut être changé tous les ans; mais, quand il est réélu, nous ne faisons pas de frais.

M. le Président. *9e question.* « Avez-vous des certificats de capacité signés par des ingénieurs ou des architectes? »

M. Boisseau. Oui, nous avons des certificats qui ont été déposés pour nos soumissions.

M. le Président. L'architecte d'un particulier, pour qui vous avez travaillé, peut-il vous délivrer un certificat?

M. Boisseau. Parfaitement. Mais les certificats des architectes de la Ville ont plus de poids pour nous permettre de soumissionner des travaux. Cependant, pour une soumission de la Ville, nous avons produit le certificat de l'architecte d'un particulier pour qui nous avions travaillé et nous avons obtenu des travaux.

Nous faisons constamment du travail pour la ville de Paris, et nous pouvons produire des certificats de ses architectes.

M. le Président. *10e question.* « Le coût de la matière première dans votre industrie est-il élevé? En avez-vous un approvisionnement? Quelle est l'importance de votre matériel et de votre outillage? Possédez-vous des machines? Votre outillage est-il propriété individuelle ou collective? »

Déposition
de MM. Boisseau
et Hoffmann.
(Suite.)

M. Boisseau. Nous estimons que la valeur de la matière première représente environ un tiers du prix de vente des objets. Mais il peut se produire des variations suivant la nature des travaux. Dans l'ébénisterie, qui comprend le bois des îles, il peut se faire qu'il y ait une certaine augmentation sur le prix de la matière première, ou une diminution. En général, le coût de la matière première représente un tiers de la valeur d'un objet.

Nous avons des approvisionnements. Il est essentiel pour nous d'en avoir pour que nous puissions employer du bois présentable, du bois sec. A l'inventaire de décembre, nous avions environ 15,000 francs de bois. Il faut ajouter que nous avons le chantier de notre marchand de bois à notre disposition. Il nous tient ses marchandises en réserve, parce que nous n'avons pas de local assez grand pour les déposer.

M. le Président. C'est le marchand qui vous fournit les bois, qui vous les garde?

M. Hoffmann. Oui, Monsieur.

M. Philippe. Payez-vous ces bois avant d'en avoir pris livraison?

M. Hoffmann. Non, du tout. Et notre marchand de bois nous disait hier : Je vous ferai crédit pour 100,000 francs si vous voulez.

Nous achetons une pile de bois, par exemple; elle reste chez le marchand de bois à notre disposition. Il ne peut plus en disposer: elle est à nous; mais nous ne payons qu'en prenant livraison des marchandises.

M. Barberet. Vous avez sans doute en magasin des articles fabriqués?

M. Hoffmann. Oui, nous en avons.

Un membre de la Commission. Ce sont les 15,000 francs de bois dont vous parliez tout à l'heure?

M. Hoffmann. Non. Ces 15,000 francs dont je parlais représentent de la matière à employer; mais, en outre, nous avons environ 12,000 francs de meubles en magasin, à vendre.

M. Henry. Vous avez un magasin de meubles?

Déposition
de MM. Boisseau
et Hoffmann
(Suite.)

M. Hoffmann. Oui, dans le local où nous fabriquons.

M. le Président. Quelle est l'importance de votre matériel et de votre outillage?

M. Hoffmann. Notre outillage vaut 10,000 francs. De plus, chaque ouvrier a environ pour 150 francs d'outils qui lui appartiennent. Ce sont les petits outils; ils sont la propriété de l'ouvrier. Le gros outillage appartient à l'association. Dans notre industrie, c'est l'usage, pour l'ouvrier, d'avoir ses petits outils.

M. le Président. Ainsi l'outillage est individuel et collectif?

M. Hoffmann. Oui, Monsieur.

M. le Président. Avez-vous des machines?

M. Hoffmann. Non, nous n'avons pas de machines à nous appartenant. Nous louons une force motrice. Nous employons actuellement sept à huit chevaux et jusqu'à dix. La location se fait par jour, à raison de 3 francs par heure pour toute la force motrice. Nous louons cette force dans le passage de la Forge-Royale, au faubourg Saint-Antoine.

M. Philippe. Il y a un arbre de couche général?

M. Hoffmann. Oui. Et nous pouvons employer sept à huit chevaux comme dix à douze.

M. Caël. Vous payez toujours dix chevaux à 3 francs par heure?

M. Boisseau. Oui. Ce prix n'a rien d'exagéré. Nous ne savons pas comment celui qui nous fournit la force motrice peut s'en tirer à ce prix, y compris la force et les machines. Il a des frais considérables à faire, frais qu'il nous évite, ce qui est à considérer. C'est ce qui nous permet — et j'insiste sur ce point — de faire beaucoup de travail dans de bonnes conditions, et à des prix plus bas que certaines maisons qui ont des machines à elles, qu'il leur faut chauffer constamment, et l'on sait que le combustible coûte cher. Tandis que nous, lorsque nous n'employons pas les machines, nous ne payons pas de location.

M. Dupont. On vous loue les scies, toutes les machines?

M. Hoffmann. Oui, nous avons actuellement cinq machines à notre disposition pour le prix que je viens d'indiquer : deux toupies, une scie à ruban, une fraise, une scie circulaire; c'est un forfait qui nous coûte environ 3o francs par jour, lorsque nous nous en servons.

M. Pitre. Votre association peut-elle se charger de fournir tout un ameublement de luxe?

M. Boisseau. Parfaitement. Jusqu'à présent, nous n'avons guère fait que des meubles très simples, même des armoires en sapin, mais nous préférerions faire des articles plus riches. Nous pourrions les entreprendre et livrer du bon travail et d'aussi bon goût que partout ailleurs, car, en somme, ce sont des ouvriers qui exécutent chez les fabricants. Nous avons des dessinateurs comme les patrons et nous exécutons les travaux sur dessins.

M. le Président. Ces dessinateurs sont-ils vos associés?

M. Hoffmann. Non, nous n'avons que des ébénistes dans l'association.

M. le Président. Vous employez des auxiliaires au dehors?

M. Boisseau. Nous avons déjà, dans notre association, des dessinateurs que nous employons d'abord, de préférence à ceux du dehors.

M. le Président. Quelle objection avez-vous à présenter contre le dépôt d'un cautionnement préalable?

Dans les marchés que vous avez passés, vous a-t-on fait des retenues, ou avez-vous déposé un cautionnement?

M. Boisseau. Nous avons déposé le cautionnement réglementaire, comme l'entrepreneur, mais il est certain qu'il est bien plus avantageux de faire une retenue au fur et à mesure des livraisons. De cette manière, nous n'avons pas de capital immobilisé, qui est toujours une somme assez forte et qui nous est nécessaire dans nos affaires.

M. le Président. Vous pensez qu'on pourrait se dispenser de verser un cautionnement?

Déposition
de MM. Boisseau
et Hoffmann.
(Suite.)

M. Boisseau. Oui, on pourrait le remplacer par le versement d'une retenue qui serait faite au moment des livraisons

M. Philippe. Vous avez déjà versé un cautionnement?

M. Boisseau. Oui, Monsieur.

M. Philippe: La *Caisse centrale populaire*, comme vous nous l'avez dit, vous ayant avancé ce cautionnement, votre capital n'a pas été immobilisé?

M. Boisseau. C'est vrai, mais nous payons les commissions et intérêts du cautionnement avancé.

M. Philippe. A quel chiffre s'élevait le cautionnement que vous avez versé?

M. Boisseau. Nous avons déposé 6,000 francs pour 150,000 francs de travail.

M. Pitre. Pourquoi préférez-vous déposer une garantie de 10 p. 0/0 sous forme de retenue, au lieu de payer 5 p. 0/0 pour un cautionnement?

M. Hoffmann. Parce qu'il nous faut verser ce cautionnement d'avance, tandis que la retenue ne se verse qu'après encaissement de sommes reçues sur des travaux exécutés.

M. Philippe. Ne pourriez-vous pas réclamer un des cautionnements que vous aviez antérieurement versés?

M. Boisseau. La Commission de la Ville avait, en quelque sorte, décidé qu'on ne demanderait pas de cautionnement, mais il n'en a rien été. J'avais déposé un cautionnement au moment de faire une soumission, et si les travaux nous avaient été accordés, j'aurais fait des démarches pour nous faire rendre le cautionnement.

Je serais plus partisan de ce système : déposer un cautionnement pendant quatre à cinq mois et en obtenir le remboursement dès qu'on se serait assuré que le travail est en bonne voie et qu'il y a toute garantie de sa complète exécution. C'est une idée qui m'est personnelle, mais notre conseil a décidé de répondre qu'à ce point de vue une retenue de 10 p. 0/0 serait préférable au dépôt d'un cautionnement.

M. Dupont. Sous quelle forme garantiriez-vous l'État, quand le
cautionnement serait retiré et que vous ne continueriez pas les travaux? Un soumissionnaire qui se verrait en perte pourrait ne plus
exécuter son travail et laisser l'État dans l'embarras. Dans ce cas, un
cautionnement n'étant plus exigé, comment garantiriez-vous l'État?
La retenue de garantie dont vous avez parlé serait-elle équivalente au
cautionnement?

M. Boisseau. Ici il y a une question de confiance. Lorsqu'une association n'a pas encore fait de travaux, lorsqu'elle n'a .pas encore
fonctionné, il est certain que, dans ce cas, il devient très difficile de
lui accorder confiance, parce qu'elle n'a encore rien produit, tandis
que nous, nous pouvons nous appuyer sur ce que nous avons déjà
fait. Dans le cas que j'indique, pour les associations nouvelles, il y
aurait lieu de nommer une commission spéciale, qui serait chargée
d'examiner les qualités, les capacités réelles des associations récemment créées, et de décider si elles sont capables de faire du travail.

M. Dupont. La commission spéciale dont vous parlez jugera, je
suppose, que l'association qui se crée peut faire un bon travail, mais
il y a la question de savoir si elle peut l'entreprendre.

M. Boisseau. C'est vrai. Il y a là un point important à établir. Il
ne faudrait pas que des gens aient la fantaisie de s'associer pour entreprendre une affaire et, qu'après quinze jours, ils puissent venir
dire : nous ne pouvons pas continuer ce travail. C'est pour cela qu'a-
vant d'admettre ces associations à exécuter des travaux, il faudrait
examiner leur situation.

M. Dupont. Suivant vous une commission pourrait se charger de
cet examen?

M. Boisseau. Oui, Monsieur.

M. le Président. Vous êtes sans doute au courant du règlement
arrêté par la Commission de la ville de Paris.

M. Hoffmann. Non, nous ne le connaissons pas.

M. le Président. Dans ce règlement, on propose de remplacer le
cautionnement par un examen de garantie des candidats.

Déposition
de MM. Boisseau
et Hoffmann.
(Suite.)

9

M. Nègre. Pourriez-vous présenter des cautions, c'est-à-dire la garantie de personnes qui seraient responsables solidairement? En Chine, j'avais remplacé le cautionnement par ce système de garantie, pour les fournitures à faire à l'État.

M. Barbeket. Ces Messieurs n'ont pas eu à s'occuper de cette question puisque, jusqu'à présent, ils ont trouvé le cautionnement nécessaire auprès de la *Caisse centrale populaire.*

M. Boisseau. Nous pourrions trouver la caution comme le cautionnement, mais le mieux, comme je le disais tout à l'heure, ce serait de s'assurer que l'association ne laissera pas en route le travail qu'elle aura entrepris.

M. Dupont. Vous fourniriez une caution solvable comme garantie?

M. Boisseau. Oui, Monsieur.

M. Hoffmann. Il faut remarquer que, dans une association comme la nôtre, 150 associés ont souscrit et se sont engagés à exécuter des travaux. Je crois qu'il y a déjà là une garantie.

M. le Président. « *12e question.* Quel mode de payement désirez-« vous? périodique? par acomptes ou par règlements de mémoires? »

M. Boisseau. Nous préférons le payement par acomptes.

M. le Président. *13e question.* « Votre association emploie-t-elle des auxiliaires salariés? Si oui, les fait-elle participer à ses bénéfices? »

M. Hoffmann. Nous n'employons pas d'auxiliaires. Les hommes qui travaillent chez nous font partie de l'association.

M. le Président. Vous avez dit tout à l'heure que vous aviez employé des dessinateurs en dehors de l'association.

M. Hoffmann. Oui, c'est un cas particulier.

M. le Président. *14e question.* « A quelles conditions et formalités sont astreints les candidats au titre d'associé? Font-ils un stage? »

M. Hoffmann. Il suffit de faire un versement de 5 francs pour être considéré comme actionnaire. Il est vrai que l'assemblée se réserve le droit de refuser ceux qui se présentent. On doit verser 5 francs par mois. Celui qui se présente doit être connu. Nous cherchons des garanties, nous prenons des renseignements parce que nous ne voulons que des hommes sérieux.

Déposition
de MM. Boisseau
et Hoffmann.
(Suite.)

M. LE PRÉSIDENT. *15ᵉ question.* « Avez-vous des associés ou des auxiliaires sortant des écoles professionnelles municipales ou des écoles d'arts et métiers? Avez-vous des apprentis?

M. BOISSEAU. Nous n'avons pas encore d'apprentis, mais nous avons l'intention d'en faire. Jusqu'à présent nous n'avons personne sortant des écoles municipales ou d'arts et métiers.

M. LE PRÉSIDENT. Les apprentis que vous ferez seront-ils membres de l'association.

M. BOISSEAU. Il faudra faire une modification à nos statuts pour l'admission des apprentis.

M. LE PRÉSIDENT. *16ᵉ question.* « Par qui votre travail et vos ateliers sont-ils dirigés? Comment traversez-vous les périodes de chômage? »

M. BOISSEAU. L'atelier est dirigé par un chef d'atelier nommé par le conseil d'administration. Quant aux périodes de chômage, nous venons d'en traverser une. Nous l'avons employée à remonter notre magasin des meubles qui nous manquaient, et nous avons réduit la journée, en moyenne, à 7 heures. Pendant les trois premiers mois de l'année nous n'avons travaillé que 7 heures par jour, pour conserver tout notre monde. Par ce moyen nous avons résisté et, quand les commandes sont revenues, quand la Ville nous a donné quelques travaux, nous avons repris le travail dans les conditions ordinaires.

M. LE PRÉSIDENT. *17ᵉ question.* « Les patrons de votre profession font-ils exécuter leurs travaux à l'étranger? Si oui, quelles sont les causes de ce déplacement de la main d'œuvre? »

Vous êtes-vous rendu compte de cette question?

M. BOISSEAU. C'est une question très ardue. On l'a beaucoup dit, mais nos relations ne sont pas assez étendues pour nous permettre

Déposition
de MM. Boisseau
et Hoffmann.
(Suite.)

d'affirmer que les meubles qui viennent ici arrivent sur commandes. Si c'est vrai, c'est parce que, nous pouvons le supposer, il y a chez beaucoup de patrons la rage de faire fortune en peu de temps. En faisant venir de l'ouvrage de l'étranger, on trouve le moyen de faire vite fortune d'avoir chevaux, voitures, et l'on fait chômer tout doucement l'ouvrier français en faisant travailler l'étranger.

M. CAËL. Vous n'avez pas entendu dire qu'on faisait venir des mobiliers scolaires de Suède?

M. HOFFMANN. On l'a dit, mais nous n'en sommes pas sûrs. On a dit aussi que la *Ménagère* faisait venir des meubles d'Allemagne. J'ai visité ses magasins et je n'y ai reconnu aucun meuble étranger.

M. LE PRÉSIDENT. *18e question.* « Vos associés sont-ils assurés contre les accidents résultant du travail? Possédez-vous une caisse de retraite? »

M. BOISSEAU. Nous avons une caisse de retraite. Quant à l'assurance contre les accidents, elle nous avait été réclamée par la Commission municipale. Il est évident que notre fonds de réserve n'est pas assez fort pour subvenir aux secours en cas de blessures; aussi nous nous sommes assurés contre les accidents à des compagnies d'assurances. Chaque homme paye tant par jour et il est assuré contre la perte d'un doigt ou d'un membre.

M. LANJALLEY. Qui est-ce qui paye la prime d'assurance? Est-ce l'assuré ou l'association?

M. BOISSEAU. Cette question n'a pas encore été tranchée. Nous avons l'intention de faire payer la prime par moitié entre les membres et l'association. C'est comme cela qu'on fait généralement. Dans une assemblée générale, nous arrêterons ce point.

M. LE PRÉSIDENT. *19e question.* « Quelles sont, pour l'exercice de votre industrie, les conséquences du travail exécuté dans les maisons centrales, les couvents et les ouvroirs? »

M. BOISSEAU. Les conséquences sont nulles pour notre industrie. Nos articles ne se font pas dans ces maisons.

M. Caël. Comment payez-vous vos ouvriers? Ont-ils un salaire journalier? Est-il uniforme pour tous?

Déposition de MM. Boisseau et Hoffmann. (Suite.)

M. Hoffmann. Tous nos travaux se font aux pièces.

M. Caël. Alors il y a un tarif établi par le conseil?

M. Hoffmann. Oui, et accepté par les ouvriers.

M. Lanjalley. C'est le même tarif que celui qui est payé par les patrons?

M. Hoffmann. Oui, c'est le même. Quant aux bénéfices, ils sont répartis entre les actionnaires et la caisse des retraites.

M. Caël. Votre Directeur a-t-il un salaire plus élevé?

M. Boisseau. Il est payé par quinzaine avec un salaire plus élevé.

M. Caël. Est-ce un traitement fixe qu'il reçoit?

M. Boisseau. Oui, c'est un traitement fixe.

M. Dupont. Vous nous avez dit que vous aviez 150 associés et 65 adhérents; vous ne les employez pas tous?

M. Boisseau. Non, pas tous.

M. Dupont. Alors il y a un roulement qui est établi pour les employés, successivement, ou employez-vous seulement les premiers entrés?

M. Hoffmann. On a décidé que les premiers entrés peuvent rester dans la maison tant qu'il y a du travail. Il a été décidé aussi que quand il faudrait renvoyer du personnel, on renverrait les derniers rentrés dans l'atelier.

M. Boisseau. Nous avons intérêt à faire comprendre à ceux qui travaillent dans l'atelier social qu'ils sont chez eux. Nous voulons qu'ils sentent qu'ils n'ont plus constamment à aller et à venir pour trouver du travail.

M. Dupont. On ne peut avoir qu'une action?

M. Boisseau. Oui, une seule.

M. Dupont. Et, à la mort d'un associé, comment la situation se règle-t-elle?

M. Hoffmann. La part revient aux héritiers. Je crois qu'on les rembourse après six mois, mais celui qui se retire de l'association n'est remboursé qu'après cinq ans.

M. le Président. Messieurs, la Commission a entendu, avec beaucoup d'intérêt, les renseignements que vous venez de lui donner, vous pouvez être sûrs qu'elle en prendra bonne note et qu'elle fera son possible pour résoudre la question.

MM. Hoffmann et Boisseau. Messieurs, nous avons pleine confiance en vous.

(Les déposants se retirent).

ASSOCIATION
DES OUVRIERS FACTEURS DE PIANOS DE PARIS.
(Siège social : 54, rue des Poissonniers.)
Représentée par MM. BELHACHE et FLACELIÈRE.

MM. Belhache et Flacelière sont introduits.

M. le Président. Voulez-vous, Messieurs, répondre successivement aux questions qui vous ont été adressées. D'abord comment êtes-vous constitués?

M. Flacelière. Nous sommes associés en nom collectif.

M. le Président. Alors vous êtes solidairement responsables?

M. Flacelière. Oui, quand un sociétaire quitte, par décès ou démission, il peut être remplacé par un autre. Nous sommes 18, tous sociétaires en nom collectif.

Déposition
de MM. Belhache
et Flacelière.
(Suite.)

M. le Président. Avez-vous éprouvé des difficultés pour votre constitution?

M. Flacelière. Oui, pour se créer, il y a des difficultés. Il faut trouver un fonds de roulement, une clientèle et la confiance.

M. le Président. Sur la seconde question, vous n'avez que peu de renseignements à fournir, parce que vous êtes constitués avant la loi de 1867. Les modifications à apporter à cette loi ne vous intéressent pas.

M. Flacelière. Non. Aussitôt qu'il y a un changement à faire dans notre acte, par suite de démission, de décès ou d'entrée dans la société, nous allons à l'enregistrement, au tribunal de commerce et à la justice de paix. Cela nous coûte 35 à 40 francs chaque fois.

M. Henry. A quelle époque vous êtes-vous constitués?

M. Flacelière. En 1849, et avec nos propres ressources. Nous sommes propriétaires de l'immeuble où nous sommes installés. Nous avons acheté le terrain et fait bâtir.

M. Belhache. Nous sommes très anciens.

M. Flacelière. Nous faisons 200 à 250,000 francs d'affaires par an. Nous sommes 18 ouvriers associés et 12 auxiliaires. Il y a déjà là un moyen de se mettre en garde contre le chômage. Il faut un stage d'un an avant d'entrer comme sociétaire.

M. Belhache. Nous ne prenons nos sociétaires que parmi nos auxiliaires. Nous vivons ensemble et nous les connaissons.

M. Flacelière. Quand il se produit une difficulté, il y a un conseil d'administration qui décide. Nous n'avons pas beaucoup de rapports avec les autres associations.

M. Belhache. C'est à la suite de l'émancipation de 1848 que nous nous sommes constitués, en 1849.

M. Flacelière. A l'aide de retenues, nous avons formé un fonds de roulement.

M. le Président. Quel est votre capital social?

M. Belhache. Il est de 200 à 220,000 francs, complètement versés.

M. le Président. Et votre fonds de roulement?

M. Belhache. De 200 à 250,000 francs.

M. le Président. Puisque beaucoup de questions n'ont pas d'intérêt pour vous, et comme nous croyons que votre société est vigoureusement constituée, voulez-vous bien nous dire, pour aller vite, sur quel point du questionnaire vous avez des observations à présenter?

M. Barberet. Sur la sixième question, par exemple, n'avez-vous rien à répondre?

Un Membre. Ces messieurs ne font rien avec l'État?

M. Barberet. Ne pourriez-vous pas faire des fournitures pour les lycées?

M. Flacelière. Nous avons pensé que nous pourrions fournir les lycées. Nous sommes installés pour exécuter ces commandes.

M. le Président. Vos auxiliaires participent-ils aux bénéfices?

M. Belhache. Non. Ils sont payés comme nous, aux pièces. Ils sont 8, 10 ou 12, selon les besoins de la vente. En faisant leur stage pour devenir sociétaires, ils ne sont pas comme dans les autres ateliers. Ils travaillent pour devenir sociétaires. Ils se portent aux élections.

M. le Président. Par qui vos ateliers sont-ils dirigés?

M. Belhache. Par un gérant, un caissier et un garde du sceau. L'un fait les fonctions de patron, les autres également. Tous les quinze jours, le conseil de surveillance se réunit; il passe toutes les affaires de l'administration en revue, la caisse, les portefeuilles, la correspondance, et puis, tous les trois mois, à moins de choses extraordinaires, il y a une assemblée générale.

M. Lanjalley. Comment se compose votre clientèle?

M. Belhache. Nous avons des clients un peu partout, mais nous travaillons principalement pour les marchands de pianos, en province et à l'étranger. Nous ne travaillons pas beaucoup pour la clientèle bourgeoise, parce que le mot d'association est peu développé dans le grand monde.

Déposition
de MM. Belhache
et Flacelière.
(Suite.)

M. Philippe. Les marchands qui achètent chez vous mettent votre plaque sur vos produits?

M. Belhache. Non, la moitié des marchands mettent leur nom. Si nous indiquions le nôtre, nous perdrions notre clientèle.

M. le Président. Avez-vous une société de secours?

M. Belhache. Un sociétaire malade reçoit 3 francs par jour, nous avons constitué nous-mêmes notre société de secours.

M. le Président. Pouvez-vous nous communiquer vos statuts?

M. Belhache. Les voici. (Le déposant les remet à M. le Président.)

M. Flacelière. La concurrence étrangère nous fait beaucoup de tort. L'Allemagne livre des pianos à meilleur marché que nous, tout rentrés. La main-d'œuvre allemande coûte moins que chez nous. Hier, on est venu nous proposer, de la part d'une maison allemande, de donner nos modèles de moulures, qu'on nous fabriquerait à 20 p. o/o meilleur marché que nous.

M. Barberet. A quoi attribuez-vous ce bas prix de la fabrication allemande?

M. Flacelière. Au prix peu élevé des salaires et aussi de la matière première. Vous avez vu dernièrement les ouvriers de Berlin se mettre en grève pour obtenir 5 francs par jour. Ils avaient donc moins de 5 francs. Or, ici, il faut compter sur le double pour la journée de l'ouvrier. Le marchand français fait venir des pianos d'Allemagne, ils mettent leur nom dessus, et, comme pour beaucoup de choses, il n'y a pas beaucoup de connaisseurs, les acheteurs croient que ce sont des pianos de France.

M. Lanjalley. La matière première est à meilleur marché en Allemagne qu'en France?

M. Belhache. Oui, nous le croyons.

M. Flacelière. Et le bois aussi est à meilleur marché.

Pour terminer, Messieurs, j'ai l'honneur de vous dire que notre société a été récompensée aux Expositions universelles de Londres, en 1851, de Paris, en 1855, en 1867 et en 1878, ainsi qu'à celle de Bordeaux, en 1882.

M. le Président. Nous vous remercions, Messieurs, des renseignements intéressants que vous venez de nous donner.

(Les déposants se retirent.)

ASSOCIATION

DES OUVRIERS MENUISIERS EN SIÈGES.

(Siège social · 5, rue de Charonne.)

Représentée par MM. BARON, CONORD et HUMBERT.

MM. Baron, Conord et Humbert sont introduits.

M. le Président. Voulez-vous, Messieurs, nous faire connaître votre opinion en réponse au questionnaire qui vous a été remis.

M. Baron. J'ai fait un relevé de nos réponses au questionnaire. Nous allons le lire à la Commission.

Notre association est constituée en nom collectif. Elle date de 1848. Un premier contrat a été fait en 1849 et un deuxième en 1854. Notre Société a pris fin en 1879. En 1871, nous avons subi un incendie qui a détruit complètement notre établissement. Pendant le procès que nous avons eu avec les compagnies d'assurances, nous avons pu nous reconstituer avec nos économies, et, le 28 mars 1881, nous avons formé une société nouvelle, en nom collectif, par acte

Déposition
de MM. Banoѕ,
Cayond et Humbert.
(Suite.)

notarié. Nous nous sommes associés pour un nouveau contrat de quinze ans, que prévoyait notre ancien contrat. Du 4 septembre 1879 au 28 mars 1881, nous étions, commercialement, en liquidation, parce que nous attendions l'issue de notre procès avec notre assureur, qui était pendant devant la cour de Rouen. Le gain de notre procès nous a permis de nous reconstituer avec les économies que nous avions faites pendant sept à huit ans. Voici notre acte de constitution de société.

Voici maintenant nos réponses au questionnaire :

1° Notre association est constituée en nom collectif ;

2° Elle n'a éprouvé aucune difficulté pour se constituer. Son acte constitutif est notarié, et les frais de sa constitution se sont élevés à 532 fr. 65 cent. ;

3° Ne connaissant qu'imparfaitement les termes de la loi du 24 juillet 1867, nous ne pouvons rien en dire ;

4° Notre association n'étant pas anonyme, ni par actions, la question de responsabilité pendant cinq ans n'a pas été mise en cause ;

5° N'ayant pas eu de commandes de l'État directement, il nous serait difficile de dire, pour le moment, dans quelle mesure nous pourrions y participer. Nous ne faisons que des sièges. Notre capital souscrit et versé est de 100 francs par sociétaire. En 1849, nous comptions grossir notre capital avec nos bénéfices. C'était un peu hardi. Le nombre de nos associés est de dix-sept actuellement. Nous n'avons pas de fonds de roulement réservé. Les ressources, telles que encaisse, effets à recevoir et sommes dues par les clients, forment les éléments pour le mouvement de l'établissement ;

6° Nous avons eu des commandes importantes de deuxième main, vu la nature des travaux, pour des compagnies, administrations et pour l'État. Nous avons passé des marchés importants pour les théâtres d'Angers, Reims, Strasbourg, Cherbourg, et, à Paris, pour ceux de Cluny, de la Renaissance, des Nations, des Nouveautés, de l'Opéra-Comique. Nous avons fait les sièges du Sénat. Nous avons en outre traité avec la compagnie des Messageries maritimes pour une fourniture de 44,500 francs. Nous travaillons toujours de seconde main dans les chemins de fer ou ailleurs. Nous avons travaillé aussi pour la nouvelle ligne de Nouméa. Nous pouvons donc entreprendre des travaux importants.

Jusqu'à présent, toutes ces commandes ont pu être exécutées avec

Déposition
de MM. Baron.
Conord et Humbert.
(Suite.)

les ressources que je viens de vous indiquer, sans aucun concours, mais généralement les résultats sont très restreints;

7° Notre gérant est nommé pour un temps indéterminé, par l'assemblée générale.

M. Henry. Combien avez-vous eu de gérants ?

M. Baron. Trois depuis 1849.

M. Barberet. Voilà de la stabilité.

M. Baron. 8° Le changement de gérant peut entraîner une dépense de 140 à 150 francs environ par acte notarié ;

9° Jusqu'à présent, nous n'avons pas eu de certificat de capacité, mais nous pourrions en avoir de nos clients. Il m'a été déclaré par un capitaine de navire que nos travaux sont revenus en bon état;

10° Dans notre industrie, les matières premières représentent une moyenne de 28 à 30 p. o/o, et la main-d'œuvre ainsi que les frais généraux valent de 70 à 72 p. o/o.

D'après notre inventaire de juillet 1882, notre approvisionnement de matières premières s'élève à 20,000 francs environ. Notre matériel et notre outillage peuvent être évalués à 10 ou 12,000 francs. Avant l'incendie qui a détruit nos ateliers, nous possédions des machines, mais nous n'avons pas encore pu les reconstituer.

En outre, chaque associé et auxiliaire occupé dans nos ateliers possède son outillage suivant sa profession.

Nous avons deux spécialités professionnelles : les menuisiers en sièges et, comme adhérents, les sculpteurs sur bois. Il y a un outillage collectif et un outillage individuel. Ce dernier est estimé 120 francs. Après notre incendie, il a été payé 100 francs.

Cet incendie a eu pour cause un accident fortuit, la nuit. Les ouvriers étaient assurés. Ils ont reçu, comme je viens de le dire, 100 francs chacun pour leurs outils.

M. Barberet. Malheureusement, cette précaution n'est pas prise par tous. Je me rappelle l'incendie de la fabrique de pianos de la maison Herz, rue Marcadet, en 1875, dans lequel les ouvriers ont perdu pour près de 100,000 francs d'outils, faute par eux de s'être assurés.

M. **Baron**. 11° Pour une partie des travaux importants que nous avons exécutés, on nous a fait subir, sur chaque payement des livraisons partielles faites, une certaine retenue de garantie jusqu'à l'achèvement et à la réception complète de la commande, mais on ne nous a jamais demandé un cautionnement préalable qui nous eût gêné considérable ment;

12° Jusqu'à présent, nous avons pu être payés par règlements de factures et non par acomptes, tout en subissant la retenue de garantie ;

13° Notre association emploie des auxiliaires salariés; mais, eu égard à la responsabilité commerciale, ainsi qu'au gain restreint des affaires et aux mauvaises créances qui se produisent malheureusement trop souvent, il ne nous a pas été possible de les faire participer dans le peu de bénéfices nets de notre exploitation.

Nous occupons de quinze à vingt-cinq auxiliaires.

14° D'après les articles 24 et 25 de nos statuts, nul ne peut être admis comme associé, s'il n'a travaillé ou été employé pendant six mois dans la maison.

Chacun doit apporter une mise de fonds égale à celle des anciens sociétaires, soit 100 francs, comme apport social, plus le montant d'une année de salaire pour accroître le fonds de réserve (articles 5 et 6).

Comme le gain n'est pas régulier, le bénéfice est partagé au prorata du gain. Il a été admis que l'associé doit fournir le montant d'une année de salaire comme action complète avant de toucher aux bénéfices. Par exemple, cette année de salaire est calculée d'après une moyenne, de sorte que le montant de l'action varie pour les associés. Les personnes les plus favorisées comme salaires rendent plus de services; on n'avait pas adopté le système égalitaire.

Le contrat prévoit aussi le cas où la maison aurait besoin de ressources: alors il peut être ajouté une deuxième année de salaires pour doubler l'action. Avant notre incendie, il avait été décidé qu'on doublerait l'action de réserve;

15° Il n'existe, dans la maison, aucun associé ni auxiliaire sortant des écoles professionnelles, ni des arts et métiers.

Pour le moment, il n'y a pas d'apprentis;

16° Le mouvement de la maison et le travail des ateliers sont di-

Déposition de MM. Baron, Conord et Humbert. (Suite.)

rigés par le gérant et les contremaîtres menuisiers en sièges et sculpteurs sur bois.

Les périodes de chômage sont traversées par la réduction du travail.

M. Philippe. Le gérant ne travaille pas?

M. Conord. Non. Ses attributions sont définies.

Il s'occupe des affaires extérieures. De plus il a à payer 5o personnes par quinzaine, ce qui représente de l'occupation. Il y a une personne qui vient le soir pour tenir la comptabilité et les écritures. Le mouvement de la maison est très important et le gérant doit suivre les commandes. Il est secondé par un personnel, en cas d'absence, pour répondre à la clientèle. Comme nous avons deux professions — sculpture et menuiserie — nous avons deux contremaîtres, qui tous deux font les dessins et plans. Nous avons exécuté des travaux sur plans pour les Messageries maritimes. Nous avons dû travailler sur plan d'élévation, sur plan par terre pour exécuter les travaux.

M. Baron. 17° Nous ne connaissons pas de patrons exerçant spécialement la profession de menuisier en sièges qui fassent exécuter leurs travaux à l'étranger.

18° Il n'existe pas, dans notre maison, d'assurances contre les accidents résultant du travail, ni de caisse de retraite, mais il existe une caisse de secours obligatoire pour les associés, et une caisse de secours facultative pour les auxiliaires, pour les cas de maladie ou d'accident qui peuvent survenir.

19° Actuellement, dans notre industrie spéciale, nous ne supposons pas qu'il puisse s'exécuter des travaux correspondants dans les couvents, les ouvroirs et les prisons.

Enfin, Messieurs, nous avons travaillé pour la maison Belloir. Nous avons été leur fort fournisseur. Nous avons fait des trimestres de 15 à 20,000 francs pour cette maison, en travaux à la Cour de cassation, dans des théâtres. Nous sommes toujours en bons rapports avec elle.

M. Guille-Desbuttes. La Commission ne pourrait-elle pas demander à la compagnie maritime un certificat constatant la bonne exécution des travaux exécutés par ces Messieurs.

M. le Président. Mais ces Messieurs ont intérêt à réclamer eux-mêmes cette pièce.

M. Henry. Et nous demanderions une copie de ce certificat.

M. le Président. Je ne sais pas, Messieurs, si cela rentre bien dans les attributions de la Commission.

M. Conord. Le 17 août 1882, cette compagnie nous donnait une commande de 450 sièges; le 27 décembre suivant, elle avait reçu livraison d'une grande partie et elle nous faisait une nouvelle commande de 80 sièges, ce qui indique qu'elle avait trouvé les premiers travaux bien exécutés.

(M. Conord annonce à la Commission qu'il lui remettra une copie de l'acte notarié faisant l'objet du troisième contrat d'association. Il dépose sur le bureau une copie des commandes faites à l'association.)

Avant de se retirer, les déposants déclarent qu'ils ont obtenu diverses récompenses aux Expositions universelles de Paris en 1855 et en 1867.

M. le Président. Nous examinerons ces pièces, Messieurs, avec tout l'intérêt qu'elles comportent, et nous vous remercions des renseignements que vous venez de nous fournir.

(Les déposants se retirent.)

ASSOCIATION L'AVENIR.

SOCIÉTÉ GÉNÉRALE DE L'AMEUBLEMENT

COOPÉRATIVE ANONYME

A PERSONNEL ET CAPITAL VARIABLES.

(Siège social : 9, rue Saint-Ambroise.)

Représentée par MM. J. KINDTS et E. GONTIER.

MM. J. Kindts et E. Gontier sont introduits.

M. le Président. Veuillez, Messieurs, nous renseigner sur votre association ?

Déposition
de MM. Baron,
Conord et Humbert.
(Suite.)

Déposition
de MM. Kindts
et Gontier.

M. Kindts, *administrateur.* Nous avons écrit nos réponses. Nous allons vous les lire.

1° Notre société est constituée sous la forme coopérative anonyme à personnel et capital variables;

2° Les difficultés que nous avons éprouvées n'ont pas été rencontrées dans la loi de 1867, mais plutôt dans les préjugés qui existent dans le public contre l'idée d'association et dont sont aussi imbues les classes laborieuses.

Les frais de notre constitution se sont élevés à 400 francs environ, pour actes et publications légales.

Oui, notre acte constitutif est notarié, bien que la loi de 1867 nous autorise à nous former par un acte sous-seing privé, mais les rapports avec les tiers l'exigent notarié, dans certain cas; nous citerons notamment la Préfecture de la Seine, etc., pour les adjudications et marchés.

M. Barberet. Est-ce que la Préfecture de la Seine a exigé la production d'un acte notarié ?

M. Kindts. Oui, nous avons, dans nos archives, une lettre qui nous fait cette demande.

M. Henry. Pouvez-vous nous donner une copie de cette lettre.

M. Kindts. Je remettrai la lettre même à la Commission. Dans certains cas, cet acte notarié nous a été réclamé par des particuliers et des architectes.

3° Nous ne voyons pas qu'il y ait de modifications bien importantes à signaler sur la loi de 1867; pourtant il nous semble que l'article 23 devrait être modifié de façon à permettre la réduction des associés au nombre de 3 au lieu de 7.

On pourrait également exiger moins de frais de publicité pour tous les actes relatifs aux modifications de statuts, changements de directeurs ou gérants.

Cette question a, du reste, besoin d'être très sérieusement étudiée par les intéressés, aidés des légistes.

Ces modifications faciliteraient beaucoup la création d'associations, par exemple pour les dessinateurs d'ameublement, qui sont très peu nombreux à Paris.

Il y a une foule de formalités qui demandent beaucoup de temps, qui coûtent fort cher et qu'on pourrait supprimer. Ces formalités doivent être remplies dans le délai d'un mois; ce délai est trop court; car lorsqu'on n'a pas eu le temps de faire les démarches nécessaires, il faut recommencer et convoquer une nouvelle assemblée générale. Nous voudrions avoir plus de latitude pour faire nos démarches.

Nous voudrions aussi voir supprimer l'article 49 de la loi qui dit que les sociétés ne pourront pas porter leur capital à plus de deux cent mille francs. Cet article ne nous intéresse pas personnellement, puisque notre capital n'a pas encore atteint ce chiffre, mais nous désirerions que les sociétés coopératives eussent une plus grande extension.

M. Barberet. Vous pouvez augmenter, d'année en année, votre capital de 200,000 fr. Le S 2 de l'article 49 de la loi de 1867 vous le permet.

M. Kindts. Oui, c'est vrai, mais c'est à propos de l'extension annuelle que nous demandons une modification.

4° En ce qui nous concerne, il est certain que le nombre de nos souscripteurs serait plus fort si le temps de responsabilité était de trois ans au lieu de cinq pour ceux qui se retirent, qui sont radiés ou qui sont exclus.

5° Nous pouvons participer aux travaux de l'État dans une mesure très large, puisque nous possédons des éléments de choix en coopérateurs et de grands ateliers parfaitement agencés pour entreprendre des travaux importants; d'autre part, par les ressources que nous crée notre capital souscrit, celui versé et le crédit que nous avons sur notre place, il nous est permis de prendre part à toute entreprise concernant l'ameublement général et la décoration intérieure.

Notre capital souscrit est de 15,000 francs, porté à 32,000 par décision de l'assemblée générale en date du 7 avril courant.

Notre capital versé est de 12,580 francs;

Notre fonds de roulement est de 35,000 francs.

Le nombre de nos associés est de soixante-quatre, pouvant tous être utilement employés dans nos ateliers.

M. Philippe. Votre fonds de roulement est notablement supérieur à votre capital?

Déposition de MM. Kindts et Gontier. (Suite.)

I.

11

M. Kindts. Oui, parce que la *Caisse centrale populaire* nous a consenti des avances, et, de plus, nous avons les ressources que nous procurent nos sociétaires. Notre fonds de roulement, qui est actuellement de 35,000 francs, atteint dans certains cas 5o,ooo francs.

6° Les travaux les plus importants que nous ayons faits étaient pour le compte des particuliers; pourtant nous signalerons des fournitures faites à la préfecture de police. (Adjudications de boîtes à dossier et ameublement du salon d'attente de M. le préfet de police.) Nous avons, en outre, exécuté des travaux pour l'hôpital Laënnec (installation de lavabos en chêne), plus des travaux pour architectes, etc.

Les fonds nécessaires au dépôt du cautionnement pourraient nous être fournis par la *Caisse centrale populaire*, mais nous n'avons, jusqu'à ce jour, eu que nos seules ressources pour évoluer.

La *Caisse centrale populaire* nous a ouvert un crédit lorsque nous nous sommes engagés à être actionnaires chez elle; nous nous libérons au fur et à mesure, mais cette banque populaire est très limitée par ses statuts pour les avances qu'elle pourrait nous consentir.

M. le Président. Pour la tapisserie, la matière première est d'un prix élevé?

M. Kindts. Nous n'enmagasinons pas de matières premières pour la tapisserie. Nous avons chez nous des cartes d'échantillons sur lesquelles nous traitons les affaires. Nous achetons directement; c'est un avantage que nous avons sur l'industrie du meuble.

7° L'administrateur est nommé pour un temps illimité, par le conseil d'administration; il est toujours révocable.

8° A chaque changement de gérant, nous dépensons 6o centimes pour chaque procuration exigée par les tiers, plus les frais d'enregistrement.

9° En ce qui concerne les certificats de capacité, nous en avons déposé une série à la préfecture de la Seine, émanant des personnes les plus autorisées et constatant nos aptitudes pour les travaux dont nous pourrions être chargés.

1o° Dans notre profession, le coût de la matière première est peu élevé; nous en avons toujours un approvisionnement pour six mois à l'avance.

Nous avons à peu près pour 11,000 francs de matériel et d'outillage;

Nous ne possédons pas de machines à vapeur;

Nous avons des machines au pied ou à la main;

Notre gros outillage est propriété collective, et le petit outillage spécial est propriété individuelle.

M. BARBERET. Vos machines vous appartiennent-elles?

M. KINDTS. Oui, elles font partie du gros outillage.

11° Nous pouvons subir une retenue de 15 p. o/o sur les travaux adjugés ou concédés.

Le dépôt du cautionnement nous oblige à immobiliser une partie liquide de notre capital, qui produirait tout ce qu'il peut donner dans notre industrie et qui ne nous rapporte qu'un intérêt illusoire.

12° Nous préférons le payement périodique; du reste nous nous accommoderions de quelque mode que ce soit; que l'on nous donne des travaux et, avec la commande en règle, nous trouverons des ressources.

13° Nous employons rarement des auxiliaires salariés; nos statuts constitutifs portent, du reste, qu'ils ne peuvent être auxiliaires que pendant le délai maximum d'un mois; s'ils restent, ils deviennent sociétaires.

Les auxiliaires ne participent pas dans les bénéfices.

14° Pour le recrutement de nos associés, les candidats doivent présenter des garanties de moralité, d'assiduité et de capacité; ils ne deviennent associés que lorsqu'ils ont été acceptés par l'assemblée générale trimestrielle, qu'ils ont souscrit le quart de l'action et qu'une commission d'enquête a statué sur leur admission.

M. BARBERET. Avez-vous des apprentis?

M. KINDTS. Non.

M. BARBERET. Pensez-vous en faire?

M. KINDTS. Oui. Cette question est inscrite dans nos institutions. Si nos ressources nous le permettent, nous créerons, pour notre industrie, une école professionnelle.

Déposition
de MM. Kindts
et Gontier.
(Suite.)

15° Quatre de nos coopérateurs sortent de l'École nationale des Beaux-Arts; six sortent de l'École nationale des arts décoratifs, et un de l'École des arts et métiers de Châlons.

16° Nos ateliers sont dirigés par des contremaîtres pour chacune des branches de notre industrie se rattachant à l'ameublement.

En temps ordinaire, les périodes de chômage nous permettent de faire quelques modèles à l'avance, mais, quand le chômage devient une crise persistante comme celle que nous traversons, nous n'avons plus qu'à faire des vœux pour que l'État nous vienne en aide par des travaux quels qu'ils soient, sous peine de nous voir dans l'impossibilité d'occuper nos sociétaires, et de voir aussi s'engloutir dans une catastrophe imméritée le fruit de nos économies, et de nos labeurs journaliers, ce qui est à la veille de se produire. Dix ouvriers sur soixante sont occupés actuellement chez nous, et dans quelques jours, nous nous verrons forcés de renvoyer le dernier sociétaire, faute de pouvoir l'occuper.

17° Les patrons de notre industrie font exécuter des travaux à l'étranger. Nous pourrions citer des noms. Les causes sont le bon marché des productions de notre industrie, par les moyens mécaniques et l'outillage supérieur employés à l'étranger.

18° Nous avons, dans nos différents comptes, un crédit relatif à l'assurance, mais les accidents causés par le travail sont rares dans notre fabrication.

Nous avons également une caisse de retraite.

19° Au sujet du travail exécuté dans les prisons, nous signalerons la chaise, fabriquée à la Roquette, le cannage des sièges aux Quinze-Vingts.

M. Barberet. Est-ce dans des proportions considérables?

M. Kindts. Nous pourrions difficilement l'indiquer. Nous savons toutefois qu'à la Roquette la production est élevée.

M. Gaël. Vous venez de parler de la perfection des instruments de production à l'étranger, pourquoi n'employez-vous pas les mêmes instruments?

M. Kindts. Parce que notre capital est insuffisant.

M. Philippe. A l'étranger l'ouvrier vit plus modestement?

Déposition
de MM. Kindts
et Gontier.
(Suite.)

M. Kindts. Dans notre industrie, l'ouvrier étranger est employé plus difficilement, parce que nos travaux ont un caractère artistique et de recherches que l'ouvrier étranger ne connaît pas; il ne sait faire que le travail manuel purement mécanique. Pour tout ce qui demande de l'intelligence, de la recherche, du soin, de la combinaison, l'ouvrier français a la supériorité; mais dans les travaux pour lesquels ou emploie les moyens mécaniques, nous sommes inférieurs à l'étranger.

M. Philippe. Mais le fabricant français qui emploie des machines peut vous faire concurrence?

M. Kindts. Parfaitement, si nous avions des machines nous lutterions avec l'étranger. Actuellement, nous luttons par le goût, par la composition, par la forme des produits. Si nous avions des ressources, nous exposerions nos produits, même fabriqués mécaniquement. Ce sont les capitaux qui nous manquent pour exporter nos produits à l'étranger avec avantage. Je le répète, ce sont les moyens d'exécution qui nous font défaut. Nous avons parmi nous des hommes qui ont voyagé et qui nous ont rapporté des données exactes sur la fabrication des concurrents étrangers ; nous connaissons leurs moyens de production et, avec des ressources, nous lutterions avec eux.

M. Caël. Vous ne trouveriez pas des ressources dans la Banque?

M. Kindts. Non.

M. Barberet. A quel chiffre s'élèveraient les ressources qui vous manquent?

M. Kindts. Nous nous contenterions maintenant de 50,000 francs. Avec cette somme nous nous faisons fort de développer rapidement notre affaire.

M. Caël. La *Caisse centrale populaire* ne pourrait-elle pas vous fournir cette somme?

M. Kindts. Non, cette caisse ne fait d'avances que sur des marchés passés. Si l'État pouvait nous concéder un lot de travaux importants, ce serait peut-être la clef du développement de notre affaire, et sans grandes difficultés.

Nous sommes à votre disposition, Messieurs, pour tous autres renseignements.

M. LE PRÉSIDENT. Nous vous remercions, Messieurs, vos réponses ont été très complètes et nous en prenons bonne note.

(M. Kindts dépose sur le bureau une copie de statuts imprimés.)

(Les déposants se retirent.)

ASSOCIATION D'ÉBÉNISTES.
SOCIÉTÉ EN NOM COLLECTIF.

(Siège social : 117, rue de Montreuil.

Représentée par M. GIRARD.

M. GIRARD est introduit.

M. LE PRÉSIDENT. Comment êtes-vous constitués ?

M. GIRARD. Nous avons commencé par être deux, trois, quatre ouvriers travaillant à l'établi; nous avons eu jusqu'à douze établis. Le travail va si mal cette année que l'outillage reste là; le travail nous manque.

Nous avons signé un acte sur papier timbré; nous n'avons pas fait d'acte notarié, qui nous aurait coûté trop cher; nous n'avions pas le moyen de faire cette dépense. Nous avons toujours travaillé pour la Ville de Paris, les magasins du Bon Marché, du Printemps. Quand une commande nous est faite, nous trouvons facilement le bois nécessaire. On nous donnerait pour 10 à 15,000 francs de bois sur une commande. Nous traitons beaucoup aussi avec des effets à six mois. Nous avons commencé avec 100 francs et, après avoir été douze, nous sommes restés à quatre. Nous avons à peu près 5,000 francs à nous quatre.

Déposition
de M. GIRARD.
Suite. 1

M. LE PRÉSIDENT. C'est pour ainsi dire un consentement mutuel qui a constitué votre association ?

M. GIRARD. Oui, Monsieur.

M. BARBERET. C'est l'association sous forme temporaire, en nom collectif, et en vue de l'exécution d'un travail commandé ?

M. GIRARD. Celui qui veut se retirer de l'association choisit un sociétaire restant pour finir son travail. Comme aujourd'hui le travail ne va pas, au lieu de passer à la paye pour 40 francs par semaine, nous prenons moins, nous laissons une partie de cette somme.

M. BARBERET. Si, après avoir reçu une commande importante, vous ne pouviez pas l'exécuter, ou que vous l'exécutiez dans des conditions inacceptables, quelles garanties pourriez-vous offrir à votre client ?

M. GIRARD. Nous avons fait un bail de quinze ans par trois, six ou neuf, et nous sommes responsables de nos actes pendant trois ans.

UN MEMBRE DE LA COMMISSION. C'est une société en nom collectif pour une durée temporaire ?

UN AUTRE MEMBRE. C'est une association de personnes; celui qui quitte n'en reste pas moins responsable ?

M. LE PRÉSIDENT. Ce n'est pas l'association d'après la loi de 1867.

M. GIRARD. Quand je suis arrivé à Paris, il y a vingt et un ans, je ne savais pas un mot de français. Dans la Lorraine, nos maîtres d'école n'apprennent pas le français. Je suis arrivé au 3ᵉ d'artillerie, ne sachant pas le français. Je sais lire et écrire en allemand, mais pas en français; on ne me l'a pas appris. Je ne connais donc pas les différentes formes légales d'associations. Nous nous en sommes rapportés à un homme d'affaires pour nous associer.

M. BARBERET. Vous avez reçu des commandes de particuliers?

M. Girard. Oui. Nous avons fait 3,000 francs de travaux pour le magasin du Bon-Marché; de 12 à 15,000 francs pour des particuliers.

M. le Président. Travaillez-vous aussi pour des patrons?

M. Girard. Oui, surtout en ce moment où l'ouvrage ne va pas. Nous acceptons les commandes de partout.

M. le Président. Avez-vous d'autres observations à faire ?

M. Girard. Nous pensons qu'il faudrait supprimer le cautionnement et le remplacer par une retenue de garantie de 10 p. o/o, parce que les petites associations comme la nôtre ne peuvent pas trouver de cautionnement. Nous laisserions 10 p. o/o jusqu'à la fin du règlement de comptes. Nous voudrions aussi qu'il fût possible d'avoir des acomptes mensuels.

M. Philippe. Y a-t-il chez vous un directeur d'atelier?

M. Girard. Oui, c'est moi qui ai la signature sociale.

M. le Président. Dans les périodes de chômage comment faites-vous?

M. Girard. Nous diminuons la paye de la semaine; au lieu de prendre 40 francs, nous prenons le moins possible, mais il faut vivre à Paris, et la vie coûte cher. A Strasbourg, il y a des ouvriers qui travaillent à raison de 3 francs 5 sous et 3 francs par jour; ici, il faut compter de 6 francs à 6 fr. 50.

M. Philippe. D'où vient cette différence dans le prix de la journée de travail ?

M. Girard. C'est parce qu'à Strasbourg la vie est meilleur marché ainsi que le logement- On peut s'y loger pour 60 à 65 francs par an, aussi bien qu'ici pour 300 francs. Et puis, les vivres sont beaucoup moins chers.

M. Henry. Vous payez les ouvriers au moins 6 francs par jour, ici ?

M. Girard. Oui, il n'y a pas d'ouvriers à moins de 6 francs, et pour un ouvrier fait, c'est 8 francs, c'est-à-dire 80 centimes de l'heure pour dix heures. C'est donc 8 francs au lieu de 3 fr. 50 cent.

A l'étranger les bois sont aussi meilleur marché qu'ici. En Alsace, en Allemagne, le décistère de hêtre vaut 3 francs; à Paris, il vaut de 13 à 14 francs. Pour les bois de chêne et les sapins, la différence est la même. Voilà une des causes de la concurrence. De plus, les Allemands ne payent pas cher pour faire entrer en France des meubles finis. Si nos matières premières ne payaient pas si cher, et si les produits fabriqués à l'étranger payaient plus de droits d'entrée, tout irait mieux.

M. Philippe. Comment l'élévation des salaires peut-elle vous gêner, puisque, entre associés, vous ne vous salariez pas ?

M. Girard. Nous avons à lutter contre la concurrence des autres maisons. Il y a, à Paris, des maisons qui nourrissent leurs ouvriers à bas prix. Elles font venir des apprentis d'Allemagne et de Belgique; elles les gardent pendant trois ans à travailler, n'ayant pour toutes dépenses que leur nourriture et une pièce de 10 sous par semaine, qu'on donne à ces apprentis. Dans ces conditions, elles peuvent faire du travail à bien meilleur marché que nous.

M. le Président. Nous vous remercions Monsieur, des renseignements que vous venez de nous donner.

(Le déposant remet une copie de son acte d'association et se retire.)

ASSOCIATION

L'UNION DES FACTEURS DE PIANOS.

(Siège social : 22 *bis*, rue Bellefond.)

Représentée par M. VALÉRY, *gérant*.

M. Valéry, *gérant*, est introduit.

M. le Président. Nous vous prions, Monsieur, de nous renseigner sur votre association.

M. Valéry. Notre société est constituée en nom collectif; nous sommes huit associés. Par suite de la crise industrielle, nous avons en magasin beaucoup de pianos fabriqués, pour lesquels nous voudrions avoir un débouché. A mon avis, on doit avoir besoin de pianos dans les collèges et les lycées, et si l'État pouvait nous donner cette fourniture, elle nous serait bien utile. On examinera notre fabrication. Nous avons acheté une ancienne maison fondée en 1864 et qui avait obtenu plusieurs médailles. Nous pouvons fournir des brevets de capacité.

M. Philippe. Comment vous êtes-vous procuré votre capital?

M. Valéry. En commençant, nous avions 5 à 6,000 francs d'économies. Nous avons payé en pianos, parce que notre vendeur a une maison à Nice. Avec nos apports et notre main-d'œuvre, dont nous laissons une partie, nous avons pu faire face à nos besoins. La *Caisse centrale populaire* nous a fait quelques avances; nous sommes crédités chez elle, c'est ce qui nous permettrait d'entreprendre des travaux.

Le gérant est nommé pour deux ans. Je suis le gérant de notre société, et j'ai déjà un an de gestion. Le coût des matières premières est très élevé, plus élevé que la main-d'œuvre. Les bois, les alcools, les vernis, les fers, coûtent très cher.

M. le Président. Quelle est la proportion entre le prix de la main-d'œuvre et celui des matières premières?

M. Valéry. La matière première représente bien 70 à 80 p. o/o. La façon d'un piano coûte 200 francs, à peine; un petit piano ordinaire revient toujours à 550 francs. Il faut remarquer que notre matière première est déjà une matière travaillée. Il nous faut des bois très secs, beaucoup de fer et de cuivre et des cordes.

Le mode de payement que nous préférerions serait le payement mensuel ou trimestriel, mais périodique.

Nous préférons la retenue de garantie au cautionnement. La *Caisse centrale populaire* pourrait nous fournir de l'argent, mais sur des commandes.

M. Philippe. Elle fournit des fonds, même avant l'adjudication, mais elle se réserve le deuxième privilège?

M. Valéry. Nous nous sommes fait créditer à la *Caisse populaire* en achetant de ses actions, actions qu'elle garde et pour lesquelles nous payons 200 francs par mois. De plus, elle escompte nos valeurs au taux ordinaire; nous n'avons pas à nous en plaindre. Si nous avions besoin de plus grosses sommes, elle nous en ferait l'avance.

Je lui ai demandé un crédit de 6,000 francs, elle nous l'a accordé et nous la remboursons en versant, comme je viens de le dire, 200 francs par mois.

M. Barbehet. Voulez-vous répondre sur la 13e question relative aux auxiliaires salariés?

M. Valéry. L'article de nos statuts, qui concerne les auxiliaires, répond à cette question. Nous n'employons d'auxiliaires qu'autant que nous n'avons pas d'adhérents. Si notre société, comme nous l'espérons, prospère, nous trouverons des adhérents. Les adhérents sont rares, parce qu'ils craignent que la société ne marche pas. Dès que nous aurons des commandes, nous trouverons facilement des adhérents.

Jusqu'à présent, nous n'avons eu qu'un ou deux auxiliaires qui nous ont donné un coup de main. Il est inutile d'en faire mention.

M. le Président. Votre association est basée sur le travail des sociétaires?

M. Valery. Oui, Monsieur.

Nous n'avons pas d'école professionnelle.

Nous avons un apprenti. C'est un salarié qui ne prend pas part aux bénéfices. Si, dans un an, il est encore à la maison, on pourra l'indemniser.

Jusqu'à présent on n'a pas fait de stage. Nous nous connaissons tous comme ouvriers.

M. Philippe. Le gérant travaille-t-il?

M. Valery. Oui. Ainsi, en rentrant, je vais me déshabiller et me mettre à l'établi. S'il y a une course à faire ensuite, je m'habille et je pars aussitôt. Tout le monde travaille, et aux pièces. Il n'y a que moi qui suis payé à la journée. Dans la maison, ces Messieurs travaillent au prix du tarif, comme dans les autres maisons. Ils travail-

12.

lent et ils passent à la paye quand il y a de l'argent. Malheureusement on n'y passe pas souvent, parce que le travail manque.

Nous avons, en ce moment, vingt pianos tout finis, représentant 12,000 francs environ. Les lycées et collèges pourraient peut-être les prendre.

M. CAËL. Dans les lycées on loue des pianos plutôt qu'on n'en achète.

M. VALÉRY. Répondant à la 17e question, je ne crois pas que des patrons de notre profession fassent exécuter des travaux à l'étranger; ou, s'il y en a, le nombre en est très restreint. Seulement, ils occupent beaucoup d'Allemands et d'Italiens. Il se fabrique beaucoup de pianos à l'étranger, en Allemagne surtout, et ils entrent dans le nord de la France. Les maisons françaises ne font plus rien dans cette contrée; mais, cette fabrication étrangère n'est plus en rapport avec la fabrication parisienne qui est plus finie, mieux travaillée.

Quant à nos produits, nous ne pouvons pas les expédier à la frontière, en Allemagne, parce que les frais de transport sont trop élevés, et il y a des droits d'entrée.

M. CAËL. Il n'y a donc pas de réciprocité?

M. BARBERET. Non, parce qu'il y a le traité de Francfort.

M. VALERY. Il y a aussi la cherté des loyers, des vivres, de tout en général, et qui nous cause beaucoup de difficultés pour vendre. De plus, nous nous sommes établis après la grève et beaucoup de patrons ont dit : il ne faut pas leur acheter, parce que ce sont des grévistes. On m'a dit à moi-même : vous êtes un gréviste et je ne vous achèterai pas.

M. PHILIPPE. Je ne vois pas sur votre prospectus de pianos cotés à moins de 800 francs; c'est un minimum assez élevé.

M. VALÉRY. Sur ces tarifs il y a 20, 25 et 30 p. o/o de remise.

M. LE PRÉSIDENT. Les professeurs de piano ont une commission quand ils font vendre un piano.

M. **Philippe**. Mais ceux qui achètent des pianos, les personnes riches qui ne tiendront pas compte de cette espèce de méfiance, mal fondée, que quelques-uns ont contre les associations, auraient intérêt à vous acheter, si vous fabriquiez à meilleur marché que les autres maisons.

M. **Barberet**. La commission est payée à l'intermédiaire qui fait vendre un piano et l'acheteur paye toujours le prix fort.

M. **Valéry**. On pourrait installer une vaste salle dans laquelle on réunirait les produits de toute industrie, pour les vendre. Ce serait une exposition permanente.

M. **Barberet**. Le Palais de cristal pourra remplir ce but.

Un **Membre de la Commission**. Oui, il faudrait une exposition permanente de produits à vendre.

M. le **Président**. La Commission vous remercie, Monsieur, des renseignements que vous lui avez donnés.

(Le déposant se retire.)

La séance est levée à midi.

5ᵉ SÉANCE

MARDI 1ᵉʳ MAI 1883.

PRÉSIDENCE DE M. MARGUE,

SOUS-SECRÉTAIRE D'ÉTAT.

La séance est ouverte à 9 heures.

Sont présents : MM. PITRE, GUILLE-DESBUTTES, TISSERAND, CAËL, FRÉMAUX, GARNIER, GRISON, NÈGRE, DE MEAUX, MARCEL, HENRY, DE LAIGUE, PHILIPPE, LANJALLEY, BARBERET.

M. BARBERET, *secrétaire*, donne lecture du procès-verbal de la séance du 28 avril.

Le procès-verbal est adopté.

ASSOCIATION COOPÉRATIVE

DES OUVRIERS CHARPENTIERS DE LA SEINE

(Siège social : 22 *bis*, rue des Vignolles.)

Représentée par MM. MANEIN et ROUBAULT.

MM. MANEIN et ROUBAULT sont introduits.

Déposition de MM. Manein et Roubault.

M. LE PRÉSIDENT. Vous savez, Messieurs, dans quel but la Commission a désiré vous entendre ; vous avez reçu communication du questionnaire qu'elle a dressé et auquel elle vous prie de répondre. Je n'ai pas besoin de dire que vous pourrez ajouter toutes les observations qui vous paraîtront de nature à éclairer la Commission pour le travail auquel elle se livre.

M. MANEIN. Je vais répondre en suivant le questionnaire.

Nous sommes constitués sous la forme anonyme, par actions, à capital variable ; il nous a fallu environ deux ou trois mois pour réunir le quart du capital.

Notre acte constitutif est notarié; les frais se sont élevés à 200 ou 300 cents francs.

Déposition de MM. Manein et Roubault. (Suite.)

M. le Président. Pourquoi avez-vous fait un acte notarié, quand la loi du 24 juillet 1867 vous donne la faculté de vous constituer par acte sous seing privé?

M. Manein. Nous avons suivi les conseils de M. Vavasseur, qui nous a même donné un projet de statuts.

M. Barbe et. Vous voyez, Messieurs, que l'acte notarié reparait dans toutes les dépositions.

M. Manein. Quant aux modifications qu'il y aurait lieu d'apporter à la loi de 1867, nous devons dire que nous ne connaissons pas suffisamment cette loi.

La responsabilité imposée pendant cinq ans aux sociétaires qui se retirent ou sont exclus n'arrête pas les souscripteurs.

Nous participons aux travaux publics dans la mesure du possible, en remplissant les engagements imposés à n'importe quels entrepreneurs ; nous sommes obligés de déposer un cautionnement, de fournir des certificats, en un mot, nous ne sommes favorisés en rien.

M. Roubault. L'obligation de verser un cautionnement est très gênante.

M. le Président. Vous aurez tout à l'heure à répondre à une question spéciale sur ce point.

M. Manein. Notre capital souscrit est de 10,000 francs, qui sont à peu près versés. Quant à notre fonds de roulement, nous pourrions dire qu'il est de 50,000 francs; nous y avons laissé toutes nos économies. Nous sommes 53 associés.

Nous avons fait beaucoup de travaux pour les particuliers. Pour la ville de Paris, notre première adjudication a été l'école de l'avenue Parmentier, où nous avons travaillé sous la direction de M. Pierron; nous avons fait ensuite le groupe scolaire de l'Ermitage, sous la direction de M. Bouvard; en ce moment, nous travaillons aux bouveries de la Villette, sous la direction de M. Marot; nous faisons des écoles à Vanves, nous allons un peu partout. Il nous faut absolument du travail. Comme les entrepreneurs savent que nous sommes associés, ils ne veulent pas nous employer quand nous n'avons pas de travaux, et cela se comprend; chacun de nous en ferait autant. Cela nous oblige quelquefois à travailler à bon marché, mais nous aimons mieux cela que de ne rien faire; nous travaillons plus fort, nous nous gênons s'il le faut, mais au moins nous travaillons et nous pouvons vivre.

Nous avons commencé avec un capital de 10,000 francs, qui n'était pas entièrement versé; mais nous étions connus pour d'honnêtes ouvriers par certains fournisseurs qui nous ont dit : si vous êtes sages, il ne vous manquera de rien. En effet, rien ne nous a manqué : nous avons eu des bois tant que nous avons voulu; nous avons rempli nos engagements, et aujourd'hui tout le monde nous fait des offres. Quand nous avons eu besoin d'argent, nous nous sommes adressés à ceux auxquels nous pensions inspirer le plus de confiance; ils nous ont fait des avances que nous avons remboursées avec le premier argent que nous avons touché.

M. LE PRÉSIDENT. C'est plutôt la confiance qu'inspiraient votre expérience et votre loyauté, que les avances d'argent, qui vous ont permis de travailler.

M. MANEIN. Parfaitement. Nous avons, parmi nos sociétaires, des ouvriers qui ont travaillé pendant huit ou dix ans dans la même maison; les marchands de bois les connaissent, ils savent de quoi ils sont capables, et c'est ce qui nous a attiré la confiance.

M. LE PRÉSIDENT. Depuis quand votre société fonctionne-t-elle?

M. MANEIN. Depuis le 18 février 1881. C'est la première société d'ouvriers charpentiers qui se soit formée depuis la guerre. Je crois qu'il en existait une avant.

M. LE PRÉSIDENT. Quels résultats avez-vous obtenus par rapport à votre capital?

M. MANEIN. Nous avons obtenu qu'un capital versé de 100 francs vaut aujourd'hui 400 francs, bien que nous ayons touché tous les jours notre paye comme dans un chantier.

M. le Président. C'est là un point intéressant. Ainsi le simple mouvement de votre association, en assurant le payement régulier de votre travail, a quadruplé la mise de fonds de chacun.

Un Membre. Vous n'avez fait aucune distribution ?

M. Manein. Non, nous n'avons fait aucune distribution.

M. Roubault. Et nous sommes payés à raison de 90 centimes l'heure.

M. Manein. Le conseil d'administration est nommé par l'assemblée générale, et l'administrateur délégué est nommé par le conseil. Le conseil d'administration est nommé pour deux ans et est renouvelable par moitié ; le directeur est toujours révocable : le jour où il manque à son devoir, on le révoque, je ne dis pas sur-le-champ, mais à bref délai.

M. le Président. Il faut pour cela une réunion du conseil ?

M. Manein. Il est suspendu de ses fonctions par le conseil et révoqué par l'assemblée générale.

M. Pitre. Y a-t-il longtemps que le gérant actuel est en fonctions ?

M. Manein. Il y a deux mois.

M. le Président. Depuis deux ans que vous fonctionnez, combien avez-vous eu de directeurs ?

M. Manein. Trois.

M. le Président. Ces changements n'ont pas eu lieu par suite de l'expiration des pouvoirs ?

M. Manein. Non, mais la cause en est peu grave. Le dernier directeur avait signé un traité que le conseil n'avait pas autorisé ; nous nous sommes refusés formellement à commencer les travaux. L'administrateur délégué représente la société vis-à-vis des tiers et en justice, pour la gestion des affaires courantes, mais tout traité doit porter la signature de cinq administrateurs et être approuvé par le conseil.

Déposition
de MM. Manein
et Roubault.
(suite.)

I.   13

M. le Président. Le directeur est toujours un associé?

M. Manein. Nécessairement; il doit être pris dans le conseil d'administration; le dernier. qui a été révoqué. reste sociétaire; il est rentré dans le rang.

M. Pitre. Croyez-vous que cette mobilité soit une bonne chose au regard des particuliers et des administrations publiques?

M. Manein. Il vaut mieux changer un administrateur qui ne fait pas son devoir. Je considère l'administrateur délégué comme un ouvrier qui fait des mortaises; s'il ne les fait pas bien, on lui dit : tu n'en feras plus.

M. Pitre. Vous avez raison au point de vue de vos intérêts; mais vis-à-vis des tiers, de ceux qui contractent avec vous, est-ce là une bonne chose?

M. Manein. Toute personne loyale doit approuver une société qui veut que ses affaires soient faites conformément aux statuts. Nous avons fait publier nos statuts dans le *Droit,* dans les *Petites affiches;* on doit savoir que nous ne sommes pas à la discrétion d'un seul qui pourrait nous faire faire de mauvaises affaires. Je crois, en effet, qu'il serait préférable de ne jamais changer d'administrateur délégué, mais du moment qu'il ne fait pas son devoir, soit volontairement, soit par incapacité, il vaut mieux le changer.

M. Pitre. Une construction peut durer longtemps; l'architecte, l'ingénieur qui dirige les travaux peut n'être pas satisfait de trouver du jour au lendemain, à la tête du chantier, un homme nouveau; peut-être a-t-il donné des instructions à long terme dont le nouveau délégué ne connaît pas le premier mot.

M. Manein. C'est moi qui suis aujourd'hui l'administrateur délégué, mais nous sommes toujours trois au courant de toutes les affaires et connaissant les architectes. Je me suis trouvé avant-hier avec le contrôleur de la Ville; il me connaissait aussi bien que mon prédécesseur; il m'a demandé la raison du changement; je lui ai raconté ce que je viens de vous dire. Que voulez-vous que cela lui fasse?

Déposition
de MM. Manein
et Roudault.
(Suite.)

M. le Président. Cette préoccupation de la stricte observation des statuts est très légitime ; mais vous ne vous êtes jamais aperçu que ces changements de direction vous aient nui vis-à-vis des tiers, aient éloigné de vous la clientèle, ou rendu plus difficiles vos rapports avec les fournisseurs?

M. Manein. Cela ne fait rien aux fournisseurs ; ils écrivent simplement : « A l'association syndicale des charpentiers. » Nous ne voulons pas qu'un seul homme dispose de notre sort : nous déposons notre argent dans une maison, mais, pour le retirer, il faut que les mandats portent trois signatures ; nos fournisseurs le savent très bien, et cela nous attire même la confiance. Ce n'est pas que nous ayons des soupçons, mais il faut prévoir un accident, une faiblesse. C'est la Société générale qui reçoit nos dépôts.

Lorsque nous changeons de gérant ou directeur, la procuration ou délégation du nouveau gérant vis-à-vis des créditeurs qui encaissent nos acomptes nous coûte très peu de chose : un simple dérangement.

M. Barberet. Vous ne vous trouvez pas dans les mêmes conditions que les sociétés que nous avons entendues, et qui ont dû avoir recours à une maison de crédit.

M. Caël. Ces Messieurs opèrent sur leurs propres fonds.

M. Manein. Nous avons des certificats signés par M. Bouvard, par M. Pierron et par bien d'autres architectes particuliers.
La matière première est chère.

M. Henry. Dans quelle proportion entre-t-elle dans le prix de la production?

M. Manein. Dans la proportion de 5o à 55 p. o/o pour l'escalier, de 6o à 65 p. o/o pour la charpente. Nous avons naturellement un approvisionnement dans nos chantiers.

M. de Meaux. Pour combien de temps êtes-vous approvisionnés?

M. Manein. Le moins possible; nous prenons des bois à Paris, au fur et à mesure de nos besoins; nous n'avons qu'à commander. Mais nous sommes obligés, comme les entrepreneurs, d'avoir des bois de première main, autrement nous ne pourrions pas arriver. Pour les écoles, nous avons acheté à Dieppe des bois rendus sur wagons, à Paris; nous faisons notre commande, et la marchandise arrive quinze jours après.

Nous ne faisons d'approvisionnement que pour l'escalier, parce que les bois doivent être débités à l'avance; mais pour la charpente, nous les prenons au fur et à mesure de nos besoins; l'argent que nous mettrions en approvisionnements ne nous rapporterait rien. Nous pouvons avoir dans nos chantiers pour 6,000 ou 8,000 francs de bois, 10,000 francs au plus.

M. LE PRÉSIDENT. Si vous trouviez un bon marché, vous n'hésiteriez sans doute pas à faire des approvisionnements plus considérables?

M. MANEIN. Assurément. Dernièrement il y avait une vente chez un marchand de bois qui avait fait faillite; nous avions quelque argent, et j'y suis allé avec un collègue. Nous ne sommes par des marchands qui achètent au hasard; nous avons mesuré les pièces; nous connaissons les prix que nous payons, les droits d'octroi, les frais de transport, et le premier jour, trouvant une occasion, nous avons acheté un lot; le lendemain les prix étaient plus élevés, nous n'avons rien acheté.

Lorsque nous avons des travaux à faire, beaucoup de marchands de bois nous font des offres; nous leur écrivons en leur indiquant les quantités, les dimensions et les conditions de livraison; celui qui nous fait le meilleur marché reçoit notre commande.

M. PITRE. Cela ressemble un peu aux marchés par adjudication.

M. MANEIN. Notre matériel et notre outillage ont actuellement une valeur de 4 à 5,000 francs; nous les augmentons tous les jours.

M. CAËL. Est-ce que chaque ouvrier doit avoir ses outils?

M. MANEIN. On a des outils de poche, pour six francs environ; le reste, tel que cordages, chaînes, bisaiguës, etc., appartient à la société.

M. HENRY. Avez-vous des machines à vapeur?

M. MANEIN. Non.

M. Henry. Vous n'employez que des bois débités ?

Déposition de MM. Manein et Bourdault. (Suite.)

M. Manein. Nous avons des scieurs de long.

Dernièrement il y avait une crise, et comme on nous refuse un peu partout dans les chantiers, bien que nous valions les autres, nous avons usé de tous les moyens pour nous procurer de l'ouvrage. Un propriétaire est venu nous dire : « J'aurais pour 4 ou 5,000 francs de travaux à faire, mais je ne voudrais m'adresser qu'à une seule personne. » Nous nous en sommes chargés : nous avons trouvé des maçons à qui nous avons fourni le plâtre, les moellons, les briques et même les outils; ils travaillent à la journée, mais ils ne sont pas sociétaires.

M. Tisserand. Vous agissez alors comme patrons vis-à-vis d'ouvriers ?

M. Manein. Nous y sommes bien obligés.

M. Tisserand. Vous avez raison, il faut tirer parti de toutes les situations.

M. le Président. La Commission désirerait savoir quels inconvénients et quels avantages présentent à vos yeux la retenue et le cautionnement; laquelle de ces deux mesures vous paraît préférable ?

M. Manein. Le cautionnement a son bon et son mauvais côté.

M. le Président. Le cautionnement se verse à l'avance; la retenue ne s'effectue qu'au cours des travaux.

M. Manein. Le cautionnement peut servir quelquefois à garantir l'exécution des travaux.

M. Pitre. Le cautionnement est en général de 5 p. o/o; la retenue est de 10 p. o/o. Préférez-vous la retenue au cautionnement ?

M. Manein. Nous avons fait, pour la ville de Paris, des travaux qui sont terminés. On nous a donné huit dixièmes; on ne peut pas nous payer, naturellement, avant que les travaux ne soient reçus. On va encore nous donner un dixième, et il restera un dixième pendant un an.

M. Frémaux. La réception provisoire est faite ?

M. Manein. Elle n'est pas faite, bien que les bâtiments soient occupés. On nous a dispensés du cautionnement.

Pour les écoles de l'avenue Parmentier, pour le marché de la Villette, pour les écoles de Vanves, nous avons déposé un cautionnement. C'est de l'argent qui dort et dont nous aurions bien besoin.

M. Frémaux. Vous auriez peut-être pu demander le remboursement du cautionnement ; cela se fait assez souvent.

M. Manein. On nous répond : « Nous ne demanderions pas mieux, mais cela n'est pas en notre pouvoir. »

Cependant, pour les écoles de l'avenue Parmentier, on nous a remboursé notre cautionnement.

M. Roubault. On a voulu nous favoriser comme association.

M. le Président. Je voudrais préciser une question qui a paru présenter un certain intérêt. Je laisse de côté ce qui s'est passé jusqu'à présent, d'autant que la retenue de garantie et le cautionnement ont été appliqués simultanément. Je suppose qu'il s'agisse de faire une loi nouvelle. Que répondriez-vous au législateur qui vous demanderait laquelle des deux mesures vous gêne le plus, du cautionnement de 5 p. o/o versé à l'avance ou de la retenue de 10 p. o/o prélevée à chaque règlement de compte ?

M. Roubault. Pour faciliter le travail, je crois que la retenue serait préférable ; le cautionnement reste déposé jusqu'à la réception définitive des travaux, et l'on retient toujours un dixième.

M. le Président. Vous ne m'avez pas bien compris. Il est entendu que si vous versez un cautionnement, vous n'aurez plus de retenue de garantie à subir ; si, au contraire, vous subissez une retenue de garantie, vous serez dispensés du cautionnement. Que préférez-vous ?

M. Manein. La Société qui, le jour de l'adjudication, ne serait pas en mesure de fournir le cautionnement ne pourrait pas se procurer du travail. C'est le seul inconvénient que je trouve à la mesure du cautionnement, qui d'ailleurs, je le dis franchement, serait préférable.

M. Pitre. Comment vous procurerez-vous de l'argent pour acheter des bois? Votre travail ne sera pas payé tant qu'il ne sera pas fait.

Déposition
de MM. Manein
et Roubault.
(Suite.)

M. Manein. S'il nous fallait aujourd'hui 20,000 francs de cautionnement, nous ne les aurions pas dans notre poche, tandis que nous toucherons peut-être pour 5o,ooo francs de travaux dans le courant du mois.

M. le Président. En un mot, vous n'avez pas de crédit chez les marchands d'argent, tandis que vous en avez chez les marchands de bois.

M. Manein. Aucune maison de banque ne nous a fourni un centime; au contraire, nous n'avons qu'à écrire à un fournisseur: « Il nous faut quatre fardiers de bois, » et le lendemain nous avons vingt chevaux dans notre chantier.

M. Caël. Est-ce que la *Caisse centrale populaire* ne pourrait pas vous prêter de l'argent?

M. Manein. Nous avons toujours eu peur de ne pouvoir remplir les engagements que nous aurions pris.

M. le Président. Si les inconvénients du cautionnement sont si sensibles à votre Société, qui fonctionne déjà depuis deux ans et qui a formé un petit capital de réserve, combien les difficultés ne doivent-elles pas être plus grandes pour une Société qui est à ses débuts!

M. Philippe. A propos du cautionnement, on n'a pas examiné l'hypothèse du système actuel, non pas tel qu'il fonctionne, mais tel qu'il devrait fonctionner si les règlements étaient bien compris, c'est-à-dire du cautionnement versé préalablement à l'entreprise et remboursable aussitôt que la retenue de garantie atteint le chiffre du cautionnement ou le dépasse légèrement.

M. Manein. Celui qui inspire la moindre confiance peut trouver l'argent nécessaire au cautionnement.

M. Philippe. Je demande à prendre acte de ce que ces Messieurs n'ont pas été embarrassés pour trouver des maisons de banque qui consentissent à leur faire des avances et à leur fournir des cautionnements, comme fait la *Caisse centrale populaire;* mais en gens très prudents, et dans la crainte de ne pouvoir tenir leurs engagements, ils ont refusé le concours de ces maisons.

M. MANEIN. On est venu nous dire : « Donnez-nous 2,000 francs, nous vous en prêterons 10,000; » et puis on serait venu chez nous contrôler, voir ceci et cela. Nous n'avons pas voulu accepter ces façons-là; nous avons mieux aimé faire ce que nous avons pu, quitte à nous priver dans notre intérieur.

M. PITRE. Je désirerais savoir si vous appliquez l'égalité des salaires, et quel avantage il peut y avoir à ce qu'un bon ouvrier ne soit pas plus payé que son camarade qui travaille moins.

M. MANEIN. Nous sommes obligés, dans notre métier, de payer tous les ouvriers au même taux, et voici pourquoi : nous avons des ouvriers plus capables les uns que les autres, mais ceux-ci sont plus habiles à tel travail; on met chacun à sa place. Si l'on faisait des distinctions, on n'aboutirait à rien qu'à susciter des haines.

Maintenant, au cours des travaux, le conseil peut allouer des gratifications aux directeurs, aux gâcheurs, aux chefs d'équipe, en un mot à ceux qui le méritent.

M. PHILIPPE. On ne travaille pas aux pièces?

M. MANEIN. Si, chez les patrons, mais pas chez nous.

Quant au mode de payement, on ne peut sérieusement demander que le payement sur situation de travaux.

M. DE MEAUX. Employez-vous des ouvriers charpentiers non associés?

M. MANEIN. Nous sommes obligés d'employer d'abord nos sociétaires; si nos travaux l'exigent, nous nous adressons aux ouvriers du dehors.

M. DE MEAUX. Leur donnez-vous le même salaire qu'à vos sociétaires?

Déposition
de MM. Manein
et Roubault.
(Suite.)

M. **Manein**. Ils sont payés comme nous tous ; seulement ils ne participent pas aux bénéfices.

L'admission dans la Société se fait de la façon suivante : le candidat est présenté à une réunion générale, par deux associés ; on l'inscrit, puis on prend des informations sur son compte, et à la prochaine réunion on statue sur son admission. Il n'est pas astreint à d'autre stage.

M. **Tisserand**. Doit-il fournir une cotisation ?

M. **Roubault**. Le versement est de 25 francs.

M. **Manein**. Nous tolérons qu'on donne 5 francs par mois ; nous n'avons encore rencontré personne qui n'ait pu fournir 25 francs.

M. **Tisserand**. Cette somme va à la caisse du capital ?

M. **Manein**. Oui ; nous voulons avoir un fonds pour pouvoir travailler.

Nous n'avons pas d'associés ou d'auxiliaires sortant des écoles professionnelles municipales ou des écoles d'arts et métiers. Nous avons des apprentis ; ce sont, autant que possible, des fils de sociétaires à qui l'on donne vingt ou trente sous, suivant ce qu'ils peuvent gagner.

C'est nous qui dirigeons le travail et les ateliers.

Quant au chômage, c'est ce qu'il y a de plus triste pour nous ; si nous avions toujours de l'ouvrage, quand même nous ne gagnerions pas beaucoup, nous nous tirerions toujours d'affaire.

M. **le Président**. Et les grèves ?

M. **Manein**. Il n'y a pas de grèves chez nous.

M. **le Président**. L'industrie de la charpente a dernièrement traversé une grève ; vous y avez échappé ?

M. **Manein**. J'étais alors trésorier de l'association ; les grévistes sont venus à plusieurs reprises pour nous empêcher de travailler. Je leur ai dit : « Nous avons un petit capital ; nous l'avez-vous fourni ? Si nous le perdons, nous le rendrez-vous ? Nous voulons bien vous aider ; mais nous avons entrepris des travaux, et si nous ne les faisons pas

Déposition
de MM. Manein
et Roorault.
(Suite.)

et qu'on nous intente un procès, qu'on nous mette en prison, viendrez-vous prendre notre place ? » (Très bien !)

Ils disaient : « Nous voulons contrôler vos livres. » Je leur ai répondu : « Vous n'avez rien à faire chez nous. »

M. LE PRÉSIDENT. Que voulaient-ils chercher dans vos livres ?

M. MANEIN. Ils voulaient voir le taux de nos salaires. Je leur ai dit : « Si nous vous donnons des secours, c'est que nous le voudrons bien ; mais quant à nous y contraindre, vous ne le ferez pas. »

Je proposai même à un camarade qui n'avait pas d'argent de lui prêter 25 francs et de venir avec nous ; il n'a pas voulu.

M. LE PRÉSIDENT. Vous vouliez le faire travailler ?

M. MANEIN. Certains de nos camarades se sont laissé influencer ; ils ont très bien reconnu après que j'étais dans la vérité. On voulait prendre mon nom ; j'ai dit : « Vous n'avez pas besoin de cela, tout le monde le connaît. — Tu ne veux pas qu'on t'inscrive ? — Je vous défends de mettre mon nom nulle part. »

M. LE PRÉSIDENT. Aucun de vos sociétaires ne s'est laissé entraîner ?

M. MANEIN. L'association a toujours marché ; nous avions des travaux, nous étions forcés de les faire.

M. PITRE. Les auxiliaires ont-ils aussi continué à travailler ?

M. MANEIN. Nous n'en avions pas à ce moment-là.

Certains patrons de notre profession font exécuter des travaux en Allemagne, et c'est ce qui occasionne des chômages à l'ouvrier français. Que dire à cela ? Les travaux sont peut-être plus mal faits, mais le patron se fait ce raisonnement : cela passera tout de même ; je gagnerai tant et je pourrai faire un plus fort rabais ; c'est le propriétaire qui payera. L'étranger a les bénéfices de cette situation ; la France en souffre, car lorsque l'ouvrier travaille, il consomme ; s'il ne travaille pas, c'est la misère. La Ville et l'État devraient faire attention à cela et obliger les entrepreneurs à faire exécuter leurs travaux en France.

M. FRÉMAUX. On devrait hésiter à faire faire à l'étranger des pièces à mortaises, à tenons, qui peuvent se briser dans le transport.

Déposition
de MM. Manein
et Roubault.
(Suite)

M. Manein. Les charpentiers de Paris sont reconnus pour les plus forts ouvriers du monde; on ne peut leur faire concurrence dans n'importe quel pays. Mais voici ce qui se passe : l'inconvénient de transport est peu de chose; un entrepreneur s'en va avec deux ou trois bons ouvriers à Bruxelles ou à Berlin; là-bas il prend des ouvriers qu'il paye bon marché, il établit un chantier où il fait tailler ses bois et il les renvoie en France.

M. le Président. Vos associés sont-ils assurés contre les accidents résultant du travail? Possédez-vous une caisse de retraite?

M. Manein. Nous avons une assurance en cas d'accidents, et nous prélevons un sixième des bénéfices pour la caisse de retraite.

M. de Meaux. L'assurance est-elle payée par les sociétaires eux-mêmes ou par la société?

M. Manein. C'est la société qui assure ses membres.

M. Tisserand. Quel est aujourd'hui le capital de votre caisse de retraite?

M. Manein. Les bénéfices sont tous restés en caisse; notre caisse de retraite existe de droit, mais elle est noyée dans le capital.

M. Frémaux. D'après ce que vous avez dit, elle serait de 6 à 7,000 francs.

M. Roubault. Celui qui vient de se retirer de la société a droit à sa part de bénéfices, mais ce qui a été versé au fonds de réserve et à la caisse de retraite leur est définitivement acquis.

M. Tisserand. Pour quels motifs l'ancienne association, dont il a été fait mention, n'a-t-elle pas réussi?

M. Manein. D'après ce que j'ai ouï dire, cela tient surtout à la guerre qui est survenue et qui a tout désorganisé.

M. Tisserand. Est-ce que cela ne tient pas aussi à des questions d'argent?

M. Manein. Toutes les fois qu'une société qui se fonde emprunte de l'argent à des capitalistes, si elle tombe sur d'honnêtes gens, cela va bien; mais si elle a affaire à des gens qui ne recherchent que leur propre intérêt, elle peut être sûre de sombrer. Voilà pourquoi nous avons repoussé les offres des maisons qui nous disaient : « Donnez-nous 10,000 francs, nous vous en donnerons 100,000. » Si nous ne nous étions pas méfiés, peut-être n'existerions-nous plus. Nous préférons n'avoir que 5o centimes auxquels personne ne peut toucher.

M. le Président. Nous vous remercions, Messieurs, des renseignements que vous avez bien voulu fournir à la Commission.

(Les déposants se retirent.)

ASSOCIATION COOPÉRATIVE

DES OUVRIERS CHARPENTIERS DE LA VILLETTE.

(Siège social : rue Saint-Blaise, 47-49.)

Représentée par MM. LABARBE, FAVARON et CASTEL.

MM. Labarbe, Favaron et Castel sont introduits.

M. le Président. Voudriez-vous, Messieurs, répondre au questionnaire dont vous avez reçu communication ?

M. Castel. Nous sommes constitués sous forme de société anonyme, par actions; notre capital est de 80,000 francs, divisé en 800 actions de 100 francs complètement libérées; ces actions ont toutes été souscrites par les ouvriers.

M. Frémaux. Votre société est à capital variable?

M. Castel. Oui, nous nous réservons d'augmenter constamment le capital; il est en réalité de 100,000 francs, comme vous le verrez dans notre rapport; car, sur les trente et quelques mille francs de bénéfices que nous avons faits cette année, 20,000 ont été affectés à l'augmentation du capital.

Nous n'avons pas éprouvé de difficultés pour constituer notre Société; tous ceux qui en font partie se connaissent parfaitement et ne sont pas admis à la légère. Nous sommes un peu, sous certains rapports, en dehors du courant actuel, mais c'est peut-être la raison pour laquelle nous avons existé jusqu'à présent.

M. Barberet. Pour faire partie de votre association coopérative, il faut être compagnon ?

M. Castel. Oui, et avoir des certificats très difficiles à obtenir.

Les frais de notre constitution, faite par acte notarié, se sont montés à environ 1,000 francs.

M. Barberet. Pourquoi ne vous êtes-vous pas constitué par acte sous-seing privé ?

M. Castel. Nous ne savions pas en avoir le droit, et les hommes d'affaires à qui nous nous sommes adressés ont tout intérêt à gagner de l'argent.

M. Labarbe. C'est au moment de la grève que nous nous sommes constitués. Nous n'étions pas au nombre des charpentiers qu'on voyait alors dans les réunions; nous gagnions presque tous un franc de l'heure. Nous étions forcés de faire grève, par amour-propre. Nous ne savions pas où on voulait nous mener; nous étions d'avis d'accepter le tarif de 90 centimes et d'accorder du temps aux entrepreneurs, mais ils n'ont pas voulu consentir une entrevue. Nous nous sommes dit : Il faut tout de même travailler. On a parlé d'une association, et aussitôt nous avons cherché à nous constituer; nous avons pensé qu'il fallait faire cela le plus tôt possible; en huit jours de temps nous étions constitués, sans bien comprendre ce que nous entreprenions, et notre capital de 30,000 francs était versé.

M. Henry. A quelle époque avez-vous signé votre acte constitutif?

M. Labarbe. Le 27 décembre 1881.

C'est vers le 20 octobre qu'on a parlé de fonder l'association; le 1ᵉʳ novembre la souscription a commencé, et le 2 juin j'entreprenais des travaux.

Déposition
de MM. Labarbe
Favaron et Castel.
(Suite.)

Déposition
de MM. Labrabu,
Favénon et Castel.
(Suite.)

M. Castel. Nous avons fait des travaux avant d'être constitués; la situation a été régularisée par la suite.

Il nous est assez difficile de répondre à la troisième question : « Voyez-vous des modifications à apporter à la loi du 24 juillet 1867 ? » Nous ne connaissons pas assez cette loi.

De même, comme personne ne sait qu'il y a une responsabilité imposée pendant cinq ans aux sociétaires qui se retirent ou sont exclus, cela n'arrête pas le souscripteur. Il faut espérer que nous ne serons pas obligés de faire faillite; nous ne demandons qu'une chose : avoir du travail, et je vous garantis que nous nous en sortirons bien.

Nous pouvons prendre part à tous les travaux de l'État : nous avons un capital suffisant pour entreprendre de très grandes affaires. L'année dernière nous avons fait pour près de 400,000 francs de travaux sans avoir recours à qui que ce soit. Du crédit ? Nous en avons tout autant, peut-être plus que les entrepreneurs ; on vient aujourd'hui nous trouver et nous faire des offres et on ne nous demande pas si nous sommes une association. Nous avons des marchandises à meilleur compte que beaucoup d'entrepreneurs sur la place de Paris, et notre papier de commerce est très bien accepté. Nous ne demandons qu'une chose : avoir des travaux.

Le capital souscrit a d'abord été de 30,000 francs; puis, comme on avait besoin d'argent, on a appelé 30,000 francs encore, et enfin 20,000.

Les versements se faisaient à raison de 25 francs par mois. Nous avons réalisé des bénéfices assez importants, tout en payant nos sociétaires à raison de 1 franc l'heure, tandis que les autres ouvriers ne gagnaient que 80 centimes. Le capital souscrit est donc de 80,000 francs, et le capital versé de 80,000 francs. Chez nous tout se passe en famille : on ne donne pas de reçu; le caissier reçoit les versements, fait une croix en face du nom, et quand tout est fini, on va chez le notaire, qui donne les instructions nécessaires pour la confection des actions, mais personne ne les réclame; la confiance est absolue.

Notre fonds de roulement est quelquefois de 20, 30, 40,000 francs; nous avons eu jusqu'à 45,000 francs déposés chez un banquier. Jusqu'à présent nous n'avons pas eu besoin d'escompte. Nous avons fait pour la Ville un travail de 120,000 francs, et je crois que les architectes peuvent certifier qu'il a été exécuté dans les meilleures conditions et avec une très grande célérité.

Déposition
de MM. Labarbe,
Favaron et Castel.
(Suite.)

M. Henry. A quel endroit ?

M. Castel. Rue Stephenson. C'est une école provisoire.

M. Labarbe. Nous avons fait également la salle des fêtes de la mairie du XIXe arrondissement et nous venons de terminer les travaux de la mairie du VIe.

M. Castel. Plus nous travaillons, moins notre fonds de roulement est considérable.

Le nombre de nos associés est de 192, tous actionnaires, tous compagnons, possédant tous des certificats. On ne peut pas faire partie de l'association si l'on n'est pas compagnon charpentier, si l'on n'a pas de certificats d'aptitude, de bonne conduite, de capacité. Nous avons à côté de nous la société des compagnons charpentiers qui fait le recrutement de notre société; les jeunes ne peuvent pas faire partie de notre association; il faut avoir travaillé auparavant pendant quatre ou cinq ans. Du moment qu'un ouvrier est compagnon et a des certificats, il n'est pas nécessaire de demander si c'est un honnête homme.

M. le Président. Par qui est délivré le certificat ?

M. Castel. Par la société des compagnons charpentiers, qui a été défendue par Berryer en 1845, au moment de la grève. Cette société a eu des médailles d'or aux expositions et s'étend à toute la France; elle a des ramifications partout. Nous ne sommes pas toujours très bien vus des autres ouvriers, mais nous estimons qu'il vaut mieux faire un triage et savoir avec qui l'on se trouve.

M. le Président. Comment se forme cette société de compagnons ?

M. Castel. Pour être compagnon, il faut avoir été *renard*. Le renard est un jeune homme qui a déjà travaillé comme *lapin* dans un chantier. Quand on entre dans un chantier à quatorze ou quinze ans, on est un lapin; le lapin ramasse les copeaux, affûte les outils, tient le cordeau pour les épures; au bout de trois ou quatre ans, il devient renard et commence à gagner cinq ou six francs par jour. Quand on a travaillé pendant cinq ou six ans dans ces conditions et qu'on se conduit bien, on est reçu compagnon; il est très rare que l'on soit

Déposition
de MM. Labarre,
Favaron et Castel.
(Suite.)

compagnon avant vingt et un ans, il faudrait pour cela être le fils d'un patron, compagnon lui-même, et qui garantirait que son fils payera toujours les cotisations, qu'il sera un bon compagnon.

On ne va pas chercher les ouvriers pour les recevoir compagnons, il faut que ce soit eux-mêmes qui désirent l'être; on a l'air de faire, au contraire, tout ce qu'on peut pour les en éloigner; il faut qu'ils manifestent une volonté sincère d'être compagnons. Ils se présentent à certaines époques; ils vont à l'école d'abord, parce que, dans le compagnonnage, les vieux compagnons font l'école, non seulement aux compagnons, mais aux autres; on remarque les jeunes gens qui ont appris le dessin; on les suit dans les chantiers; il y a des compagnons dans tous les chantiers, et quand on en voit un qui se conduit bien, on se dit: celui-là pourrait faire un compagnon. On l'amène, sans qu'il s'en doute, et, au besoin, en ayant l'air de le repousser, à se faire recevoir compagnon. Lorsqu'il se présente, par exemple, la veille de Saint-Joseph ou de la Toussaint, il y a chez la mère des compagnons une immense salle où on lui fait passer une épreuve. On le connaît déjà; il est, sans qu'il sans doute, reçu par avance, et l'épreuve n'est que pour la forme; d'ailleurs il pourrait se troubler et être très capable sans le paraître. On lui fait donc passer son épreuve, et on l'initie.

Ici je m'arrête, car nous entrons dans un sujet qu'il ne m'est pas permis de dévoiler. S'il y a de ces Messieurs qui désirent être reçus compagnons, ils n'ont qu'à se mettre charpentiers et à se présenter. (On rit.)

M. le Président. Nous ne serions que des lapins! (Nouveaux rires.)

M. Castel. Pour être compagnon il faut avoir une sérieuse vocation et de la conduite.

M. le Président. Cette société des compagnons, qui est très nombreuse, qui compte beaucoup d'adhérents, elle a sans doute une représentation centrale, une délégation chargée de délivrer les certificats?

M. Castel. Oui. Je vais vous dire. On parle bien souvent de la république; la république compagnonnique existe depuis que le monde est monde ; nous avons la prétention de nous perdre dans la nuit des temps ; nous datons de Salomon, et cela se passe d'une façon très curieuse, mais que je ne peux pas vous révéler : tout le monde est maître et personne ne l'est, et je vous déclare sincèrement que si toutes les républiques étaient conduites dans ces conditions, cela irait très bien.

Déposition de MM. Labarbe, Favaron et Castel. (Suite.)

M. Philippe. Les membres de la société des compagnons sont élus par les membres en exercice ?

M. Castel. Parfaitement. Et cela se fait sans que personne du dehors sache si nous sommes d'accord ou non ; jamais on ne s'est aperçu de rien. Nous ne sommes pas des perturbateurs.

M. Labarbe. Il y a un conseil d'administration renouvelable tous les huit jours ; il faut que chacun, à tour de rôle, en fasse partie pour savoir ce qui se passe.

M. Castel. Tout le monde est subalterne et chacun arrive, à un moment donné, à être maitre, par la force des choses, mais cette royauté dure... ce que durent les roses ! Je suis descendant de quatre ou cinq générations de compagnons ; j'ai été initié de bonne heure.

M. le Président. Il y a là tout un plan de constitution.

M. Castel. La politique a essayé de *dauber* sur les anciennes corporations, qui n'étaient pas ce qu'on suppose ; nous nous modifions, nous suivons le courant, et nous ne faisons de mal à personne. Quand nous manquons de travail, nous n'avons pas besoin d'aller chercher ailleurs ; nous trouvons du crédit tant que nous voulons : à certains moments il y a des gens qui ont prêté 30, 40, 50,000 francs à la société, qui, en somme, n'existe pas, car nous existons sans exister ; il n'y a personne et c'est tout le monde, et on a toujours payé les dettes et même les bêtises de quelques-uns ; du moment qu'il s'agit d'un compagnon, on ne regarde pas plus loin.

M. Labarbe. Il y a beaucoup de jeunes gens qui voyagent. A Bordeaux, par exemple, on n'apprend pas le métier aussi bien ni aussi vite qu'à Paris ; ce n'est pas le même genre de travaux. Celui qui est intelligent vient à Paris pour suivre les cours : les membres de la société font l'école, et cela coûte moins cher ; celui qui est malade est bien soigné ; celui qui a des revers trouve de quoi se nourrir et se vêtir proprement ; celui qui n'a pas d'ouvrage reçoit l'indication de chantiers où il peut aller travailler. Isolés sur la terre de France, nous arrivons et nous trouvons une famille. Voilà le grand point du compagnonnage.

M. Castel. Je réponds maintenant à la sixième question.

Nous n'avons jamais passé de marchés avec l'État, mais nous avons fait pour la ville de Paris et pour des particuliers des travaux assez importants ; le chiffre s'en élève à 500 ou 600,000 francs depuis que nous sommes constitués.

Il y a quatre ou cinq jours, il y avait une adjudication au Ministère de l'intérieur ; nous ne savions pas que la soumission devait être déposée la veille ; nous sommes venus le matin et on nous a refusés. C'est fâcheux, car je crois que nous aurions eu l'affaire. Nous ne nous étions pas encore présentés pour des travaux de l'État.

Nous avons commencé, comme je l'ai dit, avec 30,000 francs ; puis, quand il n'y avait plus d'argent dans la caisse, qu'on voyait qu'on n'allait pas pouvoir faire la paye, on a appelé le deuxième et le troisième versement. Cela s'est fait tout tranquillement ; quand le capital a été versé, on a passé les actes notariés.

Quant aux résultats, les voici : malgré le prix de 1 franc par heure que nous nous octroyons, nous avons fait dans notre année plus de 30,000 francs de bénéfices, et nous avons encore versé à la caisse de retraite instituée chez nous, et que nous allons doubler, une somme assez ronde.

M. Favaron. La retenue pour la caisse de retraite est de 1 p. o/o sur les salaires ; nous allons la porter à 2 p. o/o.

M. Castel. La Ville de Paris nous demandait de modifier nos statuts relativement à cette caisse de retraite ; comme nous ne savions pas au juste ce qu'on voulait, nous avons cru devoir attendre. Du reste, nous sommes très disposés à augmenter le chiffre de la retraite.

Les gâcheurs, c'est-à-dire les contremaîtres des chantiers, et les commis, sont nommés en assemblée générale, ordinairement sur la proposition du conseil d'administration, qui se réunit toutes les semaines, et est composé de dix membres nommés en assemblée générale. Le conseil d'administration a tous les pouvoirs; il fait les affaires, d'accord avec le directeur, seulement c'est le directeur qui est chargé de la responsabilité et qui traite au nom de la société.

Déposition de MM. Labanbe, Favabon et Castel. (Suite.)

M. LE PRÉSIDENT. Le directeur est nommé par l'assemblée générale ?

M. CASTEL. Oui. Nous avons inséré dans nos statuts une clause qui rend très difficile le changement de directeur, car les changements de direction sont l'écueil de toutes les sociétés. Le directeur ne peut être remplacé que par une assemblée composée des deux tiers au moins des membres de la société, à la majorité des deux tiers des votants. Nous n'avons pas été sans subir, nous aussi, quelques petits tiraillements, mais tout cela s'est calmé, grâce à cette clause et au conseil d'administration; dix individus s'entendent mieux que trois cents qui se mettent à crier et finissent par faire des bêtises.

M. LANJALLEY. Pour combien de temps est élu le conseil d'administration ?

M. CASTEL. Pour trois ans. Il est renouvenable par tiers, de sorte qu'il reste toujours une vieille souche.

M. LE PRÉSIDENT. Quelle est la durée des pouvoirs du directeur ?

M. CASTEL. Le directeur est nommé à vie, pour ainsi dire, eu égard aux conditions qui sont exigées pour son changement.

(M. FAVARON donne lecture des articles des statuts relatifs à la nomination et aux pouvoirs du directeur.)

M. LE PRÉSIDENT. Mais alors le directeur règne et gouverne ! Il est un des Dix !

M. CASTEL. Oui, c'est quelque chose dans le genre du conseil des Dix. C'est tout simplement la république autoritaire.

M. LE PRÉSIDENT. Vous trouvez cela bon ?

Déposition
de MM. Labarbe,
Favaron et Castel.
(Suite.)

M. Castel. Puisque, en somme, c'est la seule possible! (On rit.) Voilà pourquoi nous existons. Les propriétaires qui ont de l'argent à dépenser ne se soucient pas beaucoup d'aller chercher des anarchistes. Nous travaillons même pour des couvents de sœurs; vous voyez qu'on ne nous craint pas beaucoup.

Nous n'avons pas à répondre à la question de savoir combien nous coûte la procuration du nouveau directeur, en cas de changement, puisque nous ne changeons jamais de directeur.

Nous avons des certificats de tout le monde : d'ingénieurs, d'architectes, et des plus célèbres.

Ce ne sont pas les moins intelligents des charpentiers qui sont admis dans notre société. Nous avons environ les quatre cinquièmes des contremaîtres de Paris; ils ne travaillent pas tous dans nos chantiers; ils restent chez les patrons, mais nous aurions besoin d'eux qu'immédiatement ils quitteraient les patrons pour venir chez nous.

M. Labarbe. Il faut être de la société des compagnons charpentiers, dont le siège est à la Villette, pour faire partie de l'association des ouvriers charpentiers de la Villette.

M. Castel. Nous n'avons pas voulu prendre le titre de « compagnons »; nous sommes déjà assez mal vus de certains groupes politiques un peu avancés, mais cela nous est égal; nous ne demandons que du travail, cela n'empêche pas chacun de nous d'avoir ses idées.

M. Caël. Combien êtes-vous d'ouvriers travaillant pour l'association elle-même ?

M. Castel. Cela dépend de l'importance de nos travaux : dans le cours de l'année dernière, nous étions de soixante-dix à soixante-quinze; dans ce moment-ci nous sommes une trentaine. Nous pouvons avoir des ouvriers comme nous voulons; quand nous n'en avons plus besoin, ils s'en vont ailleurs. On ne se vend pas; on ne va pas dire au patron qu'on fait partie de l'association.

M. Labarbe. Notre première émission d'actions s'est faite un peu précipitamment, de sorte que les gâcheurs qui étaient restés dans les

Déposition
de MM. Lanarbe,
Favabon et Castel.
(Suite.)

chantiers n'ont pas fait de démarches pour entrer dans notre association. Mais quand ils ont vu que nos affaires marchaient et que nous faisions une seconde émission; comme les vindications résultant des grèves étaient un peu apaisées, beaucoup, qui craignaient au début, ont eu plus de confiance et sont venus à nous; comme nous les connaissions tous, nous les avons acceptés. Aujourd'hui presque tous les chefs d'atelier des bons chantiers font partie de notre association; naturellement ces hommes ne cesseront pas d'aller *gâcher* chez les entrepreneurs pour venir chez nous, mais nous pouvons entreprendre n'importe quel travail, nous aurons le personnel voulu.

M. Philippe. En cas de grève, ces gâcheus s travailleraient-ils chez vous?

M. Castel. Même sans qu'il y ait grève. Nous payons 1 franc alors que les entrepreneurs ne donnent que o fr. 80 cent.; c'est ce qui fait notre force. Nous sommes en grève permanente; nous maintenons ce prix de 1 franc, qui est un encouragement, et nous gagnons d'ailleurs assez d'argent. Nous n'avons pas besoin de faire de gros bénéfices; nous ne cherchons qu'à travailler, à avoir beaucoup d'affaires

Un Membre. Est-ce par voie de tirage au sort que vous réduisez le nombre de vos ouvriers?

M. Castel. La première fois nous avions procédé au choix; mais souvent les plus faibles sont plus malins que les plus forts, et cela amenait des divisions parmi nous. Pour éviter cet inconvénient, nous avons établi une liste d'embauchage; cela cause quelquefois des désagréments, mais les choses se passent mieux de la sorte, et nous avons toujours un nombre suffisant d'ouvriers capables de faire toute espèce de travaux.

M. Frémaux. Il est à désirer que les ouvriers restent toujours chez vous.

M. Castel. Aussi avons-nous intérêt à faire beaucoup de travaux, pour ne pas renvoyer notre monde.

M. le Président. Ceux de vos associés qui sont chez des patrons sont-ils sûrs de trouver du travail chez vous?

Déposition
de MM. Labarbe,
Fayabon et Castel.
(Suite.)

M. Castel. On suit la liste. Du reste, tout s'arrange en famille; s'il y en a un qui ne vient pas travailler, on lui dit : « Il faut céder ton rang à un autre. » Nous ne procédons pas d'une façon radicale; nous sommes d'une composition très douce.

M. Labarbe. C'est là, en effet, le point épineux. L'année dernière, nous avions de quoi occuper pendant quatre mois soixante-dix ou quatre-vingts ouvriers; quand cela a été fini, nous ne pouvions pas garder tout ce monde; nous avons débauché petit à petit, en suivant la liste d'embauchage.

M. Castel. Nous ne faisons pas comme les entrepreneurs, qui disent le samedi à 2 heures : « Passez au bureau. » Nous prévenons toujours six ou huit jours à l'avance pour que les ouvriers aient le temps de chercher à se replacer. Les sociétaires qui travaillent au dehors indiquent aux camarades de préférence les chantiers où il y a de l'ouvrage. Nous faisons partie d'une société pour nous soutenir les uns les autres; c'est à ceux qui veulent y entrer de s'en rendre capables.

Le coût de la matière première est élevé dans notre industrie; pour les escaliers, la matière première représente 5o p. o/o, et pour la charpente environ 7o p. o/o de la valeur du travail.

Nous avons, à l'heure qu'il est, un approvisionnement de bois d'une valeur de 7o à 8o,ooo francs.

M. Henry. Avez-vous un magasin appartenant à l'association?

M. Castel. Nous avons, rue Saint-Blaise, un chantier qui a un hectare de surface; c'est le plus beau du monde; nous avons un hangar qui couvre une étendue de 2,68o mètres. C'est là que Gambetta a fait sa réunion de Charonne.

Notre matériel et notre outillage ont une valeur d'environ 4o,ooo francs. Nous faisons non seulement l'escalier en bois, mais l'escalier en fer et la grosse charpente en fer, dans une très grande proportion. Aujourd'hui, en fait de charpente en bois, on ne fait que poser des chevrons.

M. Frémaux. Faites-vous les grilles?

M. Castel. Non; nous ne faisons pas ce genre-là. Si on nous

demande de la quincaillerie, des serrures, des fermetures de portes, nous nous adressons à de petits entrepreneurs pour n'avoir pas à nous occuper de ces détails.

Déposition de MM. Labène, Favaroy et Castel. (Suite.)

M. Henry. Vous ne faites pas le gros œuvre?

M. Castel. Non, parce que nous occupons le moins possible de gens qui ne sont pas nos associés.

M. Frémaux. Vous avez des ouvriers qui savent travailler le fer?

M. Castel. Aujourd'hui les trois quarts des ouvriers charpentiers savent travailler le fer. Généralement les serruriers ne savent pas très bien faire une coupe; ce sont des charpentiers qui tracent les combles. Le serrurier ne saurait pas comment s'y prendre pour faire un escalier en fer; c'est le gâcheur d'escaliers qui trace le développement, l'épure; on porte la feuille de tôle chez le serrurier, on lui indique les joints, et il n'a qu'à découper; on ne lui demande pas autre chose; il n'est qu'un manœuvre.

Nous ne possédons pas de machines dans toute l'acception du mot; cependant nous avons une machine à bras assez puissante pour couper le fer, la tôle, poinçonner; c'est une machine-bouée qui nous a coûté 2,800 francs; elle peut couper une barre de fer de trois centimètres carrés. Nous avons aussi une machine-cylindre, à bras également, pour cintrer les tôles; cela nous suffit actuellement pour ce que nous avons à faire. Pour une installation complète de machines, il nous faudrait beaucoup d'argent; cela viendra plus tard.

M. Henry. Vous n'avez pas reconnu la nécessité d'avoir une scie à vapeur pour le débitage des bois?

M. Castel. Nous en aurons une. Vous verrez, dans notre rapport, que nous avons déjà mis de côté 12,000 francs. C'est un premier fonds pour la transformation de notre outillage. Il nous faudrait peut-être 40 ou 50,000 francs. Si cette année nous pouvons ajouter 20 ou 30,000 francs aux 12,000 francs que nous avons déjà, nous commencerons; nous ne voulons pas partir et rester en route.

L'outillage est la propriété de l'association.

On nous demande si nous pouvons supporter une retenue sur les

Déposition
de MM. Labarbe,
Favaron et Castel.
(Suite.)

payements, pour servir de garantie jusqu'à l'achèvement et à la réception des travaux.

Nous le pouvons parfaitement. Un propriétaire qui paye bien nous donne 75 p. o/o, courant et fins des travaux, et le reste à trois ou six mois; celui qui ne paye pas bien donne 5o p. o/o courant des travaux, 25 p. o/o au bout de six mois, et le reste au bout d'un an. Dans ces conditions-là, nous pouvons travailler aussi bien qu'un entrepreneur. La grosse affaire était d'avoir un fonds de roulement : les premiers travaux que nous avons faits étaient payables à échéance de six mois; cet argent-là nous sert aujourd'hui à payer.

L'objection que nous avons à présenter contre le dépôt d'un cautionnement préalable, c'est que ce cautionnement nous prive de notre argent, et nous ne voyons pas trop à quoi il sert. Comme, en définitive, il faut toujours avoir fait des travaux avant de toucher de l'argent, il serait bien plus simple de faire une retenue sur les acomptes. Ce dépôt préalable d'un cautionnement est une très grande entrave; si l'on a trois ou quatre soumissions à faire le même jour, il est impossible d'y arriver. Il faudrait arriver à la suppression du cautionnement et demander une autre garantie.

M. Henry. La caution personnelle?

M. Castel. Oui, la caution personnelle de la société. Nous sommes deux cents, le premier chantier de Paris; nous avons la confiance des gens qui nous font travailler; nous valons quelque chose. Les marchands de bois ne craignent pas de nous livrer à quatre ou six mois pour 4o, 5o, 100,000 francs de marchandises.

M. Labarbe. Il est vrai qu'il n'en a pas toujours été ainsi; mais aujourd'hui cela commence à marcher. Nous avons des cautionnements déposés pour des travaux dans trois endroits; si nous avions cet argent, il nous serait très utile.

M. Pitre. Vous demandez la suppression de la retenue de garantie?

M. Castel. Non; nous demandons que le cautionnement soit remplacé par la retenue de garantie, parce que véritablement, pour nous, le cautionnement est excessivement lourd.

Le mode de payement que nous désirons est le payement par acomptes, car les règlements de mémoires sont quelquefois très longs.

Nous demandons à être traités par les administrations publiques comme par les particuliers; or les particuliers nous donnent de 60 à 70 p. o/o courant des travaux.

Déposition
de MM. Labarbe,
Favaron et Castel.
(Suite.)

M. LE PRÉSIDENT. On vous paye tous les mois?

M. CASTEL. Généralement sur état de situation. Un particulier sait bien que ce n'est pas le 1er du mois qu'il faut payer; s'il a de l'argent, il nous dit : Vous passerez deux ou trois jours avant la fin du mois.

M. FRÉMAUX. La Ville et l'État payent généralement tous les mois.

M. CASTEL. Oui, seulement il y a une nuance : au lieu de payer le 28 ou le 29, on paye quelquefois le 1er ou le 2; c'est exactement comme si l'on attendait le mois suivant.

M. LABARBE. Nous avons été adjudicataires des travaux de la mairie du VIe arrondissement pour le pignon du côté de la rue Madame; ce sont des travaux d'expertise; ils se montent à 1,800 francs environ, et sont terminés depuis un an, mais je ne sais pas quand nous verrons cet argent.

L'architecte nous a dit qu'il n'avait pas obtenu de crédit, qu'il allait faire une demande, mais cela est bien long. Nous avons fait également, pour la mairie, des travaux de charpente qui sont terminés depuis deux mois; nous avons remis les annexes, les mémoires, et nous ne voyons pas non plus l'argent arriver.

Pour les travaux des écoles provisoires, on a suivi un système excellent : nous avons été payés sur les états de situation, à raison de 75 à 80 p. o/o.

M. CASTEL. Nous demandons qu'on ne laisse pas traîner trop longtemps nos mémoires; il y a, dans les administrations, des mémoires qui restent quelquefois deux ans sans être payés. Nous savons bien que ce n'est pas la faute de l'administration supérieure; le plus simple serait de régler provisoirement les mémoires et de payer les neuf dixièmes; le reste viendrait après, quand on voudrait.

M. PITRE. Dans quelle administration les mémoires restent-ils deux ans sans être payés?

M. Castel. A peu près partout.

M. Pitre. On paye par exercice.

M. Castel. Il faudrait que cela ait changé beaucoup, car j'ai souvent entendu les entrepreneurs se plaindre.

M. Pitre. Avez-vous fait, soit pour la Ville, soit pour l'État, des travaux restés impayés passé l'année?

M. Favaron. A la mairie du VI⁶ arrondissement, nous avons fait des travaux qui sont terminés depuis un an et qui ne nous sont pas payés.

M. Castel. Nous n'en avons même jamais entendu parler. Le fait n'est peut être pas fréquent, mais je vous assure qu'il se produit. A quoi cela tient-il? Peut-être à ce qu'il n'y avait pas de crédit ouvert? Nous n'en savons rien. C'est surtout dans les expertises qu'on ne peut pas avoir de compte. Généralement, quand on travaille pour la Ville, c'est de l'argent qui reste là.

M. Pitre. Notre Commission a été instituée pour rechercher les facilités qui pourraient être accordées aux associations ouvrières; je m'occupe surtout de ce qui se passe dans les administrations de l'État, et je dis que je ne crois pas que des mémoires puissent être reportés de deux ans, parce qu'on doit payer sur les fonds de l'exercice.

M. Castel. Eh bien, je vous assure que le fait a lieu; j'en ai entendu parler bien souvent. Les entrepreneurs se plaindraient donc tout à fait à tort? Ouvrez le journal la *Réforme du bâtiment*; à chaque page vous trouverez des plaintes contre l'administration. Il faut bien cependant qu'il y ait quelque chose.

M. Pitre. Ce sont des oui-dire.

M. Henry. On pourrait payer sur mémoires provisoires. La matière première constitue une valeur facile à apprécier; sur la main-d'œuvre il ne peut y avoir de grandes discussions; on ferait une retenue de 10 p. o/o, et en fin d'année interviendrait le règlement définitif.

M. Castel. Cette retenue de 10 p. o/o constituerait une garantie

Déposition
de MM. Labarre,
Favaros et Castel.
(Suite.)

équivalente au cautionnement. Si nous n'avions pas d'escompte à payer aux banquiers, et que nous puissions acheter nos marchandises au comptant, nous bénéficierions de 3 p. o/o pour 4 mois, soit 9 p. o/o par an, ce qui nous permettrait de faire des rabais plus considérables, dont la Ville et l'État profiteraient.

M. Pitre. Vous prêchez un converti.

M. Castel. Je ne fais qu'indiquer ce que nous demandons. Je veux bien croire que l'administration est très bienveillante pour nous.

M. Pitre. Je répète que les travaux de l'année se payent sur les crédits de l'exercice. Croyez-vous, par exemple, qu'au nouvel hôtel des postes, l'entrepreneur de maçonnerie qui a pour 200,000 francs de travaux tous les mois pourrait attendre deux ans?

M. Castel. Je ne parle pas de l'État, pour qui nous n'avons jamais travaillé, mais ceux qui travaillent pour la Ville se plaignent beaucoup; je ne sais comment les choses se passent, mais certains entrepreneurs disaient : Nous ne pouvons plus marcher; on nous doit 200,000 fr., 300,000 francs.

Nous employons très peu d'auxiliaires salariés ; nous sommes assez nombreux pour nous en passer. Nous n'employons, comme auxiliaires salariés, que des scieurs de long et des serruriers qui ne sont que des manœuvres ; ils gagnent plus chez nous que dans les autres chantiers.

M. Fremaux. Employez-vous des maçons?

M. Castel. Non; cependant il nous est arrivé, malgré nous, de faire de l'entreprise générale : pour les travaux de ces écoles dont nous parlions, il nous a fallu faire des constructions en maçonnerie ; un petit entrepreneur du quartier, qui débutait, nous a procuré quelques ouvriers.

Nous ne sommes pas encore assez forts pour avoir des associés ou des auxiliaires sortant des écoles professionnelles municipales ou des écoles d'arts et métiers.

M. Guille-Desbuttes. Vous faites l'école vous-mêmes?

M. Castel. On fait des cours de géométrie descriptive auxquels

Déposition
de MM. LABARBE,
FAVARON et CASTEL.
(Suite.)

personne ne comprend rien, mais cela réussit tout de même. C'est
très curieux; il ne faut pas dire, par exemple : En élevant cette per-
pendiculaire, en tirant cette oblique, etc.. On dit : Tiens, tu vois ça. ,
et puis *ça;* en mettant un morceau de bois *comme ça* et traçant *ça*,
comme *ça*, ça fait deux coupes, ou ça fait un arêtier, ou un arbalé-
trier. Nous avons des gens excessivement forts en descriptive et qui
n'ont jamais su ce que c'était qu'un carré, un triangle ou un rectangle.

Du reste, on a pu voir nos chefs-d'œuvre aux expositions, nous en
avons une dizaine en France qui méritent qu'on s'y arrête. Sous ce
rapport, les ouvriers étrangers peuvent rester des siècles avant de
pouvoir rivaliser avec nous. Nous avons résolu, comme coupe de charpente, tout ce que l'imagination peut rêver de plus extraordinaire :
nous faisons tout, jusqu'à des habits, des redingotes, des chapeaux
en charpente. Nous avons des ouvriers qui ne connaissent pas un mot
d'algèbre ni de quoi que ce soit et qui sont plus forts en descriptive
— une descriptive impossible, fantastique, — que tous les ingénieurs du monde. Les courbes d'un navire, c'est de la plaisanterie;
chez nous on fait tout ce qu'on veut, et, ce qu'il y a de plus joli, sans
savoir comment.

Si quelqu'un de vous, Messieurs, venait un jour voir notre chantier, nous lui montrerions le chef-d'œuvre qui a été fait pour Berryer
en reconnaissance de sa plaidoirie en faveur des ouvriers charpentiers, au moment de la grève; le chef-d'œuvre nous est revenu après
la mort de Berrye.. On nous faisait toujours le reproche de manquer
d'élégance; ce travail-là est véritablement très élégant.

M. LABARBE. Le chef-d'œuvre que nous avons fait pour l'exposition
de 1867 nous a coûté 58,000 francs.

M. CASTEL. Nous n'avons qu'un apprenti, c'est le fils de notre
homme de peine. Le parisien n'aime pas le métier de charpentier;
il est trop dur. Ce sont les ouvriers des campagnes qui font des apprentis, et ils viennent à Paris se perfectionner; les apprentis de Paris font de très mauvais charpentiers; on les appelle « les parisiens » et
ils sont tout de suite sûrs de gagner trois francs par jour de moins
que les autres.

Le travail est dirigé par le directeur et par les contremaîtres nommés, comme nous avons dit, en assemblée générale; tout le monde
y met la main et cela se passe gentiment.

Pendant les périodes de chômage, on renvoie les ouvriers; la société n'est pas perdue pour cela.

On commence à faire exécuter à l'étranger, en Allemagne surtout, les travaux en bois de sciage pour les hangars, les surfaces carrées; la main-d'œuvre est très bon marché là-bas; le travail n'est pas très bien fait, mais cela tient tout de même. Il y a là un danger très sérieux, non seulement pour l'ouvrier, mais pour la production du bois. Les bois sont pour rien en Allemagne; quand nous avons fait nos travaux pour la Ville, nous avons été obligés de faire venir d'Allemagne nos bois de sciage, autrement nous n'aurions pas pu soutenir la concurrence. Permettez-moi de vous citer un exemple :

Le bois de sapin équarri pour prendre des sciages nous coûte, rendu dans Paris, octroi compris, environ 70 francs le stère; nous l'achetons à l'équerre et toutes les flaches constituent pour nous une perte; le sciage et les déchets représentent une valeur d'environ 40 francs par mètre cube, ce qui fait un total de 110 francs.

Eh bien, en Allemagne, on peut acheter du bois tout scié, rendu sur wagon en gare à Paris, au prix de 60 à 62 francs le mètre cube; l'octroi est de 8 à 10 francs, et en comptant un supplément de transport, on arrive à un total de 75 à 80 francs au plus. La différence est donc énorme; si cela continue, à un moment donné, ce sont les Allemands qui viendront faire les travaux à Paris.

M. LE PRÉSIDENT. La main-d'œuvre, aussi, est meilleur marché à l'étranger?

M. CASTEL. Oui, mais les Allemands ne sont pas très habiles; seulement, voilà le malheur : les patrons envoient de Paris un ouvrier qu'ils payent 15 francs par jour et qui va tracer la besogne aux autres.

M. LABARBE. Qui font mal.

M. CASTEL. Ils feront bien plus tard; c'est une question de temps.

Tout le monde chez nous est assuré contre les accidents à la compagnie *la Préservatrice*; c'est l'association qui paye. En dehors de cela, nous faisons un deuxième versement pour constituer une caisse qui nous permette de nous assurer nous-mêmes à un moment donné.

Messieurs, nous ne demandons qu'une chose : c'est qu'on ne nous considère pas comme des gens qui ne peuvent pas travailler; c'est

Déposition
de MM. LABARBE,
FAVARON et CASTEL.
(Suite.)

cette croyance erronée qui, malheureusement, nous a fermé un peu la porte des administrations. Eh bien, non, nous pouvons et nous savons travailler; organisés comme nous le sommes, nous n'avons qu'un signe à faire. Cela pourrait bien ne pas être très agréable pour les patrons, mais, si nous avions beaucoup de travaux, du jour au lendemain tous les ouvriers seraient chez nous; il n'y en aurait plus chez les patrons.

M. le Président. La Commission, Messieurs, vous remercie; et je suis sûr d'être son interprète en disant qu'elle vous a entendus avec le plus grand intérêt et le plus grand plaisir.

(La séance est levée à midi moins un quart.)

6ᵉ SÉANCE.

SAMEDI 5 MAI 1883.

PRÉSIDENCE DE M. FRÉMAUX.

La séance est ouverte à 9 heures un quart.

Sont présents : MM. Nègre, Caël, Pitre, Grison, Garnier, de Meaux, Henry, Philippe, de Laigue, Barberet.

M. Barberet, *secrétaire*, donne lecture du procès-verbal de la dernière séance.

Le procès-verbal est adopté.

Sur la demande de M. de Meaux, il est décidé que M. le Secrétaire de la Commission avisera à l'avance les membres de la Commission quelles seront les associations qui devront être entendues dans la prochaine séance.

ASSOCIATION COOPÉRATIVE

« LE TRAVAIL »

POUR L'ENTREPRISE GÉNÉRALE DE PEINTURE EN BATIMENT.

(Siège social : 36, rue de Turin.)

Représentée par MM. BUISSON et PIETHE.

MM. Buisson et Piethe sont introduits.

M. le Président. Voulez-vous, Monsieur, nous faire connaître les diverses réponses que vous avez à faire au questionnaire?

M. Buisson. Je dirai d'abord que notre association est constituée sous la forme anonyme, à capital variable. Nous avons éprouvé de grandes difficultés pour nous organiser, parce que nous ne connaissions pas suffisamment les dispositions de la loi de 1867. Les diverses personnes auxquelles nous nous sommes adressées pour obtenir des renseignements interprétaient différemment les articles de cette loi. Nous ne savions pas de quelle façon commencer.

Je ne puis pas encore faire connaître les frais occasionnés par la constitution de notre association, parce que le notaire ne nous a pas encore envoyé son compte. Nous ne sommes constitués que depuis le mois de décembre 1882. Nous avons fait un acte notarié et non un acte sous seing privé, parce que les personnes auxquelles j'ai demandé des renseignements m'ont dit que l'acte sous seing privé n'avait pas, auprès des maisons de crédit, la valeur de l'acte notarié. On m'a dit aussi que le dépôt de la minute chez le notaire et l'enregistrement coûtaient presque aussi cher qu'un acte notarié. Voilà les raisons pour lesquelles nous n'avons pas fait de sous seing privé.

La responsabilité indiquée à la quatrième question ne peut empêcher les gens sérieux d'entrer dans notre association. Il n'y a pas là d'obstacle.

M. LE PRÉSIDENT. Avez-vous un exemplaire de vos statuts?

M. BUISSON. En voici un exemplaire. (Le déposant le remet entre les mains de M. le Président.)

Nous pouvons prendre part à tous les travaux de l'État et nous avons déjà été adjudicataires d'une somme importante de travaux à exécuter au Ministère de l'agriculture. Nous pouvons d'autant mieux prendre part à ces adjudications, que, dans notre industrie, c'est la main-d'œuvre qui représente la plus grande somme de travail.

Notre capital est de 7,200 francs, dont 5,400 sont versés.

Notre fonds de roulement, c'est notre capital social, c'est-à-dire que nous avons un crédit égal à ce capital. Nous souscrivons 7,200 francs d'actions et, en versant le dixième, on nous crédite à la *Caisse centrale populaire* de la totalité de notre capital. C'est la souscription de ces 7,200 francs qui répond de notre crédit.

M. CAËL. Quel est le nombre de vos associés ?

M. BUISSON. Nous sommes neuf associés. Depuis le mois de décembre dernier, nous avons exécuté 51,000 francs de travaux pour le compte de particuliers.

Pour répondre à la sixième question, je dirai que c'est la *Caisse centrale populaire* qui nous fait nos avances. Dans les marchés que j'ai passés avec différentes personnes, je me suis arrangé de façon à recevoir de l'argent au moment des payes, et des marchandises pour faire les travaux.

Nous ne pouvons pas dire encore quels résultats nous avons obtenus, parce que nous n'avons pas eu, jusqu'à présent, de règlements de comptes, parce que nous n'avons commencé nos opérations qu'en novembre dernier; mais j'ai la certitude que, sur 50,000 francs de travaux, nous réaliscrons 9,000 francs de bénéfices, tout en ayant soumissionné le travail au meilleur marché. Je défie n'importe quel patron d'exécuter ce travail à plus bas prix.

M. LE PRÉSIDENT. Vous avez soumissionné ce travail aux prix de la série de la Ville?

M. BUISSON. Non, j'ai pris ce travail en sous-traitant à un patron, à des prix, par conséquent, plus bas que les siens, et je répète que je suis certain encore de réaliser un bénéfice de 9,000 francs.

M. LE PRÉSIDENT. Ainsi, après avoir sous-traité à un patron qui avait déjà consenti un fort rabais, vous ferez encore un bénéfice de 9,600 francs?

M. BUISSON. Oui, mais il faut remarquer que nous avons travaillé en conséquence.

M. BARBERET. Si le patron, qui a traité directement, avait exécuté ce travail, aurait-il pu faire encore le rabais que vous lui avez consenti?

M. BUISSON. Non. Ce patron, en exécutant le travail lui-même, n'aurait pas eu plus de bénéfice que celui que nous lui avons donné, c'est-à-dire 14 ou 15 p. o/o, ce qui est beaucoup.

M. DE PRÉSIDENT. Les deux rabais qui ont été faits, le vôtre et celui du patron, représentent environ 40 p. o/o, et vous gagnerez encore 9,000 francs?

Déposition
de MM. BUISSON
et PIETTE.
(Suite.)

M. Buisson. Oui, mais je répète que nous avons travaillé en conséquence. Le patron avec qui nous avons traité avait soumissionné les travaux pour vingt et un bâtiments; il travaillait à côté de nous et il était étonné de la façon dont nous avons *descendu* les travaux pour les quatre bâtiments dont nous étions chargés.

M. le Président. C'est-à-dire que vous avez travaillé d'arrache-pied?

M. Buisson. C'est cela, et c'est ce qui explique le bénéfice que nous pourrons réaliser. Et puis, c'était le commencement de nos travaux.

M. Barberet. Vous avez fait aussi des travaux pour l'État?

M. Buisson. Nous avons commencé ces jours-ci des travaux pour le Ministère de l'agriculture, qui s'élèveront à 202,000 francs.

M. le Président. Consentez-vous des rabais aux particuliers?

M. Buisson. Cela dépend du travail à exécuter. On ne peut faire que très peu de rabais quand il s'agit de réparations. En ce moment, nous faisons un bâtiment pour un particulier.

Voici notre réponse à la septième question : Je suis le directeur de l'association. Le conseil, qui est nommé par l'assemblée générale, choisit, dans son sein, le directeur qui est toujours révocable. En supposant qu'on change le directeur, il rentre dans le rang des administrateurs.

M. le Président. Le directeur est choisi parmi les membres du conseil?

M. Buisson. Oui, Monsieur. La durée des fonctions du directeur est de deux ans, comme celle des membres du conseil. Je le répète, il est toujours révocable; nous n'avons pas encore changé de directeur.

Nous avons été obligés d'avoir des certificats pour être admis à soumissionner des travaux de l'État. Nous avons presque tous travaillé pendant plusieurs années dans les premières maisons de Paris; au début, nous n'avions pas de certificats d'entrepreneurs, mais de conducteurs de travaux. Un de nos sociétaires a fait des travaux à l'Administration des postes et des télégraphes, un autre au Ministère de l'intérieur et moi à la Sainte-Chapelle.

Déposition de MM. Buisson et Pistre. (Suite.)

M. CAËL. Quels travaux avez-vous faits à l'Administration des postes et des télégraphes?

M. BUISSON. L'un de nous conduit les travaux dans les salons du Ministre, rue de Grenelle. Nous avons tous des certificats.

La dixième question parle du coût de la matière première. Il n'est pas très élevé dans notre industrie. A mon avis, elle ne représente guère que 20 p. o/o du montant des travaux. Pour 50,000 francs de travaux exécutés, j'ai employé en vitrerie, tenture, peinture, environ 11,000 francs de marchandises. C'est le cinquième.

Nous n'avons pas d'approvisionnements, parce que les matières se détérioreraient.

Nous avons occupé, pendant tout l'hiver, trente-cinq ou trente-six hommes, indépendamment des sociétaires. Notre matériel peut être évalué de 11 à 1,200 francs : échelles, camions, petites voitures. Cet outillage est propriété collective.

Je vais répondre à la question relative au cautionnement et à la retenue.

Je dois déclarer que la plupart des membres de notre association sont très opposés au versement d'un cautionnement. Pour nos travaux du Ministère de l'agriculture, nous avons dû verser un cautionnement de 12,000 francs. Ce cautionnement nous coûte très cher, il ne nous rapporte presque rien et on nous l'a fait verser beaucoup trop tôt. Il nous coûte 8 1/2 p. o/o, ce qui représente 2 francs par jour, qu'il faut gagner avant toute autre chose. Le 17 février dernier, j'ai versé ces 12,000 francs à la Caisse des dépôts et consignations, et nous ne commencerons les travaux que dans quelque temps; de sorte que, pendant six mois, le cautionnement ne rapporte rien du tout. Le versement du cautionnement n'est avantageux qu'à ceux qui prêtent l'argent.

Quant à une retenue à faire sur les versements, il y a encore là quelques difficultés. Ainsi, quand on nous payera 20,000 francs, on nous retiendra, je suppose, 2,000 francs, c'est-à-dire le dixième, et l'on n'aura pas là une bien grande garantie. Ce n'est pas de ce côté qu'il faut chercher une garantie sérieuse; la garantie n'existera que quand le travail sera fini. Il faut chercher un autre moyen. Je proposerai un autre système. Il est évident que je préférerais la retenue au versement d'un cautionnement; mais il y aurait une autre manière de procéder plus avantageuse pour les deux parties. Voici ce qu'il faudrait faire :

Je demande d'abord que l'adjudication ne soit faite qu'au moment où commenceront les travaux. Je ne peux présenter un mémoire que lorsqu'une certaine quantité de travail a été faite, c'est-à-dire pour une somme de 10 à 15,000 francs, lorsqu'il s'agit de grands travaux. Je présente mon mémoire et, pendant qu'on me le règle, il se fait une autre quantité de travaux. Eh bien, je voudrais que le travail fait représentât le cautionnement. C'est le travail exécuté, le travail qui m'est dû qui servirait de cautionnement. Je ne sais pas si je me fais bien comprendre. Je veux dire que le travail fait d'avance représenterait la garantie à donner par l'association. C'est le seul et unique moyen, à mon avis, de donner une véritable garantie, sans être obligé de verser un cautionnement.

M. Pitre. Vous avez entrepris un travail quelconque, pour l'État, je suppose; vous ne faites que pour 10 francs de travail, où sera la garantie de l'État?

M. Buisson. Mais je ne recevrai de payement qu'autant que j'aurai exécuté un travail.

M. Pitre. Mais si vous ne faites rien, où sera la garantie?

M. Buisson. J'ai demandé que l'adjudication n'ait lieu qu'au moment de commencer les travaux.

M. Pitre. Oui, mais vous savez bien ce qui se passe; l'architecte veut qu'on fasse d'avance certains travaux d'apprêts qui ne toisent pas, c'est-à-dire qui ne représentent presque rien comme chiffre.

M. Buisson. Dans mon système, je veux que le travail que j'ai exécuté, et qui m'est dû, représente la valeur de la garantie que l'on croira devoir m'imposer, c'est-à-dire qu'il y aura toujours une somme de travail effectuée comme garantie. D'ailleurs, nous ne faisons plus le travail préparatoire d'impression des fers.

Déposition
de MM. Buisson
et Pitre.
(Suite.)

M. Pitre. Vous voulez que le cautionnement soit fait par le travail exécuté.

M. Buisson. C'est cela.

M. Pitre. Mais les patrons feront des objections; ils voudront garder le système du cautionnement.

M. Buisson. Parfaitement. Nous voulons être sur un pied d'égalité, mais il ne faut pas nous demander à l'avance des fonds que nous n'avons pas. L'obligation de verser un cautionnement nous prend le plus clair de notre bénéfice. Il nous coûte 8 1/2 p. o/o. Il faut le verser bien avant le commencement des travaux. L'État sait bien que les travaux ne peuvent pas commencer tout de suite après l'adjudication; il a prévu le cas, et c'est pourquoi il ne paye 3 p. o/o au cautionnement que soixante jours après la mise en adjudication, tandis que moi je paye tout de suite des intérêts.

Quant à la fixation de l'époque pour le commencement des travaux, ce serait affaire d'entente entre l'architecte et l'administration.

M. Pitre. Vous comprenez bien qu'on ne peut pas faire une adjudication la veille du jour où l'on a quelque chose à imprimer.

M. Buisson. Je préférerais le système que j'indique au système du cautionnement, surtout pour les travaux qui doivent durer longtemps. Ainsi, les travaux du Ministère de l'agriculture dureront au moins quatre années.

M. Pitre. Oh! non.

M. Buisson. Vous le verrez.

M. le Président. Cela dépend des crédits qui sont accordés.

M. Philippe. Ces crédits sont fixés.

M. Buisson. *12e question.* Nous désirons le mode de payement le plus avantageux pour nous; c'est naturel. Il n'y a pas de travaux que nous ne soyons capables d'entreprendre, si l'on nous donne la certitude d'avoir de l'argent tous les quinze jours pour faire la paye. Dans notre industrie, la main-d'œuvre est tout: quant au payement des marchandises, nous nous arrangerions toujours.

Dans les cahiers des charges, pour l'exécution de travaux publics, il y a des clauses excellentes et qui nous conviendraient, mais c'est à la condition qu'on les exécute exactement. Il y est dit que, tous les mois, on remettra un mémoire et que le Ministre peut donner des acomptes. Nous ne demandons que l'application de cette clause.

M. Pitre. Mais c'est ce qui se fait tous les jours?

M. Buisson. Je le voudrais de tout mon cœur.

M. Pitre. Qu'est-ce qui vous fait croire que cela ne se fait pas?

M. Buisson. Je ne le sais pas par expérience, je n'ai jamais eu à recevoir de payements dans ces conditions, mais j'ai ouï dire que les payements se faisaient à une époque très longue et qu'il était difficile d'avoir des acomptes.

M. Pitre. C'est une erreur complète.

M. Buisson. Je n'insiste pas. Ce dont je suis certain, c'est que vous chercherez tous les moyens de nous être utiles.

M. le Président. Si un entrepreneur ne se met pas en mesure de recevoir des acomptes, il ne peut accuser que lui-même.

M. Ciél. C'est ce qui arrive chez nous. On ne peut pas obtenir les mémoires des entrepreneurs.

M. Buisson. La Commission pourrait se prononcer dans le sens que j'indique, c'est-à-dire décider qu'on payerait par acomptes.

M. le Président. Vous demandez, en définitive, l'application des clauses des cahiers des charges.

M. Buisson. Oui, Monsieur.

M. le Président. Nous sommes d'accord.

M. Buisson. 13ᵉ question. Nous sommes neuf associés, mais nous n'avons pas l'intention de rester à ce nombre; nous voulons faire une association plus nombreuse.

M. Piethe. En ce moment nous n'avons pas d'auxiliaires., mais, comme on vient de le dire, nous pensons à augmenter le nombre de nos associés.

M. Buisson. Nous n'avons pas pris d'auxiliaires parce que nous savions qu'à un moment donné nous ne pourrions pas les occuper, et que nous sommes tous d'avis que nous devons recruter de nouveaux sociétaires, mais nous voulons pouvoir les occuper toute l'année. Nous ne ferons appel à de nouveaux sociétaires qu'au fur et à mesure de l'extension de nos travaux. Quant aux ouvriers que nous occupons actuellement, ils sont intéressés pour 25 p. o/o dans nos bénéfices. De plus, j'ai consenti pour eux tous une assurance, et, au lieu de faire ce que la plupart des patrons font, je pourrais dire presque tous, c'est-à-dire de faire supporter par moitié le prix de l'assurance par l'ouvrier et le patron, nous prenons tout à notre charge ; cette prime est de 1 fr. 25 par cent francs assurés. Ainsi j'ai payé, pour le trimestre dernier, à l'assurance, cent et quelques francs, ce qui représente une certaine somme assurée.

M. de Meaux. Comment les ouvriers que vous occupez ont-ils connaissance des bénéfices que vous avez faits? Comment peuvent-ils savoir si vous leur donnez en réalité les 25 p. o/o promis?

M. Buisson. Nous avons pour cela une organisation spéciale. Indépendamment des administrateurs en qui nos ouvriers ne sont pas toujours obligés d'avoir confiance, nous avons deux commissaires qui vérifient les comptes. L'un est nommé par les ouvriers employés, et tous les trois mois nous leur disons : Voilà où nous en sommes. De plus, nous avons pour commissaire M. Goudchaux, ancien maire du VIIIe arrondissement.

Il faut dire qu'entre nous, nous nous connaissons tous, et que les ouvriers que nous embauchons sont des camarades.

M. Barberet. D'ailleurs, la loi de 1867 vous oblige à avoir des commissaires.

M. Buisson. Oui, Monsieur.

M. le Président. Vos écritures sont tenues exactement et on peut les vérifier?

Déposition
de MM. Buisson
et Piette.
(Suite.)

M. Buisson. Oui, c'est facile. J'en suis à la quatorzième question.

Nous ne croyons pas devoir faire faire un stage à nos ouvriers, pour plusieurs raisons : d'abord, quand nous les embauchons, nous les connaissons parfaitement ; nous avons travaillé ensemble dans plusieurs maisons. Il nous a passé une grande quantité d'ouvriers sous la main, et, quand nous voulons en prendre, nous savons à qui nous adresser. Jusqu'à présent, on ne nous a jamais refusé de travailler pour nous ; nous avons des demandes toutes prêtes et nous ne sommes pas embarrassés pour trouver des ouvriers. Je crois que la suppression du stage et l'acceptation immédiate par notre association est un stimulant utile. Quand on garde un homme pendant six mois, au bout desquels il n'est pas sûr d'être accepté, il se dégoûte et souvent il ne veut plus entrer dans l'association. Nous croyons qu'il y a avantage à accepter tout de suite les hommes sur lesquels nous avons pris des renseignements. Ils sont contents d'entrer, ils sont tout feu, tout flamme au travail ; l'association a tout bénéfice à procéder de cette manière. Voilà pourquoi je suis ennemi du stage.

Au sujet de la quinzième question, nous répondons que nous n'avons pas d'associés ou d'auxiliaires sortant des écoles professionnelles municipales ou des écoles d'arts et métiers. Mais, cas assez rare, sur neuf associés, nous sommes cinq anciens sous-officiers : deux du génie et deux ou trois caporaux. Je crois que les écoles d'arts et métiers ne font pas d'apprentis *barbouilleurs*.

Sur la seizième question, nous disons que nos ateliers sont dirigés par nos sociétaires, c'est-à-dire que nous prenons parmi nos camarades ceux qui ont l'habitude de conduire des travaux pour les placer de préférence dans nos ateliers.

Quant à la réponse à faire à la dix-septième question : «Comment traversez-vous les périodes de chômage?» je répondrai que nous n'avons pas beaucoup connu de chômage parmi nous. En ce qui me concerne, je n'ai pas été au *coin*.

M. Barberet. On appelle *coin* le lieu d'embauchage des ouvriers peintres en bâtiment. C'est l'ancienne place de grève.

M. Buisson. Nous préparons un règlement intérieur en prévision des périodes de chômage. Quand nous serons trente ou quarante associés, et que nous n'aurons du travail que pour quinze à vingt nous partagerons l'ouvrage. Il n'y pas de méthode meilleure ni plus logique. Le système du tirage au sort ou du rang d'ancienneté n'atteint pas le but. S'il y a un mauvais moment à passer, il faut que tout le monde le supporte.

M. BARBERET. Vos associés pourraient-ils s'embaucher chez un patron ?

M. BUISSON. Quelques-uns seulement le pourraient, mais, en général, il n'y faut pas compter, et pour des raisons que vous comprenez très bien : les patrons ne tiennent plus à nous prendre.

M. HENRY. Vous êtes des concurrents.

M. BUISSON. C'est évident.
Je ne connais pas de patrons faisant exécuter des travaux à l'étranger.

M. PITRE. L'importation de ces travaux n'est pas possible?

M. BUISSON. Pardon! Il nous vient maintenant de Norwège et de Suède des portes toutes rebouchées et imprimées.

M. BARBERET. Il y a, dans ces portes, un travail de peintre ?

M. BUISSON. Oui, et un travail préparatoire qui n'est pas le moins long. Je me suis trouvé dernièrement dans un bâtiment où j'ai vu des portes rebouchées et en impression qui venaient de l'étranger. Et cela s'explique très bien : ce premier travail conserve le bois pendant la traversée.

M. PITRE. Vous plaignez-vous de cette concurrence?

M. BUISSON. Non, parce que ce travail n'est pas très lucratif.

M. PIETHE. Il y a des ouvriers étrangers qui viennent reboucher.

M. BUISSON. Oui, nous sommes débordés par les étrangers ; je reviendrai tout à l'heure sur cette question, qui est capitale.

J'ai déjà dit que nous avions contracté une assurance contre les accidents. Cela se rapporte à la dix-huitième question.

Déposition
de MM. BUISSON
et PIETHE.
(Suite.)

Déposition
de MM. Buisson
et Pintre.
(Suite)

Nous avons une caisse des retraites, mais je crois que nous nous sommes un peu fourvoyés en l'organisant; elle ne nous donnera pas de résultats appréciables, si nous ne la modifions pas. Chaque associé verse, en entrant, 15 francs, et une cotisation de 50 cent. par mois. Tous les ans nous y ajoutons 15 p. o/o de nos bénéfices. J'ai fait un petit travail pour m'assurer du résultat que nous obtiendrions et je suis arrivé à reconnaitre qu'en admettant que nous versions, tous les ans, une grosse somme de bénéfices, nous n'arriverions pas, au bout de 20 ans, à obtenir plus de 400 à 500 francs de retraite par homme, ce qui est insuffisant. J'ai calculé, bien entendu, sur un chiffre moyen de sociétaires et de bénéfices. Nous avons l'intention, dans quelque temps, quand nous marcherons bien, de nous assurer à une compagnie d'assurances sur la vie qui peut faire les choses plus largement, et nous espérons obtenir un meilleur résultat. Voilà pourquoi nous modifierons, je crois, l'organisation de notre caisse des retraites. Quant à présent, nous pouvons prélever sur les fonds de cette caisse les secours nécessaires à nos malades. Cette caisse des retraites est indépendante de notre comptabilité; elle verse ses fonds à la caisse d'épargne, de manière à obtenir, par l'intérêt, un petit bénéfice.

Sur la dix-neuvième question, je n'ai rien à dire. Le travail exécuté dans les maisons centrales, couvents et ouvroirs, n'a pas de conséquences fâcheuses pour nous. Mais il y a d'autres questions qui ne sont pas posées dans le questionnaire et qui me paraissent très intéressantes, je dirai même capitales. Il y a, par exemple, la question des rabais. Il est bien évident que, si nous voulons donner des bénéfices, il faut que nous en fassions; mais si la concurrence continue comme actuellement, nous travaillerons comme des mercenaires, sans rien gagner. J'ai lu, dans un rapport supplémentaire adressé à M. le Ministre de l'Intérieur, une décision prise par la ville de Paris, qui me paraît juste. Il me semble que l'État a le droit de faire des lois dans l'intérêt du plus grand nombre et, se plaçant à ce point de vue, l'État pourrait n'admettre à prendre part aux adjudications que ceux qui intéresseraient leurs ouvriers dans les bénéfices. Ou, si l'État acceptait tout le monde aux adjudications, il pourrait faire la remise, à ceux qui donneraient une participation dans les bénéfices, d'une partie des rabais consentis. Je défie n'importe quel patron de faire les rabais qui sont consentis aujourd'hui, s'il eut

travailler honnêtement, étant donnée la cherté de la main-d'œuvre.
Je ne peux pas croire qu'en travaillant honnêtement on puisse faire
les rabais qu'on fait aujourd'hui.

Déposition
de MM. Buisson
et Piethe.
(Suite.)

M. Gaël. Vous nous avez dit tout à l'heure que vous aviez fait un
sous-rabais de 15 p. o/o, après un premier rabais plus élevé, et vous
avez déclaré que vous gagneriez encore 9,000 francs.

M. Buisson. J'ai soumissionné les travaux du Ministère de l'agriculture à 35 p. o/o de rabais, avec l'intention bien arrêtée de travailler honnêtement, consciencieusement. Je compte sur le plus grand
rendement de la main d'œuvre, mais il faut pour cela que nos hommes
travaillent un tiers de plus que les autres. C'est dans ces conditions
que je puis faire 33 p. o/o de rabais de plus qu'un patron.

M. le Président. C'est-à-dire qu'un ouvrier de votre association
fera une journée et demie de travail, pendant qu'un autre ne fera
qu'une journée. Au lieu de se reposer, il travaillera.

M. Buisson. Si on nous place sur le pied d'égalité avec les patrons,
nous serons obligés de faire comme eux, parce que, si nous travaillons honnêtement et qu'eux ne fassent pas leur devoir, ils auront tout
l'avantage. Depuis longtemps, la corporation a demandé une chose
qui n'est pas impossible, c'est la nomination, par des groupes, par
les chambres syndicales, par qui l'on voudrait enfin, d'hommes capables, sérieux, d'un certain âge, à qui l'on ferait verser un petit
cautionnement et qui seraient chargés de surveiller l'exécution des
travaux. On pourrait prendre, par exemple, de vieux ouvriers de la
maison Leclaire.

Je ne conteste pas la compétence des architectes ni des vérificateurs ; ils sont très habiles, mais ils ne connaissent pas ce qu'on appelle
les ficelles du métier. Donnez à ces vieux ouvriers, nommés par la
corporation, une copie du cahier des charges ; faites-leur surveiller
les travaux, et je vous assure que tout ce qui ne devrait pas se faire
et sur quoi l'on crie ne se fera plus ; le Gouvernement sera lui-même
déchargé du droit de surveillance. Il n'y aura plus à s'occuper du
nombre de couches qu'on peut sauver ; on ne pourra pas se plaindre
parce qu'on sera sauvegardé par des hommes du métier, qui ne
seront animés que du désir de surveiller la bonne exécution des travaux.

M. Pitre. Je comprends très bien le sens de votre demande, elle pourrait avoir un effet utile; mais admettriez-vous qu'on fît nommer, par les patrons, cinq ou six délégués chargés de surveiller vos travaux?

M. Buisson. J'admets très bien que les patrons prennent part à la nomination des délégués dont je viens de parler, mais je ne désire pas qu'on tracasse les gens dans leur travail. Il suffirait d'une petite entente entre les chambres syndicales des ouvriers et des patrons pour arriver à nommer ensemble un surveillant. Si cet homme est honnête, je ne crains pas qu'il vienne sur mes travaux, le cahier des charges à la main, pour en surveiller l'exécution.

M. Pitre. Mais que dirait l'architecte de cette immixtion?

M. Buisson. L'architecte a lui-même des surveillants. Par ce système, on ferait cesser, dans la corporation, des criailleries qui se produisent souvent.

M. le Président. Vos observations portent sur la surveillance du travail par des hommes pratiques?

M. Buisson. Oui, et alors on arriverait certainement à faire diminuer le chiffre des rabais.

M. Pitre. Admettez-vous que les choses se passent de même dans la ferronnerie, dans la menuiserie, dans la charpente? Mais il y a là une question nouvelle à laquelle, je l'avoue, je ne suis pas préparé.

M. Buisson. C'est un simple vœu que je présente, mais il me semble qu'on pourrait faire quelque chose dans ce sens.

M. le Président. La Commission prend note de vos observations, elle les examinera et fera le nécessaire.

M. Barberet. Vous ne contestez pas aux architectes et aux vérificateurs leur habileté, mais ne leur faites-vous pas le reproche de n'être pas assez nombreux ou de ne pas avoir un personnel suffisant pour surveiller l'exécution des travaux?

M. Buisson. Je n'ai pas reconnu l'insuffisance du personnel des ar-

Déposition
de MM. Buisson
et Piette.
(Suite.)

chitectes. Les architectes eux-mêmes sont très capables, mais je crois qu'il n'y a personne sur la terre qui puisse connaitre tous les métiers.

M. Piette. Cette observation est faite parce qu'on se plaint toujours, dans notre corporation, des rabais excessifs qui sont faits. Les entrepreneurs sont obligés aujourd'hui de prendre des ouvriers à un taux inférieur. La série de la Ville a paru et il n'y a qu'une dizaine de maisons de peinture qui donnent les prix de cette série; en dehors de ces maisons, il y a des ouvriers qui sont encore payés 4o à 45 centimes de l'heure. Ce sont des ouvriers étrangers qui acceptent ces prix et c'est là une des causes des rabais qui sont consentis.

M. Philippe. Est-ce la malfaçon ou le bas prix des ouvriers étrangers qui explique les rabais dont on a parlé?

M. Buisson. C'est l'un et l'autre.

M. Barberet. Quelle est la proportion des ouvriers étrangers employés par rapport aux ouvriers français?

M. Buisson. Il y a des maisons où l'on n'occupe que des étrangers, comme dans la maison Ayoli. Ces maisons, qui font des travaux pour l'État, sont dirigées par des étrangers naturalisés, mais qui n'emploient que des Suisses ou des Italiens. Il y a deux fois plus d'ouvriers peintres étrangers à Paris que d'ouvriers français.

M. Barberet. Combien y a-t-il d'ouvriers peintres à Paris?

M. Buisson. Je ne le sais pas exactement. J'ai vu une statistique qui date, je crois, de 1867 et qui indiquait le chiffre de 17 à 18,000.

M. Barberet. Aujourd'hui on peut évaluer à 20,000 le nombre des ouvriers peintres résidant à Paris, en tenant compte de toutes les spécialités de la peinture en bâtiment.

M. Buisson. Les deux tiers de ce chiffre sont des étrangers.

J'ai oublié de parler de la question des apprentis; on n'en fait plus ou presque plus, et c'est une des raisons pour lesquelles il y a tant de peintres étrangers à Paris. Je considère les peintres de la province comme des parisiens; sur les neuf membres que compte notre association, il n'y a qu'un parisien. Notre association a deux apprentis, qui sont intéressés autant que nous dans nos bénéfices; ils n'en touchent que la moitié; l'autre moitié est versée par nous, en leur nom, à la Caisse d'épargne, pour qu'ils puissent en disposer à l'âge de vingt et un ans.

M. Pitre. En principe, vous êtes pour l'égalité des salaires ?

M. Buisson. Avec la participation, on fera disparaître l'unité de salaire qui, pour moi, est une chose absurde. Je n'admets pas qu'un homme connaissant son métier et un homme ne le connaissant que peu soient payés le même prix. J'admets un minimum, mais non point l'égalité de salaire. Je suis autant partisan de l'association que de la participation. Avec la participation, les ouvriers recevront un prix en rapport avec leur travail; ce seront les plus méritants qui gagneront le plus. A côté de la coopération, il faut certainement placer la participation. Avant de terminer, j'ai à vous dire, Messieurs, qu'il va se faire une entreprise importante, dont on nous a parlé; à ce sujet, j'émettrai un vœu. M. Nicole veut construire un Palais de cristal; il me fit appeler dernièrement, comme les autres associations, probablement, et il me dit : Si les chambres législatives veulent autoriser la construction du Palais de cristal, je vous donne l'assurance que je vous ferai travailler. M. Nicole ne s'est engagé que moralement, il est vrai, mais je le crois homme à tenir sa promesse. Il y aurait à faire là un travail qui ne coûterait rien à l'État et, si la commission voulait faire un vœu dans ce sens, elle rendrait le plus grand service à notre association.

M. Pitre. C'est là une affaire particulière, ne l'oubliez pas, qui serait entreprise aux risques et périls de M. Nicole et de ses adhérents.

M. Buisson. L'affaire sera bonne ou mauvaise, cela regarde ses organisateurs; mais ce qu'il nous faut, c'est du travail et nous en cherchons partout.

M. le Président. Cette question n'a pas encore été décidée.

M. Barbaret. Elle est à l'ordre du jour de la Chambre des députés, où elle occupe le n° 15, je crois.

M. Buisson. Si vous pouviez nous appuyer de ce côté, Messieurs, nous vous en serions reconnaissants.

Déposition de MM. Buisson et Pitre. (Suite.)

M. le Président. Nous ne savons pas dans quelles conditions cette question sera résolue et ce serait peut-être un peu anticiper que de s'en occuper dès maintenant.

Vous n'avez rien à ajouter, Messieurs ?

M. Buisson. Non, Monsieur.

M. le Président. Nous vous remercions, Messieurs, des renseignements très intéressants que vous nous avez apportés.

(Les déposants se retirent.)

M. Nègre. Tous les déposants que nous avons entendus sont préoccupés de l'entrée en France des ouvriers étrangers. Ainsi, dans mon pays, je connais une fabrique de chapeaux de paille qui emploie un grand nombre d'ouvriers italiens.

M. le Président. Dans presque toutes les professions, on emploie des ouvriers étrangers, surtout des italiens, qui vivent de peu de chose; ils se contentent de manger la soupe avec les pâtes de leur pays.

M. Pitre. Il y a un envers à cette question des ouvriers étrangers. Si on les renvoyait de France, on renverrait les ouvriers français de l'étranger.

M. Caël. Je crois que les ouvriers français ne voyagent guère.

M. Pitre. Il y en a néanmoins un certain nombre à l'étranger.

M. Barberet. Je voyais dernièrement le secrétaire général de la compagnie P. L. M., M. Baudin, avec qui je m'entretenais des travaux de la Commission. A propos des ouvriers français et étrangers, il me disait ceci : Nous avons des chantiers installés à Paris. On a fait observer aux directeurs de ces chantiers qu'il y aurait peut-être avantage à les reporter en province, parce que la main-d'œuvre y est moins chère; mais les directeurs ont répondu que, si le prix de la journée est plus élevé à Paris, la somme de travail produite est plus forte et que, tout considéré, il y a encore avantage à faire travailler à Paris, où l'ouvrier, dans un même espace de temps, donne une plus grande somme de travail et, par suite, un bénéfice plus élevé que celui qu'on obtiendrait avec un ouvrier de province.

M. LE PRÉSIDENT. En effet, les ouvriers de Paris surpassent ceux de la province et de l'étranger; ils ont un tour de main particulier pour enlever l'ouvrage.

M. BARBERET. M. Baudin m'a signalé, en outre, un autre inconvénient : les ouvriers étrangers occupés en France, quoique moins rétribués que les ouvriers français, économisent, par leur sobriété, la moitié de leurs salaires, qu'ils envoient tous les trimestres dans leur pays; ils font ainsi passer la frontière à une importante partie de l'épargne française. La statistique de ce déplacement de la richesse nationale est facile à établir par les livres des percepteurs.

ASSOCIATION

D'OUVRIERS PEINTRES DE PARIS.

(Siège social : 3,3, rue Saint-Martin.)

Représentée par MM. BERNARDEAU et BOURBONNEAU.

MM. BERNARDEAU et BOURBONNEAU sont introduits.

M. LE PRÉSIDENT. Veuillez, Messieurs, répondre au questionnaire.

M. BERNARDEAU. Notre association est constituée sous la forme anonyme; elle est à capital variable. Nous avons éprouvé beaucoup de difficultés pour nous constituer, eu égard à l'élément collectiviste qui dominait alors dans notre profession; partout où nous nous présentions, on manifestait des appréhensions, et c'est ce qui fait qu'au début nous avions peu de crédit.

Les frais de constitution, pouvoirs du directeur, acte constitutif, dépôt de pièces, etc., se sont élevés à 590 francs. L'article 21 de la loi du 24 juillet 1867 permet aux sociétés anonymes de se constituer par acte sous seing privé, mais il y a un autre article de loi qui exige que la publication soit faite par un officier ministériel qui constate le versement du dixième du capital.

M. Barberet. Oui, la loi dit que la déclaration doit être faite au tribunal de commerce et à la justice de paix de l'arrondissement où est établi le siège de la société et que la publication doit avoir lieu dans un journal d'annonces légales, mais cela n'implique pas la nécessité de l'acte notarié.

M. Bernardeau. Nous nous étions constitués par acte sous-seing privé, mais, au tribunal de commerce, on nous a dit que cela n'était pas valable; on a exigé un acte notarié. MM⁰ Sandrique, Piteau, et M⁰ Léon Masse, avoué, n'ont pas pu se mettre d'accord sur le texte de la loi.

Il n'en reste pas moins certain qu'il est indispensable, et cette exigence me parait juste, que le dixième du capital soit versé; autrement on pourrait former une société sans capital. Le notaire a exigé que nous lui fissions voir les espèces.

M. Barberet. L'article 21 de la loi de 1867 dit que les sociétés anonymes peuvent se constituer par acte sous-seing privé, quel que soit le nombre de leurs associés.

M. Bernardeau. Oui, mais il y a un autre article qui exige que le versement du dixième soit constaté par un officier ministériel. Du reste les frais sont, à peu de chose près, les mêmes, et il vaut beaucoup mieux aller chez un notaire; c'est plus régulier.

M. Barberet. La loi de 1867 n'est pas assez nette; sur dix jurisconsultes qui l'interprètent, cinq pensent d'une façon et cinq d'une autre façon.

M. Bernardeau. Je crois que toutes ces difficultés pourraient être aplanies, et qu'il ne serait pas impossible de faire disparaître certaines formalités de publication, de timbre, d'impôt, etc. La loi a établi un impôt sur les dividendes; nous avons distribué quelques petits dividendes aux ouvriers qui travaillent chez nous, et nous avons dû payer pour cela 280 et quelques francs d'impôt. Je ne récrimine pas, mais je dis que c'est fâcheux.

M. Barberet. Chacun de vos associés a dû payer un impôt ?

M. Bernardeau. Non, c'est l'association qui a payé l'impôt sur les dividendes.

M. Barberet. C'est comme si chaque associé payait.

M. Bernardeau. Bien que nous ayons un notaire et un avoué, nous avons été mis sept fois à l'amende en deux ans. Nous avons écrit à M. le Ministre des finances, et je m'empresse de dire qu'on nous a fait remise de l'amende. Il faudrait véritablement avoir un homme spécial qui s'occupât du contentieux.

M. de Meaux. Depuis combien de temps êtes-vous constitués ?

M. Bernardeau. Depuis bientôt trois ans.

J'ai l'honneur de vous soumettre les comptes rendus imprimés de nos exercices et un exemplaire de nos statuts.

La responsabilité imposée pendant cinq ans aux sociétaires qui se retirent ou sont exclus n'est pas un obstacle aux souscriptions. Seulement, on peut le dire, ce qui manque surtout aux ouvriers, c'est la connaissance des affaires, l'entendement des choses du commerce et de l'industrie. Généralement, d'ailleurs, les ouvriers ne possèdent rien, et ils ne craignent pas de s'engager; ce qui les retient, c'est plutôt la peur d'engager ce qu'ils appellent leur liberté; ils se figurent qu'une fois en société, ils seront astreints à une foule d'obligations.

M. le Président. Un sociétaire peut se retirer ?

M. Bernardeau. Parfaitement. Il reste néanmoins actionnaire, à moins que, pour un motif ou pour un autre, on ne lui rende ses actions.

Nous sommes en mesure d'exécuter tous travaux de peinture, décors et dorures qui nous seraient confiés; nous avons exécuté pour l'État, tant au Ministère des finances qu'ailleurs, des travaux pour une somme de 132,000 francs; nous avons obtenu des certificats de différents architectes.

Le capital souscrit est de 7,300 francs; à la constitution il était de 6,400 francs. C'est un chiffre bien minime, eu égard aux 300,000 francs d'affaires que nous avons faits; ce n'est, en réalité, que l'instrument nécessaire à la constitution régulière de la société.

Notre fonds de roulement est de 7,000 francs, nos affaires grandissent, grâce au crédit qui nous est accordé. En 1881, nous avons eu 89 participants; en 1882, nous en avons eu 194.

M. Caël. Associés?

M. Bernardeau. Tous ceux qui travaillent chez nous participent au quart des bénéfices et peuvent souscrire des actions; malheureusement, ils ne le font pas. Nous avons dix-sept actionnaires et il nous en est venu hier un nouveau.

Nous avons travaillé pour la Compagnie générale des voitures de Paris, et nous avons un certificat de l'architecte en chef; pour la Société de dépôts et comptes courants, pour la Compagnie générale des chemins de fer de l'Afrique centrale, pour la *Caisse centrale populaire*, etc., etc. et pour différents particuliers. Nous avons, en ce moment, pour 120,000 francs environ de travaux en cours d'exécution.

Nous stipulons dans nos marchés que nous serons payés au fur et à mesure de l'avancement des travaux. Quand nous travaillons pour des administrations, par exemple pour le Ministère des finances ou pour la Compagnie générale des voitures, nous faisons des mémoires de 12 ou 15,000 francs, et nous le remettons à la *Caisse centrale populaire* qui nous prête là-dessus environ 50 p. o/o, ce qui nous permet d'entreprendre des travaux considérables. C'est un rouage un peu compliqué, mais on s'y habitue facilement.

M. Barberet. Quels bénéfices avez-vous obtenus sur l'ensemble des travaux que vous avez exécutés?

M. Bernardeau. Pour la première année, le bilan fait ressortir à 8,730 fr. 37 cent. les bénéfices nets qui ont été répartis, conformément aux statuts, entre quatre-vingt-neuf participants; pour la seconde année, nous avons eu 18,846 fr. 47 cent. de bénéfices.

M. Barberet. Avec un capital de 7,000 francs?

M. Bernardeau. On a dit que nous gagnions 300 p. o/o, et on pourrait le croire en ne considérant que le capital souscrit; mais il

Déposition
de MM. Bernardeau
et Rourbonneau.
(Suite.)

Déposition
de MM. Bernardeau
et Bourdonneau.
(Suite.)

faut faire attention que le chiffre de nos affaires a été de 280,000 francs, ce qui fait un bénéfice d'environ 8 p. o/o.

M. Barberet. J'entends bien qu'il faut tenir compte du capital main-d'œuvre, mais, en somme, votre capital social versé n'est que de 7,000 francs.

M. Bernardeau. En comptant l'amortissement du matériel, les marchandises, la main-d'œuvre, nous avons dépensé 176,000 francs pour gagner 18,000 francs. On a dit, dans un rapport de la *Caisse centrale populaire*, que nous avions gagné 300 p. o/o; je me permets de faire observer que ce n'est pas exact: nous avons gagné environ 10 p. o/o.

M. le Président. C'est à peu près ce qu'on suppose que gagnent les entrepreneurs quand on établit les devis et cahiers de charges.

M. Bernardeau. Le directeur de l'association est nommé par le conseil d'administration, pour un temps indéterminé, et il est toujours révocable.

Lorsque nous avons quoi que ce soit à toucher, on exige, au Ministère des finances, que le directeur ait un pouvoir notarié; cela coûte très cher, et il faut un nouveau pouvoir chaque fois qu'on travaille pour une administration nouvelle.

Quand nous avons travaillé pour la ville de Paris, il nous a fallu une expédition notariée, qui a coûté 68 ou 69 francs, plus les pouvoirs; pour toucher 1,800 francs, nous avons dépensé 80 francs.

M. Barberet. Les patrons sont-ils astreints à ces formalités?

M. Bernardeau. Aucunement; ils sont payés sur leur signature.

M. Barberet. Il y a là une anomalie qu'il convient de signaler.

M. Bernardeau. Les frais ne sont pas occasionnés par les changements de directeurs, car j'ai l'honneur de diriger la société depuis sa fondation; mais c'est pour toucher des mandats, signer des marchés, qu'il faut à chaque instant produire des pièces et des procurations.

M. Gaël. Le dépôt de ces pièces, une fois fait pour une affaire qui concerne l'État, il n'est pas nécessaire de le renouveler.

Déposition
de MM. Bernardeau
et Bourbonneau.
(Suite.)

M. Bernardeau. Le pouvoir que nous avons déposé pour les travaux du Ministère de finances ne nous servirait pas si nous venions à travailler pour le Ministère de l'intérieur ; il faut un pouvoir spécial s'il s'agit de la Ville, un pouvoir spécial si nous avons affaire à l'Assistance publique, en un mot autant de pouvoirs que d'administrations différentes avec lesquelles nous sommes engagés.

M. Nègre. C'est la caisse du Trésor qui exige la production d'un pouvoir avant de vous payer vos mandats ?

M. Bernardeau. Oui, Monsieur.

La matière première entre pour 18 p. o/o, en moyenne, dans la valeur de travail.

M. le Président. On nous a parlé de 20 p. o/o.

M. Bernardeau. Pour les entrepreneurs, cela peut être de 20 p. o/o, mais nos chefs d'atelier, qui sont tous sociétaires, ont intérêt à ne pas gaspiller les marchandises.

Nous avons toujours pour 2 ou 3,000 francs de marchandises en magasin, nous passons des marchés fermes, et nous prenons livraison au fur et à mesure de nos besoins.

Notre matériel a une valeur d'environ 4,000 francs ; il se développe peu à peu : au dernier exercice il ne figurait que pour une somme de 2,700 francs, mais nous avons acheté successivement des machines à broyer, des échafaudages, etc. L'outillage appartient à la société.

M. le Président. Nous abordons la grande question de la retenue de garantie et du cautionnement.

M. Bernardeau. Nous pensons que le cautionnement pourrait être supprimé et remplacé par une retenue de 10 p. o/o sur les acomptes ; ce serait de beaucoup préférable, et plus équitable. Le cautionnement n'est restitué qu'un an ou deux après l'achèvement des travaux, et ces retenues resteraient en garantie pendant le laps de temps exigé par l'Administration.

Déposition
de MM. Bernardeau
et Bourbonneau.
(Suite.)

Si l'adjudicataire n'exécutait pas bien le travail, on pourrait le remplacer immédiatement par un autre. De ce qu'on a déposé 10,000 francs, cela ne veut pas dire qu'on soit apte et capable ; on peut ne pas avoir de cautionnement et faire de très bonne besogne. Au moyen des retenues de 10 p. o/o, on arriverait à avoir versé le cautionnement à la fin des travaux.

M. Pitre. Quelles sont les administrations qui gardent les cautionnements deux ans après l'achèvement des travaux ?

M. Bernardeau. La ville de Paris.

Je ne parle pas de l'État ; nous avons, au Ministère des finances, des travaux pour cinq ans et il est évident que le cautionnement restera cinq ans en garantie. Nous avons quelquefois pour 10, 15, 20,000 francs de travaux exécutés au Ministère des finances, et nos 1,600 francs sont toujours là. Pour les grosses affaires, le cautionnement est gênant : quand nous avons abordé l'adjudication des travaux de l'Hôtel de Ville, il nous a fallu un cautionnement de 40,000 francs ; nous l'avons trouvé, ce n'était pas commode, et cela nous coûte cher.

M. Pitre. Le cautionnement est proportionné à l'importance des travaux, et, en définitive, c'est une mesure qui est appliquée aussi bien aux plus gros entrepreneurs qu'à vous-mêmes. Vous disiez tout à l'heure que la retenue était plus équitable, ce serait peut-être plus agréable. Le mot « équitable » me parait un peu dur.

M. Bernardeau. Je dis équitable, parce que des entrepreneurs très honorables, très capables, ne peuvent pas quelquefois aborder l'adjudication faute de capitaux. On risque d'être à la merci des gros entrepreneurs, qui abusent de leur monopole.

M. Pitre. Ce n'est pas un monopole ; l'expression dépasse votre pensée.

M. Bernardeau. Pour les petites affaires, il y a toujours de vingt à vingt-cinq soumissionnaires ; pour les travaux de l'Hôtel de Ville, il n'y en avait que neuf. Quinze se sont trouvés évincés du seul fait du cautionnement.

M. Pitre. Bien que je ne sois pas partisan de la manière dont la ville de Paris procède pour ses travaux, il n'est pas moins certain qu'elle a le droit, comme l'État, comme tout particulier, de prendre certaines garanties. Si l'entrepreneur ne s'exécute pas, s'il y a des malfaçons, il peut être actionné, et, vous le savez, « où il n'y a rien, l'État perd ses droits ».

M. Bernardeau. La Ville ne peut pas perdre, car l'entrepreneur a toujours exécuté une certaine somme de travail quand l'architecte s'aperçoit qu'il y a malfaçon.

M. de Meaux. Et si l'entrepreneur ne commence pas le travail?

M. Bernardeau. Il n'y a rien de perdu.

M. de Meaux. Pardon, il y a du temps de perdu.

M. Barberet. Un particulier qui ferait construire un immeuble de 2 ou 3 millions, par exemple, exigerait-il un cautionnement?

M. Bernardeau. Jamais.

M. Henry. Les particuliers font généralement des marchés à forfait avec un dédit; c'est une garantie.

M. Bernardeau. Je ne récrimine pas.

M. le Président. Parlez. Vous êtes ici pour donner votre avis. Vous demanderiez que le cautionnement fût remplacé par la retenue de garantie?

M. Bernardeau. Je crois que cela est préférable. Quant au mode de payement, le meilleur serait le payement au fur et à mesure de l'exécution des travaux, sur bons de l'architecte. L'association emploie des ouvriers auxiliaires, participant tous à 25 p. 0/0 dans les bénéfices et pouvant tous devenir actionnaires.

M. le Président. Vous avez employé beaucoup d'auxiliaires, et cependant vous n'êtes encore que dix-sept associés.

M. Bernardeau. Nous n'étions que huit au moment de la constitution. Parmi les ouvriers que nous occupons, les uns, je le répète,

Déposition de MM. Bernardeau et Bourbonneau. (Suite.)

Déposition
de MM. BERNARDEAU
et BOURBONNEAU.
(Suite.)

préfèrent leur liberté; les autres ne veulent pas verser 35 francs tout de suite et subir une retenue pour libérer les actions. Il faut pourtant, si l'on veut participer aux bénéfices, supporter les charges; il ne serait pas juste de faire entrer des gens dans une société constituée sans leur demander aucun concours.

M. HENRY. Quel salaire donnez-vous aux auxiliaires?

M. BERNARDEAU. 80 centimes de l'heure, le tarif de la Ville. Nous sommes les premiers qui l'ayons appliqué en 1882, aussitôt après la décision du Conseil municipal. Nous devons reconnaître que ce prix est très élevé. Quand nous allons embaucher des ouvriers au *coin*, nous tombons souvent sur des individus incapables, qui ne savent pas travailler, et que nous sommes obligés de remercier.

M. LE PRÉSIDENT. Vous pourriez leur donner un salaire inférieur.

M. BERNARDEAU. Nous serions condamnés par les prud'hommes. Nous les avons embauchés comme peintres, nous devons leur donner 80 centimes.

Les chefs d'atelier ont 1 franc en plus.

M. CAËL. Les salaires ne sont pas uniformes?

M. BERNARDEAU. Ceux qui dirigent le travail gagnent davantage que ceux qui sont à l'échelle. Nous avons des ouvriers spéciaux qui gagnent 1 franc de l'heure. On ne peut pas payer celui qui a du talent comme celui qui n'en a pas, un ouvrier courageux comme un paresseux.

M. LE PRÉSIDENT. A quelles conditions et formalités sont astreints les candidats au titre d'associé? Font-ils un stage?

M. BERNARDEAU. Nous leur demandons de faire un stage de six mois, comme garantie de moralité et de capacité; pendant ce temps, ils travaillent successivement sous la direction de trois ou quatre chefs d'atelier, pour éviter les incompatibilités de caractères; un rapport est fait par les chefs d'atelier, et le conseil d'administration se prononce sur l'admission. Les ateliers sont sous les ordres du directeur, conformément aux statuts, et dirigés par des chefs d'atelier pris dans l'association.

M. Caël. Avez-vous des apprentis ?

M. Bernardeau. Nous avons un apprenti : c'est le fils d'un membre du conseil d'administration. Il est très difficile aujourd'hui de faire des apprentis. Le métier de peintre en bâtiments se subdivise en trop de spécialités : il y a les peintres, les enduiseurs, les colleurs de papier, etc. Quand nous faisions notre apprentissage en province, on nous apprenait à faire un peu de tout : du décor, des lettres, etc. ; à Paris, par suite des rabais excessifs, on en est arrivé à un fractionnement indéfini du travail. On trouverait difficilement un ouvrier sachant faire toutes les parties de la profession. Dans ces conditions, il faut s'occuper tout spécialement d'un apprenti pour en faire un ouvrier ; autrement, ce ne serait qu'un manœuvre.

M. le Président. Comment traversez-vous les périodes de chômage ?

M. Bernardeau. Jusqu'à présent, nous avons été assez heureux pour les éviter ; nous avons fait beaucoup de travaux pour les particuliers, nous avons été très occupés. Si le chômage nous atteignait, nous avons un règlement intérieur qui porte que tous les sociétaires seront occupés à tour de rôle et successivement.

On ne peut pas faire exécuter les travaux de peinture à l'étranger, mais il y a en France beaucoup d'ouvriers peintres étrangers.

M. le Président. Est-ce qu'on n'envoie pas de l'étranger des portes et des fenêtres tout imprimées et rebouchées ?

M. Bernardeau. Oui, on envoie de Hongrie, d'Allemagne, de Hollande, des boiseries imprimées, mais l'impression ne représente guère que le vingtième du travail, et cela ne nous ferait pas grand tort, si beaucoup d'ouvriers étrangers, — Suisses et Italiens, peu d'Allemands, — ne venaient travailler en France.

M. le Président. A combien estimez-vous le nombre des étrangers travaillant en France ?

M. Bernardeau. Il y a bien 3,000 Suisses.

M. Bourbonneau. Il y a environ 2,000 Italiens et des Belges, généralement colleurs de papier.

Déposition
de MM. Bernardeau
et Bourbonneau.
(Suite.)

M. de Meaux. Quel est le chiffre total des ouvriers de la profession?

M. Bourbonneau. 10,000 environ.

M. Bernardeau. 13,000 l'été et 8,000 l'hiver.

Les entrepreneurs, qui payent ces ouvriers meilleur marché, affrontent la concurrence avec beaucoup plus de hardiesse que nous qui donnons les prix de la série. Quelquefois il nous arrive, sans le savoir, d'embaucher au *coin* des ouvriers étrangers; ils travaillent autant, au moins, que les Français.

M. Barberet. Et aussi bien?

M. Bernardeau. Il y en a qui font aussi bien; ils sont très dociles, plus disciplinés. C'est regrettable à dire, mais il ne faut pas se cacher la vérité à soi-même.

Tous nos ouvriers, associés ou non, sont assurés à une compagnie contre les accidents. Dernièrement un ouvrier est tombé, il a reçu une indemnité.

M. le Président. Possédez-vous une caisse de retraite?

M. Bernardeau. Oui, il y a 5,800 francs de versés à la caisse de retraite de la société.

M. Pirre. Je voudrais insister sur une question qui a une certaine importance : Croyez-vous qu'un jour ou l'autre, par la force des choses, le patronat doive être remplacé par le sociétariat? Ou bien, au contraire, n'y aura-t-il pas toujours des ouvriers qui préféreront un salaire régulier, déterminé, à l'aléa des bénéfices et des pertes auxquels peut être exposée l'association?

M. Bernardeau. Il y a des indifférents, des gens qui ne veulent pas aliéner leur liberté, qui voudraient bien avoir les bénéfices, mais ne pas participer aux pertes; les ouvriers intelligents, au contraire, — et c'est la majorité, — pensent qu'un jour les patrons seront remplacés par des directeurs de leurs capitaux, de leurs maisons. Pour arrêter la hausse des salaires, il faut que les ouvriers soient associés aux patrons, qu'ils participent aux bénéfices; autrement les ouvriers arriveront à gagner des prix fous, et c'est une singulière anomalie que de voir demander la diminution des loyers et en même temps l'augmentation des salaires.

Déposition
de MM. Bernardeau
et Bourbonneau.
(Suite.)

M. Pitre. Je demande si des ouvriers *intelligents* ne peuvent pas préférer à l'association un salaire fixe, déterminé.

M. Barberet. Il faudrait les assurer contre le chômage.

M. Bernardeau. Les ouvriers intelligents préféreront toujours la participation : ils auront, d'abord, leur salaire quotidien, et puis, moralement, ils seront affranchis du salariat.

M. Pitre. Ils cumulent, alors?

M. Bernardeau. Tous les auxiliaires qui travaillent pour nous touchent intégralement leur paye, et puis, au bout de l'année, ils reçoivent leur part dans le quart des bénéfices.

M. Pitre. Est-ce qu'un ouvrier intelligent ne pourrait pas dire au patron, par exemple : Je m'engage pour la journée, je travaillerai consciencieusement, vous me donnerez 10 francs et je vous tiens quitte?

M. Bernardeau. L'entrepreneur ne consentirait pas à cela. Un ouvrier intelligent accepterait bien 10 francs par jour, mais il faut prendre la moyenne des ouvriers ordinaires.

M. Pitre. J'ai pris le chiffre de 10 francs à titre d'exemple; on peut en prendre un autre.

M. Bernardeau. J'ai toujours préconisé la participation, et j'ai été assez heureux de voir mon exemple suivi; tout récemment encore, quelques-uns de nos collègues se sont réunis et ont copié notre organisation. Ce n'est pas une participation facultative que je désirerais, c'est une participation par contrat. Tous les entrepreneurs qui ont établi chez eux la participation ont réussi : la maison Lenoir a admis la participation et elle prospère; M. Leclaire a gagné beaucoup plus d'argent, depuis qu'il a introduit chez lui la participation, qu'il n'en avait gagné auparavant.

M. Nègre. Il a été mieux secondé.

M. Pitre. Je parlais de l'association proprement dite, sans participation.

M. Bernardeau. C'est beaucoup plus difficile. Les ouvriers ne peuvent que difficilement créer un capital ; il faudrait s'imposer une discipline de fer, et on ne réussirait pas. Il faut commencer par un petit noyau, qui grossit graduellement, et on arrive alors à faire une chose durable.

Lorsque nous avons parlé de faire des sociétés coopératives, on a levé les bras en l'air : les uns disaient que c'était impossible, les autres prétendaient que c'était marcher vers le capital. Nous nous trouvions entre les positivistes, d'un côté, qui ne veulent rien construire, et les collectivistes, de l'autre, qui veulent tout démolir. Mais de ce que la majorité ne veut rien faire, ce n'est pas une raison pour rester dans l'inaction. Nous nous sommes dit : Nous allons nous associer, — nous étions huit ; — un jour la majorité viendra à l'idée de la participation ; le capital sera assez consciencieux et assez sage pour comprendre qu'il faut en arriver là, pour éviter la hausse des salaires, les grèves, etc., même une catastrophe.

M. le Président. A votre avis, c'est une solution forcée dans l'avenir?

M. Bernardeau. C'est là que l'État peut efficacement intervenir. De même qu'on a inséré dans le règlement des articles relatifs à la capacité et au cautionnement, on pourrait y introduire une clause portant que les entrepreneurs qui pratiquent la participation aux bénéfices seront seuls admis aux adjudications. L'État a le droit de faire cela.

M. Alphand disait, dans la Commission de la ville de Paris : « C'est impossible; si l'entrepreneur distribue 25,000 francs de bénéfices à ses ouvriers et qu'il perde 30,000 francs l'année suivante, comment fera-t-il? » Il suffirait de constituer un fonds de réserve, par un prélèvement de 10 p. o/o, par exemple, sur les bénéfices, et de décider que les bénéfices ne seraient distribués intégralement que lorsque le fonds de réserve aurait atteint un certain chiffre.

M. Pitre. Mais alors, les entrepreneurs devant faire participer leurs ouvriers aux bénéfices consentiraient des rabais moindres, de sorte que ce serait, en définitive, l'État qui payerait la participation.

M. Bernardeau. Les entrepreneurs qui font 4 ou 5oo,ooo francs d'affaires, et même davantage, — il y en a beaucoup à Paris, — ont 3o,ooo francs de bénéfices; croyez-vous qu'ils ne pourraient pas distribuer 5 ou 6,ooo francs par an? Cela n'empêcherait pas la concurrence de suivre son cours. Ou bien, alors, qu'on admette tout le monde aux adjudications, et qu'on fasse une remise sur le rabais aux maisons qui pratiquent la participation aux bénéfices.

Déposition de MM. Bernardeau et Bourbonneau. (Suite.)

M. Pitre. C'est l'État qui finira par payer!

M. Bernardeau. En n'acceptant que les maisons pratiquant la participation, l'État aurait toujours facilement des rabais de 20 à 3o p. o/o et n'y perdrait pas. Aujourd'hui les rabais sont excessifs.

Les grands travaux vont s'ouvrir; nous espérons que le Ministère de l'intérieur, s'il a quelque chose à faire, voudra bien nous appeler en concurrence. M. Nicole doit également nous convoquer pour les travaux du Palais de Cristal.

M. le Président. La Commission vous remercie, Messieurs, de votre déposition.

ASSOCIATION « L'UNION »

D'OUVRIERS PEINTRES EN BÂTIMENTS.

(Siège social provisoire : 22, avenue de la Roquette.)

Représentée par M. LANGEVIN.

M. Langevin est introduit.

M. le Président. Sous quelle forme êtes-vous constitués?

Déposition de M. Langevin.

M. Langevin. Nous avons constitué définitivement, hier, par-devant notaire, une société anonyme à capital variable.

M. le Président. Avez-vous éprouvé des difficultés pour vous constituer?

M. Langevin. La difficulté a été surtout de trouver des adhérents.

Les ouvriers ne demandent pas mieux que de faire partie d'une société coopérative, mais ils sont arrêtés par la dépense que nécessite l'organisation.

M. le Président. A combien se sont montés les frais de votre constitution ?

M. Langevin. A 480 francs, tous frais compris.

M. le Président. Pourquoi ne vous êtes-vous pas constitués par acte sous-seing privé ?

M. Langevin. L'avocat que nous avons consulté nous a dit qu'il était préférable de faire un acte notarié. D'ailleurs, lorsque nous avons voulu soumissionner des travaux de la Ville, l'acte notarié est la première chose qu'on nous a demandée.

M. le Président. Voyez-vous des modifications à apporter à la loi de 1867 ?

M. Langevin. Il faudrait atténuer les difficultés que nous avons éprouvées.

M. le Président. Comme vous n'existez que depuis hier, vous ne pouvez pas répondre à toutes les demandes du questionnaire.

Quel est votre capital souscrit ?

M. Langevin. 7,900 francs, dont le dixième est versé. Le nombre des associés est de sept.

M. Barberet. Êtes-vous en rapport avec la *Caisse centrale populaire ?*

M. Langevin. Oui, Monsieur ; nous avons versé notre dixième entre ses mains, il y a un mois et demi, et elle nous a promis de nous avancer les fonds nécessaires à nos entreprises.

M. le Président. Jusqu'à concurrence de quelle somme ?

M. Langevin. Jusqu'à concurrence de nos besoins ; elle nous fournira des cautionnements et elle fera le recouvrement de nos mémoires. Elle nous a ouvert un premier crédit de 4,500 francs, sans préjudice des cautionnements qui peuvent nous être nécessaires.

M. le Président. Pourriez-vous nous communiquer un exemplaire de vos statuts ?

Déposition de M. Langevin (Suite.)

M. Langevin. Ils ne sont pas encore imprimés, mais j'aurai l'honneur de vous les faire tenir incessamment.

M. le Président. Comment votre directeur est-il nommé ?

M. Langevin. Il est nommé par le conseil d'administration, pour trois ans, et est rééligible ; il est toujours révocable. Le conseil d'administration est nommé en assemblée générale.

M. le Président. Avez-vous des certificats de capacité ?

M. Langevin. Nous n'avons pas encore travaillé pour notre compte, mais des architectes nous ont vus à l'œuvre quand nous étions chez des patrons, et ils ne nous refuseront certainement pas des certificats.

M. le Président. Quelle est votre opinion sur la retenue de garantie et sur le cautionnement ?

M. Langevin. C'est là qu'il y aurait à faire. L'intérêt de l'argent qu'on nous prêtera pour les cautionnements s'élèvera à 8 p. o/o, et l'État ne nous payera que 3 p. o/o ; ce sera pour nous une perte de 5 p. o/o.

M. Barberet. Mais le maximum du taux légal n'est que de 6 p. o/o ; il y a donc d'autres frais ?

M. Langevin. C'est la *Caisse centrale populaire* qui est chargée de faire nos recouvrements et qui nous prête de l'argent.

M. le Président. Vous pensez que le cautionnement devrait être remplacé par une retenue de garantie ?

M. Langevin. Oui, Monsieur.

M. le Président. Quel mode de payement désirez-vous ?

M. Langevin. Par acomptes montant aux deux tiers des travaux exécutés ; le reste sur règlements de mémoires, après vérification.

M. le Président. Comptez-vous employer des auxiliaires?

M. Langevin. Oui, Monsieur, et les recevoir même plus tard comme membres de notre société. Ils participeront tout de suite aux bénéfices dans la proportion de 3o p. o/o.

M. de Meaux. A quelles conditions?

M. Langevin. Pour être associé il faudra faire un stage de six mois, verser 15 francs et souscrire quatre actions sur lesquelles un dixième doit être payé.

M. de Meaux. Et pour participer aux bénéfices?

M. Langevin. On participe, du jour au lendemain, à 3o p. o/o des bénéfices, ne travaillât-on que huit jours.

M. Caël. Mais vous ne savez pas s'il y aura des bénéfices?

M. Langevin. Le calcul est fait à la fin de l'année.

M. Caël. Il faut pouvoir retrouver tous les ouvriers qui ont travaillé pour vous dans le cours de l'année?

M. Barberet. La maison Leclaire fait participer ses ouvriers dans ses bénéfices; un ouvrier, n'eût-il travaillé qu'une heure dans l'année, a son compte établi, et, au bout d'un certain temps, la somme figurant sur ce compte, s'il ne vient pas la chercher, est versée à la caisse des retraites.

M. Langevin. Nous avons aussi une caisse de retraite.

M. le Président. Par qui comptez-vous faire diriger vos ateliers?

M. Langevin. Le conseil d'administration délègue ses pouvoirs pour la direction des travaux à un de ses membres qui prend le titre d'administrateur délégué. C'est l'administrateur délégué qui embauche, qui prend les informations au sujet des rabais à consentir, et le traité est passé par le conseil d'administration. Le directeur n'est guère que l'humble serviteur du conseil d'administration.

M. le Président. Les patrons de votre profession font-ils exécuter leurs travaux à l'étranger?

Déposition
de M. LANGEVIN.
(Suite.)

M. LANGEVIN. Non, mais les ouvriers étrangers nous font ici une concurrence énorme. Il y a à Paris beaucoup de Suisses et d'Italiens qui travaillent à des prix inférieurs, ce qui permet aux patrons de faire des rabais excessifs. Il serait bon que l'État intervînt à ce propos. On fait aujourd'hui des rabais de 4o, 45 et 5o p. o/o ; or, il est certain que, dans ces conditions, on ne peut pas donner un bon travail. Aussi les patrons ont pris le parti de cameloter; on fraude tant qu'on peut; on n'emploie plus de bonnes marchandises : les couches d'impression sont faites généralement avec du savon noir au lieu d'huile de lin; on fait travailler les Suisses et les Italiens pour payer moins cher. Depuis le mois d'octobre, le tarif de la Ville nous alloue 8o centimes de l'heure, mais il n'est appliqué par aucune maison de Paris, à l'exception de la maison Leclaire; tous les patrons se sont entendus pour ne donner que 75 centimes. Depuis le commencement de l'année, il y a eu beaucoup de chômage; un grand nombre d'ouvriers peintres ne travaillent pas en ce moment. De très bonnes maisons payent 6o, 65 et 7o centimes. Il n'est pas difficile, dans ces conditions, de faire des rabais; c'est l'ouvrier qui supporte la charge.

Le Gouvernement devrait fixer une limite aux rabais, par exemple 25 p. o/o, et faire faire des vérifications sérieuses par une Commission, car il y a en ce moment un défaut complet de surveillance. Les patrons emploient, en fait de matières premières, tout ce qu'il y a de plus mauvais; les grands travaux, principalement, sont très maltraités...

M. PITRE. Êtes-vous bien certain de ce que vous venez de dire : qu'on emploie du savon au lieu d'huile?

M. LANGEVIN. Oui, Monsieur.

M. PITRE. Je crois que vous vous trompez. Des chimistes essayent les huiles, les vernis, les essences; ils ne trouveraient pas d'huile si l'on se servait d'eau de savon!

M. LANGEVIN. Je vous assure que cela se fait souvent.

M. LE PRÉSIDENT. Pour les particuliers, peut-être.

M. LANGEVIN. Je n'ai jamais conduit de travaux pour l'État, mais je sais que cela se fait pour les particuliers. On a deux bidons : si l'on est contrôlé, on présente le bidon qui renferme des matières premières de qualité supérieure, avec cachet d'origine, etc., mais il y a un autre bidon qu'on ne voit pas, et dans lequel l'ouvrier fait lui-même ses mélanges.

M. CAËL. Et si on allait visiter les magasins?

M. LANGEVIN. Il peut venir dans le magasin autant de chimistes qu'on voudra; ils n'y trouveront que de bonnes matières premières.

M. BARBERET. Et si un architecte ou un vérificateur demandait à contrôler les substances employées par un peintre travaillant à l'échelle?

M. LANGEVIN. Ce serait le seul moyen de surprendre la fraude.

M. PITRE. C'est aussi un peu celui qu'on emploie; on ne va pas dans les magasins, mais on prend, par exemple, de l'or au doreur qui est en train de travailler, et on vérifie si le titre est légal.

M. BARBERET. Vous avez des données certaines sur les procédés que vous indiquez?

M. LANGEVIN. Je ne parle pas des travaux faits pour le compte de l'État, mais de ceux qu'on exécute pour la clientèle bourgeoise. C'est de cette façon-là qu'on arrive à faire des rabais énormes.

Je viens de quitter les travaux d'un bâtiment qui n'est même pas encore terminé en ce moment, place des Pyrénées, et où l'on a fait 40 p. o/o de rabais. Les patrons qui entreprennent des travaux dans ces conditions spéculent sur la matière première et sur les salaires; à la moindre crise, au moindre chômage, ils disent aux ouvriers: nous voulons bien vous garder, mais nous ne vous payerons que tant. Et celui qui est père de famille, qui a besoin de travailler, est obligé de subir ces exigences.

Nous nous proposons, nous, de donner à nos ouvriers le prix alloué par le tarif de la Ville, et 30 p. o/o de nos bénéfices en fin d'année. Nous avons l'intention de recevoir le plus grand nombre de sociétaires possible; mais, comme je le disais tout à l'heure, le recrutement est très difficile, parce que, après les crises qui viennent de se produire, les ouvriers manquent d'argent, et il faut, pour être admis comme sociétaire, verser une somme de 15 francs et le dixième sur quatre actions. Il y a deux ou trois mois que nous serions constitués, mais c'est le personnel qui nous faisait défaut.

M. LE PRÉSIDENT. Avez-vous des travaux?

M. LANGEVIN. Nous allons avoir quelques petits travaux, mais nous attendons avec impatience les adjudications de l'État pour y concourir. Nous serions très désireux que le Gouvernement voulût bien appuyer notre demande, afin d'être admis aux travaux du Palais de Cristal; ce ce serait là une très bonne occasion, pour les associations ouvrières, de se faire connaître, et, pour l'État, de juger s'il y a bénéfice à employer le patronat ou les sociétés coopératives.

M. LE PRÉSIDENT. Nous vous remercions, Monsieur, de votre déposition.

La séance est levée à onze heures un quart.

7ᵉ SÉANCE.

MARDI 8 MAI 1883.

PRÉSIDENCE DE M. FRÉMAUX.

La séance est ouverte à neuf heures un quart.

Sont présents : MM. Dupont, Nègre, Guilles-Desbuttes, Philippe, de Meaux, Garnier, Pitre, Grison, Barberet.

Excusés : MM. Caël, Henry.

M. Barberet, *Secrétaire,* donne lecture du procès-verbal, qui est adopté.

M. Garnier. Messieurs, avant l'audition des premiers déposants, je demande la permission de faire à la Commission une communication qui, je l'espère, l'intéressera.

Hier, au Ministère des finances, une adjudication a eu lieu pour des travaux de charpente, dont l'ensemble est estimé à 30,000 francs environ. L'association des compagnons de la Villette a offert un rabais de 31.15 p. o/o sur la série de prix dernière de 1882, qui n'a pas été admise par les entrepreneurs. Après cette offre de rabais, les autres propositions descendaient à 30 p. o/o, 28 p. o/o, faites par des entrepreneurs, et à 26 p. o/o, offre faite par l'Association syndicale des ouvriers charpentiers de la Seine.

Nous avons dû demander un cautionnement de 2,500 francs, parce que le travail doit être exécuté dans des conditions de rapidité spéciales.

ASSOCIATION GÉNÉRALE

D'OUVRIERS CIMENTIERS.

(Siège social : 9, rue Saint-Paul.)

Représentée par MM. POUYSÉGU, *Directeur,* et CARLE, *Secrétaire.*

MM. Pouységu et Carle sont introduits.

Déposition de MM. Pouységu et Carle.

M. le Président. Voulez-vous nous renseigner sur votre association et répondre au questionnaire?

Déposition
de MM. Pouységu
et Carle.
(Suite.)

M. CARLE. Notre association est constituée sous la forme anonyme, par actions, à capital et personnel variables.

Nous avons eu des difficultés pour nous constituer. Les ouvriers ne sont pas habitués à ces sortes de démarches. Nous avons dû expliquer à nos camarades les avantages de l'association, mais beaucoup voyaient des difficultés.

M. BARBERET. De quelle nature ont été les difficultés que vous avez rencontrées?

M. CARLE. C'est sous le rapport des versements à faire, parce que les ouvriers ne sont pas riches et qu'ils vivent à peu près au jour le jour. Il était assez difficile de constituer un premier fonds pour acheter le premier outillage et des marchandises. Du côté des marchands, nous avons été beaucoup empêchés. Au début, il nous a fallu payer les marchandises au comptant, et même avant d'en prendre livraison. Aujourd'hui, nous avons du crédit comme tous les entrepreneurs. Nous ne payons qu'à trois mois nos fournisseurs, ce qui nous permet de travailler et de recevoir des acomptes pour faire nos payements.

M. BARBERET. En dehors de ces obstacles d'ordre matériel, avez-vous éprouvé des difficultés légales?

M. CARLE. Au commencement, nous avons eu beaucoup de démarches à faire. Les architectes et même les clients disaient que notre association ne pourrait pas continuer, qu'on ne pouvait pas compter sur nous pour faire des travaux assez longs, que notre association serait comme les autres, et qu'après trois mois, on ne saurait plus à qui on aurait affaire. Voilà ce que nous entendions dire sur notre compte, mais nous avons fait des travaux pour la ville de Paris, et on en a été satisfait; nous avons obtenu de bons résultats et alors on n'a plus parlé de nous de la même façon.

Les frais, pour notre constitution, se sont élevés à environ 1,000 fr. L'acte notarié, seul, a coûté 500 francs; il a été passé chez Me Pitaux.

M. GUILLE-DESBUTTES. L'acte notarié n'est pas exigé par la loi de 1867.

M. Carle. Il faut comprendre, dans ces 1,000 francs, des dépenses
de livres de comptabilité et de prospectus.

M. le Président. Voyez-vous des modifications à apporter à la loi
du 24 juillet 1867 et lesquelles ?

M. Carle. Il faudrait pouvoir se constituer par acte sous-seing
privé.

M. le Président. Mais la loi vous y autorise.

M. Carle. C'est possible, mais nous n'avons pas été très bien renseignés, et puis nous avons fait comme d'autres associations qui
avaient été chez le notaire.

M. Garnier. L'Association des peintres en bâtiments, représentée
par M. Bernardeau, nous a déclaré, à la dernière séance, qu'elle
s'était d'abord constituée par acte sous-seing privé.

M. Barberet. Oui, mais ensuite cette association a dû faire dresser
un acte notarié, qu'on a exigé d'elle, dans certaines circonstances.

M. Poÿségu. Notre acte est déposé à la ville de Paris depuis le
moment où nous avons entrepris des travaux.

M. le Président. Quelles modifications proposeriez-vous d'apporter à la loi de 1867, pour simplifier la constitution des associations ?

M. Carle. Pour nous, qui sommes maintenant organisés, ces modifications n'ont plus d'intérêt, mais il serait bon de faciliter la formation des autres associations.

Au début, nous avons versé 600 francs, à raison de 5 francs par
action. Comme je l'ai dit, nous avons dû verser tout de suite 500 fr.
au notaire, de sorte qu'il ne nous restait pas grand'chose pour travailler.

Sur la quatrième question : la responsabilité imposée pendant
cinq ans ne nous préoccupe pas.

Sur les cinquième et sixième questions, voici nos réponses :

Jusqu'ici nous avons été admis difficilement ; ça n'est cependant
pas faute de certificats, mais bien à cause du cautionnement exigé.

Le capital souscrit est de 6,500 francs actuellement et s'élèvera d'ici à quelques jours, nous l'espérons, à 10,000 francs. Le capital versé est de 5,000 francs.

Le fonds de roulement est variable; en ce moment, un travail de branchement d'égouts entrepris pour la Ville, de 80,000 francs, doit se faire en deux mois; la société possède trente-deux associés.

Les marchés passés avec les particuliers ont pu être exécutés avec nos propres ressources, mais pour les six adjudications passées avec la Ville, nous avons eu recours à la *Caisse centrale populaire*, qui nous a ouvert un crédit dès notre constitution, dans de bonnes conditions, mais très limité, ce qui nous permet néanmoins de continuer.

En ce moment, nous avons des travaux à exécuter dans les rues Lemercier, Ordener et Championnet. Nous venons de commencer un travail de 80,000 francs. Nous avons déjà exécuté quatre adjudications de la Ville, depuis l'année dernière : la première représentait 24,000 francs de travail, la seconde 27,000 francs, et il y avait deux petits lots de 8,000 francs environ.

M. Barberet. Avez-vous exécuté des travaux pour le compte de particuliers?

M. Carle. Oui, mais ces travaux ne sont pas aussi importants que ceux de la Ville. Nous avons fait des travaux de branchement et de canalisation intérieure s'élevant à 1,200 ou 1,500 francs au plus, pour le compte de particuliers.

Depuis quelque temps, nous avons obtenu de la ville de Paris l'autorisation de ne plus fournir de cautionnement, ce qui nous a été très avantageux.

M. le Président. Cette autorisation vous a été donnée aux termes du nouveau règlement préparé à la préfecture de la Seine ?

M. Carle. Au commencement de nos travaux pour la Ville, nous avions dû fournir un cautionnement, dont le versement nous gênait beaucoup. Nous avons demandé une audience à M. Floquet, préfet de la Seine, qui a entendu nos observations, et, depuis ce temps, nous n'avons plus fourni de cautionnement. Dernièrement, on nous a parlé d'un cautionnement de 5,000 francs à fournir. J'ai expliqué à l'Administration que si l'on exigeait de nous ce cautionnement, nous devrions renoncer à exécuter les travaux de la Ville.

— Comment voulez-vous, disais-je, que nous trouvions cette grosse somme, alors que le travail ne va pas et qu'il y a une crise dans notre industrie? Pourquoi voulez-vous nous obliger à payer 6 p. o/o, au moins, pour un cautionnement qui ne nous rapportera rien du tout?

L'adjudication des travaux à faire dans les rues Ordener et Championnet s'élevait à 51,000 francs, puis il y avait d'autres petits lots.

M. Philippe. On vous demandait un cautionnement de 5,000 fr., dites-vous?

M. Carle. Oui, et en plus du cautionnement, il y avait des frais à payer.

M. Philippe. Ainsi, l'obligation de verser un cautionnement, sur une entreprise de 70,000 francs de travaux, vous aurait empêchés de prendre part à l'adjudication?

M. Carle. Parfaitement. Remarquez, Messieurs, qu'il nous faut trouver de l'argent pour payer les ouvriers tous les jours, et le versement d'un cautionnement, ainsi que le payement des intérêts qu'il coûte, diminue d'autant le chiffre du crédit qui nous est ouvert. Et puis, il ne faut pas oublier qu'avant de terminer un travail pris en adjudication, nous souscrivons à d'autres adjudications, de manière à ne pas manquer de travaux; et si, à chaque fois que nous soumissionnons, il nous fallait verser un cautionnement, nous aurions déposé 15,000 francs, à la fin de l'année, dans la Caisse municipale. Il faudrait pouvoir reporter le cautionnement d'une adjudication sur une autre adjudication.

M. Philippe. Je désirerais qu'il fût pris bonne note de la dernière observation qui vient d'être faite par le déposant, et dont on devine les conséquences. Ces Messieurs demanderaient qu'on pût faire servir le cautionnement d'une adjudication en cours d'exécution à une adjudication nouvelle. Ils ne verseraient pas un nouveau cautionnement, ils donneraient délégation sur le cautionnement déjà versé.

M. Carle. C'est cela. Ce qui nous gêne beaucoup, c'est que, lorsque les travaux sont terminés, nous ne pouvons pas retirer tout de suite notre cautionnement.

Déposition
de MM. Pouysésu
et Carle.
(Suite.)

M. le Président. On pourrait vous rembourser le cautionnement même pendant le cours des travaux; c'est ce qui se fait généralement.

M. Carle. Ce qui serait préférable pour nous, c serait de laisser une certaine somme sur les travaux exécutés et qui nous serait rendue au règlement définitif des comptes.

M. le Président. C'est la retenue de garantie.

M. Carle. En ce moment nous avons 12,000 francs qui nous sont dus et qui ne nous seront payés que par acomptes. D'un autre côté, nous avons pris des engagements avec des propriétaires pour le compte desquels nous faisons des travaux, ces propriétaires ne peuvent pas nous payer tout de suite, ils nous remettent certaines sommes par trimestres. Nous remettons des bordereaux au directeur de la *Caisse centrale populaire*, bordereaux sur lesquels on nous avance 5o p. o/o, mais nous devons verser 1o p. o/o à titre de remboursement. Avec ce système nous pouvons travailler.

M. Barberet. Voulez-vous répondre au dernier paragraphe de la sixième question : « Quels résultats avez-vous obtenus ? »

M. Carle. Le directeur actuel de l'association a été nommé il y a peu de temps et au mois de janvier nous avons constaté un bénéfice de 5,741 francs. Il faut dire que nous avons été obligés de réparer quelques erreurs d'anciens directeurs. Depuis la constitution de l'ancienne société il y a eu deux directeurs qui ont fait certaines opérations qui n'étaient pas bonnes. Nous avons dû reconstituer notre situation et aujourd'hui les résultats obtenus sont bons.

Septième question. Nomination du directeur. Cinq membres de la société sont nommés par elle, en assemblée générale, pour former le conseil, dont la moitié est renouvelable tous les six mois. Le conseil choisit dans son sein un directeur, qui est toujours révocable.

M. Barberet. La durée des fonctions du directeur n'est pas limitée?

M. Carle. Non, il est nommé par le conseil, et il est toujours révocable quand il ne fait pas son affaire.

Sur la huitième question, nous pouvons dire que, dans un changement de directeur, ce n'est pas la procuration qui coûte le plus, mais bien le désordre et l'apprentissage que doit faire du patronat tout nouveau directeur, ainsi que les relations à faire. Nous avons eu malheureusement cette mesure à subir, mais nous espérons en être à l'abri pour longtemps, car ce n'est que sous le directeur actuel que la société a bien travaillé; le comptable jusqu'ici fait les encaissements.

M. le Président. Vous avez un comptable?

M. Carle. Oui, Monsieur, c'est moi qui suis comptable. J'ai été secrétaire de la chambre syndicale, et l'association s'est formée un peu avec notre intervention, de sorte que ces messieurs m'ont pris pour secrétaire. Je fais les encaissements, et j'ai la procuration de la société.

M. le Président. Quel est le coût de la procuration ou délégation lorsqu'il y a changement de directeur ou de gérant?

M. Carle. Ce n'est pas cela qui coûte le plus cher, il suffit de prendre une feuille de papier timbré de 60 centimes. *La Caisse centrale populaire*, avec qui nous avons affaire, n'exige pas l'enregistrement de la procuration. Cet enregistrement coûterait 3 fr. 75 cent.

M. le Président. Plusieurs délégués d'associations nous ont parlé d'un prix plus élevé pour leur procuration.

M. Barbéret. Ce sont les procurations faites par devant notaire, dont le prix est plus élevé.

M. Carle. *Neuvième question.* La société possède cinq ou six certificats d'ingénieurs, d'architectes de la Ville et d'autres personnes. Elle pourrait en obtenir davantage si c'était nécessaire.

Presque tous les membres de l'association sont munis de certificats, parce qu'ils ont été presque tous chefs de chantier dans diverses maisons.

M. Pitre. On ne vous demande qu'un seul certificat?

M. Carle. Oui, un seul.

M. LE PRÉSIDENT. Et vous le faites renouveler?

M. CARLE. Oui, Monsieur; en voici un que j'ai entre les mains.

Déposition
de MM. Pouységu
et Carle.
(Suite.)

M. POUYSÉGU. J'ai aussi un certificat de la Compagnie générale des Omnibus, dont j'ai fait l'installation en aggloméré.

M. LE PRÉSIDENT. Voulez-vous répondre à la dixième question?

M. POUYSÉGU. Le coût de la matière première est d'environ 5o p. o/o dans nos travaux; la main-d'œuvre représente les autres 5o centièmes.

Nous n'avons pas d'approvisonnement. Notre chantier est exigu; il n'est pas, d'ailleurs, nécessaire qu'il soit très grand, parce que notre matériel est presque toujours dehors, sur les chantiers.

M. PITRE. Vous n'avez pas intérêt à avoir du ciment d'avance?

M. POUYSÉGU. Nous pouvons déposer 4 à 5oo sacs de ciment dans notre petit chantier. Nous sommes obligés d'avoir toujours du ciment vieux, parce que les ciments frais sont trop vifs.

M. CARLE. Nous n'avons pas encore une véritable réserve d'approvisionnements, parce que l'emplacement nous manque. Il nous faudrait trouver un terrain de 5 à 6oo mètres pour établir un chantier. Nous attendons que la loi sur les logements à bon marché soit votée pour pouvoir acheter un terrain que nous payerons à tant par an.

M. DE MEAUX. Si votre capital est déjà insuffisant, vous serez encore plus gênés lorsque vous voudrez faire des approvisionnements; vous croyez cependant pouvoir y arriver?

M. CARLE. Oui, en faisant beaucoup d'économies et en essayant d'acheter un terrain que nous payerons à raison de 5 à 6oo francs par an et dont nous serons propriétaires au bout de vingt ans. En ce moment, nous payons un loyer de 4oo francs par an, et nous n'avons qu'un très petit espace de terrain.

Notre outillage consiste en bois et en outils; nous n'avons pas de machines. Tout le matériel appartient à la société.

M. LE PRÉSIDENT. Nous abordons la onzième question, relative à la retenue de garantie et au cautionnement. Vous nous disiez tout à l'heure que vous préfériez la retenue de garantie, sur les travaux, au cautionnement?

M. Carle. Certainement : entre deux maux nous choisissons le moindre; on pourrait adopter le système de la retenue. Les particuliers qui sont nos clients ne nous payent pas avant un délai de six mois; c'est là une véritable retenue qui nous est faite.

M. le Président. Pour les travaux de l'État, vous admettriez une retenue du dixième, de préférence au cautionnement?

M. Carle. Oui, Monsieur.

M. Pitre. Vous avez dit qu'on vous rendait très difficilement votre cautionnement; est-ce résistance de la part de l'administration ou parce que vous n'en demandez pas le remboursement?

M. Carle. Il faut que le cautionnement reste déposé pendant quatorze mois.

M. le Président. Je ne comprends pas que l'on conserve un cautionnement pendant une durée si longue; quand les travaux à exécuter sont terminés, on doit rendre le cautionnement.

M. Carle. Il paraît que c'est là une vieille habitude. On nous a dit, dans les bureaux de la Ville, que c'était l'usage. Un chef de bureau voulait me faire verser un cautionnement; j'ai réclamé et je me suis adressé au préfet de la Seine, M. Floquet, qui m'a dit que nous serions dispensés du cautionnement. Il nous a fallu faire beaucoup de démarches et tourner en quelque sorte la question pour ne pas être obligés de verser.

M. le Président. Quand on a des réclamations à faire, il faut toujours écrire, et ne pas traiter les affaires seulement par conversation. L'administration doit instruire les demandes qui sont faites et et c'est le meilleur moyen d'en obtenir la prompte solution.

M. Barberet. Quelle est la valeur de votre outillage?

M. Pouységu. Notre matériel et notre outillage représentent 4,500 francs, pour trente-deux associés.

Déposition de MM. Pouyssou et Carle. (Suite)

M. Pitre. Je reviens sur la question du cautionnement.

Si les choses se passent comme on vient de le dire pour les travaux de la ville de Paris, il n'en est pas de même pour les travaux de l'État. Quand ceux-ci sont en cours d'exécution et que l'entrepreneur demande la restitution de tout ou partie de son cautionnement, cette restitution est faite, si l'architecte, après examen des travaux, ne s'y oppose pas.

M. Carle. Pour nous, la difficulté est de fournir un cautionnement au commencement des travaux.

Quant au mode de payement, nous préférons le payement par acomptes.

Nous employons très peu d'auxiliaires. Il faut que les associés manquent pour que nous nous adressions à eux; nous en avons pris quelques-uns. Ils sont mieux rétribués que chez les patrons. Après l'achèvement des travaux, ils ne participent pas dans les bénéfices, mais ils reçoivent une gratification. Voici les prix qui leur sont payés et qui sont fixés par les statuts : le garçon reçoit 55 centimes de l'heure et l'ouvrier 80 centimes, tandis que chez le patron le garçon ne reçoit que 45 centimes et le compagnon 65 à 70 centimes.

M. Dupont. Avez-vous toujours été trente-deux associés ?

M. Carle. Nous avons été trente-cinq. L'un est mort et on a engagé quelques autres à se retirer parce qu'ils n'étaient pas assez consciencieux.

M. le Président. Est-ce que vous avez le droit de leur faire quitter l'association ? Quelles sont les dispositions de vos statuts à cet égard ?

M. Carle. Les associés dont je parle ont donné leur démission; mais lorsque des difficultés se présentent, chacun a le droit de se faire entendre par une commission qui juge et décide qui a tort ou raison. Ensuite, on se fait entendre dans deux assemblées générales successives.

On ne fait pas de stage. L'association ayant été formée avec des membres de la chambre syndicale connus par leur travail, personne jusqu'ici n'a fait de stage.

M. Pouységu. Nous nous connaissons presque tous.

M. Carle. En réponse à la quinzième question, aucun de nos associés n'est sorti des écoles professionnelles municipales ou des écoles d'arts et métiers, mais une grande partie d'entre eux étaient maîtres compagnons et directeurs de travaux chez des patrons, et presque tous ont des certificats de capacité individuels. Les jeunes gens qu'on embauche comme garçons font leur apprentissage.

M. Barberet. Ce sont vos apprentis?

M. Carle. Oui, Monsieur.

M. le Président. Ils deviennent ensuite compagnons?

M. Carle. Oui; ils prennent la truelle et font des travaux sous la surveillance des compagnons; on les augmente de un sou de l'heure pour les encourager. Celui qui veut bien s'employer peut arriver à augmenter sa journée.

Le travail et les ateliers sont dirigés par le directeur et les associés, parce que nous avons plusieurs chantiers, mais c'est le directeur qui dirige le travail.

M. Barberet. Quand vous avez deux chantiers de travail, comment vous organisez-vous?

M. Carle. Nous trouvons facilement un compagnon associé pour diriger le second chantier, ce qui n'empêche pas le directeur de surveiller à la fois les deux chantiers; c'est du reste ce qui nous arrive assez souvent.

M. Philippe. Le directeur est-il payé à la journée?

M. Carle. Non, il est payé au mois; il reçoit 300 francs d'appointements par mois.

M. Philippe. Le directeur travaille-t-il lui-même?

M. Carle. En général, il ne le peut pas; mais quelquefois il y est obligé pour aider dans l'exécution de travaux difficiles. En ce moment, nous avons trente ouvriers occupés ; il doit tout surveiller et il lui est impossible de travailler par lui-même.

Les périodes de chômage sont assez longues dans notre industrie ; elles se produisent surtout l'hiver, et il faut faire des économies pendant l'été pour passer cette mauvaise époque. Certains entrepreneurs ayant des magasins font exécuter des travaux pendant l'hiver : par exemple, on fait des mangeoires.

M. BARBERET. C'est du travail que vous faites à l'avance ?

M. CARLE. Oui.

M. LE PRÉSIDENT. Alors, on peut travailler en hiver dans votre industrie ?

M. CARLE. Oui, et nous voudrions nous-mêmes arriver à ce résultat. Ainsi, c'est M. Pouységu, qui est ici, qui a fait, en hiver, toutes les auges pour la Compagnie des Petites Voitures ; mais il faut un grand hangar pour pouvoir exécuter ces travaux d'hiver.

M. DE MEAUX. Pendant l'hiver, vos sociétaires sont-ils employés par des patrons faisant travailler chez eux ?

M. CARLE. Il y en a quelques-uns.

M. DE MEAUX. Les patrons ne vous font-ils pas la guerre ?

M. CARLE. Ils préféreraient certainement avoir d'autres ouvriers que nous, mais ils sont obligés de nous employer, parce qu'ils veulent avoir de bons ouvriers et qu'on n'en rencontre pas toujours. Cependant ils ont toujours quelque chose contre nous. Nous avons, dans notre association, des ouvriers qui sont employés chez des patrons et ceux-ci le savent bien.

Sur la dix-septième question nous n'avons rien à répondre ; dans notre profession on ne fait pas exécuter de travaux à l'étranger.

Au sujet de la dix-huitième question, la société est assurée, moyennant 1 fr. 50 cent. p. o/o de retenue sur le salaire, à la Compagnie *Le Monde*, qui alloue, en cas d'accident, 4 francs par jour au sinistré.

Nous n'avons, en ce moment, qu'un fonds de réserve très minime, vu le peu de durée de notre existence, mais, comme une part des

Déposition de MM. Pouységu et CARLE. (Suite.)

bénéfices est affectée à ce fonds de réserve, nous espérons, avec le concours bienveillant de la Ville et de l'État, nous occuper d'élever ledit fonds de manière à pouvoir aborder cette question de retraite.

Il ne nous a pas encore été possible d'organiser une caisse de retraite. Nous constituons un fonds de réserve que nous augmenterons avec une partie de nos dividendes; mais, jusqu'à présent, il n'a été distribué aucun dividende. Nous faisons verser, par nos nouveaux associés, un droit d'entrée de 15 francs, en dehors des actions; ce droit a même été élevé à 30 francs au mois de janvier dernier.

M. Barberet. Ainsi en dehors du capital-actions, vous faites verser au fonds de réserve un droit d'entrée de 30 francs par les nouveaux associés ?

M. Carle. Oui. Il est probable que, prochainement, nous pourrons donner un dividende et on prélèvera d'abord 5 ou 10 p. o/o sur les bénéfices pour les verser au fonds de réserve. Tous nos associés sont persuadés qu'il faut faire des sacrifices et que ce n'est pas quand on commence à travailler qu'on devient riche; aussi sont-ils tous disposés à faire abnégation des premiers dividendes à recevoir.

Nous organiserons la caisse des retraites quand nous aurons constitué notre fonds de réserve.

Quant aux accidents, voici comment nous sommes assurés. Nous avons eu dernièrement deux petits sinistres : un ouvrier s'est abîmé la main, et un autre a reçu un tuyau sur le corps ; la Compagnie d'assurances *Le Monde* leur a payé à chacun 4 francs par jour. L'ouvrier qui a été blessé à la main est employé chez nous à surveiller des travaux et nous le payons 3 francs par jour, ce qui lui fait 7 francs pour sa journée, en comptant ce qu'il reçoit de la Compagnie d'assurances.

La dix-neuvième question ne nous intéresse pas.

Nous avons maintenant, Messieurs, quelques observations principales à vous présenter.

Tous les travaux de notre industrie sont ordinairement donnés à des entrepreneurs qui ne sont pas outillés pour les faire, qui ne s'y connaissent pas et qui sont obligés de traiter avec nous, en seconde main; mais il faut leur donner une commission importante, qui diminue le prix du travail, lequel, alors, ne peut pas être exécuté dans les conditions voulues. L'entrepreneur de maçonnerie qui soumissionne les travaux, et qui sous-traite pour les faire exécuter, prélève un trop grand bénéfice. Pour remédier à cette situation, nous demandons expressément ceci : que les entreprises de travaux de ciment soient absolument détachées des travaux de maçonnerie. C'est ce que la Ville a fait pour ses travaux d'égout, mais il faudrait encore le faire pour les travaux de dallage, d'enduit et de canalisation.

M. POUYSÉGU. Les travaux que nous faisons dans les égouts ne sont pas des travaux de construction.

M. CARLE. Tous les travaux en ciment à exécuter dans les bâtiments de l'État sont compris dans les travaux de maçonnerie; nous demandons qu'on fasse une distinction.

M. PITRE. Pour les travaux de l'État, on distingue entre les travaux de canalisation au ciment et la maçonnerie. Il y a des formules différentes.

M. CARLE. Mais il y a aussi les travaux de dallage sous les portes cochères.

M. PITRE. Quand des travaux au ciment ne s'élèvent pas à plus de quelques centaines de francs, dans une affaire, on ne peut pas les mettre en adjudication, et alors ils sont compris dans les travaux de maçonnerie. Je parle, bien entendu, des travaux de l'État.

M. LE PRÉSIDENT. Il est évident que, dans les travaux d'égout, pour la ville de Paris, il y a des ouvrages qu'on peut faire au mètre courant; il y a des types connus.

M. CARLE. Nous demandons que la Commission nous accorde son bienveillant concours pour nous faire obtenir des travaux que nous pourrons exécuter à la satisfaction de tous.

M. LE PRÉSIDENT. La Commission a pour mission d'élucider des questions de principe et de règlement, mais vos observations seront consignées au procès-verbal.

M. POUYSÉGU. Nous voudrions être chargés des travaux qui seront

Déposition
de MM. Pouységu
et Carle.
(Suite.)

à faire au Palais de cristal, travaux dont M. Nicole nous a déjà parlé.

Voici, Messieurs, un exemplaire imprimé de nos statuts.

M. le Président. Nous vous remercions, Messieurs, des renseignements que vous venez de nous donner.

(Les déposants se retirent.)

ASSOCIATION COOPÉRATIVE

L'UNION DES SCULPTEURS DE PARIS

(Siège social : 6, rue de Tournon).

Représentée par MM. L'ÉPINE et CADOUX.

MM. L'Épine et Cadoux sont introduits :

M. le Président. Veuillez, Messieurs, vous expliquer sur le questionnaire.

M. l'Épine. Nous sommes constitués sous la forme anonyme ; notre société est à capital variable. Notre capital souscrit est de 24,500 francs, dont le dixième, soit 2,450 francs, a été versé immédiatement.

Les difficultés que nous avons rencontrées consistent dans les démarches que nous avons dû faire et dans la gêne qu'imposent toujours les frais de premier établissement. Les frais de notre constitution, faite par acte notarié, se sont montés à 290 francs.

M. Barberet. Une autre association nous a dit, dans une séance précédente, que son acte constitutif lui avait coûté 500 francs.

M. L'Épine. Nous avons, en cette occasion, été beaucoup secondés par M. Engelhard, avocat à la Cour d'appel, qui a fait le projet de notre acte constitutif et nous a facilité les relations avec un notaire qu'il connaît.

Je ferai remarquer qu'en ce qui concerne notre corporation surtout, la forme anonyme n'est peut-être pas bien rationnelle ; il y a, dans notre travail, une somme d'art, et il vaudrait mieux pour nous former une société en nom collectif.

Déposition
de MM. L'Épine
et Cadoux.
(Suite.)

M. Barberet. Vous étiez libres de le faire.

M. l'Épine. La forme anonyme a semblé plus démocratique, et nous l'avons adoptée sans nous rendre compte des difficultés auxquelles nous pourrions être exposés dans l'avenir. A chaque instant, nous sommes obligés d'aller au timbre déposer les procès-verbaux de nos assemblées, renouveler notre abonnement, et, dans l'ignorance où nous sommes de la loi, nous nous trouvons continuellement exposés à des amendes : dernièrement, j'ai omis de faire l'abonnement le dernier jour du trimestre, ne voulant pas manquer une affaire importante, et j'ai encouru l'amende ; j'espère que M. le Ministre des finances voudra bien nous en faire la remise.

M. le Président. Vous pensez, en conséquence, qu'il y aurait lieu de modifier la loi de 1867 en simplifiant toutes ces formalités dont l'omission peut entraîner des amendes ?

M. l'Épine. Oui, Monsieur.

M. le Président. Vous auriez pu vous constituer par acte sous seing privé.

M. l'Épine. Si nous n'avions pas un acte notarié, nous éprouverions plus de difficultés pour toucher notre argent aux caisses de la Ville et du Trésor.

M. le Président. La responsabilité imposée pendant cinq ans aux sociétaires qui se retirent ou sont exclus arrête-t-elle les souscripteurs ?

M. l'Épine. Nous ne l'avons pas remarqué ; quelques-uns de nos sociétaires ont voulu se retirer et sont revenus au bout de quelque temps.

M. le Président. Dans quelle mesure pouvez-vous participer aux travaux de l'État ?

Déposition
de MM. l'Épine
et Cadoux.
(Suite.)

M. l'Épine. Nous pouvons faire tous les travaux de l'État, aussi bien que les patrons, puisque les patrons nous occupent. Nous n'avons pas besoin d'un matériel considérable; notre travail consiste surtout dans la main-d'œuvre, notre capital dans les connaissances que nous avons acquises aux écoles.

J'ai dit que nous avions versé immédiatement le dixième de notre capital de 24,500 francs; les autres versements sont échelonnés de mois en mois. Aujourd'hui nous avons 7,000 francs de versés.

Notre fonds de roulement est variable. Une maison de banque, la *Caisse centrale populaire*, nous fournit les fonds dont nous avons besoin.

M. le Président. Quel est le nombre de vos associés?

M. l'Épine. Nous avons commencé par être sept, nous sommes vingt aujourd'hui; au mois d'août, nous comptons nous en adjoindre une dizaine de nouveaux. Malheureusement, on ne sait pas encore vivre en association; il faudra que l'éducation se fasse à ce sujet; certains de nos camarades n'ont plus du tout été les mêmes du jour où ils ont fait partie de l'association; le caractère change, on se figure qu'on doit moins travailler.

M. le Président. C'est extraordinaire; le but de l'association est, au contraire, de pousser au travail.

M. l'Épine. Le fait n'est pas général, mais il y a une tendance dans le sens que je viens d'indiquer.

M. le Président. C'est un non-sens; les associations ouvrières que nous avons entendues jusqu'à présent nous ont signalé, au contraire, une plus grande activité dans le travail et un accroissement de production.

M. Barberet. Cela tient peut-être au côté artistique de l'association des sculpteurs. Généralement, les artistes sont très individualistes.

M. Cadoux. Il y en a qui voudraient commander; mais, dans les réunions, on les moralise et ils sont bien obligés de se soumettre à la décision de la majorité.

M. l'Épine. C'est surtout au début de la société que cet esprit dont je parlais s'est manifesté, mais j'ai le plaisir de dire qu'aujourd'hui il y a beaucoup d'amélioration ; nos sociétaires comprennent qu'ils doivent obéir à celui qui, en définitive, a été nommé par eux.

M. le Président. Avez-vous déjà passé avec des particuliers, des compagnies, des administrations publiques, ou avec l'État, des marchés d'une certaine importance ?

M. l'Épine. Nous avons fait des travaux au Ministère des travaux publics, à l'École de médecine, à l'Hôtel de ville de Paris, à l'Hôtel de Ville de Saint-Denis, à la Mairie du Grand-Montrouge ; nous avons exécuté le monument des sapeurs-pompiers qui vient d'être inauguré, et le monument Blanchard, l'un des propriétaires de la Belle-Jardinière, monument funéraire d'une très grande importance, dont le modèle, ainsi qu'un projet pour le prix de courses, nous ont valu, l'année dernière, une médaille d'argent à l'exposition des arts décoratifs.

Au Ministère des travaux publics, nous avons rencontré des difficultés. Cela tient à ce que les architectes, qui ont leurs hommes, se figurent qu'ils ne trouveront pas dans l'association les mêmes éléments. Je veux croire qu'il n'y avait pas de mauvaise intention de la part de l'architecte du Ministère des travaux publics, mais je répète que nous avons rencontré là de grandes difficultés.

M. le Président. Est-ce que l'architecte contestait la valeur artistique de vos travaux ?

M. l'Épine. Il ne pouvait pas contester avant que le travail fût fini. D'ailleurs, nous étions plusieurs dans la société qui avions travaillé pour M. Godbeuf, à la Mairie de Passy, un chef-d'œuvre, ce qui nous permettait d'aider l'architecte dans une certaine mesure ; il voyait en nous des gens très décidés à être des collaborateurs fidèles, et cependant il a fini par nous remplacer par le patron qui fait toujours les travaux de l'État. Je ne veux pas citer des noms ; il s'agit d'une maison que tout le monde connaît et qui, certes, ne peut pas faire mieux que nous.

M. Pitre. Je demande à insister sur ce point, car je connais un peu l'affaire. Était-ce une question personnelle entre vous et l'architecte?

M. L'Épine. A quel point de vue?

M. Pitre. En ce sens que vous étiez en défiance l'un contre l'autre. Il y a eu, je crois, défaut d'entente : l'architecte s'est plaint à plusieurs reprises de ne pas trouver chez vous le concours qu'il attendait. Vous comprenez, par exemple, qu'un architecte qui vous donne un cadre ne peut pas dessiner jusqu'aux dernières feuilles et aux dernières brindilles; il fait une masse et vous laisse le soin d'en tirer parti. Eh bien, l'architecte a prétendu qu'il vous avait donné son croquis, mais que vous n'aviez pas pu ou voulu traduire sa pensée.

M. l'Épine. J'aurais préféré me borner à ces indications générales, mais puisque vous m'y invitez, je vais dire la vérité.

C'est grâce à la protection de M. Gambetta que nous avions obtenu le travail dont il s'agit; mais nous n'avions pas encore commencé que l'architecte aurait voulu nous voir partir. Il m'a dit que je prenais le travail d'un autre, que je lui étais imposé, etc.; vous voyez ce qui pouvait résulter d'une pareille déclaration. Nous avons rencontré la plus mauvaise volonté; et puis c'étaient des plaisanteries à l'adresse de certains personnages politiques qui nous aidaient; nous avons eu le tort de ne pas les relever. J'aurais voulu n'avoir pas à entrer dans ces détails. Quant au travail en lui-même, il était fait par des hommes très compétents, aussi capables que qui que ce soit.

M. Pitre. Quand vous avez travaillé pour l'État, vous avez été payés régulièrement, et on ne vous a pas demandé de cautionnement?

M. L'Épine. Non, nous n'avons pas fourni de cautionnement, ni pour la Ville. Nous avons fait, pour la Ville, un premier travail d'une valeur de 6,000 francs; un deuxième de valeur égale; celui que nous exécutons en ce moment, et qui est presque terminé, s'élèvera à 16,000 francs : c'est sur une des deux tourelles de l'Hôtel de ville. Nous avons été déclarés adjudicataires des travaux de l'Hôtel de ville de Saint-Denis : le devis se monte à 33,800 francs et atteindra certainement, avec les suppléments, 50,000 francs.

Nous avons travaillé à la Mairie du Grand-Montrouge avec M. Lequeux. M. Ginain, membre de l'Institut, nous a confié la sixième partie des travaux de l'École de médecine; je trouve très rationnels ce morcellement des travaux et le système pratique adopté par l'éminent architecte; il donne satisfaction aux patrons et aux ouvriers. Sous la direction du même architecte, nous avons fait le monument des sapeurs-pompiers et M. Cernesson nous a confié les modèles et l'exécution du monument Blanchard; au point de vue commercial, nous avons exécuté les travaux des maisons de la rue Saint-Philippe-du-Roule et quantité de commandes particulières.

Déposition de MM. L'Épine et Cadoux.
(Suite.)

M. LE PRÉSIDENT. Comment vous êtes-vous procuré les fonds qui vous étaient nécessaires?

M. L'ÉPINE. Nous nous sommes adressés à la *Caisse centrale populaire*, qui a fait, pour ainsi dire, notre éducation financière; les conditions de cet établissement sont très acceptables et nous procureront, par la suite, de grands avantages. En versant nos 2,400 francs, nous avons pris, à titre de réciprocité, des actions de cette banque, et dans dix-huit mois, nous aurons dans notre caisse, pour 50,000 fr. d'actions, plus notre capital et les bénéfices que nous avons réalisés. Déjà nous possédons un matériel très complet et nous sommes en mesure d'exécuter toutes sortes de travaux; mais, je le répète, tout dépend des architectes : s'ils n'y mettent pas de parti pris, les chose iront toutes seules; autrement, nous ne pourrons rien faire.

M. LE PRÉSIDENT. Du moment que votre association donnera des garanties, que le travail sera bien exécuté, vous serez toujours acceptés.

Quels résultats avez-vous obtenus depuis que votre association est fondée ?

M. L'ÉPINE. Nous nous sommes constitués en avril 1881. Nous avons décidé de ne pas distribuer de dividende les trois premières années, afin de pouvoir développer notre matériel; depuis deux ans, nous avons consacré à cet effet de 15 à 20,000 francs : nous avons acheté des cartons, des moules, de grandes planches à modeler, etc.

M. LE PRÉSIDENT. Comment votre directeur est-il nommé?

M. L'ÉPINE. Les membres du conseil d'administration, au nombre de cinq, élus pour trois ans, choisissent le directeur, qui est toujours révocable.

M. LE PRÉSIDENT. Avez-vous déjà changé de directeur?

M. L'ÉPINE. Je suis directeur depuis la fondation de la société. Je crois que le changement de directeur aurait pour nous une gravité particulière. En effet, les architectes tiennent, avec raison, avoir affaire à une seule personne, et l'arrivée, au cours d'un travail, d'un nouveau directeur qui n'aurait pas les mêmes idées que l'ancien, pourrait présenter des inconvénients. A ce point de vue, il importe que le directeur ne soit pas souvent changé.

M. LE PRÉSIDENT. Avez-vous des certificats de capacité signés par des ingénieurs ou des architectes?

M. L'ÉPINE. Pour obtenir les travaux de l'Hôtel de ville de Saint-Denis, nous avons produit des certificats de MM. Ballue et Ginain, membres de l'Institut, de M. Lequeux, de la Société centrale des architectes.

M. LE PRÉSIDENT. Le coût de la matière première, dans votre industrie, est-il élevé?

M. L'ÉPINE. C'est surtout la main-d'œuvre qui est très chère; la matière première ne figure guère que dans le carton-pierre, composé de papier, de colle forte et de craie.

M. BARBERET. Dans quelle proportion entre la matière première dans la valeur totale du travail exécuté?

M. L'ÉPINE. Dans la proportion de 10 p. o/o, en moyenne.

M. CADOUX. Pour les travaux très soignés en carton-pierre on peut compter de 10 à 18 p. o/o.

M. DE MEAUX. Quelle est, sur l'ensemble de vos travaux, la proportion de ceux où vous n'avez pas à fournir de matière première?

M. L'ÉPINE. Ce sont les travaux qui ne comportent que de la sculpture sur pierre ou sur bois, et nous comptons plus de la moitié pour l'exécution. La main-d'œuvre, pour l'exécution sur pierre, est très chère; nous préférons le carton-pierre et le nouveau procédé connu sous le nom de *staf*, que nous avons perfectionné : le staf est une matière composée de plâtre, de filasse et de colle de peau, qui offre beaucoup de résistance et produit de très jolis effets; nous en avons obtenu de très bons résultats à Saint-Denis, car c'est avec le staf que nous avons fait toutes les poutrelles de la salle des mariages, de la salle du conseil municipal, de la salle d'attente, etc. Nous comptons faire en staf des cadres de glaces et beaucoup d'autres objets; il faut, pour ce genre de travail, des hommes très soigneux, et nous avons, dans notre société, des camarades qui nous rendent à cet égard de très grands services.

Déposition de MM. L'Épine et Cadoux. (Suite.)

M. LE PRÉSIDENT. Quelle est l'importance de votre matériel et de votre outillage?

M. L'ÉPINE. Chaque ouvrier a ses outils; en dehors de cela, l'association possède des moules pour l'estampage, des établis, des planches, des tréteaux, et surtout une collection de modèles. La valeur de notre matériel, je l'ai déjà dit, est d'environ 20,000 francs.

M. LE PRÉSIDENT. Exige-t-on de vous un cautionnement pour les travaux que vous faites?

M. L'ÉPINE. C'est très rare. Il paraît, cependant, que dans les communes suburbaines on est obligé de mettre tous les travaux en adjudication dès qu'ils atteignent un certain chiffre; c'est ainsi qu'à Saint-Denis nous avons fait 2 p. o/o de rabais. Nous allons également concourir pour les travaux de la mairie d'une commune dont le maire me disait hier qu'il était obligé de recourir à l'adjudication. A Paris, ces travaux se font par soumission.

M. LE PRÉSIDENT. Je ne comprends pas qu'on mette en adjudication des travaux spéciaux de ce genre.

M. PITRE. On ne sait pas ce que sera une sculpture; ce sera peut-être un chef-d'œuvre, et, peut-être, un travail sans aucune valeur. Les travaux artistiques n'ont jamais été soumis aux adjudications.

M. L'ÉPINE. Le maire de la commune dont je parle a fait des articles spéciaux pour la menuiserie ordinaire, la menuiserie artistique, la sculpture sur pierre, etc.; j'en ai copié le détail hier. On mettra le tout en adjudication, et nous serons obligés de faire un rabais.

M. Pitre. Est-ce seulement l'exécution qu'on met en adjudication?

M. l'Épine. L'exécution et le modèle; il y aura à décorer une salle pour le conseil municipal, mais on ne sait pas ce que ce sera.

M. Barberet. Quelle est cette commune?

M. l'Épine. C'est la commune des Lilas. A Saint-Denis on a eu recours également à l'adjudication.

M. Pitre. Nous reconnaissons que l'adjudication est impossible; mais quel procédé employer quand plusieurs associations sont en présence? Le concours restreint?

M. l'Épine. Dans ce cas, qui s'est déjà présenté, on appelle les personnes qui présentent une certaine garantie, et on leur fait faire une soumission, qui est une adjudication déguisée. Il faut répondre alors à une double condition : le bon marché et la bonne exécution du travail. Il peut se faire que ce ne soit pas celui qui propose le plus bas prix qui ait le marché, si l'architecte et la commission, qui ont pris connaissance des soumissions, estiment que ce prix n'est pas en rapport avec la bonne exécution du travail.

M. Pitre. Je ne vois pas nettement le résultat que peut donner ce mode de procéder; on ne sait pas ce que fera tel ou tel. C'est au choix seul qu'on peut donner un travail de cette nature.

M. Dupont. On peut faire des marchés de gré à gré sur appel à la concurrence entre personnes qu'on juge aptes à exécuter le travail; c'est le mode employé par la marine pour les fournitures de machines à vapeur.

M. Pitre. Cela peut se faire quand il s'agit d'objets matériels, mais non quand il s'agit d'un travail artistique dont on ne connaîtra la valeur que lorsqu'il sera exécuté.

M. Dupont. Dans cet ordre d'idées il y a bien des choses qui, sans

Déposition
de MM. L'Épine
et Cadoux.
(Suite.)

avoir un côté artistique, peuvent être jugées à l'avance à coup sûr : tel est le rendement en vapeur, la consommation de combustible, etc.

M. Pitre. Dans ces cas-là on fera des essais, mais quand il s'agit d'une statue ou d'un ornement, le travail sera bon ou il sera mauvais, et il n'y a pas moyen d'en faire la preuve mathématique.

M. Dupont. Une fois le travail effectué, il ne servira à rien de démontrer qu'il est bon ou mauvais.

M. le Président. Ce serait à la commission qui statue de décider d'après les soumissions et la valeur des garanties présentées par les concurrents.

M. Pitre. C'est là un jugement tout moral, tout de prévision, et qui me paraît bien délicat. Je serais heureux que l'on pût m'indiquer un moyen sensé de contraindre un architecte à confier un travail à telle association plutôt qu'à telle autre.

M. l'Épine. Il y a un procédé qui n'est peut être pas parfait, mais qui a été pratiqué à l'École de médecine et à l'Hôtel de ville. Il a donné, matériellement et moralement, de très bons résultats : c'est le morcellement du travail. Généralement, quand il s'agit d'un monument public, on ne confie pas l'entreprise tout entière à une seule personne; on fait appel aux plus capables, et c'est déjà un honneur que d'être convoqué. Nous avons été appelés pour les travaux de l'Hôtel des Postes; je ne sais si nous en obtiendrons une part, mais M. Guadet a pris des renseignements sur notre compte. L'architecte et la commission, se trouvant en présence de cinq ou six patrons ou sociétés, apprécient la valeur de chacun, et attribuent les lots suivant la capacité et l'aptitude des soumissionnaires. De cette façon, on donne satisfaction à tout le monde, et le travail se trouve bien fait.

Je le répète, la chose la plus funeste serait de donner le travail à une seule personne.

M. le Président. Qu'avez-vous à dire sur le cautionnement?

M. l'Épine. Lorsqu'il s'agit d'une adjudication, comme à Saint-

24.

Denis, nous fournissons un cautionnement au même titre que les autres adjudicataires, mais cela ne donne aucune garantie, surtout dans notre profession; et, d'ailleurs, nous sommes généralement payés par acomptes, sur lesquels on nous fait une retenue.

M. LE PRÉSIDENT. Vous pensez qu'il vaudrait mieux remplacer le cautionnement par une retenue?

M. L'ÉPINE. Ce serait préférable à tous les points de vue. Les cahiers des charges portent souvent qu'on sera payé par acomptes, au fur et à mesure de l'avancement des travaux; il vaudrait mieux être payé tous les mois, parce que l'acompte se fait quelquefois attendre six ou huit mois.

Nous sommes, ainsi que je l'ai dit, vingt associés et nous occupons vingt auxiliaires, qui sont payés comme nous et participent comme nous à 20 p. o/o des bénéfices.

Pour être associé, il suffit de formuler une demande, de la faire appuyer par deux membres de la société, de verser un dixième s u les actions souscrites et de continuer les versements de mois en mois; l'assemblée générale, à sa prochaine réunion, statue sur l'admission. Il n'y a d'autre stage que le délai qui s'écoule entre la présentation de la demande et la réunion de l'assemblée générale.

M. LE PRÉSIDENT. Avez-vous des auxiliaires ou des associés sortant des écoles professionnelles municipales ou des écoles d'arts et métiers?

M. L'ÉPINE. Nous avons plusieurs associés sortant de l'École municipale de dessin; deux ou trois sortent de l'École des beaux-arts; il y en a même un qui est entré ces jours derniers en loge; un est medaillé du Salon.

Le conseil d'administration donne pouvoir au directeur pour diriger les travaux au point de vue général, et le directeur désigne les plus aptes pour conduire tel ou tel travail en son absence. Voici, par exemple, M. Cadoux, un de nos nouveaux associés, qui est chargé des travaux dans ce quartier; il débat les prix et s'arrange comme il l'entend avec les associés ou avec les auxiliaires.

M. LE PRÉSIDENT. Il a pour ainsi dire une délégation du directeur?

M. l'Épine. Parfaitement.

Jusqu'ici nous n'avons pas eu de chômage; s'il s'en produisait, nous aviserions au moyen de nous partager le travail.

Nous sommes généralement assurés à une société de secours mutuels, et chaque associé ou auxiliaire est assuré contre les accidents à la Compagnie *La Préservatrice*.

M. Barberet. Quelle prime payez-vous?

M. l'Épine. Nous donnons 5 p. o/o sur les salaires pour l'assurance en cas d'accidents.

M. de Meaux. Y a-t-il beaucoup de sculpteurs étrangers qui viennent vous faire concurrence à Paris?

M. l'Épine. Il y a des Belges et des Italiens, mais ils travaillent plutôt dans le marbre.

M. de Meaux. Et dans votre partie?

M. l'Épine. Il faudrait pour cela qu'il y eût un arrêt dans les travaux; en somme, nous ne souffrons pas beaucoup de la concurrence étrangère.

M. Pitre. De tout temps, les mouleurs, surtout les praticiens, ont été piémontais et italiens.

M. l'Épine. Les Italiens font une concurrence inquiétante aux praticiens français; leur travail est moins bien fait, mais il plaît souvent davantage à ceux qui ne sont pas connaisseurs.

M. le Président. Avez-vous une caisse de retraite?

M. l'Épine. Nous avions l'intention d'en fonder une, mais j'ai pris l'avis d'un homme très expert, M. Tolain, qui nous en a dissuadés; il pense qu'il serait préférable que nous nous entendissions avec une caisse de retraite déjà existante, réservant toutes nos ressources pour la production. Nous avons des idées généreuses : dans un an, nous posséderons, à côté des propriétés d'Isabey et de Cham, un immeuble que nous avons acquis au cours de nos travaux, au moyen de combinaisons très simples; nous espérons y établir une maison de retraite pour nos vieux associés.

Déposition
de MM. l'Épine
et Cadoux.
(Suite.)

Je voudrais dire maintenant un mot à propos des monuments historiques. J'ai écrit plusieurs lettres pour demander à être admis à participer à ces travaux de restauration, et, jusqu'à présent, je n'ai rien obtenu; nous avons cependant parmi nos associés des hommes très sérieux et capables de rendre de très grands services dans ce genre. Je me permets d'appeler votre attention, Messieurs, sur ce point.

M. le Président. La Commission vous remercie des renseignements que vous avez bien voulu lui communiquer.

ASSOCIATION GÉNÉRALE

DES OUVRIERS PAVEURS DE LA SEINE

(Siège social : 13o, rue Championnet).

Représentée par MM. PORCHERON, BLANCHARD et PERNÉE.

MM. Porcheron, Blanchard et Pernée sont introduits.

M. le Président. Qu'avez-vous à nous dire, Messieurs, sur le questionnaire?

M. Blanchard. Nous sommes constitués en société anonyme, à capital variable. Nous avons éprouvé dans les premiers temps beaucoup de difficultés, car nous avons été obligés de dissoudre l'association Caillé, dont les statuts ne nous convenaient pas; il a fallu faire une liquidation, ce qui a entraîné beaucoup de frais. Nous avons dépensé 1,400 francs. Notre acte constitutif est notarié, mais ce n'est pas ce qui a coûté le plus cher.

M. le Président. La responsabilité imposée pendant cinq ans aux sociétaires qui se retirent ou sont exclus arrête-t-elle les souscripteurs?

M. Pernée. Cela pourrait les arrêter, mais les trois quarts n'en savent rien.

M. le Président. Jusqu'à concurrence de quelle somme pouvez-vous participer aux travaux de l'État?

M. Porcheron. Il faudrait qu'on nous donnât des acomptes sur notre travail.

Déposition de MM. Blanchard, Porcheron et Pervès. (Suite.)

M. Barberet. C'est ce qui se fait à la ville de Paris.

M. Blanchard. Pas toujours.

M. le Président. Quel est votre capital souscrit?

M. Porcheron. 18,000 francs; nous avons versé 6,200 francs.

M. le Président. De quelle somme pouvez-vous disposer pour payer vos salaires?

M. Porcheron. La *Caisse centrale populaire* nous avance jusqu'à concurrence de 12,000 francs, et s'engage à nous prêter de l'argent sur nos mémoires qu'elle se charge d'encaisser.

M. le Président. Quel est le nombre de vos associés?

M. Porcheron. Nous sommes trente associés.

M. le Président. A quelle date s'est formée votre association?

M. Blanchard. Le 16 février dernier.

M. le Président. Quels travaux avez-vous à faire?

M. Blanchard. Nous avons l'entretien du pavage du XVIIe arrondissement; l'entretien se monte à 60,000 francs annuellement.

M. le Président. Faites-vous des travaux neufs?

M. Blanchard. Nous pouvons en faire. Cela dépend des crédits dont la Ville peut disposer.

M. Philippe. Vous ne fournissez que le sable et la main-d'œuvre et la Ville vous fournit les pavés?

M. Blanchard. Oui, Monsieur.

M. Barberet. Autrefois les associations d'ouvriers paveurs ne fournissaient pas le sable. C'étaient, du moins, les conditions du règlement.

M. PITRE. En thèse générale, la Ville n'a jamais fourni que le pavé.

M. BLANCHARD. Il y a vingt ou vingt-cinq ans, l'entrepreneur fournissait tout : le pavé, le sable, etc., moyennant tant du mètre carré ; aujourd'hui le pavé est fourni par la Ville.

M. LE PRÉSIDENT. Comment et pour quelle durée est nommé votre directeur?

M. PORCHERON. Il est nommé pour un an et est toujours révocable par le conseil d'administration, qui est composé de neuf membres, nommés eux-mêmes pour deux ans et renouvelables chaque année par moitié.

M. LE PRÉSIDENT. Quel est le taux du salaire ?

M. BLANCHARD. Nos ouvriers gagnent 75 centimes de l'heure.

M. LE PRÉSIDENT. Quelle est la valeur de votre matériel?

M. PORCHERON. Notre matériel se compose de chevaux, tombereaux, brouettes, et vaut actuellement 4,000 francs. Pour faire nous-mêmes tout le travail du XVIIe arrondissement, il nous faudrait 16,000 francs de matériel.

M. LE PRÉSIDENT. Vous êtes alors obligés d'en louer?

M. PORCHERON. Nous avons un marchand de sable qui nous apporte nos fournitures à pied-d'œuvre.

M. LE PRÉSIDENT. Avez-vous fourni un cautionnement ?

M. PORCHERON. On nous fait subir une retenue sur les payements ; mais il nous serait impossible de verser un cautionnement.

M. LE PRÉSIDENT. Quel mode de payement désirez-vous?

M. BLANCHARD. Nous travaillons depuis le 1er avril et nous n'avons pas encore touché d'argent; l'ingénieur a dit qu'on nous ferait une situation pour le 25 mai. C'est une charge bien lourde pour une association ouvrière qui débute.

M. le Président. On pourrait peut-être vous donner des situations de quinzaine ; c'est une affaire d'écritures.

Déposition de MM. Blanchard, Porcheron et Pernée. (Suite.)

M. Philippe. La résistance vient généralement des conducteurs chefs de chantiers, qui sont surchargés d'écritures et ont peine à faire face à tout.

M. le Président. On pourrait au moins faire des situations tous les mois.
Employez-vous des auxiliaires ?

M. Porcheron. Nous n'avons pas d'auxiliaires ; nous n'avons pas d'ouvrage pour nos trente associés.

M. Pernée. Nous avons des terrassiers, des garçons.

M. le Président. Les faites-vous participer à vos bénéfices ?

M. Porcheron. On les paye à l'heure, suivant leur travail ; il n'y a que les associés qui participent aux bénéfices.

M. le Président. A quelles conditions et formalités sont astreints les candidats au titre d'associé ?

M. Blanchard. Il faut qu'ils participent aux frais dans les mêmes conditions que les anciens sociétaires, et qu'ils fassent un versement de 200 francs.

M. Barberet. Il n'est peut-être pas très régulier de les faire participer aux frais, car votre capital doit consister uniquement en actions.

M. Pernée. Nous n'avons pas eu de difficultés à cet égard, car nous n'avons reçu personne depuis notre constitution. Nous avons un comptable qui ne fait pas partie de l'association et qui pourrait vous donner, à cet égard, tous les renseignements désirables.

M. le Président. Faites-vous des apprentis ?

M. Blanchard. Pour entrer dans notre association il faut être compagnon ; nous n'avons pas de quoi occuper tous nos associés, et par conséquent nous ne pouvons pas faire d'apprentis.

M. le Président. Par qui votre travail et vos ateliers sont-ils dirigés?

M. Porcheron. Par le directeur et un chef d'atelier choisi parmi les associés par le directeur.

M. le Président. Vos associés sont-ils assurés contre les accidents?

M. Blanchard. Les manœuvres et les charretiers sont assurés ; quant aux compagnons paveurs, ils font partie d'une société de secours mutuels qui date de 1848, et qui donne des secours en cas de maladie ou de blessures.

M. le Président. Avez-vous une caisse de retraite?

M. Porcheron. Nous n'en avons pas, mais nous aviserons au moyen d'en constituer une.

M. Barberet. L'association des ouvriers paveurs n'est pas assurée contre les accidents à une Compagnie ?

M. Blanchard. Elle est assurée pour les auxiliaires; les actionnaires, je le répète, font partie d'une société de secours mutuels.

M. le Président. Nous vous remercions, Messieurs, des renseignements que vous venez de nous donner.

La séance est levée à onze heures et demie.

8ᵉ SÉANCE.

SAMEDI 12 MAI 1883.

PRÉSIDENCE DE M. FRÉMAUX.

La séance est ouverte à neuf heures.

Sont présents : MM. GRISON, NÈGRE, DE MEAUX, CAËL, PHILIPPE, TISSERAND, GONSE, DE LARGÉE, HENRY, BARBERET.

Excusés : MM. PITRE, GAUTIER.

M. BARBERET, *secrétaire*, donne lecture du procès-verbal de la séance de mardi dernier.

Le procès-verbal est adopté.

ASSOCIATION GÉNÉRALE

DES OUVRIERS OPTICIENS.

(Siège social : 9, rue Pierre-Levée.)

Représentée par MM. BEAUCHAMP et FISCHESSER.

MM. BEAUCHAMP et FISCHESSER sont introduits.

M. LE PRÉSIDENT. Voudriez-vous répondre au questionnaire qui vous a été communiqué?

M. FISCHESSER. Nous nous sommes constitués en 1864, par acte notarié; notre société était en nom collectif à l'égard du gérant, et en commandite simple à l'égard de tous les autres associés; en 1872, nous nous sommes transformés, par acte sous seing privé, en société anonyme à capital et personnel variables.

Déposition
de MM. BEAUCHAMP
et FISCHESSER.

13.

Déposition
de MM. Beauchamp
et Fischesser.
(Suite.)

M. Nègre. A combien se sont montés les frais de votre constitution par acte sous seing privé ?

M. Fischesser. Nous avons eu à payer différents frais qui se sont élevés à une cinquantaine de francs.

M. Barberet. D'autres associations nous ont dit que l'acte notarié entraînait jusqu'à 1,000 francs de frais; en voici une qui s'est constituée purement et simplement par acte sous seing privé, aux termes de l'article 21 de la loi du 24 juillet 1867, et qui n'a eu à payer que 50 francs. Je prie la Commission de vouloir bien prendre bonne note de cette déclaration.

M. le Président. Voyez-vous des modifications à apporter à la loi de 1867?

M. Fischesser. Nous n'avons rencontré aucune entrave; nous avons fait le dépôt de notre acte constitutif au tribunal de commerce et à la justice de paix, et la publication dans un des journaux désignés pour les annonces légales.

M. Barberet. Personne ne vous a jamais dit qu'il vous fallût un acte notarié?

M. Fischesser. Non, Monsieur; la première fois, nous avions fait un acte notarié, parce qu'on nous avait dit qu'il fallait procéder de cette façon.

M. le Président. La responsabilité imposée pendant cinq ans, aux sociétaires qui se retirent ou sont exclus, arrête-t-elle les souscripteurs?

M. Fischesser. Il ne se présente chez nous aucun souscripteur. La corporation est assez nombreuse et nous formions, au début, un groupe assez important, mais cela s'est égrené peu à peu, et personne ne revient plus.

M. Barberet. Vous n'attribuez pas ce fait à cette responsabilité?

M. Fischesser. Nous n'avons jamais reçu d'observations relativement à cette clause.

Déposition
de MM. Beauchamp
et Fischesser.
(Suite.)

M. Barberet. Alors, on ne peut guère attribuer le fait qu'à l'indifférence des membres de la corporation.

M. le Président. Dans quelle mesure pouvez-vous participer aux travaux de l'État?

M. Beauchamp. Nous n'avons jamais passé de marchés directement avec l'État, mais nous avons fait aux Ministères de la guerre et de la marine, par l'intermédiaire de tiers, des fournitures qui peuvent s'élever à une centaine de mille francs, dans une période de quatre ou cinq ans. Puisque nous avons pu fournir les intermédiaires, nous pourrions tout aussi bien travailler directement pour l'État. C'est nous qui avons fait toutes les longues-vues pour l'artillerie.

M. Tisserand. Vous n'avez pas essayé de traiter directement avec l'État?

M. Beauchamp. Non, parce que nous faisions d'autres affaires avec la maison qui nous a procuré cette fourniture de l'État; nous avons craint de nous faire du tort à son égard en lui donnant à croire que nous voulions la supplanter.

M. le Président. Peut-être auriez-vous maintenant l'intention de traiter directement?

M. Beauchamp. Si nous étions appelés à concourir pour une fourniture, nous ne dédaignerions certainement pas l'occasion.

M. le Président. Quel est votre capital souscrit?

M. Beauchamp. Notre capital souscrit est de 120,000 francs, notre capital versé de 85,000; notre fonds de roulement est le capital versé. En 1864, le nombre de nos associés était de soixante-douze, mais peu à peu il s'est réduit à quinze ou dix-huit, les plus sérieux du groupe, et aujourd'hui nous ne sommes plus que six.

M. le Président. Comment vous êtes-vous procuré les fonds qui vous étaient nécessaires?

M. Beauchamp. Nous avons eu recours au crédit que nous ont fait nos fournisseurs, joint à notre capital.

M. Nègre. Quels résultats avez-vous obtenus ?

M. Beauchamp. L'intermédiaire à qui nous avions affaire prenait le plus clair des bénéfices, cependant, nous avons pu grandir peu à peu, et, au moyen des retenues que nous nous imposons sur notre travail chaque semaine, réaliser un capital de 85,000 francs.

M. Tisserand. Pouvez-vous chiffrer le taux de vos bénéfices et celui des bénéfices de l'intermédiaire ?

M. Beauchamp. Dans certains cas, les bénéfices de l'intermédiaire sont supérieures aux nôtres. Sur certains objets, nous pouvons gagner 6 ou 8 p. o/o, sur d'autres 25 p. o/o; la moyenne est d'environ 12 à 15 p. o/o, et l'on peut compter que le bénéfice de l'intermédiaire est égal au nôtre.

M. le Président. Comment votre directeur est-il nommé ?

M. Fischesser. Nous avons un conseil d'administration composé de trois membres élus pour deux ans et toujours révocables.

M. Barberet. Avez-vous un administrateur délégué ?

M. Beauchamp. Nous avions un délégué aux affaires extérieures qui était chargé de voir la clientèle, de tenir la caisse, etc.; mais, en présence des exigences des ouvriers, comme nos bénéfices n'étaient pas très grands, nous avons jugé à propos de faire une économie sur nos frais généraux, et nous avons supprimé, il y a deux mois, le délégué qui était trop souvent dehors et à qui il fallait donner des appointements peu en rapport avec les résultats que nous en obtenions; nous avons réparti son travail entre les trois spécialistes qui dirigent nos ateliers, et je crois que nous ne nous en porterons pas plus mal.

Nous espérons augmenter le nombre des sociétaires, parce que, si nous avions des travaux importants, nous ne pourrions y faire face. Nous voudrions prendre des ouvriers sérieux, mais malheureusement le nombre n'en est pas très grand : il n'y a pas assez de persévérance, on voudrait arriver trop vite à un résultat.

M. le Président. Avez-vous des certificats de capacité signés par des architectes et des ingénieurs ?

M. Beauchamp. Non, mais nous sommes connus pour travailler depuis longtemps comme contre-maitres dans des maisons sérieuses.
Dans notre profession, je connais fort peu de gens munis de certificats ; c'est progressivement qu'on arrive à inspirer confiance par la
perfection des objets que l'on fabrique. C'est la notoriété publique
qui constitue la réputation d'une maison.

M. le Président. Le coût de la matière première, dans votre industrie, est-il élevé ?

M. Beauchamp. Nous employons le cuivre, qui ne coûte pas cher,
l'aluminium, qui coûte vingt fois plus, et un peu d'or. En moyenne,
la matière première représente de 3o à 4o p. o/o du prix de l'objet
fabriqué.

Nous avons toujours un approvisionnement pour être en mesure
de satisfaire aux commandes; nous possédons environ 45 à 5o,ooo fr.
de marchandises en cours de fabrication.

M. le Président. Cette valeur fait partie de votre capital versé ?

M. Beauchamp. Oui, Monsieur. Notre matériel et notre outillage
représentent de 25 à 3o,ooo francs. En ajoutant ce chiffre aux
5o,ooo francs de marchandises qui constituent notre approvisionnement, et en tenant compte du fonds de roulement, on arriverait à un
total supérieur aux 85,ooo francs de capital versé; mais nous avons
pris la mesure que voici : notre matériel nous a réellement coûté de
25 à 3o,ooo francs; or, voyant que certains de nos associés, sur
lesquels nous croyions pouvoir compter, se retiraient pour des motifs futiles, et qu'il fallait leur rembourser leur part de ce matériel
qui, s'il venait à être liquidé un jour ou l'autre, subirait une dépréciation considérable, nous avons, dans nos inventaires, estimé ce
matériel au prix où nous pourrions le revendre, et nous l'avons réduit à 6,ooo francs.

M. le Président. Vous lui avez attribué une valeur de liquidation ?

M. Beauchamp. De cette façon, ceux qui restent ne seront pas
lésés.

Déposition
de MM. Beauchamp
et Fischesser.
(Suite.)

Déposition
de MM. Beauchamp
et Fischesser.
(Suite.)

Nous ne possédons pas de machines; notre outillage est propriété collective.

M. le Président. Puisque vous n'avez pas traité avec l'État, vous n'avez pas eu à fournir de cautionnement. L'intermédiaire pour qui vous travailliez vous faisait-il subir une retenue de garantie ?

M. Beauchamp. Non; la personne qui nous avait fait la commande nous payait lorsqu'elle recevait de l'argent de l'État; nous lui faisions le même crédit.

Nous ne sommes pas très riches en capitaux; nous pourrions donner comme cautionnement un dixième du marché.

M. le Président. Préféreriez-vous au cautionnement une retenue sur les payements ?

M. Beauchamp. Assurément; ce serait plus commode pour nous. Nous préférerions ne pas donner de cautionnement; mais, s'il le fallait, nous serions en mesure de le faire.

M. le Président. Si vous aviez une série de traités pour chacun desquels il vous fallût verser un cautionnement, vous pourriez être gênés?

M. Beauchamp. Il est vrai que nous avons un très grand crédit chez nos fournisseurs, parce que nous avons toujours bien rempli nos engagements.

M. le Président. Quel mode de payement désirez-vous ?

M. Beauchamp. Périodique; mensuel, par exemple.

M. le Président. Votre association emploie-t-elle des auxiliaires salariés ?

M. Beauchamp. Nous en employons une quinzaine que nous payons à l'heure et, le plus souvent, aux pièces; ils ne participent pas dans les bénéfices, mais nous leur donnons toujours de 5 à 10 p. o/o de plus qu'ils ne gagneraient chez les patrons.

M. Barberet. Dernièrement, la chambre syndicale ouvrière des opticiens a publié une lettre contre votre association; pourriez-vous nous faire connaître les motifs de cette lettre?

M. BEAUCHAMP. Nous avons été attaqués injustement. Nous payons, je le répète, plus cher que les autres maisons; mais, pour résister au mouvement de la grève, nous nous sommes groupés avec les patrons, et c'est ce qui a beaucoup choqué les ouvriers de la corporation, qui nous considèrent toujours comme leurs anciens camarades d'atelier. Ils n'ont pas compris que l'intérêt de notre maison et de notre industrie nous commandait de résister à ce mouvement pour éviter la ruine; ils ne nous ont pas pardonné cela, et c'est nous principalement qu'ils ont attaqués, parce que nous étions d'anciens ouvriers. Il est certain que nous ne pouvions pas nous laisser frapper seuls, car nous aurions été obligés d'augmenter nos prix de vente, ce qui nous aurait fait perdre notre clientèle. Nous nous sommes unis à quelques maisons pour former une chambre syndicale patronale et chercher ce qu'il serait possible d'accorder aux ouvriers.

M. BARBERET. Si vous leur aviez accordé davantage, vous auriez été en perte. C'es, du moins, ce que vous avez dit dans la réponse que vous avez faite.

M. BEAUCHAMP. Comme je le disais tout à l'heure, nous avons supprimé l'emploi de délégué pour faire des économies à la suite de l'augmentation qui nous a été imposée.

Aujourd'hui, les ouvriers ont obtenu ce qu'ils demandaient. Nous n'avons pas résisté plus que les autres; nous avons, au contraire, été des premiers à adhérer à leur tarif. Ils sont rentrés chez nous, mais ils ont été choqués de ce que nous, une association d'ouvriers, nous venions les contrecarrer. Il semblait que l'association aurait dû aller au-devant d'eux pour leur offrir une augmentation, par cette raison qu'un ouvrier doit largement gagner sa vie. Nous comprenons ce désir, mais il nous fallait compter avec les exigences de notre vente.

M. BARBERET. Vous avez, je crois, fait valoir dans votre réponse à la chambre syndicale ouvrière, les dangers de la concurrence étrangère.

M. BEAUCHAMP. Parfaitement. Nous en souffrons déjà un peu.

Déposition
de MM. BEAUCHAMP
et FISCHESSER.
(Suite.)

Déposition
de MM. Beauchamp
et Fischesser.
(Suite.)

M. le Président. A quelles conditions et formalités sont astreints les candidats au titre d'associé?

M. Beauchamp. Nous avons modifié nos statuts sur ce point. Auparavant, l'ouvrier qui voulait être sociétaire devait travailler deux ans dans la maison et verser pendant ce temps une somme de 500 francs; c'était une épreuve à la suite de laquelle l'assemblée générale statuait sur son admission. Mais, comme nous n'obtenions pas de résultat, nous venons de réduire de moitié nos conditions; nous n'exigeons plus qu'un an de présence et un versement de 250 francs, à raison de 3 francs par semaine.

M. Philippe. Vos statuts portent que le capital est divisé en actions de 500 francs, réparties entre les sociétaires présents. Lorsqu'un associé vous quitte, que deviennent les actions qu'il possédait?

M. Fischesser. On les lui rembourse.

M. Philippe. A quel prix?

M. Beauchamp. Au prix de l'émission. Les bénéfices sont répartis au marc le franc sur le capital versé par chacun, auquel on ajoute le salaire; ainsi l'associé qui possède pour 10,000 francs d'actions, et qui a gagné 2,000 francs dans son année, reçoit, dans les bénéfices, une part calculée sur 12,000 francs.

M. Philippe. Le nouvel associé ne peut pas prendre d'actions, puisqu'elles appartiennent toutes aux sociétaires présents?

M. Beauchamp. Nous avons encore des actions disponibles; le capital souscrit est de 120,000 francs et le capital versé n'est que de 85,000 francs.

M. Philippe. Les actions non réparties entrent dans la répartition des bénéfices au profit de la masse?

M. Beauchamp. Elles ne comptent pas.

M. de Meaux. Vous êtes une société à capital variable jusqu'à concurrence de 120,000 francs?

M. Fischesser. Nous avons la faculté de porter le capital à 160,000 francs, par décision de l'assemblée générale.

Déposition
de MM. Beauchamp
et Fischesser.
(Suite.)

M. le Président. Avez-vous des auxiliaires sortant des écoles professionnelles? Avez-vous des apprentis?

M. Beauchamp. Nous n'avons pas d'auxiliaires sortant des écoles professionnelles; nous formons les apprentis dans nos ateliers.

M. Gonse. A quoi attribuez vous le petit nombre de vos associés?

M. Beauchamp. A l'indifférence, au manque de persévérance. Au début surtout, nous avons eu des difficultés de toutes sortes: nous n'avions pas d'argent, et, dans notre métier, l'écoulement des marchandises n'est pas facile; pour vendre un instrument de 500 francs, 1,000 francs, 2,000 francs, il faut être connu, avoir une certaine réputation, inspirer confiance; en attendant, il faut payer les frais généraux, faire des modèles, et lorsqu'arrive l'inventaire, à la fin de l'année, on s'aperçoit qu'au lieu d'avoir gagné de l'argent, il faut en ajouter a celui qu'on a déjà versé.

M. Gonse. C'est pendant cette période qu'une grande partie de vos ouvriers vous a abandonnés?

M. Beauchamp. Oui, Monsieur. Depuis quelques années, nous marchons bien avec nos ressources; nous faisons des bénéfices très satisfaisants; nous espérions voir venir à nous de nouveaux adhérents, mais même ceux qui travaillent chez nous depuis plusieurs années ne demandent pas à faire partie de la société.

M. Philippe. Est-ce que vous ne leur en suggérez pas l'idée?

M. Beauchamp. Au contraire! Nous avions un ouvrier très sérieux qui travaillait chez nous depuis trois ans; nous lui avons demandé de devenir notre associé, il nous a dit: J'y réfléchirai, et au bout de quelque temps, il a consenti. Il n'y a pas d'empressement, et, c'est là ce qui nous surprend, car, aujourd'hui, il n'y a plus rien à risquer: le capital versé est garanti, et nous avons de l'ouvrage assuré pour les sociétaires; en cas de chômage on écarterait les auxiliaires.

M. Gonse. Il y a peut-être une certaine défiance?

M. Beauchamp. Je crois que c'est de l'indifférence. Et puis, lorsqu'on est sociétaire, il faut se casser la tête, s'occuper des affaires ; mon collègue et moi nous faisons partie de la société depuis la fondation, et nous savons ce que nous avons passé d'esclavage, et encore aujourd'hui pis que jamais, parce que plus les intérêts sont grands, plus il faut y veiller. La plupart des ouvriers veulent être tranquilles.

M. Fischesser. Oui, la tendance est là ; on veut bien tout discuter, tout critiquer, mais on ne peut pas faire ses affaires soi-même ; il faut que d'autres les fassent. Et puis nous avons eu beaucoup à souffrir, nous avons tiré la langue bien des fois ; la ménagère trouvait parfois, le samedi, que la paye n'était pas forte, et beaucoup n'ont pu supporter cela. Pour réussir, il faut de la persévérance ; c'est ce qui a manqué ; l'association s'est égrénée et personne n'est revenu.

M. le Président. Par qui votre travail et vos ateliers sont-ils dirigés ?

M. Fischesser. Par les trois administrateurs qui ont chacun une spécialité : l'un fait la longue-vue, l'autre la jumelle, et le troisième le verre ; nous travaillons avec le personnel qui est sous nos ordres et que nous contrôlons. Il y a bien une saison pour la jumelle, une saison pour la longue-vue, mais, comme nous faisons les deux objets, notre travail est à peu près régulier ; quand nous n'avons pas de commandes, nous faisons de l'avance.

M. le Président. Les patrons de votre profession font-ils exécuter leurs travaux à l'étranger ?

M. Fischesser. Nous n'en avons pas connaissance, mais il parait que les fabriques étrangères auraient déjà fait quelques fournitures à nos commissionnaires.

M. Barberet. Les commissionnaires approvisionneraient alors de produits étrangers les boutiques des marchands, car je crois que les fabricants n'ont généralement pas de boutique ?

M. Beauchamp. Le commissionnaire s'en va en province prendre, chez les marchands, des commandes, et, comme il est toujours à la recherche du bon marché, il s'est tourné du côté de l'Allemagne, où l'on commence à fabriquer la jumelle, et vous savez que, généralement, en Allemagne, la main-d'œuvre n'est pas chère. C'est ce qui nous a effrayés lorsque nous avons vu les prétentions des ouvriers : en dehors de la diminution des bénéfices, nous avons craint de voir passer à l'étranger notre industrie et nous avons signalé aux ouvriers le danger de la concurrence étrangère.

Déposition
de MM. Beauchamp
et Fischesser.
(Suite)

M. LE PRÉSIDENT. Les fabricants peuvent aussi vendre directement au public?

M. BEAUCHAMP. Oui, mais les plus grosses affaires se font par l'entremise des commissionnaires qui vont chercher les commandes en province, en Amérique, partout.

M. LE PRÉSIDENT. Vos associés sont-ils assurés contre les accidents résultant du travail? Possédez-vous une caisse de retraite?

M. BEAUCHAMP. Nous n'avons pas de machines ni d'outils qui présentent des dangers ; nous n'avons pas songé à nous assurer.

M. PHILIPPE. Vous achetez les tubes tout faits?

M. BEAUCHAMP. Nous les faisons chez nous, mais à la main.

M. PHILIPPE. Faites-vous les baromètres métalliques?

M. BEAUCHAMP. Nous ne faisons que les jumelles, les longues-vues, et les verres ; l'instrument complet est fabriqué chez nous.

M. LE PRÉSIDENT. Quelles sont, pour l'exercice de votre industrie, les conséquences du travail exécuté dans les maisons centrales, les couvents et les ouvroirs?

M. FISCHESSER. L'établissement de Saint-Nicolas fabrique des articles très défectueux, qui sont vendus à un bon marché excessif; ce sont ces objets qu'on achète aux magasins du Louvre, du Printemps, et qui ne laissent pas que de faire du tort au placement des bons produits.

M. LE PRÉSIDENT. Nous avons pris connaissance, avec beaucoup d'intérêt, des renseignements que vous avez bien voulu nous donner.

M. BARBERET. L'association des lunetiers, qui avait été convoquée pour aujourd'hui, écrit à la Commission :

« Nous vous prions de nous excuser si nous ne nous présentons pas ; une affaire impérieuse nous appelle ce matin. Nous aurons l'honneur de vous exposer nos vues et idées par écrit, ces premiers jours, afin que vous puissiez en prendre connaissance. »

SOCIÉTÉ DES LUNETIERS

À CAPITAL VARIABLE.

(Siège social : 6, rue Pastourelle, et 21, rue Charlot.)

DÉPOSITION ÉCRITE

de l'Association des Ouvriers lunetiers.

Paris le 23 mai 1883.

MONSIEUR LE MINISTRE DE L'INTÉRIEUR,

Déposition
de
a Société des lunetiers.

Nous avons l'honneur de vous remettre notre déposition écrite sur les divers points nous intéressant du questionnaire spécial aux associations coopératives ouvrières de production.

1° La Société des lunetiers est constituée à capital variable et personnel mobile ; elle est en nom collectif à l'égard des gérants et en commandite simple à l'égard des autres sociétaires. Il n'y a pas d'actions, mais seulement des parts à intérêts non transmissibles (voir art. 1-18 des statuts) ;

2° Oui, la Société des lunetiers a éprouvé des difficultés pour se constituer, mais non juridiques et seulement toutes matérielles et inévitables dans une association ouvrière où la bonne volonté seule fait fonds, quand le capital, ce facteur si essentiel au maintien de l'harmonie parmi les membres, fait défaut ; en effet, que de gens bien intentionnés n'ont pu supporter les durs sacrifices du début : absence de paye du samedi, ou de simples acomptes en attendant des temps meilleurs, trop éloignés hélas ! pour leurs moyens présents.

— 207 —

Aussi la Société des lunetiers s'est-elle vite rendue compte de cette nécessité absolue du capital pour assurer son existence et sa prospérité. La notice historique qui précède les statuts (voir pages 7 et 8) montre surabondamment le souci qu'en ont pris nos devanciers, et quelque critique qu'on puisse élever contre ce système de participation égalitaire du travail et du capital, les résultats sont assez probants aujourd'hui et depuis nombre d'années déjà, pour en démontrer les heureux effets.

Notre acte constitutif étant de 1849, devait être fait devant notaire ; il nous a coûté environ 300 francs. Nous avons depuis, à plusieurs reprises, revisé nos statuts, la dernière fois le 13 avril 1880, dont ci-joint un spécimen ; nous avons alors payé, d'abord 2,125 francs, ensuite, par un redressement de taxe, 853 francs, soit au total 2,978 francs. Nous avons trouvé ce montant abusif, étant donné le caractère de notre société, et nous avons protesté avec de bonnes raisons qui, nous le regrettons, n'ont point prévalu ; c'est un mot dans notre article 18, page 20 qui, paraît-il, nous a valu cette dure application : nous disons, au deuxième paragraphe de cet article, « Chaque associé *devra* fournir un capital, » quand il eût fallu dire *pourra*, pour éviter la rigueur ; on a ainsi taxé la lettre à tort ; en effet, nos statistiques démontrent que la moitié à peine des sociétaires arrivent à former l'obligation souscrite bien inconsciemment, chacun de nous n'ayant jamais pensé être obligé à cette formation du maximum, même en cas de déconfiture de la société, étant donné le mode unique de formation du capital pour le plus grand nombre.

3° Ne pourrait-on pas éviter aux *Associations ouvrières* des surprises de taxe exagérée comme celle que nous établissons au paragraphe précédent, soit en les avertissant avant de les frapper, soit en établissant un droit proportionnel ne taxant tous les ans que l'augmentation réelle du capital? Ces frais relativement élevés peuvent gêner la formation des sociétés ainsi que leur revision.

L'impôt de 3 p. o/o qui frappe une partie de notre capital social, dans la personne des veuves et du capital facultatif, nous semble injuste : il place en cela l'association en infériorité de rapport avec ses concurrents particuliers, bien souvent plus aisés qu'elle. Nous pensons que cet impôt n'avait pas été créé dans ce but ; il a, du reste, été mal apprécié par tous ceux qui se sont intéressés aux sociétés ouvrières.

Déposition
de
la Société des lunetiers.
(Suite.)

Déposition
de
la Société des lunetiers.
(Suite.)

Ne pourrait-on pas aussi dégager la responsabilité des gérants et sociétaires démissionnaires quant aux tiers, en la limitant seulement au temps d'interdiction prescrit par les statuts (art. 44) au lieu d'une obligation générale de cinq années. Cette clause a, sans doute, mieux sa raison d'être dans les sociétés financières que dans les nôtres où, assez souvent, les administrateurs ou conseillers ne sont choisis que pour leur valeur intellectuelle et morale et non pour leur surface de responsabilité financière.

Nous demandons l'annulation complète de la clause qui ne permet aux sociétés du genre de la nôtre, qu'une augmentation maximum de 200,000 francs par an; cette clause qui, dans son temps, fut comprise dans un esprit de retenue quant à l'extension des groupes, ne peut être maintenue aujourd'hui, où l'on semble s'intéresser plus sincèrement à l'avenir des travailleurs. Nous sentons pour nous, qui sommes arrivés à un résultat heureux, une grave gêne possible, par exemple pour l'adjonction d'une industrie similaire d'un montant plus important, encore par l'extension de notre capital, dans un moment de besoin, cette extension formée au moyen d'une retenue sur les dividendes, en dehors de sa progression naturelle, c'est-à-dire par l'apport conventionnel entre les associés. Cette mesure restrictive pourrait encore, dans un des cas précités, gêner la prise de plusieurs associés; nous n'admettons donc pas cette restriction, le capital augmenté n'étant finalement qu'une garantie de plus pour les tiers.

4° La responsabilité de cinq années imposée aux sociétaires qui se retirent n'arrête pas les souscripteurs, ou, pour mieux dire, chez nous les demandes d'entrée en participation.

5° La société des lunetiers est apte, par ses moyens financiers et industriels, à entreprendre tous les travaux de l'État concernant les diverses parties qu'elle embrasse et qui sont: la lunetterie, l'optique, les mathématiques et les articles de bureaux et de dessins, le tout généralement. Nous pensons toutefois, pour faciliter les associations ouvrières, que l'État devrait étudier les moyens de régler plus vite ses travaux, afin d'éviter le plus possible aux groupes aspirants de subir une trop lourde atteinte et charge d'agios qui leur enlève une partie du fruit de leur travail.

Le capital souscrit de la Société des lunetiers est actuellement de

2,240,000 francs, toutefois avec la réserve de non-réalisation exposée au 2ᵉ paragraphe.

Le capital réalisé au 31 décembre 1882, réduit des bénéfices disponibles, lesquels sont payables courant 1883, était de 1,270,024 fr. 85 cent.

La Société des lunetiers compte actuellement 118 membres ainsi répartis :

Sociétaires travailleurs retraités.	6
Sociétaires travailleurs actifs.	49
Sociétaires capitalistes commanditaires.	5
Adhérents travailleurs.	52
Veuves de sociétaires.	6
Total.	118

6° La société des lunetiers travaille pour de nombreuses compagnies et administrations. Elle a passé un marché avec le Dépôt des cartes et plans de la marine pour la fourniture, pendant deux années, de jumelles marines ; l'importance de cette opération a été d'environ 11,000 francs ; elle a été par deux fois adjudicataire au Ministère de la guerre de la fourniture de lunettes pour les besoins des hôpitaux militaires : importance environ 5,000 francs. Les autres ministères traitant généralement de gré à gré, il ressort que, bien souvent, ils sont servis par des intermédiaires plus ou moins scrupuleux, recherchant, même quelquefois au détriment de nos nationaux, leurs besoins à l'étranger.

7° Les gérants sont nommés tous les ans en assemblée générale de rendement d'inventaire ; la durée de leur mandat est donc celle d'un exercice commercial ; ils sont indéfiniment rééligibles jusqu'à l'âge de soixante ans, où ils passent à la retraite, tout en conservant toujours, ainsi que les autres sociétaires, leurs droits à la répartition des bénéfices ainsi qu'aux assemblées. Ils sont aussi toujours révocables sur la proposition motivée du Conseil de surveillance.

8° Le changement de gérant et, par suite, de raison sociale, entraine peu de frais : dépôts d'extrait d'assemblée aux greffes et publications légales partout où nous avons des établissements.

I.

Déposition
de
la Société des lunetiers.
(Suite.)

Par contre, cela nous crée des difficultés dans nos rapports avec l'État, au moment de l'encaissement des mandats, parce que le vendeur n'est parfois plus l'encaisseur; ces difficultés sont créées par l'État, qui, à notre avis, exige trop de formalités dans ces successions inévitables de noms dues à notre origine. C'est ainsi même que, pour éviter tous troubles de ce genre, nous ne fournissons pas, bien qu'à regret, au nom de notre groupe « Société des Lunetiers, » mais actuellement à celui de deux de nos gérants dont un est déjà en retraite depuis plusieurs années. Cela dépend de la destination des produits. C'est une anomalie incontestable qui pourrait être évitée en exigeant moins de formalités à chaque changement d'administration. Il nous semble qu'on pourrait très bien et simplement l'admettre comme représentant de la Société des Lunetiers, en tant qu'il ferait preuve de son mandat du moment (Patente, extrait du greffe). La Société des Lunetiers y gagnerait par la stabilité de son titre fixe envers et contre celui de ses administrateurs amovibles.

9° Nous n'avons pas de certificats de capacité, parce que leur usage nous est inutile. Mais nous avons reçu des récompenses à différentes expositions.

10° Nous employons comme matières premières, l'or, l'argent, l'écaille, le buffle, le cuivre, l'acier, le fer, le verre, le cristal de roche, la valeur de la plupart de ces matières varie selon les cours.

Nous avons toujours un stock général de ces diverses matières d'au moins 200,000 francs.

Notre matériel, outillage et constructions pour le contenir, s'élève à 600,000 francs.

Nous possédons trois machines à vapeur, ensemble 68 chevaux, et trois roues hydrauliques, ensemble 60 chevaux.

Tout chez nous est propriété collective.

11° Ainsi que nous l'avons dit en réponse à la cinquième question, nous pouvons supporter toutes réserves et cautionnements; toutefois, si l'on veut aider les associations dans les entreprises de l'État, ne pourrait-on les exonérer par un moyen moins dispendieux que le cautionnement qui, parfois, leur est une gêne sans profits. D'autres fois c'est le contraire, l'État se réservant la prise ou non du maximum soumissionné, et il arrive, ces fois-là, que les résultats restent négatifs.

Déposition
de
la Société des lunetiers.
(Suite.)

12° Nous nous sommes déjà expliqués dans notre réponse à la cinquième question, sur le mode de payement que nous désirons.

13° Nous occupons des auxiliaires salariés sans aucune participation; ils sont considérés à l'égal des associés; quant à leur valeur industrielle ou commerciale, c'est parmi eux que la Société recrute ses membres sociétaires ou adhérents suivant leur valeur intellectuelle et morale.

14° Ainsi qu'il est dit précédemment, la Société des Lunetiers se recrute parmi son personnel d'auxiliaires, sans autres conditions que celles énoncées en ses articles 7 à 11 inclusivement. (Pages 16 à 18 de ses statuts.)

15° Nous n'avons aucun intéressé ou auxiliaire sortant des écoles indiquées. Nous avons une douzaine d'apprentis.

16° Le travail de la Société des Lunetiers est dirigé, dans chacune de ses branches, par un intéressé au premier ou au second titre. La gestion de chaque chef d'atelier est contrôlée toutes les semaines par l'Administration, ensuite tous les six mois ou tous les ans, suivant les besoins, en assemblée générale.

Notre métier, en général, étant essentiellement pratique et d'utilité journalière, nous avons peu ou pas de chômage.

17° Des patrons, ou réputés tels, font établir certains produits à l'étranger, qu'ils vendent néanmoins comme français. La partie de l'or, principalement, où le contrôle de l'État devient presque le complice en donnant une garantie à l'acheteur qui, lui, ne connaît pas les divers poinçons de contrôle, devient ainsi de plus en plus mauvaise par cette facilité qu'ont encore les étrangers de fabriquer l'or à tous les titres; et surtout étant donné que cette consommation est d'une grande importance pour certains pays. L'Allemagne et l'Autriche ont des représentants sur la place de Paris, avec des échantillons, ce qui leur permet de vendre sans notre concurrence, car nous ne pouvons nous-mêmes fabriquer ces articles pour l'étranger, dont le commerce s'étale ainsi dans toutes les contrées et cela au détriment de la

Déposition
de
la Société des lunetiers.
(Suite.)

France. Nous ne croyons pas nous tromper en disant que, si cet état de choses est maintenu, sous peu cette industrie sera perdue pour nous et notre pays, au profit des puissances précitées, et l'on pourra voir le pénible spectacle d'ouvriers français obligés de s'expatrier, ou de changer de métier, ce qui n'est pas toujours commode. Depuis longtemps, pourtant, une loi demandant l'abrogation du titre est pendante devant les chambres et nous avions l'espoir d'une plus prompte solution. Avec la liberté du titre, nous nous ferions fort, malgré le prix de notre main-d'œuvre bien plus élevé, de pouvoir rivaliser avantageusement avec nos concurrents, qui sont généralement peu inventifs, mais simples plagiaires de nos modèles, et faire ainsi revivre une partie qui s'en va mourant. Nous appelons sur ce point la plus vive sollicitude de qui de droit.

18° Nos associés ne trouvent d'autre assurance que dans leur capital réalisé. Notre œuvre, du reste, répond suffisamment à ce besoin par son mode de répartition qui favorise davantage les vieux sociétaires (voir la notice historique page 8).

Toutefois nous avons créé une caisse de Prévoyance à laquelle tout travailleur peut participer; nous nous venons en aide dans le cas de maladie, nous versons 35 centimes par semaine, et nous recevons 3 fr. 50 cent. par journée de maladie.

19° Notre travail, en général, n'est pas fait dans les prisons ou couvents ; nous n'éprouvons donc aucune conséquence fâcheuse de ce chef; ceci ne nous empêche pas de trouver mauvais ce système qui constitue une concurrence déloyale.

Telles sont, Monsieur le Ministre, nos réflexions sur votre questionnaire; nous espérons qu'elles vous resteront de quelque utilité dans la grande tâche d'études que vous vous êtes donnée.

Veuillez agréer, Monsieur le Ministre, l'assurance de notre parfaite considération.

Vos bien dévoués,

Les Gérants :

Videpied, Okermans, Poircuitte et Cie.

ASSOCIATION GÉNÉRALE

DES OUVRIERS FACTEURS D'INSTRUMENTS DE MUSIQUE.

(Siège social : 81, rue Saint-Maur.)

Représentée par M. François, *gérant.*

M. François, *gérant*, est introduit.

M. le Président. Faites-nous, je vous prie, Monsieur, vos observations sur le questionnaire.

M. François. Nous sommes constitués en commandite simple à l'égard des associés et en nom collectif à l'égard du gérant; notre capital est variable.

Nous avons passé un acte sous seing privé enregistré, selon la loi; la commandite étant de 500 francs, l'acte a coûté 120 francs. Cet acte a été fait devant notaire pour donner plus de force et de garantie à la gérance, et afin que tout associé comprenne bien qu'il est engagé à son égard pour la somme souscrite dans sa commandite.

Nous étions trente-trois associés au début, en 1865, et nous avons été réduits à cinq; chaque fois que nous avons modifié la commandite nous avons fait enregistrer et publier l'acte.

M. le Président. Dans quelle mesure pouvez-vous participer aux travaux de l'État?

M. François. Nous pouvons soumissionner toutes les fournitures de l'État, soit pour la guerre, soit pour la marine.

Le nombre de nos associés est aujourd'hui de quinze, dont huit adhérents. Le capital souscrit est de 70,000 francs, plus que couvert par la mise de fonds des six associés fondateurs. Notre fonds de roulement est de 250,000 francs.

La marche croissante de notre maison nous a forcés à laisser nos bénéfices et intérêts pour former un capital plus considérable; nous avons près de 50,000 francs à nous que nous ne voulons pas retirer, c'est-à-dire que nous sommes nos propres commanditaires.

Les adhérents, qui sont au nombre de huit, n'ont pas voix délibérative dans le Conseil; dès qu'ils ont versé une somme de 1,000 francs, ils peuvent demander à devenir associés définitifs. Ces 1,000 francs sont constitués au moyen d'un prélèvement de 10 p. o/o sur les salaires, bénéfices et intérêts répartis aux inventaires. Cette sorte de stage nous permet de reconnaître le savoir et l'aptitude des candidats. Nous nous trouvons très bien de ce système, qui est également en usage chez les lunetiers.

M. le Président. Avez-vous déjà passé des marchés avec des administrations publiques?

M. François, Nous avons traité avec plusieurs municipalités ainsi qu'avec l'État. Nous avons fourni la maison centrale de Melun, la seule qui soit autorisée par M. le Ministre de l'intérieur à avoir une musique, le pénitencier libre de la Fouilleuse, Saint-Bernard-de Loos, près de Lille, plusieurs régiments d'infanterie et de cavalerie, le vaisseau école *la Bretagne* à Brest, la Compagnie générale des omnibus de Paris, les tramways de Bordeaux, etc.

M. Caël. Vous fabriquez des instruments en cuivre?

M. François. En cuivre et en bois.

M. le Président. Comment vous-êtes-vous procuré les fonds pour faire marcher votre entreprise?

M. François. Nous avons commencé sans argent, et nous avons trouvé un banquier qui a bien voulu nous escompter nos valeurs, mais aujourd'hui, nous n'avons plus besoin de lui. Notre situation se trouve expliquée dans la notice qui figure en tête de nos statuts.

M. le Président. Quel est votre chiffre d'affaires?

M. François. 250,000 francs; nous avons à chaque inventaire 8 ou 10 p. o/o de bénéfices nets. Nous faisons subir une dépréciation à notre matériel, de façon à pouvoir le renouveler au bout d'un certain temps, sans qu'il nous en coûte. Nous avons monté, cette année, une usine à vapeur qui occupe 80 ouvriers. Les bénéfices de l'année dernière ont été de 20,000 francs; nous venons de faire, le 6 de ce mois, notre inventaire, mais les résultats ne sont pas encore connus.

M. le Président. Comment vos gérants sont-ils nommés?

Déposition
de M. François.
(Suite.)

M. François. Les gérants sont nommés par l'assemblée générale,
pour trois ou six ans ; ils sont toujours révocables ; ils ont la signature
sociale.

A chaque changement de gérance, de nouvelles publications sont
faites ; les nouveaux directeurs prennent la suite des affaires ; chaque
contrat ou marché est contrôlé par le conseil de surveillance.

M. le Président. Avez-vous des certificats de capacité?

M. François. Nos certificats sont nos récompenses aux expositions.
En 1878, nous avons eu, à l'Exposition universelle, une médaille de
bronze ; en 1879, l'Académie nationale nous a décerné une médaille
d'argent ; nous avons eu une médaille d'or à Bruxelles, en 1880 ; un
diplôme d'honneur à Alger, en 1881.

La matière première entre pour environ un septième dans nos
produits. Nos marchés avec les premières maisons de la place nous
garantissent un stock de nature à parer à toutes les éventualités.
Notre matériel est monté de façon à pouvoir occuper 150 ouvriers ;
nous possédons une force motrice de la puissance de huit chevaux,
et un outillage perfectionné évalué à environ 50,000 francs, qui est
propriété collective.

M. le Président. Qu'avez-vous à dire au sujet du cautionnement?

M. François. Dans notre industrie, nous somme payés après réception des marchandises, nous encaissons les fonds selon les conditions
des contrats, et ce, sans cautionnement.

M. le Président. Votre association emploie-t-elle des auxiliaires
salariés?

M. François. Nous employons des auxiliaires rémunérés ; ils ne
participent pas à nos bénéfices par la raison que tout ouvrier auxiliaire,
en faisant la demande, peut devenir associé en laissant le dixième de
son salaire et participer aux bénéfices au prorota des sommes gagnées.

M. Gonse. Combien avez-vous d'auxiliaires?

M. François. De soixante à soixante-cinq ; nous occupons quatre-

Déposition
de M. François.
(Suite.)

vingts ouvriers en tout. Dans l'atelier on ne fait pas de distinction entre l'associé et l'auxiliaire.

M. Caël. Les associés reçoivent un salaire quotidien?

M. François. Oui, Monsieur.

M. Caël. Est-il uniforme ?

M. François. Chacun est payé suivant son mérite, et les bénéfices sont répartis au prorata des sommes gagnées dans l'année. Nous payons, avant tout, un intérêt de 5 p. o/o au capital versé.

M. Gonse. Vous avez en ce moment huit candidats au titre d'associés, et vous avez l'espoir d'en voir augmenter le nombre?

M. François. Il y a beaucoup de négligence de la part des ouvriers; ils ne se présentent pas pour être associés; cependant nous leur offrons une maison toute formée et nous leur donnons toutes les facilités pour faire les versements statutaires.

Nous n'avons pas d'associés ou d'auxiliaires sortant des écoles professionnelles; nous avons des apprentis que nous formons nous-mêmes. C'est nous qui dirigeons nos ateliers; les périodes de chômage nous sont pour ainsi dire inconnues. Nous surveillons nos contre-maîtres qui peuvent être pris parmi les auxiliaires, si les associés ne nous fournissent pas des garanties suffisantes de capacité. Nous faisons, naturellement, notre possible pour nous attacher nos contremaîtres; nous avons intéressé les deux que nous possédons à venir à nous en leur donnant des appointements assez élevés et en les engageant à laisser l'augmentation que nous leurs offrions pour constituer le capital de versement exigé des associés.

M. le Président. Les patrons de votre profession font-ils exécuter leurs travaux à l'étranger?

M. François. Non seulement certaines maisons font fabriquer à l'étranger, mais elles livrent encore ces produits à notre armée, au détriment de l'industrie nationale.

M. Barberet. Pourriez-vous citer des exemples ?

M. François. C'est un peu délicat. Il y a, à Paris, une maison qui fournit à certains entrepreneurs d'équipements militaires des clairons et des trompettes venant d'Italie. Ce qui nous coûte 8 francs 25 cent. on le livre ici, droits de douane et d'entrée payés, à 6 francs 25 cent.

Déposition
de M. François.
(Suite.)

M. Tisserand. A quoi attribuez-vous cet écart de prix?

M. François. A la main-d'œuvre, qui est tellement élevée à Paris que nous ne pouvons pas faire concurrence aux Italiens. J'ai dit tout à l'heure que la matière première n'entrait que pour un septième dans la valeur du produit.

M. le Président. La qualité des instruments est-elle inférieure à l'étranger?

M. François. On copie nos proportions; cela ne peut pas être mauvais.

M. Barberet. Vous parlez seulement des fournitures pour les régiments; les produits étrangers ne pénètrent-ils pas dans l'industrie privée?

M. François. Cela commence. Nous avons une machine, nous perfectionnons notre outillage pour tâcher d'établir la concurrence, mais c'est très difficile. Ce n'est que par le fini et la beauté du travail que nous pouvons arriver à vendre nos produits plus chers. Aujourd'hui l'industrie des pianos est très malheureuse; la concurrence étrangère est épouvantable.

M. Barberet. Exportez-vous?

M. François. Beaucoup; en Amérique, en Angleterre, en Belgique, en Hollande, partout. Aujourd'hui la Belgique peut se suffire à elle-même et commence même à exporter, parce que la main-d'œuvre y est meilleur marché que chez nous; ce que nous payons 8 francs, on le paye 4 francs en Belgique.

M. Barberet. Quelle est la proportion de votre exportation sur votre fabrication?

M. François. Un tiers environ. Quand les étrangers veulent des produits ordinaires, ils les achètent chez eux, mais ils prennent chez nous tous les produits supérieurs. Nous vendons des instruments en Allemagne, alors que l'Allemagne en fournit en France à un quart meilleur marché.

M. DE MEAUX. Votre exportation ne paraît pas menacée par la fabrication étrangère ?

M. FRANÇOIS. Non, quant à présent.

M. LE PRÉSIDENT. Vos associés sont-ils assurés contre les accidents résultant du travail? Possédez-vous une caisse de retraite?

M. FRANÇOIS. Nous ne possédons pas de caisse de retraite, mais nous avons un fonds de réserve de la moitié du capital souscrit. Ce fonds de réserve est prélevé sur les bénéfices; il peut un jour être transformé en caisse de retraite.

La question de l'assurance contre les accidents est à l'ordre du jour; nous sommes en marché avec une compagnie.

M. BARBERET. Vous venez, m'a-t-on dit, de l'exposition d'Amsterdam; pourriez-vous nous donner quelques détails sur l'aspect de cette exposition, au point de vue de votre industrie?

M. FRANÇOIS. Nous sommes les premiers. Notre industrie, du reste, est représentée par trois maisons principales de Paris, une maison de Bruxelles expose de très beaux produits; je n'ai pas vu d'exposants de l'Allemagne ni de l'Italie, et, d'ailleurs, rien n'est encore prêt.

M. LE PRÉSIDENT. Nous vous remercions, Monsieur, des renseignements que vous avez bien voulu fournir à la Commission.

ASSOCIATION

DES OUVRIERS FERBLANTIERS

(COMPTEURS ET LANTERNES À GAZ.)

(Siége social : 15, rue des Trois-Bornes.)

Représentée par MM. MÉNEVEAU, *gérant,* BERTHAULT, DUVAL, *membres du conseil.*

MM. MÉNEVEAU, *gérant,* BERTHAULT, DUVAL, *membres du conseil,* sont introduits.

M. le Président. Sous quelle forme êtes-vous constitués ?

M. Méneveau. Nous sommes constitués en nom collectif à l'égard du gérant et en commandite à l'égard des souscripteurs ; la commandite est de 2,000 francs par sociétaire.

Nous avons eu des difficultés au début, principalement à cause du manque de fonds. Notre acte constitutif est sous seing privé ; les frais de constitution se sont élevés à environ 80 francs.

M. le Président. Dans quelles mesures pouvez-vous participer aux travaux de l'État ?

M. Méneveau. Nous pouvons faire les lanternes et tout ce qui concerne la ferblanterie, principalement pour les chemins de fer. Nous fabriquons les compteurs à gaz.

Nous sommes quatre-vingt cinq associés à 2,000 francs chacun, ce qui porte notre capital souscrit à 170,000 francs, mais tous les associés n'ont pas terminé leurs versements ; nous avons environ 95,000 francs de versés.

Notre fonds de roulement est à peu près de 200,000 francs ; il se compose, d'une part, du produit du quart des bénéfices affectés à la caisse de retraite, et, de l'autre, du quart affecté au fonds de réserve.

M. Caël. A quelle époque remonte votre constitution ?

M. Méneveau. Au mois de juillet 1868.

M. Barberet. Vous n'avez pas cru devoir bénéficier de la loi de 1867 qui permet la constitution de sociétés anonymes à capital variable ?

M. Méneveau. Je ne sais pourquoi les fondateurs de l'association ont préféré la forme de la commandite.

M. le Président. Du reste, on était près de la loi de 1867 ; on ne la connaissait pas encore.

M. Gonse. La combinaison adoptée offre les mêmes facilités que la forme de l'association anonyme.

28.

Déposition
de MM. Méneveau,
Berthault et Duval.
(Suite.)

M. Barberet. La loi de 1867 permet de ne rembourser leurs fonds, aux associés qui se retirent, que dans le délai de cinq ans et sans intérêt.

M. Méneveau. Il est également stipulé dans nos statuts que tout associé qui se retire ou est exclu ne sera remboursé que dans un laps de cinq ans.

M. Barberet. C'est une clause de votre contrat.

M. le Président. Avez-vous déjà passé avec l'État ou des administrations publiques des marchés d'une certaine importance ?

M. Méneveau. Nous avons passé avec l'État un seul marché, au moment de la guerre de 1870, pour la fourniture de 30,000 bidons d'un litre.

Tous les jours nous traitons pour des lanternes, des compteurs ; nous n'avons pas encore fait de marché avec les compagnies de chemins de fer, parce que nous traitons souvent avec celui qui fait l'installation.

M. le Président. Comment vous êtes-vous procuré les fonds nécessaires pour faire marcher votre entreprise ?

M. Méneveau. Nous avons marché avec nos moyens et nous n'avons eu recours à aucune institution de crédit. Nos bénéfices nets ont été, l'année dernière, de 22,000 francs, soit de 9 à 10 p. o/o sur le chiffre des affaires ; l'année précédente ils avaient été un peu plus élevés.

Cela tient à un déplacement de notre maison qui nous a coûté environ 20,000 francs.

M. le Président. Comment est nommé le gérant ?

M. Méneveau. Il est nommé pour deux ans et est toujours révocable.

M. Gonse. Le gérant est la seule personne responsable à l'égard du public, et les commanditaires ne pourraient s'immiscer dans la gestion sans encourir eux-mêmes une responsabilité ; il ne peut y avoir qu'un conseil de surveillance, mais non un conseil d'administration ;

une nouvelle société commence quand vous changez de gérant, et vous êtes alors obligés de faire de nouvelles publications.

Déposition de MM. Méneveau, Berthault et Duval. (Suite.)

M. Méneveau. Oui, nous faisons des publications au tribunal de commerce, mais nous n'en avons, jusqu'ici, éprouvé aucune gêne. Notre conseil ne fait que surveiller les actes du gérant.

M. Tisserand. L'association a-t-elle souvent changé de gérant?

M. Méneveau. Je suis le quatrième gérant; il y a huit ans que j'ai été nommé. Le gérant est soumis, d'après nos statuts, à la réélection, tous les deux ans. Il est donc rééligible. C'est ce qui explique ma présence pendant huit ans à la tête de la société.

M. le Président. Avez-vous des certificats de capacité?

M. Méneveau. Jusqu'à présent nous n'en avons pas eu besoin; du reste nous ne vendons que des produits fabriqués. Nous avons obtenu quelques récompenses dans les expositions auxquelles nous avons pris part.

M. le Président. Le coût de votre matière première est-il élevé?

M. Méneveau. Nous employons des métaux à bon marché et des métaux chers: la tôle vaut 65 francs les 100 kilog.; le cuivre rouge 200 francs; l'étain de 270 à 280 francs. En moyenne, la matière première représente 30 p. o/o du produit fabriqué. Nous avons toujours pour 80,000 francs, environ, de marchandises en magasin.

M. le Président. Quelle est l'importance de votre matériel et de votre outillage?

M. Méneveau. Il est évalué actuellement à 40,000 francs, en tenant compte de l'amortissement. Nous n'avons pas de machines à vapeur.

M. Barberet. Auriez-vous besoin d'en avoir?

M. Méneveau. Cela économiserait la main-d'œuvre et nous permettrait de faire des travaux plus forts.

Déposition
de MM. Méneveau
Berthault et Duval
(Suite.)

M. Duval. Nous possédons quatre tours au pied.

M. Méneveau. L'outillage est propriété collective.

M. le Président. Seriez-vous en mesure de fournir un cautionnement pour un marché avec l'État?

M. Méneveau. Jusqu'à présent, nous n'avons pas traité dans ces conditions.

M. le Président. Et quand vous avez fourni des bidons?

M. Méneveau. C'est une commande qu'on nous avait faite, et on nous a payés après livraison.

M. le Président. Auriez-vous des objections à faire contre le cautionnement.

M. Méneveau. Peut-être en serions-nous gênés beaucoup, n'en ayant pas l'habitude. Nous préférerions conserver notre argent pour payer les travailleurs. Nous pourrions faire un crédit de quelques mois.

M. le Président. Employez-vous des auxiliaires salariés?

M. Méneveau. Non; tous les ouvriers de la maison sont associés, mais tous les associés ne travaillent pas à la maison; la moitié travaillent au dehors.

M. Barberet. Si vos commandes nécessitaient l'emploi de plus de quatre-vingt-cinq ouvriers, vous seriez obligés de recourir à des auxiliaires; avez-vous déjà été dans ce cas?

M. Méneveau. Pas jusqu'à présent.

M. le Président. Quand vous avez besoin d'un plus grand nombre d'ouvriers, vous faites venir ceux de vos associés qui travaillent au dehors?

M. Duval. On les appelle à tour de rôle.

Déposition de MM. Méneveau, Berthault et Duval. (Suite.)

M. Caël. Est-ce que cela ne leur crée pas de difficultés avec les patrons qui les occupent habituellement ?

M. Méneveau. On ne les dérange pas souvent ; on s'arrange pour que le personnel de la maison travaille dans la morte-saison comme dans la bonne.

M. le Président. A quelles conditions et formalités sont astreints les candidats au titre d'associé ?

M. Méneveau. Nous exigeons du nouvel adhérent qu'il produise son casier judiciaire et qu'il soit présenté par deux associés qui répondent de son honorabilité.

M. le président. Vous ne lui imposez pas un stage ?

M. Méneveau. Il ne participe pas aux bénéfices qui sont distribués à la fin de l'année où il est admis comme associé ; il ne reçoit que l'intérêt à 3 p. o/o de sa commandite.

M. Gonse. Ceux de vos associés qui ne sont pas occupés chez vous ne reçoivent alors que les 3 p. o/o de leur commandite ?

M. Méneveau. Une fois leurs 2,000 francs de commandite versés, ils participent aux bénéfices égalitairement avec les travailleurs. Nous avons un fonds de réserve de 1,000 francs par associé.

M. Barberet. Ce fonds de réserve est prélevé sur les bénéfices ?

M. Méneveau. Le quart des bénéfices y est affecté.

M. Duval. Un autre quart sert à constituer la caisse de retraite.

M. le Président. Les salaires sont-ils uniformes ?

M. Méneveau. La plupart des ouvriers travaillent à leurs pièces ; celui qui est plus habile gagne davantage.

M. le Président. Avez-vous des apprentis ?

M. Méneveau. Nous n'en avons qu'un.

M. Tisserand. Quel est le salaire moyen quotidien que vous donnez à vos associés?

M. Méneveau. 80 centimes de l'heure.

M. Barberet. Que gagnent ceux qui travaillent aux pièces?

M. Méneveau. Plus ou moins, suivant leur habileté.

M. Duval. Un ouvrier travaillant au même objet que son camarade peut gagner moitié plus.

M. Méneveau. Nous avons, en effet, des ouvriers âgés, qui ne peuvent travailler comme un homme de 35 à 40 ans.

M. le Président. Par qui vos ateliers sont-ils dirigés?

M. Méneveau. L'atelier est dirigé par un contre-maître qui surveille tous les travailleurs. Dans les périodes de chômage, on réduit le nombre des heures de travail, mais depuis 1878 nous n'avons pas eu de chômage.

M. le Président. Les patrons de votre profession font-ils exécuter leurs travaux à l'étranger?

M. Méneveau. Je n'en connais pas, jusqu'à présent, qui procèdent de cette façon.

M. Barberet. Les produits étrangers de votre industrie viennent-ils en France?

M. Méneveau. Nous exportons un peu à l'étranger, mais, depuis cinq ou six ans, nous ne pouvons plus fournir le nord de la France par suite de la concurrence que nous fait la Belgique : les articles belges y sont vendus aux prix de revient de notre maison.

M. Barberet. Est-ce que cela tient à la cherté de la main-d'œuvre en France?

M. Méneveau. Oui, et peut-être aussi aux frais généraux; nous avons ici un loyer de 5,000 francs qu'en Belgique on ne payerait pas plus de 500 francs.

M. le Président. Vos associés sont-ils assurés contre les accidents résultant du travail? Possédez-vous une caisse de retraite?

M. Méneveau. Nous possédons une caisse de retraite; un article de nos statuts stipule que tout associé blessé dans le travail a droit à un secours proportionné à ses années de présence dans la maison.

M. Berthault. Si notre caisse de retraite était plus forte, on pourrait dire à un ouvrier âgé : « tu as assez travaillé, repose-toi ! »

M. Tisserand. Y a-t-il déjà des participants à la caisse de retraite?

M. Méneveau. Nous avons 33,000 francs de capital à la caisse de retraite, et la maison paye l'intérêt à 4 p. o/o; la caisse s'augmente tous les ans de 25 p. o/o des bénéfices. Nous avons treize participants à la caisse de retraite; ils reçoivent une centaine de francs chacun, en moyenne.

M. Duval. Si nous pouvions avoir des commandes de façon à occuper tous nos associés, nos bénéfices seraient bien plus considérables et la caisse de retraite en profiterait d'autant.

M. de Meaux. Avez-vous beaucoup de demandes d'admission au titre d'associé?

M. Méneveau. L'année dernière, nous en avons admis dix-neuf; cette année nous avons déjà cinq ou six demandes; il y a augmentation sur le chiffre des années antérieures.

M. Tisserand. A quoi attribuez-vous cette recrudescence des demandes d'admission?

M. Méneveau. A la prospérité croissante de notre établissement.

M. Barberet. Les opticiens nous disaient tout à l'heure : notre maison est prospère, et nous ne trouvons pas d'adhérents.

M. Méneveau. Nous donnons toutes facilités aux nouveaux associés : nous ne leur demandons pas de verser un capital, et, moyennant le payement d'un franc par semaine, ils participent, au bout d'un an, aux bénéfices, également avec ceux qui ont versé leurs 2,000 francs.

I.

Déposition de MM. Méneveau, Berthault et Duval. (Suite.)

M. Gonse. Comment! ils ne travaillent pas chez vous, et il leur suffit de verser un franc par semaine pour toucher l'intérêt de 2,000 francs.

M. Méneveau. Non; ils ne touchent pas l'intérêt des 2,000 francs, mais ils ont leur part de bénéfices comme s'ils avaient versé 2,000 fr.

M. Berthault. Il est très difficile d'entrer dans l'association des opticiens : après avoir travaillé deux ans dans l'atelier on est quelquefois refusé, et même on ne peut plus rester dans la maison comme auxiliaire.

M. Méneveau. Nous ne partageons que la moitié des bénéfices, l'autre moitié étant affectée à la caisse de retraite et au fonds de réserve. L'an dernier, nous avons eu 357 fr. 50 cent. de bénéfices par tête d'associé; ceux qui n'avaient versé que 50 francs ont touché 357 fr. 50 cent. comme les autres, seulement on le leur a retenu en acomptes sur leur commandite.

M. Barberet. De sorte qu'ils ont eu plus de 700 p. o/o d'intérêt.

M. Gonse. C'est un très grand avantage !

M. Philippe. C'est certainement là un élément de prospérité pour la société.

M. Gonse. C'est l'explication du succès; je tenais à le constater.

M. Méneveau. Ceux qui ont trouvé la porte ouverte avec une si grande facilité procèdent de la même manière vis-à-vis des autres; les ouvriers âgés sont bien aises de voir des jeunes gens dans l'association pour travailler. Malheureusement, on a commencé trop tard ; si l'on s'y était pris vingt ans plus tôt, les vieux auraient aujourd'hui une retraite sérieuse.

M. Gonse. Ce ne sont pas les associés qui manquent, c'est le travail ?

M. Méneveau. Oui. Nous n'avons jamais emprunté d'argent.

M. le Président. Vous n'avez pas de relations avec une maison de banque ?

M. Méneveau. On ne nous fait pas d'avances; nous travaillons avec nos propres billets de commerce. Deux maisons de banque sérieuses, le Crédit lyonnais et la maison Renard frères, nous escomptent nos effets au taux de la Banque de France; de ce côté-là, nous sommes favorisés.

M. Berthault. Il y a quelques années, avant l'établissement du Crédit lyonnais, l'escompte était plus cher.

M. Gonse. Votre société était moins connue.

M. Méneveau. Je puis dire qu'au commencement on nous a exploités : j'ai vu dans les livres de mes prédécesseurs des escomptes payés à 16 et 18 p. o/o! Il n'est pas possible qu'une société prospère dans ces conditions.

M. le Président. Avez-vous des marchés en cours?

M. Méneveau. Nous vendons au jour le jour les marchandises que nous avons en magasin. Nous fournissons principalement les entrepreneurs qui font l'installation du gaz. Nous ne vendons pas directement aux clients.

M. le Président. La Commission vous remercie, Messieurs, de votre déposition.

La séance est levée à onze heures.

Déposition de MM. Méneveau, Berthault et Duval. (Suite.)

9ᵉ SÉANCE.

MARDI 15 MAI 1883.

PRÉSIDENCE DE M. FRÉMAUX.

La séance est ouverte à neuf heures un quart.

Sont présents : MM. Dupont, Nègre, Houette, Henry, de Laigue, Philippe, Grison, Barberet.

Excusés : MM. Pitre, Garnier, Caël.

M. Barberet, *secrétaire*, donne lecture du procès-verbal de la dernière séance. Il est adopté.

ASSOCIATION COOPÉRATIVE OUVRIÈRE

LA SELLERIE PARISIENNE.

(Siège social : 94, rue du Faubourg-Saint-Martin.)

Représentée par MM. MONET, *directeur;* VERRY, *président du Conseil;* BAUDRIER, POTTIER et RÉMOND, *membres.*

MM. Monet, Verry, Baudrier, Pottier et Rémond sont introduits.

M. le Président. Voulez-vous, Messieurs, nous remettre une copie de vos statuts?

(M. Monet remet à M. le Président une copie des statuts de la *Sellerie parisienne.*)

M. le Président. Veuillez, Messieurs, répondre au questionnaire dont il vous a été envoyé un exemplaire.

M. Monet. Notre association est constituée sous la forme anonyme, à capital variable.

Les premières difficultés que nous ayons rencontrées sont celles-ci : il nous a fallu trouver des hommes capables pour constituer l'association ; la plupart de ceux à qui nous nous étions adressés craignaient d'être renvoyés par leurs patrons, comme faisant partie d'une association ouvrière.

Nos premiers frais de constitution de société se sont élevés à 400 francs, environ. Nous avions chargé un avoué de faire les démarches nécessaires et notre acte de société a été fait chez M⁰ Jozon, notaire.

M. le Président. Vous savez que la loi de 1867 vous autorisait à vous constituer en société par acte sous seing privé. Qu'est-ce qui vous a empêchés de procéder ainsi?

M. Monet. D'abord, c'est un peu l'ignorance de la loi et, ensuite, on nous a conseillé de faire un acte notarié.

M. le Président. Est-ce que votre avoué vous a engagés à faire un acte notarié?

M. Baudrier. Non, il ne nous y a pas engagé. Nous avons pensé, ne connaissant pas les formules à employer pour faire un acte sous seing privé, que nous avions intérêt à nous mettre sous la sauvegarde d'un acte notarié ; nous comptions sur les conseils que pouvait nous donner le notaire pour nous constituer régulièrement. La *Caisse centrale populaire*, à laquelle nous nous sommes adressés pour obtenir un crédit, nous a engagés aussi à faire un acte notarié, en nous disant que cette pièce nous serait nécessaire plus tard.

M. Barberet. Combien vous a coûté l'acte notarié?

M. Baudrier. On nous a fait un mémoire de tous les frais, qui s'est élevé, je crois, à 450 francs.

M. le Président. Depuis votre constitution, avez-vous étudié la loi de 1867, et quelles modifications devraient y être apportées, selon vous?

M. Baudrier. Oui, nous l'avons examinée d'un peu plus près. Quant aux modifications à y apporter, voici ce que nous pensons :

Déposition
de MM. Monet,
Verry, Baudrier,
Pottier et Rémond.
(Suite.)

Les démarches qu'il nous a fallu faire, à l'origine, pour nous constituer, nous ont demandé près de quatre mois, laps de temps beaucoup trop long pour des ouvriers. Nous voudrions ensuite que la liste des membres de l'association ne pût être connue des patrons.

M. Barberet. Mais, dans les publications légales, la loi n'exige pas l'indication des noms des sociétaires ?

M. Baudrier. C'est vrai, mais les patrons ont fait prendre, au greffe du tribunal, une copie des noms des associés, et plusieurs d'entre eux ont renvoyé de leurs maisons des ouvriers faisant partie de l'association. Je suis dans ce cas-là. Nous sommes donc à la merci des patrons.

M. Monet. Au début, les patrons nous ont laissé constituer notre association, espérant sans doute que nous n'arriverions à rien; mais, comme ils voient aujourd'hui que nous sommes organisés sérieusement, ils vous font la guerre.

M. Barberet. Avez-vous des exemples qui établissent que des patrons aient renvoyé des ouvriers pour ce seul fait qu'ils faisaient partie de votre association ?

M. Baudrier. Nous savons que les patrons ont pris entre eux un engagement à cet égard.

M. Barberet. En êtes-vous bien sûrs ?

M. Verry. Nous sommes ici deux victimes de ce procédé des patrons

M. Baudrier. Et il y aura bientôt d'autres victimes.
Nous sommes 110 sociétaires et 9 adhérents.

M. Houette. Depuis quelle époque êtes-vous constitués ?

M. Baudrier. Depuis le 4 février dernier.
Répondant à la quatrième question, relative à la responsabilité imposée pendant cinq ans, nous croyons que cette disposition n'arrête pas nos sociétaires, parce qu'ils n'y font pas attention.

M. le Président. Quel est votre capital souscrit, votre capital versé et votre fonds de roulement? Dans quelle mesure pouvez-vous participer aux travaux de l'État?

Déposition de MM. Monet, Verry, Baudrier, Potier et Rémond. (Suite.)

M. Monet. Nous avons un capital souscrit de 22,000 francs, sur lesquels 6,000 francs ont été versés.

Nous pouvons entreprendre tous les travaux de l'État, tous les équipements militaires, pour la cavalerie, l'artillerie, l'infanterie; nous pouvons aussi exécuter des travaux pour le Ministère des postes et des télégraphes et pour les autres grandes administrations.

M. le Président. Pourriez-vous entreprendre des travaux d'une grande importance?

M. Monet. Nous croyons pouvoir faire tous les travaux qu'on nous commanderait, parce que nous pouvons trouver à la *Caisse centrale populaire* les fonds nécessaires pour le versement des cautionnements et la constitution d'un fonds de roulement.

M. Rémond. Nous nous chargerions d'exécuter pour 100,000 fr. et même jusqu'à 200,000 francs de travaux.

M. Monet. Notre fonds de roulement se compose de notre capital et des avances que nous fait la *Caisse centrale populaire.*

M. Baudrier. Nous avons un crédit de 15,000 francs dans cette maison de banque.

M. Monet. Nous avons aussi un crédit sur la place : nous sommes toujours bien reçus par les fournisseurs à qui nous nous adressons.

Nous n'avons pas encore passé de marchés avec l'État ou de grandes compagnies, parce que nous sommes constitués tout récemment, mais nous avons déjà fait des affaires avec des particuliers.

M. le Président. Est-ce que des patrons ne pourraient pas sous-traiter avec vous pour l'exécution de certains travaux?

M. Monet. Oui, mais nous préférons travailler directement pour le client. Nous pouvons faire toutes sortes de travaux et nos fournisseurs sont payés par des traites que nous acquittons avec les avances de la *Caisse centrale populaire.*

M. le Président. Vous ne pouvez pas encore faire connaître les

Déposition
de MM. Monet,
Verry, Baudrier,
Pottier et Rémond.
(Suite.)

résultats obtenus par votre association, puisque vous n'êtes constitués que depuis peu de temps. Comment votre gérant est-il nommé ?

M. Monet. Par le conseil d'administration, et il est toujours révocable par ce même conseil.

Nous n'avons pas de certificat de capacité, parce que nous n'avons pas affaire ni aux architectes ni aux ingénieurs, mais nous pourrions avoir des certificats des personnes pour lesquelles nous avons travaillé.

Nous sommes sur le point de créer une école professionnelle.

Dans notre industrie, le coût de la matière première peut varier selon le plus ou moins de façon des objets à fabriquer. En général, il y a 45 à 60 francs de matière première sur un objet de 100 fr.

M. Baudrier. Le prix de la marchandise varie selon qu'on fait des travaux de luxe ou des travaux communs.

M. Rémond. Dans les travaux pour l'artillerie, par exemple, qui sont de gros travaux, le coût de la matière première est très élevé.

M. Baudrier. Pour le moment, nous n'achetons de marchandises qu'au fur et à mesure de nos besoins. Nous n'emmagasinons pas pour ne pas payer des intérêts d'argent, et puis, la marchandise emmagasinée est susceptible de s'avarier.

M. Henry. Si demain vous faisiez un traité pour la fourniture de harnachement, d'équipement militaire, vous achèteriez tout de suite les matières premières ?

M. Monet. Oui, nous achèterions notre cuir à la halle et nous ferions corroyer. Nous aurions tout le crédit nécessaire pour exécuter notre marché.

M. Baudrier. La maison Godillot n'a jamais de marchandises en réserve ; lorsqu'elle reçoit une commande, elle lance ses acheteurs pour se procurer les marchandises nécessaires.

M. Philippe. Dans votre industrie, il y a un marché aux cuirs qui vous donne toute facilité pour acheter la matière première ?

M. Baudrier. Oui, et les cours du cuir montent ou descendent suivant les besoins de la place.

Déposition
de MM. Monet,
Verry, Baudrier,
Pottier et Rémond.
(Suite.)

M. le Président. Quelle est l'importance de votre matériel et de votre outillage?

M. Baudrier. Ils sont encore à l'état de formation.

M. Barberet. Vous savez qu'il y a des maisons puissamment organisées, notamment la maison Godillot que vous venez de citer, et qui passent de gros marchés avec l'État. Ces maisons doivent pouvoir produire à meilleur compte que vous, qui n'avez que vos bras, tandis qu'elles ont un outillage mécanique considérable. Si vous étiez en face d'une de ces maisons, comme la maison Godillot par exemple, pourriez-vous soumissionner à aussi bas prix qu'elle des fournitures pour l'État ?

M. Monet. Oui, nous pourrions lutter, si nous savions devenir, par la suite, adjudicataires d'autres fournitures, parce qu'alors nous nous installerions en conséquence. La maison Godillot est bien montée aujourd'hui, parce qu'il y a longtemps qu'elle travaille, mais elle ne s'est montée qu'au fur et à mesure des commandes qui lui ont été faites. Si nous étions certains de travailler toujours pour l'État, nous pourrions nous organiser comme cette maison.

M. Barberet. C'est possible, et je l'espère, mais ma question est celle-ci : Pourriez-vous aujourd'hui lutter contre la maison Godillot? Je ne le crois pas, mais il y a d'autres fournitures que vous pourriez faire immédiatement sans le secours des machines.

M. Baudrier. Pour lutter contre la maison Godillot, nous aurions d'abord cet avantage de ne pas avoir les intermédiaires dont elle se sert. La maison Godillot emploie une armée d'employés qui coûtent cher et, de ce côté, nous n'aurions pas autant de frais. Ensuite, nous ferions exactement comme a fait cette maison quand elle a commencé. Lorsqu'elle passait un marché, elle commandait un outillage pour l'exécuter et elle le payait après avoir reçu le prix de ses fournitures. Nous ferions de même.

M. Barberet. Je me suis sans doute mal expliqué. Je voulais vous demander sur quelle spécialité de fournitures vous pourriez lutter avec la maison Godillot. J'ai su par votre gérant qu'il vous serait possible de soutenir la concurrence pour la spécialité de l'équipement, parce que dans ces sortes de travaux il n'y a que de la main-d'œuvre.

M. Baudrier. Oui, nous pouvons faire aussi les fournitures d'artillerie et de cavalerie. La maison Godillot ne fait presque pas de ces fournitures ; ce sont les petites maisons qui s'en chargent.

M. Henry. La maison Godillot soumissionne certaines fournitures, mais elle les fait exécuter par d'autres.

M. Baudrier. Nous pourrions faire les fournitures d'artillerie et de cavalerie sur le même pied que la maison Godillot.

M. le Président. Vous disiez tout à l'heure que vous pourriez vous outiller aussi bien que cette grande maison, de manière à pouvoir lutter ensuite avec elle.

M. Baudrier. Nous avons le ferme espoir d'y arriver; au fur et à mesure des commandes qui nous seront faites, nous augmenterons notre outillage.

M. Rémond. Excepté la chaussure, qui est une spécialité, nous pouvons faire toutes les autres fournitures.

M. Houette. Est-ce que l'outillage est considérable dans votre industrie ?

M. Baudrier. Oui, très considérable.

M. Barberet. La maison Godillot possède un matériel et un outillage qui valent cinq à six millions, peut-être plus.

M. Baudrier. Cela se comprend : cette maison fournit neuf ou dix corps d'armée. Mais il y a des maisons dont le matériel est moins considérable, comme les maisons Herrenschmidt et Camille, et qui peuvent exécuter des fournitures importantes.

M. Rémond. J'ai travaillé dans la maison Gouayry, où j'ai eu à exécuter des commandes considérables; elles ont été livrées aussi bien qu'aurait pu le faire la maison Godillot.

M. Henry. Comment la Compagnie des Omnibus fait-elle exécuter ses travaux ?

Déposition de MM. Monet, Verny, Baudrier, Peytier et Rémond. (Suite.)

M. Baudrier. Par son personnel. Elle est organisée pour exécuter elle-même ses fournitures.

Je vous fais remarquer, Messieurs, que M. Rémond, qui était contre-maître dans la maison Gouayry a été choisi par nous comme chef d'atelier.

M. Henry. La Compagnie des Petites Voitures fabrique aussi pour elle-même, je crois ?

M. Monet. Oui, excepté quelques pièces détachées.

M. Rémond. Plus tard, ces compagnies auront peut-être intérêt à nous faire travailler.

M. le Président. Combien y a-t-il d'ouvriers selliers à Paris ?

M. Rémond. Environ 5 à 6,000 ; mais il y a beaucoup de spécialités parmi ces ouvriers.

M. Baudrier. Quand il s'agit de faire des travaux pour l'État, tous ces ouvriers peuvent y être occupés.

M. Rémond. Oui, parce que ce sont de gros travaux, qui exigent moins de soin, tandis que dans les travaux de harnachement c'est une autre affaire ; on n'a jamais fini d'apprendre : le harnais et la selle sont des choses qui changent presque tous les jours. Dans le gros équipement, au contraire, on emploie toujours les mêmes modèles.

M. Baudrier. Dans la sellerie de luxe, il y a autant de modèles que de clients.

M. le Président. Voulez-vous répondre à la onzième question ?

M. Monet. Nous réclamons contre le cautionnement, qui nous oblige à payer des intérêts.

M. le Président. S'il vous fallait fournir plusieurs cautionnements, comment feriez-vous ?

M. Monet. Nous nous adresserions à la *Caisse centrale populaire* qui s'est engagée à nous fournir tous les cautionnements dont nous aurions besoin, sauf intérêt, bien entendu.

Déposition
de MM. Monet,
Verry, Baudrier,
Pottier et Rémond.
(Suite.)

M. Houette. Quel intérêt vous prend la *Caisse centrale populaire ?*

M. Monet. Trois et demi pour cent, je crois, mais ce n'est pas fixé.

M. Houette. Quand vous avez traité avec elle, vous n'avez pas arrêté de taux d'intérêt ?

M. Barberet. Cet intérêt doit varier selon le taux d'escompte de la Banque de France.

M. Houette. Ce serait déjà un engagement que de fixer l'intérêt d'après le taux de la Banque de France.

M. Baudrier. Quand je me suis adressé à la *Caisse centrale populaire*, on m'a dit qu'on ne nous prendrait rien quand on ne nous fournirait qu'un certificat de cautionnement ; on nous a dit ensuite que l'intérêt que nous aurions à payer serait fixé au cours ordinaire et suivant le taux de la Banque. La *Caisse centrale* a tout intérêt à aider notre marche, puisque nous sommes en rapports d'affaires avec elle. Jusqu'à présent, nous n'avons pas encore eu besoin de ses services.

M. Henry. Si demain on vous donnait une commande, vous seriez en mesure de l'exécuter ?

M. Baudrier. Parfaitement.

M. le Président. En principe, vous préféreriez qu'on n'exigeât pas un cautionnement ?

M. Baudrier. Certainement.

M. le Président. Mais il faut remplacer ce cautionnement par une retenue ?

MM. Baudrier et Monet. Nous préférons la retenue au cautionnement.

M. Rémond. Oui, parce qu'alors nous n'aurions d'obligation qu'à nous-mêmes.

M. Baudrier. La *Caisse centrale populaire* nous a déjà offert de nous avancer les cautionnements qui pourraient nous être demandés, afin de ne pas immobiliser le capital dont nous avons besoin pour travailler. Elle nous a proposé de faire ce qu'elle a déjà fait pour l'association des peintres et pour d'autres associations.

Déposition
de MM. Monet,
Verly, Baudrier,
Pottier et Rémond.
(Suite.)

Quant au mode de payement, nous préférons le payement par acomptes, au fur et à mesure des livraisons, comme cela se fait habituellement.

Nous pouvons occuper des auxiliaires salariés : ce sont des ouvriers non associés qui seraient employés par notre association. Outre le prix de leur journée, ils ont droit à une rémunération proportionnelle à la somme d'argent qu'ils ont gagnée dans l'année.

On ne fait pas de stage pour être admis dans notre société : il suffit de faire un versement de 20 francs.

Nos actions sont de 50 francs. Le nombre de nos associés n'est pas limité. Quand un nouveau sociétaire est admis, on lui transfère une action. Nous opérons par voie de transfert.

Nous avons neuf nouveaux adhérents qui ont versé des acomptes pour former la somme de 20 francs qu'il faut payer quand on veut entrer dans la société. Plus tard, nous pourrons augmenter le nombre de nos actions.

Nous n'avons pas de sociétaires sortant des écoles professionnelles ou d'arts et métiers.

Nous n'avons pas encore d'apprentis, mais nous avons l'intention d'organiser un cours professionnel, avec l'assentiment de notre chambre syndicale, dont nous faisons presque tous partie.

M. le Président. Combien d'ouvriers font partie de votre chambre syndicale ?

M. Baudrier. Cent ouvriers environ.

M. le Président. En général, les chambres syndicales sont peu nombreuses ?

M. Baudrier. Elles ne comprennent ordinairement que le dixième de la corporation. Notre chambre syndicale est très peu nombreuse ; quant à présent, le groupe coopératif comprend plus de membres que le groupe de la chambre syndicale.

M. le Président. Par qui vos ateliers sont-ils dirigés ?

Déposition
de MM. Monet,
Vassat, Baudrier,
Perreau et Rémond.
(Suite.)

M. Monet. Par le directeur et le conseil.

M. Baudrier. Le directeur nomme un chef d'atelier pour la direction des travaux. Il peut même y avoir plusieurs chefs d'atelier, selon les spécialités. Ainsi la selle forme une spécialité. C'est le directeur qui organise le travail et qui nomme les chefs d'atelier, sauf avis du conseil.

M. le Président. Voulez-vous répondre à la dix-septième question ?

M. Monet. Il y a des patrons qui font venir des articles tout fabriqués de l'étranger, de l'Angleterre spécialement ; mais ces articles ne peuvent pas lutter avec les nôtres au point de vue de la main-d'œuvre : ce sont des travaux inférieurs.

M. le Président. Mais ils se vendent naturellement meilleur marché que les vôtres ?

M. Baudrier. Oui.

M. le Président. Et vous avez là une concurrence ?

M. Baudrier. Évidemment.
Il y a là, de la part des amateurs, une mode, une anglomanie, une espèce de toquade ; ils veulent des articles anglais quand même ils seraient fabriqués à Pantin.

M. Rémond. Pour la fabrication des articles militaires, les cuirs anglais ne valent pas les cuirs français.

M. Baudrier. On nous expédie d'Angleterre des marchandises qui sont toujours inférieures aux nôtres.
Certaines maisons occupent de préférence des ouvriers anglais.

M. Monet. Il y a aussi quelques Allemands dans notre profession.

M. le Président. Comptez-vous assurer vos associés contre les accidents ?

M. Baudrier. Oui, il y a un article de nos statuts qui nous oblige à mettre cette question à l'étude. Nous n'avons rien encore arrêté, parce que nous sommes constitués tout récemment.

M. le Président. Voulez-vous répondre à la dix-neuvième question ?

M. Baudrier. Le travail exécuté dans les maisons centrales nous porte un très grand préjudice.

M. Monet. Surtout le travail qui est fait à Poissy.

M. Barberet. Pouvez-vous préciser quelles sont les maisons centrales qui vous font le plus de tort ?

M. Baudrier. Il y a la maison de Poissy, principalement, qui a occupé jusqu'à 600 ouvriers.

M. Rémond. J'ai eu 120 ouvriers à diriger à Poissy, où il y a un contremaitre libre.

M. Barberet. J'ai reçu autrefois des plaintes à ce sujet de la part de la chambre syndicale ouvrière de la sellerie; elle s'est adressée aussi bien souvent à M. le Ministre de la guerre.

M. Baudrier. Il y a même une délégation de notre industrie qui a été chargée, à une certaine époque, d'aller présenter nos plaintes à M. Jules Simon, alors ministre.

M. Rémond. Ce travail dans les prisons nous fait beaucoup de tort.

M. le Président. A quel chiffre estimez-vous le nombre des prisonniers qui, partout en France, sont employés à faire la sellerie ?

M. Rémond. A cinq cents peut-être.

M. le Président. Ce qui représente le dixième du nombre des ouvriers selliers de Paris.

M. Rémond. Oui, Monsieur.

M. Houette. Il y a un entrepreneur général du travail dans les prisons ?

M. Rémond. Oui, il y a un entrepreneur et un sous-traitant.

Déposition de MM. Monet, Vanay, Baudrier, Potmer et Rémond. (Suite.)

Déposition
de MM. Monet,
Verry, Baudrier,
Pottier et Rémond.
(Suite.)

M. Barberet. Le travail dans les prisons est toujours adjugé.

M. le Président. Et le travail exécuté dans les prisons est livré à meilleur marché que le vôtre, parce que la main-d'œuvre coûte peu de chose ?

M. Baudrier. Oui, et c'est pour cette raison que des maisons de sellerie font exécuter des travaux dans les prisons.

M. Rémond. Il y a des prisonniers dont le temps est fini qui se font remettre en prison parce qu'ils s'y trouvent bien. Il est difficile de les occuper dans les ateliers, parce qu'un honnête homme n'est pas content d'avoir pour voisin un individu qui sort de Poissy.

M. Barberet. Il y a là une question qui touche à la loi sur les récidivistes. Il est bon de prendre note de la déclaration du déposant.

Vous nous avez dit tout à l'heure que les patrons s'étaient réunis pour agir contre vous : est-ce la chambre syndicale des patrons qui a fait cette réunion, ou est-ce seulement un certain nombre de patrons ?

M. Baudrier. Ils se sont réunis sur l'invitation de l'un d'eux, adjudicataire de l'État.

M. Barberet. Est-il membre de la chambre syndicale?

M. Baudrier. Je ne sais pas. Ils ont dû être convoqués par la chambre syndicale, dans l'avenue de Constantine.

M. Barberet. Rue de Lutèce maintenant, où siège le comité central des patrons de l'industrie du bâtiment et de quelques autres industries?

M. Baudrier. Oui, c'est le comité central.

M. Monet. Outre les travaux d'équipement, nous pourrions encore travailler pour les Ministères des finances et des postes et télégraphes.

M. Baudrier. Nous pourrions fabriquer les menottes des postes, les harnais. Il y a encore le service des gymnases et des eaux et forêts que nous pourrions entreprendre.

M. LE PRÉSIDENT. Vous n'avez pas, Messieurs, d'autres renseignements à donner?

Nous vous remercions, Messieurs.

(Les déposants se retirent.)

Déposition
de MM. MONET,
VERRY, BAUDRIER,
POTTIER et RÉMOND.
(Suite.)

ASSOCIATION COOPÉRATIVE

DES OUVRIERS JARDINIERS DE PARIS.

(Siège social : 8, rue Rottembourg.)

Représentée par MM. ROUSSEAU, *directeur*, et PINAULT, *secrétaire*.

MM. ROUSSEAU et PINAULT sont introduits.

M. LE PRÉSIDENT. Pouvez-vous, Messieurs, nous remettre un exemplaire de vos statuts?

Déposition
de MM. ROUSSEAU
et PINAULT.

M. ROUSSEAU. Nous en adresserons un exemplaire à la Commission.

M. LE PRÉSIDENT. Voulez-vous, Messieurs, répondre aux divers paragraphes du questionnaire ?

M. ROUSSEAU. Nous sommes constitués sous la forme anonyme, à capital variable. Nous nous sommes adressés à un notaire pour faire établir notre acte de société. Nous n'avons rencontré aucune difficulté de ce côté. Nos frais de constitution se sont élevés à 315 fr. 65 cent. C'est le chiffre du mémoire du notaire. Je ne sais pas, en ce moment, quel est le chiffre des frais pour l'acte notarié seul. Nous avons dû, en plus, faire beaucoup de démarches. Dans le mémoire du notaire, sont compris les frais d'enregistrement et de publication au tribunal de commerce.

M. PINAULT. Nous avions préparé nous-mêmes nos statuts sur papier timbré.

M. le Président. A quelle somme évaluez-vous les dépenses faites, par vous-mêmes, au moment des premières démarches dont vous venez de parler?

M. Pinault. Nous avons évalué à 20 francs par personne (nous étions neuf) les dépenses ou pertes de temps faites par chacun de nous, pour constituer la société.

M. le Président. Ces démarches représentent une valeur de 180 francs. Vous savez, Messieurs, que la loi du 24 juillet 1867 dispose que les sociétés anonymes peuvent être constituées par acte sous seing privé?

M. Rousseau. Oui, nous aurions pu nous constituer par acte sous seing privé; mais la plupart des administrations avec lesquelles nous pouvions avoir affaire demandent la production d'un acte notarié avant d'entrer en relations. Nous nous sommes aussi renseignés auprès d'associations ouvrières qui s'étaient constituées avant nous; elles nous ont dit qu'effectivement nous pouvions faire un acte sous seing privé, ce qui eût coûté moins cher qu'un acte notarié; mais, comme nous n'étions pas au courant des formules à employer, et qu'il nous aurait fallu consulter des personnes compétentes; que, de plus, nous risquions de gâcher beaucoup de papier timbré en rédigeant notre acte nous-mêmes, nous avons suivi le conseil qu'on nous a donné de nous adresser tout de suite à un notaire; c'est ce que nous avons fait. On nous a dit, qu'en définitive, il y avait autant d'avantage à faire un acte par-devant notaire.

Quant aux modifications à apporter à la loi de 1867, nous ne nous en sommes pas bien rendu compte. Nous demanderions, pourtant, entre autres choses, que les chambres syndicales fussent reconnues comme parties civiles.

M. Barberet. C'est là une question qui sera résolue par la loi sur les syndicats professionnels, actuellement à l'ordre du jour de la Chambre des députés.

M. Rousseau. Répondant à la quatrième question, je dirai que la responsabilité imposée aux sociétaires, pendant cinq ans après leur départ de l'association, ne les arrête pas. C'est, d'ailleurs, une condition dont on ne se rend pas bien compte.

Notre capital souscrit est de 15,000 francs, et notre capital versé
de 5,314 francs. Nous sommes vingt-huit associés, pour le moment.
A l'origine, nous n'étions que neuf. Notre constitution date du mois
d'avril 1881.

M. Houette. Y a-t-il beaucoup d'ouvriers jardiniers qui soient susceptibles de faire partie de votre association?

M. Rousseau. Oui, il y en a beaucoup. Un grand nombre d'entre
eux attendent que les travaux marchent pour entrer dans notre association. En ce moment, les travaux n'allant pas fort, ils ne sont pas
encouragés à venir avec nous.

Il y a à Paris 5,000 ouvriers jardiniers.

M. Pinault. Notre chambre syndicale compte 420 membres.

M. Rousseau. Pour faire partie de notre association coopérative,
il faut être membre de la chambre syndicale. C'est une condition sta-
tutaire.

M. Houette. Quelle est la raison de cette condition?

M. Rousseau. C'est dans le but de rallier beaucoup d'adhérents à
la chambre syndicale. Les chambres syndicales font beaucoup d'efforts,
se donnent beaucoup de mal pour améliorer la position de l'ouvrier
qui, la plupart du temps, reste indifférent et, pour le pousser à faire
partie des chambres syndicales, nous avons imposé cette condition à
l'entrée dans notre association. Il faut faire partie de notre chambre
syndicale pour pouvoir être admis dans notre association.

M. Barblet. Et puis, un ouvrier qui fait partie d'une chambre
syndicale est un homme mieux connu de ses camarades?

M. Pinault. Oui. Nous avons aussi imposé cette condition parce
que c'est la chambre syndicale qui a fondé notre coopération.

M. Rousseau. Je vais répondre à la cinquième question :

Nous avons toutes facilités pour participer aux travaux de l'État.
Nous sommes vingt-huit ouvriers associés, et nous sommes en relations avec un établissement qui peut nous fournir beaucoup de mar-

31.

Déposition
de MM. Rousseau
et Pinault.
(Suite.)

Déposition
de MM. Rousseau
et Pinault.
(Suite.)

chandises. De plus, nous avons une pépinière et des plantes pour garnitures.

. M. Houette. Êtes-vous propriétaires du terrain où vous conservez vos plantes?

M. Rousseau. Non; nous ne sommes que locataires du terrain que nous occupons rue de Rottembourg, 8. C'est là qu'est situé le siège de notre association. D'abord, au début, nous avions installé notre domicile social dans un logement quelconque, mais nous nous sommes aperçus, après avoir fait des fournitures pour jardins, que nous devions acheter des plantes dont nous ne pouvions pas connaître à l'avance les variétés. Ainsi, il est arrivé qu'ayant acheté des *pelargoniums*, dont les variétés sont nombreuses, mais dont le feuillage est le même avant la floraison, nous avions des fleurs rouges, alors qu'il nous .en fallait des roses. Nous avons donc dû louer un terrain pour y conserver les plantes que nous avions achetées, en attendant leur emploi.

Nous sommes constitués depuis le mois d'avril 1881, mais notre établissement ne date que de juillet 1882.

Nous n'avons pas encore passé de marchés avec l'État; nous n'avons travaillé que pour des particuliers, des propriétaires, mais pas encore pour la Ville de Paris, ou de grandes administrations.

M. Barberet. Quels seraient les travaux de l'État que vous pourriez exécuter?

M. Rousseau. Nous pourrions entreprendre toutes sortes de travaux, soit dans les jardins des Ministères, soit dans les jardins dont les travaux sont mis en adjudication.

M. Barberet. Les jardins des Ministères — comme celui du Ministère de l'intérieur — sont probablement entretenus par des jardiniers qui sont employés à l'année?

M. Pinault. Au Ministère de la justice, c'est un entrepreneur qui fait le travail, et ce travail est très important. Il le fait, comme nous le ferions nous-mêmes, à l'heure ou à forfait. Nous voudrions, autant que possible, que notre association coopérative fût essayée par l'État et par la Ville de Paris, parce que ce n'est pas l'entrepreneur qui fait le travail, ce sont les ouvriers qu'il occupe. Un de mes amis, qui est employé par l'entrepreneur dont je parle, m'a renseigné sur le travail à faire.

M. Barberet. Quand vous avez déposé, devant la Commission municipale, diverses objections vous ont été faites par M. Alphand?

M. Pinault. Oui, quand j'ai déposé devant la Commission instituée par M. Floquet, préfet de la Seine, j'ai dit que la Ville de Paris nous faisait une grande concurrence, en employant quatre cents jardiniers, au minimum — sans compter son établissement de la Muette — qui sont payés à raison de 3 fr. 5o cent., 3 fr. 75 cent. et 4 fr. 20 cent. au plus. Et comme ces prix sont trop faibles, qu'ils ne permettent pas de vivre, les jardiniers de la Ville de Paris font des travaux en dehors de leur journée, et il en résulte pour nous une concurrence insupportable. Ils font plus de travaux pour le dehors que pour la Ville de Paris. Si la Ville donnait un prix raisonnable à ses jardiniers, ils ne travailleraient pas au dehors.

M. Barberet. Je crois savoir que M. Alphand a fait remarquer que certaines plantes appartenant à la Ville exigeaient des soins particuliers, et qu'on ne pouvait pas les confier à des jardiniers du dehors?

M. Pinault. Oui, M. Alphand a dit, dans la séance où j'étais présent, que des plantes d'une grande valeur, que la Ville conservait dans ses serres, ne pouvaient pas être soignées par tous les ouvriers jardiniers. J'ai répondu qu'il suffisait d'indiquer, dans le cahier des charges, la nature des soins à donner aux plantes rares de la Ville, et que nous nous chargerions de soigner ces plantes aussi bien que qui que ce soit.

M. Barberet. Actuellement, qui est-ce qui a la garde de ces plantes?

M. Rousseau. La Ville garde ces plantes dans son établissement de la Muette.

M. Pinault. C'est l'établissement de la Muette qui fournit toutes les plantes des squares de la Ville. La Muette produit toutes ces plantes et elle fait ainsi un tort considérable aux commerçants.

M. LE PRÉSIDENT. Il n'y a pas de plantes très précieuses dans les squares?

M. PINAULT. Il y a beaucoup de plantes ordinaires, mais il y en a aussi un certain nombre qui ont de la valeur.

M. ROUSSEAU. Il y a des plantes précieuses qui sont mises dans les pelouses et les massifs. Ce sont celles-là que nous ne pourrions pas soigner, d'après M. Alphand.

M. LE PRÉSIDENT. Et vous contestez l'opinion émise, sur ce point, par M. Alphand?

M. PINAULT. Oui, je dis que nous les soignerions aussi bien que les jardiniers de la Ville. Quant aux plantes d'une grande valeur, la Ville, qui possède un établissement spécial, pourrait le mettre en partie à notre disposition pour les loger pendant l'hiver, sauf rémunération de notre part, pour la location dudit établissement.

M. LE PRÉSIDENT. La Ville de Paris ne pourrait avoir affaire à vous que pour la main-d'œuvre; elle doit avoir sa réserve de fleurs et de plantes pour ne pas être à la discrétion de fournisseurs qui, à un moment donné, pourraient lui manquer; la Ville ne peut pas se mettre dans le cas de laisser ses jardins publics sans entretien.

M. PINAULT. La Ville de Paris fait aussi les garnitures d'appartements dans presque toutes les soirées; elle fournit des plantes et des fleurs, et c'est une grande concurrence pour notre industrie.

M. BARBERET. Est-ce que la Ville entreprend ces fournitures pour le compte des particuliers?

M. PINAULT. Oui, Monsieur.

M. BARBERET. C'est dans les ministères qu'elle fait ces fournitures?

M. PINAULT. Je puis vous citer des maisons dans lesquelles la Ville a fait des garnitures, et ce ne sont pas des ministères.

Déposition
de MM. Rousseau
et Pinault.
(Suite.)

M. Rousseau. Il y a huit jours, l'Union Nationale des chambres syndicales, de la rue de Lancry, a donné une soirée avec bal; nous avons demandé à être chargés de la fourniture des garnitures et on nous a répondu que cette fourniture était faite par l'Administration de la Ville de Paris.

M. Henry. Il reste à savoir si elle l'a fait gracieusement ou moyennant finances.

M. Rousseau. Elle l'a fait gracieusement; mais, comme on me l'a dit, si elle ne loue pas ses plantes, elle en fait payer le transport, et les frais s'élèvent à une somme telle que le particulier paye aussi cher que s'il s'adressait à l'industrie privée.

M. Houette. Votre société a deux buts : l'exécution de travaux ou l'entretien des jardins pour le compte de l'État, de la Ville ou des particuliers, et ensuite la production des plantes?

M. Rousseau. Oui, mais ces deux buts n'en forment qu'un : l'exécution ou l'entretien des jardins.

M. Pinault. Je suis attaché, avec trois autres sociétaires, à l'entreprise de jardins particuliers, chez des clients, et nous nous occupons de la production des plantes. Nos autres sociétaires s'occupent à vendre nos plantes sur les marchés, pour ne pas les perdre. Lorsque nous nous chargeons de travaux pour le compte des particuliers, nous nous présentons comme patrons, parce que si nous disions que nous faisons partie d'une association coopérative, on ne nous confierait pas de travaux. Les sociétés coopératives n'étant pas assez connues, les propriétaires n'ont pas confiance en elles. En ce moment, je fais des travaux assez importants, que j'ai entrepris en mon nom personnel; mais j'ai passé un contrat avec ma société coopérative. Si nous ne faisions pas ainsi, nous ne serions pas acceptés dans beaucoup de maisons.

M. Barberet. C'est un préjugé, mais il existe.

M. Pinault. Et un préjugé qui nous fait du tort. On n'aime pas les associations coopératives. C'est pourquoi, devant la Commission municipale, j'ai demandé, afin de faire disparaître ce préjugé, que la Ville voulût bien nous confier des travaux, nous témoigner confiance, afin de nous faire accepter ensuite par les particuliers.

M. Rousseau. Dès que nous serons connus, on nous donnera du travail, mais il faut d'abord que nous nous fassions connaître.

M. Philippe. Comment expliquez-vous que des ouvriers jardiniers travaillent à prix réduit pour le compte de la Ville de Paris.

M. Rousseau. Parce qu'ils ne travaillent que jusqu'à 6 heures du soir.

M. Pinault. Ils commencent leur journée à 6 heures du matin et terminent à 6 heures du soir. Ils ne font que 11 heures de travail; pendant l'été, il leur reste 3 heures de clarté par jour, et surtout toute la journée du dimanche, pour entreprendre les travaux de jardinage, et ils en font beaucoup.

M. Philippe. Je m'étonne que des ouvriers, qui pourraient gagner 5 francs par jour, consentent à ne recevoir qu'un salaire de 4 francs.

M. Pinault. Ce sont des hommes d'un certain âge, qui acceptent ce prix réduit parce que, je le répète, ils font des travaux en dehors. Quant à moi, je ne travaillerais pas à moins de 6 fr. 50 cent. à 7 francs par jour.

M. Barberet. Ils ont aussi cet avantage qu'ils sont garantis contre le chômage.

M. Pinault. La moitié des hommes occupés par la Ville ne sont pas des jardiniers : ce sont des hommes qu'on emploie à balayer les feuilles.

M. Philippe. Alors ce ne sont pas des ouvriers jardiniers, ce sont plutôt des aides?

M. Pinault. La Ville paye ces hommes 3 fr. 50 cent., 3 fr. 75 cent., 4 francs et 4 fr. 25 cent. Elle fait un tri parmi les ouvriers jardiniers. Pour avoir 4 fr. 25 cent., il faut être en pied. Ces jardiniers de la Ville sont classés parmi les cantonniers et, à cet égard, nous avons même réclamé. Il faut un apprentissage pour devenir jardinier, mais, pour M. Alphand, il n'y a pas de différence entre les jardiniers et les cantonniers. Les jardiniers de la Ville se sont plaints et ils ont été appuyés par notre chambre syndicale. Ce sont des ouvriers jardiniers et non point des cantonniers.

M. le Président. Si la Ville devait payer ses jardiniers à raison de 7 francs par jour, il en résulterait pour elle un surcroît de dépense considérable.

M. Pinault. La Ville peut mettre ses travaux en adjudication:

M. le Président. Quelles sont les institutions de crédit qui vous ont fait des avances?

M. Rousseau. C'est la *Caisse centrale populaire.*

M. le Président. Quels résultats avez-vous obtenus?

M. Rousseau. L'année dernière, au mois de janvier, nous avions fait un bénéfice de 1,500 francs. Depuis que nous sommes plus nombreux et que nous avons loué un terrain, nous avons dû réaliser d'autres bénéfices, mais nous n'avons pas encore fait d'inventaire.

M. Barberet. Vous devez savoir si votre établissement vous a procuré des avantages?

M. Rousseau. Oui, et il nous en procurera d'autres, mais il faut attendre qu'il ait plus de rapport.

M. le Président. Votre association a un directeur?

M. Rousseau. Oui, Monsieur; c'est moi qui suis nommé par le conseil, pour trois ans. Le directeur est toujours révocable.

Nous avons un certificat de capacité qui nous a été donné par un ingénieur de la Ville, dont nous avons fait le jardin. Nous pourrions nous en procurer d'autres chez les propriétaires pour le compte desquels nous avons travaillé. Nous allions demander un certificat à l'ingénieur de la Ville qui était notre client, parce que nous avions l'intention de soumissionner des travaux pour la Ville, mais, après renseignements pris, nous avons abandonné cette affaire, parce qu'il s'agissait d'un bloc de travaux réunis, comprenant des plantations, des empierrements de routes; ce n'étaient pas là des travaux de jardinage dont nous pouvions nous charger.

Le coût de la matière première dans notre industrie est assez élevé. Pour produire nos plantes, il nous faut des serres, des châssis, de la terre de bruyère, des fumiers et des terreaux.

M. Houette. Vous avez des serres?

M. Rousseuu. Oui, Monsieur.

M. Houette. Vous avez dû faire un emprunt pour faire construire ces serres?

M. Pinault. Oui, Monsieur, et à l'inventaire de janvier dernier, nous avions pour 10,292 francs de matériel, et il va être presque doublé. Je ne compte pas les plantes qui sont notre marchandise.

M. le Président. Voulez-vous répondre à la onzième question?

M. Rousseau. Nous préférons une retenue sur les payements pour servir de garantie, parce que le dépôt d'un cautionnement préalable oblige à des démarches coûteuses et au payement d'intérêts.

M. Philippe. Mais vous perdrez aussi l'intérêt sur les sommes retenues en garantie?

M. Rousseau. C'est vrai, mais ces intérêts seront toujours moins élevés que par le dépôt d'un cautionnement. En effet, les intérêts du cautionnement partent du jour où on nous en fait l'avance, et avant l'exécution des travaux. Mais si nous avions besoin d'un cautionnement, la *Caisse centrale* est toute prête à nous aider.

M. le Président. Vous faites cette objection que le versement d'un cautionnement stérilise pour vous un capital que vous pourriez employer autrement?

M. Rousseau. Oui, Monsieur. Au versement du cautionnement, nous préférons de beaucoup la retenue de garantie qui serait faite sur les travaux exécutés.

Quant au mode de payement, nous préférons le payement périodique.

M. Pinault. Dans notre industrie on ne reçoit presque jamais d'acomptes ; on règle tous les trois, six ou neuf mois.

M. Rousseau. Il nous faut pouvoir compter sur des rentrées d'argent fixes pour faire face à nos payements.

M. le Président. Employez-vous des auxiliaires salariés et, si oui, les faites-vous participer dans les bénéfices ?

M. Rousseau. Oui, Monsieur ; quand nous manquons d'ouvriers, nous prenons des auxiliaires. La plupart de nos associés ne travaillent pas pour l'association, parce que nous n'avons pas assez d'ouvrage ; et puis, quand quelques-uns d'entre nous ont de bons travaux, ils ne les quittent pas, de sorte qu'il nous faut parfois des ouvriers auxiliaires, que nous prenons parmi les membres de la chambre syndicale. Ces auxiliaires participent dans nos bénéfices ; aux termes des statuts, il est alloué 10 p. o/o aux travailleurs qui ne font pas partie de l'association, en outre de leur salaire.

M. le Président. Quel est le taux du salaire ?

M. Rousseau. 60 centimes par heure. Nous travaillons à raison de o fr. 70 centimes l'heure pour les particuliers.

Nous ne demandons pas de stage avant l'entrée dans la société. Il suffit de faire partie de la chambre syndicale.

Nous n'avons pas d'ouvriers sortant des écoles professionnelles.

La société est dirigée par un directeur. Il y a des délégués aux travaux. Si nous avons à exécuter des travaux dans plusieurs endroits, on désigne des ouvriers comme chefs des chantiers.

Le directeur est nommé par le conseil d'administration.

Nous avons souvent des périodes de chômage, notamment quand les hivers sont rigoureux, et pendant les mois d'août et de septembre ; à cette époque de l'année, il n'y a plus de plantations à faire ; on entretient seulement les jardins ; ce n'est pas précisément une époque de chômage, mais, au lieu de faire dix et douze heures, on n'en fait que huit ou six.

M. Barberet. Pendant l'hiver, vous êtes occupés à des travaux de serres ?

Déposition de MM. Rousseau et Pinault. (Suite.)

M. Rousseau. Oui, nous avons toujours de ces sortes de travaux, mais ils ne peuvent pas employer beaucoup de monde. Pendant les deux derniers hivers, il n'y a pas eu de chômage, et on a travaillé presque autant pendant l'hiver que pendant l'été; mais, quand les hivers sont rudes, comme ceux que nous avons eus il y a trois ou quatre ans, nous n'avons plus rien à faire; les travaux sont arrêtés, le chômage est complet.

M. le Président. Comment pensez-vous vous organiser en prévision de ces chômages?

M. Pinault. Nous pensons à constituer une caisse de secours, pour donner des secours aux associés privés de travail. Nous avons une caisse de retraite, mais elle n'est pas assez forte pour faire face au chômage.

M. le Président. Voulez-vous répondre à la dix-septième question?

M. Pinault. Il vient en France des fleurs de l'étranger; la Belgique, surtout, en fournit beaucoup; mais c'est là une question spéciale; il s'agit de plantes particulières à certains pays.

M. Barberet. C'est une question de climat.

M. Rousseau. L'Allemagne nous expédie aussi des plantes, ainsi que l'Algérie.

M. le Président. Vos associés sont-ils assurés contre les accidents résultant du travail? Possédez-vous une caisse de retraite?

M. Rousseau. Nous avons une caisse de retraite, je l'ai déjà dit, pour parer à certains accidents.

M. Barberet. Si l'un de vos associés est blessé pendant son travail, l'aidez-vous avec les fonds de votre caisse de retraite?

M. Pinault. Oui, comme dans notre chambre syndicale.

M. Barberet. Il me semble que votre caisse de retraite ne devrait pas subvenir aux besoins de vos chômeurs.

M. LE PRÉSIDENT. La dix-neuvième question ne vous intéresse pas. Avez-vous maintenant, Messieurs, d'autres observations à faire ?

M. PINAULT. Non, Messieurs.

M. NICOLE. Y a-t-il des ouvriers étrangers dans votre industrie ?

M. ROUSSEAU. Oui, il y a des ouvriers étrangers qui nous portent un certain préjudice. Ce sont généralement des fils de patrons qui viennent d'Allemagne, de Belgique et de Suisse, pour travailler à Paris. Ils sont employés dans les plus forts établissements et à bas prix.

M. BOUSSET. C'est une sorte d'apprentissage qu'ils viennent faire à Paris ?

M. ROUSSEAU. Ils viennent se mettre au courant du travail de Paris ; en réalité, c'est un apprentissage. Ils sont même assez bons ouvriers. Ils viennent se perfectionner à Paris, parce qu'on y travaille d'une façon beaucoup plus expéditive et plus expérimentée que chez eux. Ils travaillent pour ainsi dire à vil prix, parce qu'ils sont rétribués par leurs familles. Il en résulte un préjudice pour les autres ouvriers, mais je crois qu'il est difficile de remédier à cet état de choses.

M. PINAULT. Ils ne travaillent pas beaucoup pour les particuliers. Ils sont occupés à la Muette et au Luxembourg, pour apprendre la culture. Ils travaillent à environ 1 franc de moins par jour que les autres ouvriers.

M. ROUSSEAU. Nous désirerions présenter une dernière observation. Si le Gouvernement pouvait favoriser la réussite de l'entreprise du Palais de cristal, dont s'occupe M. Nicole, nous croyons que les associations ouvrières y trouveraient un grand avantage, parce qu'on se propose de leur confier les travaux de cette grande opération.

M. LE PRÉSIDENT. C'est là une question dont le Parlement a seul à décider.

M. NICOLE. Votre association ne dépasse pas les limites du département de la Seine ?

Déposition
de MM. ROUSSEAU
et PINAULT.
(Suite.)

M. Rousseau. Nous pouvons entreprendre des travaux partout où ils se présenteraient, mais, jusqu'à présent, nous n'avons pas travaillé en dehors du département de la Seine. Nous pourrions détacher un certain nombre d'ouvriers pour entreprendre des travaux sur des points éloignés.

M. le Président. La Commission vous remercie, Messieurs, des renseignements que vous lui avez apportés.

(Les déposants se retirent.)

ASSOCIATION GÉNÉRALE

DES OUVRIERS TAILLEURS.

(Siège social : 33, rue Turbigo.)

Représentée par MM. BANCE et TOUSSAINT, _directeurs_.

MM. **Bance** et **Toussaint** sont introduits.

M. le Président. Voudriez-vous, Messieurs, répondre au questionnaire ?

M. Bance. Nous avons commencé par former une société en commandite, puis nous nous sommes transformés en société à responsabilité limitée, et maintenant nous sommes constitués en société anonyme à capital variable irréductible. J'ai l'honneur de remettre à la Commission un exemplaire de nos statuts, en tête desquels se trouve une notice contenant l'historique de notre société.

Au début, en 1863, nous avons rencontré de grandes difficultés pour trouver un local; personne ne voulait nous louer à cause de notre titre d'association ouvrière; on voulait nous faire mettre sur notre enseigne : un tel et compagnie.

M. le Président. Qu'est-ce que cela pouvait faire aux propriétaires, du moment que vous donniez des garanties ?

M. Bance. On nous a donné congé du local que nous occupions;

les locataires, parmi lesquels se trouvaient un notaire, ne voulaient pas voir un pareil titre; nous étions presque des pestiférés.

Nous sommes allés ensuite rue Fontaine-Molière, chez M. Colmet-d'Aage, qui nous a fait un bail; des dix-sept propriétaires auxquels nous nous sommes adressés, c'est le seul qui ait bien voulu nous louer malgré notre titre « d'association générale d'ouvriers ».

M. LE PRÉSIDENT. C'est vraiment inexplicable!

M. BANCE. On se faisait des idées fausses; on s'imaginait qu'il allait y avoir des allées et venues, on ne savait pas que c'était tout simplement le siège de la gérance.

Nous avons abandonné cette forme de la commandite qui n'est pas commode; comme c'est le gérant qui est seul responsable, le conseil d'administration n'est, en réalité, qu'un conseil privé. Pour moi, le système de la gérance représente l'Empire : le conseil d'administration donne ses avis et se retire; le gérant le remercie, et comme, en définitive, lui seul est responsable, il fait ce qu'il veut.

Nous avons abandonné ce système pour prendre celui de la responsabilité limitée, et maintenant, nous formons une société anonyme, à capital variable.

Au début, nous n'étions que seize; chacun faisait acte de bonne volonté : l'un apportait une armoire, l'autre un comptoir, etc.; le capital de chaque associé était de 3,000 francs, sur lequel on exigeait un premier apport de 5o francs.

M. LE PRÉSIDENT. Voyez-vous des modifications à apporter à la loi du 24 juillet 1867?

M. BANCE. Il y a une chose que nous voudrions voir réformer. Nous sommes tenus de payer des droits au Trésor comme les grandes sociétés financières, et cela parce que nous avons eu la maladresse de créer des actions. Cependant, sur le rapport de M. Pascal Duprat, il a été voté une loi qui accorde l'exemption du timbre aux sociétés coopératives dont le capital a été formé au moyen de versements mensuels.

M. HOUETTE. Vous ne payez que 3 p. o/o sur le revenu?

Déposition de MM. Bance et Toussaint. (Suite.)

M. Toussaint. Et 5o centimes de timbre par action.

M. Houette. Pourquoi ne réclamez vous pas?

M. Bance. Nous avons réclamé. Ces actions qu'on nous reproche ne sont pas négociables; ce ne sont guère que des images, car nous aurions pu nous contenter de l'inscription sur les registres de la société. Nous avons voulu éviter les frais dont on nous menaçait, et la question n'a pas été élucidée.

M. le Président. Les dispositions de la loi de 1867, relatives aux sociétés à capital variable, n'assimilent pas les associations ouvrières aux compagnies financières dont vous parlez.

M. Houette. Ces Messieurs se plaignent d'une loi fiscale de 1872, amendée d'une façon imparfaite par les dispositions d'une loi ultérieures, votée sur le rapport de M. Pascal Duprat.

M. le Président. Quel est votre capital souscrit? Le nombre de vos associés?

M. Bance. Notre capital souscrit est de 100,000 fr., dont 97,000 fr. sont versés ; le nombre de nos associés est de 193. C'est notre capital qui constitue notre fonds de roulement.

M. le Président. Avez-vous déjà passé avec des administrations publiques ou avec l'État des marchés d'une certaine importance?

M. Bance. Nous n'avons pas passé de marchés, mais, pendant le siège, nous avons travaillé à façon pour l'habillement de la garde nationale. M. Hérisson, qui était adjoint au maire à ce moment, pourrait vous renseigner à ce sujet. C'est nous qui avons payé le plus cher nos ouvriers, et à la fin, tous ceux qui se sont présentés au siège social avec leur livret de travail, ont reçu tant pour cent sur les bénéfices. Le Gouvernement nous avait prêté l'étage supérieur du palais de la Bourse et du palais des Beaux Arts, où nous avions établi de grands ateliers de coupe. Nous avons fait pour plusieurs millions d'affaires : des ouvrières venaient chercher des pantalons, des vareuses, des capotes à confectionner, et même nous avions, dans chaque arrondissement, des délégués qui allaient distribuer le travail à

— 257 —

domicile, afin d'éviter les dérangements. Nous n'avons pas voulu nous attribuer tout le bénéfice et nous avons distribué, comme je viens de le dire, à nos auxiliaires 10 p. o/o. Quant à nous, il nous est resté dû 98,000 francs. Quand les troupes de Versailles sont rentrées à Paris, nous avons fait des livraisons à l'intendance, quai d'Orsay, de draps achetés pour le compte de la Ville; on n'a jamais voulu nous payer de ces façons-là, et on nous a dit, au contraire, que nous avions été heureux d'avoir été réquisitionnés, parce qu'autrement nous aurions été poursuivis. On venait chez nous comme on allait chez Godillot; on nous demandait même des bottes et des sabres.

M. LE PRÉSIDENT. Vous réclamez toujours ces 98,000 francs?

M. BANCE. Nous avions pour nous M. Hérisson et M. Jozon, mais le Conseil d'État nous a déboutés.

M. LE PRÉSIDENT. Comment vos directeurs sont-ils nommés?

M. BANCE. Il y en a deux, qui sont nommés par le conseil d'administration, et toujours révocables.

M. LE PRÉSIDENT. En avez-vous déjà changé?

M. BANCE. Plusieurs fois.

M. LE PRÉSIDENT. Dans ce cas, combien vous coûte la procuration au nouveau directeur?

M. BANCE. Nous ne donnons pas de procuration; c'est un simple procès-verbal que nous déposons au tribunal de commerce.

M. BARBERET. C'est parce que cette association n'a pas affaire à des établissements de crédit; elle marche avec ses propres ressources.

M. LE PRÉSIDENT. Avez-vous des certificats des maisons pour lesquelles vous avez travaillé?

M. BANCE. Nous n'avons besoin que de notoriété; nous ne travaillons que pour la clientèle bourgeoise.

M. BARBERET. Vous pourriez avoir un certificat pour le travail que vous avez fait au compte de la Ville?

Déposition de MM. BANCE et TOUSSAINT. [Suite.]

M. Bance. Oui, on aurait pu nous en donner un; M. Floquet et M. Hérisson savent ce que nous avons fait.

M. le Président. Pour quelle proportion la matière première entre-t-elle dans le prix de l'objet fabriqué?

M. Toussaint. Pour un tiers.

M. Bance. Les façons sont chères. Dans certains cas, la proportion de la matière première est plus forte, par exemple quand il s'agit de doubler en soie.

M. le Président. Et pour les fournitures militaires?

M. Bance. Nous ne faisons pas ce genre; nous avons seulement travaillé à façon pendant le siège.

M. le Président. Avez-vous un approvisionnement?

M. Bance. Il nous en faut à chaque saison, pour la nouveauté surtout.

M. le Président. Quelle est l'importance de votre matériel et de votre outillage?

M. Bance. Nous n'avons, en fait de matériel, que l'agencement de la boutique; quant à l'outillage, il est pour ainsi dire nul. C'est notre approvisionnement de marchandises qui représente la plus forte somme.

M. Toussaint. Sur 100 à 150,000 francs que nous avons en magasin, le matériel ne compte guère que pour 17,000 francs.

M. le Président. Dans le cas où vous feriez des fournitures pour l'État, vous seriez obligés de verser un cautionnement?

M. Toussaint. Nous avons déjà soumissionné cinq ou six fois pour les fournitures d'uniformes de garçons de bureau, dans les administrations de l'État ou de la Ville, mais il y a une difficulté que l'association ne peut pas surmonter, même en consentant à travailler sans bénéfice; notre rabais est toujours de 5 à 6 p. o/o inférieur à celui que font les entrepreneurs.

M. Houette. Comment cela se fait-il?

Déposition
de MM. Bance
et Toussaint.
(Suite.)

M. Toussaint. Cela tient à ce que nous payons la main-d'œuvre plus cher; nous tenons à ce que les ouvriers gagnent leur vie. Il n'y a pas de tarif pour nous comme pour la peinture ou la maçonnerie.

M. Bance. Nous avons soumissionné pour la fourniture du collège Chaptal, et nous avions fait nos calculs de façon à joindre les deux bouts, en payant le moins possible de façon, mais nous avons échoué; le fabricant de drap et celui qui avait précédemment la fourniture n'ont pas pu davantage y arriver.

M. le Président. Qui est-ce qui a eu la fourniture?

M. Toussaint. Un ancien tailleur, qui l'avait eu trois ou quatre ans auparavant. Il y a là quelque chose que nous ne comprenons pas; la main-d'œuvre doit y être pour beaucoup.

M. Barberet. Vous payez vos ouvriers au prix des maisons qui rétribuent le mieux leur personnel; ne pensez-vous pas que ces adjudicataires fassent travailler à vil prix?

M. Bance. Nous nous sommes enquis du personnel qui faisait ces travaux; tout compte fait, il n'y avait pas 10 p. o/o de différence: il fallait subir le risque des retouches, avoir au collège un ouvrier pour faire les réparations. Nous avions établi nos calculs de façon tout au moins à ne pas perdre, comptant sur ce que quelques-uns de ces jeunes gens que nous aurions habillés au collège pourraient rester nos clients.

M. le Président. Quel mode de payement désirez-vous?

M. Bance. On nous paye toujours par acomptes.

M. le Président. Votre association emploie-t-elle des auxiliaires salariés?

M. Bance. Nous avons, au contraire, plus d'associés que nous ne pouvons en occuper, mais ils ont toute liberté de travailler au dehors.

33.

Les candidats au titre d'associé ne font pas de stage; il suffit qu'ils soient présentés par deux associés.

M. le Président. Avez-vous des associés sortant des écoles professionnelles?

M. Bance. Il n'y a pas d'écoles professionnelles chez nous; cependant, comme la profession périclite, on s'occupe d'en organiser une qui va bientôt fonctionner.

M. le Président. Par qui le travail est-il dirigé?

M. Bance. Nous avons un directeur pour l'intérieur et un pour l'extérieur, un conseil de surveillance et un jury pour vérifier le travail; on ne juge que sur les numéros pour éviter les partis pris. Les différends qui peuvent s'élever entre associés sont portés devant le jury.

M. Dupont. Les ouvriers sont payés aux pièces?

M. Bance. Ceux qu'on appelle les pompiers et qui font les retouches sont à la journée; les autres sont aux pièces: celui-ci fait les pantalons, celui-là les gilets, un troisième le noir (habits et redingotes); il y a des spécialistes à peu près pour tout.

M. Philippe. Qui est-ce qui dirige et surveille?

M. Bance. Nous avons les coupeurs qui surveillent, le travail qu'ils reçoivent.

M. le Président. Avez-vous des périodes de chômage?

M. Bance. Il y a trois mois, à partir du mois de juin, où l'on travaille un peu moins. Pour faire l'équilibre et retenir chez nous nos ouvriers, il faut qu'ils soient surmenés dans la bonne saison. Et puis nous faisons confectionner dans la morte-saison.

M. le Président. Les patrons de votre profession font-ils exécuter leurs travaux à l'étranger?

M. Bance. Je ne crois pas.

M. le Président. Vos associés sont-ils assurés contre les accidents résultant du travail? Possédez-vous une caisse de retraite?

Déposition
de MM. Bance
et Toussaint.
(Suite.)

M. Bance. Nous ne sommes pas assurés, mais nous avons une caisse de retraite, des comptes courants, une bibliothèque; vous trouverez tous ces détails dans la notice en tête des statuts. La Bibliothèque nationale avait dit que les cent premières associations qui établiraient, par leurs statuts, une bibliothèque, pourraient recevoir des livres; nous nous sommes présentés et nous avons reçu plus de cent de ses petits volumes.

M. le Président. Quelles sont, pour votre industrie, les conséquences du travail exécuté dans les maisons centrales, les couvents et les ouvroirs?

M. Bance. Dans les maisons centrales de Melun, de Poissy, de Lille, de Loos, partout, on fait exécuter des travaux pour lesquels on paye un prix de façon dérisoire.

M. Toussaint. Peut-être ceux qui soumissionnent pour les lycées et autres établissements ont-ils recours à ce procédé.

M. Nègre. Quels résultats a obtenus l'association au point de vue des bénéfices?

M. Bance. Les bénéfices sont relativement très minimes; c'est sur notre grande entreprise du siège que nous avons le plus gagné.

Les bénéfices sont d'environ 5 p. o/o. Nous donnons d'abord 5 p. o/o d'intérêt au capital, et ce qui reste est distribué entre le travail et le capital, qui ne peut avoir plus de 8 p. o/o. L'assemblée générale fixe la part qui doit aller à la caisse de retraite; 10 p. o/o sont affectés aux jetons de présence et 10 p. o/o au fonds de réserve.

Nous avons un peu d'aléa; bien que nous ne fassions pas de crédit, il y a toujours certaines créances que nous sommes obligés de passer aux profits et pertes, aux comptes litigieux, de façon à ne pas distribuer des bénéfices qui ne seraient pas liquidés.

Vous verrez dans nos statuts que notre caisse de retraite, qui était de 100,000 francs, dont nous payions l'intérêt à 6 p. o/o, constituait

Déposition
de MM. Blanc
et Toussaint.
(Suite.)

pour nous un créancier qui venait atténuer nos bénéfices ; aujour-
d'hui, la caisse de retraite n'a que ce qu'elle produit elle-même.

M. le Président. La Commission vous remercie, Messieurs, des
renseignements que vous avez bien voulu lui fournir.

(Les déposants se retirent).

ASSOCIATION
DES OUVRIERS VANNIERS DE LA SEINE.

(Siège social : 5o, rue du Temple.)

Représentée par MM. VINCENT et THILLY.

Déposition
de MM. Vincent
et Thilly.

MM. Vincent et Thilly sont introduits.

M. le Président. Veuillez faire votre déposition.

M. Vincent. Nous sommes constitués en société anonyme, à capital
variable. Les difficultés que nous avons éprouvées tiennent à ce que
nous ne connaissions pas la loi de 1867 ; nous avons dû nous adresser
à un homme d'affaires, de sorte que les frais de notre constitution se
sont élevés à 400 francs environ. Nous avons un acte notarié.

M. le Président. Vous pouviez vous constituer par acte sous-seing
privé.

M. Thilly. Nous n'étions pas renseignés à ce sujet. C'est
M. Lesourd, avocat, qui s'est chargé de faire les démarches.

M. Barberet. Combien vous a coûté, à lui seul, l'acte notarié ?

M. Vincent. C'est en quelque sorte un acte sous-seing privé ;
mais il a fallu un acte notarié pour la liste nominative des souscripteurs et des sommes versées.

M. Barberet. C'est un acte sous-seing privé que vous avez fait enregistrer et déposer chez un notaire ?

M. Vincent. Oui, Monsieur.

M. LE PRÉSIDENT. Voyez-vous des modifications à apporter à la loi de 1867 ?

M. VINCENT. Ce qui gêne le plus, ce sont les frais de dépôt, les frais de timbre qu'il faut payer.

M. THILLY. Et puis les ouvriers qui veulent se constituer en association ne connaissent pas la loi ; ils sont obligés de faire des démarches et de s'en remettre aux hommes d'affaires.

M. LE PRÉSIDENT. La responsabilité imposée pendant cinq ans aux sociétaires qui se retirent ou sont exclus arrête-t-elle les souscripteurs ?

M. VINCENT. Cela n'arrête pas les gens sérieux, et c'est une garantie pour l'association.

Notre capital souscrit est de 2,000 francs, dont 1,500 francs sont versés. Nous sommes dix-sept associés.

M. BARBERET. L'exiguïté du capital versé et nécessaire s'explique parce que, dans cette industrie, il n'y a pour ainsi dire pas de matériel ni d'outillage ; pour 5 francs un ouvrier peut s'outiller. La matière première également a peu de valeur.

M. VINCENT. Avec 3 ou 400 francs un ouvrier peut travailler plusieurs mois. Notre fonds de roulement est notre capital.

M. LE PRÉSIDENT. Avez-vous déjà passé des marchés d'une certaine importance ?

M. VINCENT. Nous avons fait des travaux assez importants. Généralement nous ne passons pas de marchés ; on nous donne une commande, et nous faisons un échantillon sur lequel on établit un prix.

M. LE PRÉSIDENT. Comment vous êtes-vous procuré des fonds pour travailler ?

M. THILLY. Nous avons marché avec nos propres ressources, et nous avons emprunté à certains membres de l'association ; ce sont nos sociétaires eux-mêmes qui nous ont fait quelques avances.

Déposition de MM. Vincent et Thilly. (Suite.)

M. le Président. Vous n'avez pas eu recours à des institutions de crédit?

M. Vincent. Non, Monsieur; nous ne sommes constitués que depuis quatorze mois.

M. le Président. Quels résultats avez-vous obtenus?

M. Vincent. L'année dernière a été mauvaise, nous avons dû payer nos frais de constitution, et puis il y a eu du chômage. Nous n'avons pas eu de pertes, mais nous n'avons pas fait non plus de bénéfices. Les comptes, à l'inventaire, se sont à peu près balancés.

M. le Président. Avez-vous un directeur?

M. Thilly. Nous avons un administrateur délégué nommé pour un an, par le conseil d'administration, et toujours rééligible; nous n'en avons pas encore changé.

M. le Président. Avez-vous des certificats de capacité?

M. Vincent. Les maisons pour lesquelles nous avons travaillé pourraient nous en donner, mais on ne nous en réclame jamais.

M. le Président. Pour quelle proportion la matière première entre-t-elle dans l'objet fabriqué?

M. Thilly. 10 p. 0/0 environ.

Nous avons un petit approvisionnement, d'une valeur de 3 à 400 francs. Le matériel est insignifiant, et est propriété collective; il vaut à peu près 250 francs; l'outillage est individuel.

M. le Président. Dans le cas où vous deviendriez adjudicataires de travaux, préféreriez-vous verser un cautionnement ou subir une retenue de garantie?

M. Vincent. Nous préférerions subir une retenue de garantie; le cautionnement est un capital dont il faut payer l'intérêt et qui pourrait servir à acheter des marchandises.

M. le Président. Comment désirez-vous être payés?

M. Vincent. Parfaitement, je comprends.

M. le Président. L'emploi a-t-il lieu des ouvrières salariées?

M. Thill. Jusqu'à présent, nous n'avons pas été dans ce cas.

M. le Président. À quelles conditions et formalités sont astreints les ouvriers associés en vue d'émission?

M. Vincent. Ils doivent se soumettre aux statuts, présenter certaines garanties de moralité et de capacité, et souscrire au moins une action. Ils ne sont pas de l'usage.

M. le Président. Par qui le travail est-il dirigé?

M. Vincent. Par un administrateur délégué, qui travaille lui-même dans l'atelier même.

M. le Président. Comment traversez-vous les périodes de chômage?

M. Vincent. C'est l'ouvrier qui en subit les conséquences; on réduit les heures de travail.

M. le Président. Les patrons de votre profession font-ils exécuter leurs travaux à l'étranger?

M. Thill. La vannerie se divise en deux parties : la fine et la grosse. Nous ne fabriquons que la grosse vannerie, mais il y a, à Paris, des ouvriers de la corporation qui font la vannerie fine. L'Allemagne surtout envoie beaucoup d'articles de vannerie fine qui font une concurrence très grande à l'industrie française.

M. Sumien. De quelle partie de l'Allemagne viennent ces objets?

M. Thill. Pour la plupart de la Bavière.

M. le Président. Avez-vous une caisse de retraite?

M. Vincent. Nos statuts prévoient une caisse de retraite, alimentée par un prélèvement sur les bénéfices, mais nous n'y avons encore rien versé; nous sommes trop nouveaux; nous y pourvoierons dans l'avenir.

Déposition de MM. Vincent et Thill.

M. le Président. Quelles sont, pour votre industrie, les conséquences du travail exécuté dans les maisons centrales?

M. Thilly. Les travaux des maisons centrales sont adjugés à des
entrepreneurs qui font ainsi fabriquer dans des conditions de bon
marché déplorables ; ils peuvent faire des rabais de 30 p. o/o au
moins sur les industries libres.

M. Vincent. La fabrication est très défectueuse, mais l'acheteur
n'y regarde pas toujours.

M. Thilly. On ne peut pas supprimer le travail dans les prisons,
mais il faudrait autant que possible établir à cet égard un tarif correspondant aux prix qui sont pratiqués dans l'industrie libre.

M. Barberet. M. Peytral, député des Bouches-du-Rhône, nous a
adressé une pétition des vanniers de Marseille, qui protestent également contre la concurrence que leur fait le travail exécuté dans les
prisons.
Pourriez-vous nous dire quel genre de travaux vous seriez en
mesure de faire pour l'État ou pour les grandes administrations?

M. Thilly. Nous pourrions faire, pour les compagnies de chemins
de fer, le matériel connu sous le nom de « colis postaux » ; de même
nous pourrions travailler pour le Ministère des postes et dés télégraphes, pour la Douane, pour l'Assistance publique.

M. Houette. Vous n'avez pas encore concouru aux adjudications
de l'administration de l'Assistance publique?

M. Thilly. Lors de la dernière adjudication, nous avons reçu le
cahier des charges le jour même de l'adjudication, c'est-à-dire trop
tard pour soumissionner.

M. Barberet. Jusqu'à ce que le règlement soit modifié, il vous
faudra fournir un cautionnement pour prendre part aux adjudications ; comment vous procurerez-vous des fonds si vous n'êtes pas en
rapport avec des maisons de crédit?

M. Thilly. C'est la grande question. Aussi demandons-nous qu'on
substitue au cautionnement la retenue de garantie.

M. Barberet. Mais en attendant, comment vous procureriez-vous un cautionnement ?

M. Vincent. Cela nous serait peut-être difficile.

M. Houette. Vous pourriez vous adresser à la *Caisse centrale populaire ?*

M. Vincent. Cette maison n'ouvre de crédit qu'autant qu'on y a déjà versé des fonds.

M. Thilly. Elle ouvre un crédit double du montant de ses actions qu'on a souscrites.

M. Barberet. Vous avez jugé que vous n'auriez pas avantage à entrer dans cette combinaison ?

M. Thilly. Nous ne nous sommes pas encore occupés de cette question ; nous pourrons la mettre à l'étude.

M. le Président. Nous vous remercions, Messieurs, de votre déposition.

(Les déposants se retirent.)

Déposition
de MM. Vincent
et Thilly.
(Suite.)

ASSOCIATION

DES ARTISTES PEINTRES DÉCORATEURS.

(Siège social : 21, rue de la Chaussée-d'Antin.)

Représentée par MM. DUTTI, A. BIN et FAUCHER.

MM. Dutti, A. Bin et Faucher sont introduits.

M. le Président. Sous quelle forme êtes-vous constitués ?

M. Dutti. Nous formons, depuis le mois de janvier dernier, une société en nom collectif sous la raison sociale : Dutti, Chauffrey et Cⁱᵉ.

M. Barberet. Ces Messieurs n'ont pas cru devoir se constituer sous la forme coopérative, parce qu'il y a encore, dans leur profession,

Déposition
de MM. Dutti, A. Bin
et Faucher.

34.

certains préjugés, et que, d'autre part, cette dénomination serait
peut-être de nature à porter ombrage à une partie de leur clientèle.

M. LE PRÉSIDENT. Ce serait alors une simple question de précaution?

M. DUTTI. Nous avons pris la forme de la Société en nom collectif pour arriver plus promptement à nous constituer, dans l'espoir
d'être admis aux travaux de l'Hôtel-de-Ville; autrement, nous aurions
pris la forme anonyme ou coopérative.

Nous avions réuni une soixantaine de nos collègues, et nous leur
avions fait part de notre projet, mais nous ne nous sommes trouvés
que seize pour signer les statuts.

M. LE PRÉSIDENT. Avez-vous une chambre syndicale?

M. DUTTI. Non; nous sommes en minorité.

Nous avons cherché à faire un syndicat professionnel mixte, composé de patrons et d'ouvriers, mais nous avons rencontré de l'opposition et nous n'avons pas été plus loin.

Une réaction commence à se produire; on nous voit sous un autre
jour qu'au début, et il est probable que, l'année prochaine, le syndicat professionnel des artistes peintres décorateurs sera établi.

M. A. BIN. Ce qui a empêché la combinaison, c'est l'existence d'une
Société de secours mutuels; on a craint que le syndicat, s'il était organisé, ne vînt à se servir des fonds de la Société de secours mutuels.

M. LE PRÉSIDENT. A combien se sont montés les frais de votre constitution.

M. DUTTI. A 120 francs. Nous avons fait un acte sous-seing privé.

M. LE PRÉSIDENT. Dans quelle mesure pouvez-vous participer aux
travaux de l'État?

M. DUTTI. Nous pourrons participer aux travaux de l'État avec le
capital que nous sommes en train de former; dans le cas où nos
entreprises nécessiteraient un personnel plus nombreux, nous ferions
appel à des collègues qui participeraient à nos bénéfices.

C'est ainsi que les choses se passent dans l'atelier de M. Lavastre, notre maître; MM. Adam et Ouri n'ont pas procédé de même vis-à-vis des cinquante-sept décorateurs qu'ils ont occupés pour l'exposition d'Amsterdam.

Déposition de MM. Dutti, A. Bin et Faucher. (Suite.)

M. LE PRÉSIDENT. Quel est votre capital?

M. DUTTI. A l'heure actuelle, il est de 160 francs, soit 10 francs par sociétaire, pour parer aux premiers frais.

L'article 15 de nos statuts autorise le gérant, après avis de la Société, à augmenter le capital; nous avons décidé le versement d'une cotisation mensuelle de 10 francs, ce qui, d'ici cinq ou six mois, portera notre capital à 1,000 francs. Je m'étais adressé au bureau de la rue Taitbout, pour avoir un livret de caisse d'épargne postale, sur lequel seraient inscrits nos versements; l'employé m'a prié d'en référer à M. le Ministre des postes et des télégraphes, et M. le Ministre m'a envoyé, par lettre, l'autorisation que nous sollicitions. Cette somme de 1,000 francs nous suffira pour entreprendre toute sorte de travaux car nous n'avons pas de matériel et presque pas de fournitures à faire.

M. LE PRÉSIDENT. Avez-vous un directeur?

M. DUTTI. Nos collègues ont nommé deux directeurs : M. Chauffrey et moi.

M. LE PRÉSIDENT. Sont-ils révocables?

M. DUTTI. L'association ayant été limitée aux travaux à exécuter à l'Hôtel-de-Ville, nous ne sommes pas révocables, mais, en conséquence des observations qui nous ont été présentées au sujet de la forme de notre Société, nous modifierons notre constitution. Nous comptons faire d'autres travaux, et nous serions un peu gênés par nos statuts.

M. A. BIN. Le directeur pourrait être changé, par exemple, tous les deux ou trois ans, pour permettre à chacun, successivement, de coopérer à la direction du travail. Ce serait une association tout à fait fraternelle.

M. LE PRÉSIDENT. Avez-vous des certificats de capacité ?

M. Dutti. Nous en avons tous. M. Faucher, notamment, vient de recevoir son brevet de professeur des écoles municipales.

M. le Président. Le coût de la matière première est-il élevé ?

M. A. Bin. La matière première n'entre que pour 5. p. o/o dans le prix du travail. Nous n'en avons pas d'approvisionnement. Le matériel consiste en échelles et pinceaux qui sont propriété individuelle.

M. le Président. Dans le cas où vous soumissionneriez des travaux de l'État ou de la Ville de Paris, pourriez-vous supporter une retenue sur les payements pour servir de garantie ? Quelles objections auriez-vous à présenter contre le dépôt d'un cautionnement préalable ?

M. Dutti. L'administration de la Ville n'exige qu'une retenue de garantie, en vue des assurances contre les accidents, que l'on doit contracter en commençant les travaux; en outre, M. Ballue a demandé le dépôt d'une somme de 5oo francs pour les cas de malfaçon. Voilà tout ce que porte le programme de l'Hôtel-de-Ville.

M. le Président. Il n'y a pas de retenue de garantie sur les payements?

M. Dutti. Non, mais seulement le dépôt d'une somme de 5oo francs. La retenue de garantie correspond à une assurance.

M. le Président. Vous ne trouvez pas que le dépôt d'un cautionnement soit nécessaire, et d'ailleurs vous en seriez gênés; vous préféreriez sans doute une retenue sur les payements ?

M. Dutti. Je crois que, d'après le règlement de l'Hôtel-de-Ville, la retenue est de 25 p. o/o pour la sculpture.

M. le Président. Pour les autres travaux, elle est de 10 p. o/o. Vous y consentiriez ?

M. Dutti. Parfaitement.
Nous désirerions des payements périodiques, mensuels autant que possible.

M. Barberet. Vous ne désireriez pas être payés, comme dans les autres professions du bâtiment, par règlements de mémoires ?

Déposition
de MM. Dutti, A. Bin
et Faucher.
(Suite.)

M. Dutti. Non. Nous sommes surveillés continuellement par l'architecte, qui nous ferait recommencer le travail s'il n'était pas fait dans les conditions voulues. Nos travaux sont presque toujours reçus au fur et à mesure qu'ils sont exécutés, et c'est pourquoi nous demandons à être payés périodiquement.

M. le Président. Votre association emploie-t-elle des auxiliaires salariés ?

M. Dutti. Nous n'avons pas encore travaillé ; nous le ferons si cela est nécessaire. Nos auxiliaires participeraient aux bénéfices.

M. le Président. Combien y a-t-il à Paris de peintres décorateurs ?

M. Dutti. 3oo environ, dont 2oo sont bien connus et font partie d'une société de secours mutuels, fondée en 1859, qui siège au Palais-Royal.

M. le Président. Vous n'avez pas prévu l'admission de nouveaux sociétaires ?

M. Dutti. C'est une clause que nous introduirions dans nos statuts si nous nous transformions en société anonyme.

M. Faucher. Nous ne nous sommes groupés qu'en vue des travaux de l'Hôtel-de-Ville.

M. A. Bin. Nous avons su que la Ville entendait fournir aux associations ouvrières la possibilité d'entreprendre des travaux. Nous sommes très peu connus à Paris, on nous confond avec les peintres en décors ; comme nous voyions que les tapissiers, les maîtres peintres nous employaient et s'attribuaient la gloire et le profit de nos travaux, nous avons résolu de nous associer sous une forme quelconque, en vue de ce travail de l'Hôtel-de-Ville.

Il y avait là une question de dignité professionnelle.

M. le Président. Vos associés sortent-ils des écoles professionnelles municipales ?

M. Dutti. M. Faucher a été élève des écoles professionnelles et des cours d'adultes ; d'autres ont suivi les cours d'écoles municipales de dessin de province ; moi, je sors de l'école municipale de Mâcon.

M. le Président. Par qui votre travail et vos ateliers sont-ils dirigés ?

M. A. Bin. Nous nommons nous-mêmes nos directeurs ; nous nous connaissons tous. C'est affaire de règlement intérieur, de discipline.

M. le Président. On a exigé que vous fussiez assurés contre les accidents ?

M. Dutti. Oui, c'est une caution de notre société, exigée par l'Administration de la Ville de Paris.

Nous voudrions savoir si, dans la forme où nous sommes constitués, nous pourrions être admis à faire les travaux de l'État ; on nous a dit que nous devrions peut-être modifier notre association.

M. le Président. La forme que vous avez adoptée n'est pas celle des associations ouvrières proprement dites.

M. Dutti. Nous prendrions maintenant la forme anonyme.

M. le Président. Vous avez tout le temps pour réfléchir à ce que vous devez faire ; cela ne vous empêchera pas de vous présenter pour les travaux de la Ville.

M. Dutti. Aux termes du rapport de M. Ballue, nous devons faire les maquettes, qui seront soumises au jury des beaux-arts.
Les travaux seront concédés et non adjugés.

M. Barberet. Il serait très difficile qu'il en fût autrement, bien que, dernièrement, les sculpteurs aient eu à l'adjudication les travaux de l'hôtel-de-ville de Saint-Denis et de la mairie des Lilas. Cela ne s'était peut-être jamais vu.

M. le Président. Je crois qu'avant l'adjudication ils avaient fourni des preuves de capacité.

M. Dutti. Oui, ils avaient exécuté des travaux à l'Hôtel de Ville. Nous espérons qu'il en sera de même pour nous; quand on aura vu ce que nous sommes capables de faire, il n'y aura plus de doute sur notre valeur professionnelle.

M. le Président. La Commission vous remercie, Messieurs, de votre déposition.

(Les déposants se retirent.)

(La séance est levée à midi.).

Déposition de MM. Dutti, A. Bix et Faucher. (Suite.)

10ᵉ SÉANCE.

SAMEDI 19 MAI 1883.

PRÉSIDENCE DE M. FRÉMAUX.

La séance est ouverte à 9 heures.

Sont présents : MM. GARNIER, GRISON, PITRE, CAËL, GUILLE-DESBUTTES, NÈGRE, PHILIPPE, TISSERAND, HOUETTE, BARBERET.

Excusé : M. DUPONT.

M. BARBERET, *Secrétaire*, donne lecture du procès-verbal de la séance du mardi 15 mai.

Le procès-verbal est adopté.

ASSOCIATION

DU JOURNAL OFFICIEL.

Représentée par MM. BAUGIER, Directeur du *Journal officiel;* GONNOT, Directeur de la Société des typographes du *Journal officiel;* BARRA-LALLIER, Président du Conseil d'administration de cette société.

MM. BAUGIER, GONNOT et BARRA-LALLIER sont introduits.

Déposition de MM. BAUGIER, GONNOT et BARRA-LALLIER.

M. LE PRÉSIDENT. Voudriez-vous, Messieurs, répondre au questionnaire qui vous a été communiqué?

M. BAUGIER. Je commence par déclarer que c'est comme fonctionnaire dirigeant l'ensemble des services de l'administration du *Journal officiel* que je prends la parole; M. Gonnot, directeur de la Société, et M. Barra-Lallier, président du conseil d'administration, ont bien voulu m'accompagner et sont prêts à répondre aux questions plus spéciales à leur organisation ouvrière qui pourraient leur être adressées.

La Société ouvrière à qui ont été confiées la composition, l'impression et la distribution du *Journal officiel* est une société anonyme à capital variable.

La Société du *Journal officiel* a cela de particulier qu'elle s'est constituée sans avoir à fournir ni capital, ni matériel, ni outillage; elle ne donne absolument que la main-d'œuvre; une collectivité d'ouvriers a dit à l'État : Nous pouvons vous donner notre expérience, de votre côté vous nous fournirez le matériel.

Cela explique que la Société s'est constituée très facilement ; elle n'a pas eu besoin de recourir à des prêteurs, et les frais de constitution ont été relativement restreints ; autant que je puis me rappeler, ils se sont élevés à 1,000 francs environ.

M. BARBERET. C'est beaucoup.

M. GONNOT. L'acte a été passé chez un notaire, et il y a beaucoup de frais d'enregistrement.

M. BARBERET. Nous n'avons pas encore vu d'association qui ait dépensé autant pour se constituer.

M. LE PRÉSIDENT. Pourquoi n'a-t-on pas fait un acte sous-seing privé?

M. BAUGIER. Lorsque, sous le ministère de M. Constans, M. Fallières a traité avec l'association ouvrière qui dépose aujourd'hui devant vous, Messieurs, il a préféré, pour la clarté et le caractère spécial qui en résulte, que le contrat fût notarié.

M. GONNOT. Il y a tenu absolument.

M. BARBERET. Cela prouve l'ambiguïté de la loi de 1867.

M. BAUGIER. D'après ce que je viens de dire, la Société a une existence facile : elle est née sans efforts, elle n'a presque pas de risques à courir, et si, par hasard, la mort venait à la frapper, la liquidation de sa succession se ferait sans embarras. La question de l'association du capital et du travail est une question bien grave, toujours soulevée ; notre Société peut fournir à cet égard une indication, une expérience.

35.

M. Gonnot. Nous n'exploitons absolument que la partie technique, nos bras et nos facultés professionnelles, voilà tout notre capital.

M. Baugier. L'association, constituée et fonctionnant dans les conditions que je viens de dire, est prospère. La composition du *Journal officiel*, la distribution, la publication des *Annales parlementaires*, etc., représentent annuellement une somme de main-d'œuvre de 600,000 francs environ, sur laquelle la Société fait, en moyenne, 10 p. o/o de bénéfices; de son côté, l'État y trouve un avantage considérable. Je ne parle pas seulement d'après mon expérience personnelle; j'invoquerai le témoignage de M. Méline, qui, dernièrement, a fait un rapport sur un projet de crédit supplémentaire relatif au *Journal officiel*: M. Méline a reconnu que le bénéfice de l'État avait été de plus de 600,000 francs en 1881, de plus de 700,000 francs en 1882, comparativement à l'ancien état de choses, c'est-à-dire à l'adjudication.

Ainsi, d'un côté, les ouvriers ont des gains raisonnables, et l'autre partie contractante, l'État, y trouve également de larges profits. C'est qu'en effet, pour les premiers, il n'y a ni frais généraux, ni frais d'administration qui grèvent d'ordinaire fortement le budget des sociétés.

M. Gonnot. Nous n'avons pas d'employés.

M. Barra-Lallier. J'ajouterai que les fonctions administratives ne sont aucunement rétribuées.

M. Baugier. C'est aussi que la Société du *Journal officiel* est constituée sur des bases tout à fait démocratiques, tout à fait égalitaires : indépendamment de leur paye hebdomadaire, les ouvriers reçoivent annuellement, dans les bénéfices, une part proportionnelle au travail accompli par chacun, et c'est là un très grand stimulant : il n'y a ni temps perdu, ni efforts inféconds; l'ouvrier sait que s'il produit beaucoup, ce n'est pas seulement l'être collectif, auquel il pourrait ne pas toujours s'intéresser, mais lui-même qui en profitera.

Quant à l'État, il bénéficie de la grande somme de labeur produite, et de plus, agissant directement, il n'a pas à payer à un entrepreneur ce qu'on appelle les « étoffes », ni à donner de subventions, souvent litigieuses, à un adjudicataire. J'estime que l'économie pour le Trésor, en main-d'œuvre et matière, est de 30 p. o/o.

M. le Président. Combien y a-t-il d'associés ?

M. Gonnot. Il y a vingt-huit actionnaires. Notre capital est de 5.600 francs.

M. Barberet. Le capital n'a été souscrit que pour se conformer à la loi ?

M. Barba-Lallier. Forcément, car nous n'avons que peu ou point de capitaux à avancer.

M. Caël. Et pour les achats de papier?

M. Gonnot. L'État nous fournit l'outillage et la matière; nous ne donnons que la main-d'œuvre.

M. le Président. Voyez-vous des modifications à apporter à la loi de 1867?

M. Baugier. A cet égard, je me placerai surtout au point de vue que je connais le mieux de la constitution spéciale de la Société. Les modifications à apporter à la loi de 1867 pourraient s'appliquer au fonds de réserve, au fonds de prévoyance, au fonds de roulement, à la caisse des retraites et aux assurances en cas d'accidents.

M. Barberet. Vous pensez qu'on devrait rendre obligatoires les prescriptions relatives à ces objets?

M. Baugier. Oui, mais je dois dire tout de suite qu'il devrait y avoir des exceptions. Pour suivre mon raisonnement, dans l'association du *Journal officiel*, le fonds de réserve est absolument dérisoire : il est fixé au dixième du capital, c'est-à-dire à 560 francs. Supposez, au contraire, que le fonds de réserve ne soit pas limité, qu'il grossisse avec les bénéfices; si, à un moment donné, l'objet pour lequel l'association s'est constituée venait à disparaître, l'association ouvrière trouverait dans ce fonds le moyen, par exemple, de concourir à une adjudication, d'entreprendre une nouvelle œuvre; — il est bien certain que ce n'est pas la somme de 560 francs qui permettrait de tenter un nouvel effort.

Le fonds de prévoyance est annuel; il se compose d'un prélèvement de 10 p. o/o sur les bénéfices; lorsque l'année est expirée, on par-

Déposition
de MM. BAUGIER,
GOSSOT
et BARRA-LALLIER.
(Suite.)

tage le fonds de prévoyance ancien et on en constitue un nôuveau. Il n'y a rien, dans la loi de 1867, qui oblige à cumuler pour accroître le fonds de prévoyance; il vaudrait bien mieux diminuer la proportionnalité et obtenir, au moyen de versements qui se continueraient d'année en année, un fonds de prévoyance qui irait croissant toujours. Ce serait d'autant plus utile que les associations ouvrières sont celles dont les membres ont le plus besoin de secours; je n'ai pas besoin d'insister davantage sur ce point.

Quant au fonds de roulement, c'est plus grave : dans la Société du *Journal officiel*, il n'existe pas. Il est vrai que l'association ne fournit ni matériel, ni outillage, mais, s'il se présentait un cas imprévu, elle ne pourrait disposer d'aucun capital en vue d'un effort quel qu'il soit. La loi devrait édicter, pour les sociétés, l'obligation d'avoir un fonds de roulement.

En ce qui concerne les accidents, il n'y a rien, que je sache, dans la loi de 1867, qui oblige les sociétés à assurer leurs membres; ce serait là une prescription qui se justifierait par les mêmes raisons qui militent en faveur de l'augmentation du fonds de prévoyance.

La Société du *Journal officiel* n'a pas de caisse de retraite spéciale, mais elle se recrute obligatoirement parmi les membres adhérents à la Chambre syndicale typographique, et, suivant leur règle, nos typographes versent 5 p. o/o de leurs bénéfices à la caisse de retraite de la société de secours mutuels dont ils font partie, c'est-à-dire à la caisse de la Chambre syndicale; ils ont donc, *mais indirectement*, une caisse de retraite.

Je dirai que ces différentes obligations qu'on pourrait introduire dans la loi de 1867 seraient difficilement applicables à des associations temporaires et restreintes comme l'association du *Journal officiel*.

Pour traiter un autre point, on pourrait soutenir qu'il y a dans l'association qui nous occupe une association en participation. Le caractère de l'association en participation est d'unir certaines personnes qui affectent un capital à un objet déterminé, avec l'espoir d'en retirer un bénéfice; or, c'est ce qui se passe ici : la Société du *Journal officiel* est constituée, non pas, comme l'*Imprimerie nouvelle*, dans le but « d'imprimer », ce qui comporte une succession indéfinie de faits et d'opérations, mais dans le but de « faire le *Journal officiel* »; que le *Journal officiel* disparaisse, qu'il se transforme, et l'objet en vue duquel s'était constituée la société s'évanouissant, l'association n'a plus de raison d'être. Il y a donc bien là le caractère de l'association en participation.

M. BARBERET. Voulez-vous, Monsieur le Directeur, me permettre une observation?

Lorsque l'exploitation du *Journal officiel* devint vacante, M. Fallières, alors sous-secrétaire d'État au Ministère de l'intérieur, me fit l'honneur de me consulter plusieurs fois au sujet d'une demande qui lui avait été adressée par le directeur de l'association coopérative typographique l'*Imprimerie nouvelle*, M. Masquin, que la Commission entendra tout à l'heure. — M. Masquin disait à M. Fallières que, derrière l'*Imprimerie nouvelle*, il y avait la Société typographique parisienne, dont le siège est établi rue de Savoie, qui est puissamment organisée, et dont les membres s'entendent admirablement. M. Fallières était tout disposé à confier cette exploitation à des ouvriers, mais il ne croyait pas pouvoir traiter avec une association qui aurait des marchés avec des tiers. Sa responsabilité était engagée, et sa prudence, en pareil cas, était très légitime et parfaitement justifiée. Il voulait une association qui s'occupât exclusivement du *Journal officiel*. Il fallait donc trouver un autre moyen. Pour ne pas laisser échapper cette occasion d'être utile à des ouvriers recommandables à tous égards, j'émis l'avis d'associer à part et en commandite, en vertu de la loi du 24 juillet 1867, les ouvriers typographes qui seraient employés au *Journal officiel*. C'est cette idée qui a prévalu.

S'il se fût agi d'une exploitation ordinaire, on se serait adressé à l'*Imprimerie nouvelle*, et d'ailleurs, tous les membres de la Société du *Journal officiel* sont adhérents, ou au syndicat de la rue de Savoie, ou à l'association de l'*Imprimerie nouvelle*.

J'ai dit, dans mon rapport à M. le Ministre de l'intérieur, que la *Société typographique parisienne* et l'*Imprimerie nouvelle* avaient traité pour l'exploitation du *Journal officiel*; il y a là une petite différence; en réalité, on a fait une association séparée pour l'exploitation exclusive du *Journal officiel*.

Si l'*Imprimerie nouvelle* n'a pas obtenu directement l'exploitation qu'elle demandait, on peut dire qu'elle y est intéressée d'une manière indirecte.

M. BAUGIER. Parfaitement, bien qu'il s'agisse d'un objet absolument déterminé.

Déposition
de MM. BAUGIER,
GONNOT
et BARRA-LALLIER.
(Suite.)

Je dois ajouter maintenant que, pour l'association temporaire et restreinte du *Journal officiel* et pour celles qui se constitueraient de la même façon, il n'est pas possible d'appliquer les mesures de précaution que je réclame, et voici pourquoi : Nous avons des ouvriers qui, sans être actionnaires, font cependant partie d'une façon presque permanente de l'exploitation du *Journal officiel* (je ne parle pas des équipes volantes, que l'on prend de temps en temps et qui ne font que passer dans la maison) ; pour ne pas léser ces ouvriers presque permanents, le fonds de prévoyance étant constitué au moyen d'un prélèvement sur les bénéfices, il a paru juste de le répartir annuellement, de façon que ceux qui s'en vont ne soient pas privés de la part qui leur revient. C'est ce qui fait qu'on a donné au fonds de prévoyance la durée d'une année ; il en est de même du fonds de réserve, qu'on distribue annuellement.

Pour répondre à une autre question, je dirai que la responsabilité imposée pendant cinq ans aux sociétaires qui se retirent ou sont exclus, n'a effrayé aucun des souscripteurs de l'association.

M. le Président. Comment est nommé le bureau de la Société ?

M. Baugier. Le directeur de la Société est nommé par l'assemblée générale, pour six ans ; il est toujours révocable. Les administrateurs sont également nommés pour six ans ; le président du conseil d'administration est nommé pour un an.

M. le Président. Y a-t-il des certificats de capacité ?

M. Baugier. Pour faire partie de la Société du *Journal officiel* il faut être membre de la Chambre syndicale des typographes, et, d'autre part, pour être membre de la Chambre syndicale, il faut avoir été reçu ouvrier, être présenté par deux parrains et avoir fait un noviciat.

M. le Président. Vos ouvriers supportent-ils une retenue sur les payements ?

M. Baugier. Quand l'État a fait le traité avec l'association du *Journal officiel*, M. Fallières, qui, en somme, n'avait d'autre garantie que la bonne foi des membres de l'association, a tenu, pour se couvrir complètement et éviter des désagréments possibles, à avoir un gage : ce gage est représenté par les salaires des deux premières semaines de chaque année, et il dépend du directeur du *Journal*

— 281 —

officiel de l'augmenter ou dè le restreindre en faisant travailler plus ou moins les équipes. En moyenne, le gage s'élève à 14,000 francs.

M. BARRA-LALLIER. Il ne peut pas être inférieur à 13,000 francs.

M. ÇAËL. Vous parlez d'augmenter le travail; mais vous ne faites pas autre chose que le *Journal officiel?*

M. BAUGIER. Pardon; nous faisons beaucoup d'impressions pour les ministères, les *Annales parlementaires,* des tirages à part de discours pour les députés, etc. Le travail même du *Journal officiel* est absolument irrégulier : tel jour le journal a seize pages, tel autre jour il en a quatre-vingts. On paye tant la feuille de seize pages pour la composition et le tirage.

Quant aux départs, il y a un forfait. Je dois dire, du reste, que l'association, qui reçoit 112,000 francs pour les départs et les bandes, etc., donne ces 112,000 francs à l'entrepreneur qui est chargé de ce service; elle n'est qu'un intermédiaire et un répondant.

M. GONNOT. La première année, nous avons laissé 13,000 francs pour notre cautionnement; cette année nous avons laissé 20,000 francs, qui restent là sans produire d'intérèts. Le cautionnement peut retomber, l'année prochaine, à 13,000 francs, cela dépend du travail exécuté dans les deux premières semaines.

M. BAUGIER. L'année prochaine, on remboursera les 20,000 francs, lorsque les deux premières semaines auront été faites. Détail intéressant : le cautionnement, qui représente le travail de deux semaines, et qui n'est pas tout entier du bénéfice, qui se compose, pour une part, de la *banque* de chaque semaine, et pour une part de ce qui excède la banque, c'est-à-dire du bénéfice, — s'il y en a, — n'est pas distribué aux ouvriers sous forme de banque. Comme il n'est payé par l'État que l'année expirée, on le porte tout entier au compte des bénéfices, et il est distribué, comme j'avais l'honneur de le dire en commençant, proportionnellement à la somme annuelle des efforts de chaque ouvrier.

M. LE PRÉSIDENT. C'est un cas tout à fait particulier à votre association.

Comment payez-vous?

Déposition de MM. Baugier, Gonnot et Barra-Lallier. (Suite.)

M. Baugier. Par semaine. S'il m'était permis d'ouvrir une parenthèse, je dirais qu'il serait excellent d'adopter ce mode de payement, non seulement pour les ouvriers, mais aussi pour les petits employés. Cela, je crois, se fait en Angleterre, où, certainement, l'existence en devient plus facile. Autrement la maladie, toutes sortes de besoins se présentent, et le mois est toujours mangé avant d'être payé.

M. Gonnot. Du reste, c'est un article du tarif typographique; on ne peut pas nous retenir plus de huit jours.

M. le Président. Avez-vous des auxiliaires salariés?

M. Baugier. En dehors des vingt-huit associés, il y a des équipes permanentes et des équipes volantes; les équipes permanentes participent à tous les avantages de l'association, comme les sociétaires eux-mêmes; leur situation est même plus favorable, car n'ayant pas d'actions, elles n'ont rien à perdre et ne peuvent pas encourir de responsabilité.

M. Barberet. Les auxiliaires participent aux bénéfices?

M. Gonnot. Comme nous.

M. Baugier. Pour les compositeurs, les hommes de conscience, la moyenne des salaires est de 1 fr. 25 cent. par heure, y compris les travaux exceptionnels, les tableaux, la bourse, qui demandent plus d'attention; la durée du travail est d'environ huit heures.

Les correcteurs gagnent plus que les teneurs de copie; les uns et les autres gagnent en moyenne 7 fr. 50 cent. par jour; quant aux hommes des machines, il y en a qui gagnent 6 francs, d'autres 10 francs, soit une moyenne de 8 francs.

M. Barberet. Vous êtes chargés également de la distribution du journal?

M. Baugier. Le service du départ est un service absolument spécial; on y emploie des femmes comme brocheuses, plieuses, coupeuses; des hommes font la grosse besogne manuelle et dirigent les services. Le salaire des femmes est en moyenne de 3 fr. 50 cent.; elles sont occupées pendant des temps variables, parce que le service est très

irrégulier et dépend du travail des Chambres : quelquefois le bon
à tirer est donné cinq heures après le moment où le *Journal officiel*
devrait être parti. Les femmes sont payées à la feuille : tant pour
la première et tant en supplément pour les suivantes ; elles sont libres généralement vers 10 heures du matin et gagnent en moyenne,
je le répète, 3 fr. 50 cent.

M. Gonnot. Elles arrivent à 4 heures du matin et s'en vont à
10 heures ; quelquefois elles restent jusqu'à midi. L'extrème limite
est midi un quart, midi et demi.

M. Tisserand. Le capital des actions reçoit un intérêt fixe ?

M. Gonnot. Il reçoit 5 p. o/o. L'an dernier nous avons distribué
des bénéfices à 163 personnes, au marc le franc du travail produit
par chacun.

M. le Président. Avez-vous des auxiliaires ou des associés sortant
des écoles professionnelles ?

M. Baugier. Non, Monsieur le Président.

M. le Président. Avez-vous des apprentis ?

M. Baugier. Nous n'avons pas d'apprentis.

Je dois dire à ce propos, sans indiquer aucune maison, ni donner
aucun nom, que, dans la typographie, on fait un abus singulier de
la réclame humanitaire à l'endroit des écoles professionnelles annexées
à telle ou telle maison. La plupart de ces institutions n'ont de l'école
professionnelle que le titre. L'école professionnelle doit donner un
ensemble d'enseignement qui permette à ceux qui le reçoivent de
posséder leur art et de travailler, à leur sortie de l'école, dans les
différentes sphères où cet art se meut. Au contraire, dans les écoles
professionnelles auxquelles je fais allusion, on se contente de former des ouvriers pour le travail spécial de la maison, pour les besognes
particulières très utiles à l'entreprise, mais celui qui sort de ces écoles
professionnelles improprement nommées, ne connaît pas l'art typographique.

M. le Président. L'éducation est incomplète ?

Déposition
de MM. Baugier,
Gonnot
et Barba-Lallier.
(Suite.)

Déposition
de MM. Baugier,
Gonnot
et Barra-Lallier.
(Suite.)

M. Baugier. Il y a une éducation, incontestablement, mais elle est incomplète; les élèves de ces écoles savent peut-être mieux ce qu'on leur apprend d'une façon particulière, mais ils ne possèdent pas les notions générales qui pourraient leur être utiles.

M. Barra-Lallier. Il y a même, de la part de certaines maison, une exploitation d'apprentis.

M. Baugier. Cela se présente à Passy notamment.

M. Barberet. Vous voulez parler de la maison religieuse bien connue?

M. Baugier. Oui.

M. Gonnot. La typographie, en général, est inondée d'ouvriers qui savent à peine travailler.

M. Baugier. Ils trouvent quand même à s'employer. Et non seulement eux, mais les Allemands, les Belges, les Italiens, trouvent de l'ouvrage en France. Comment voulez-vous que ces ouvriers, qui se contentent de salaires inférieurs d'un quart peut-être, fassent de bonne besogne, puisqu'ils ignorent presque entièrement la langue française? Ils connaissent l'idiome courant, mais les typographes ont besoin de connaître les finesses de la langue.

Et non seulement on emploie en France des étrangers, mais encore on fait faire des impressions à l'étranger. Je crois que cela se fait moins cependant qu'autrefois; j'ai des renseignements contradictoires sur ce point.

Il vient peut-être en France plus d'Allemands que de Belges, mais on fait travailler plus en Belgique qu'en Allemagne; quant aux Anglais, ils gagnent chez eux des salaires plus élevés, et il n'en vient pas en France; je ne crois pas non plus que l'on confie beaucoup d'impressions françaises aux maisons anglaises.

M. Caël. Les salaires étant plus élevés en Angleterre, les Anglais devraient avoir intérêt à employer les étrangers.

M. Nègre. Travaillez-vous pour l'Angleterre?

M. Baugier. Ce serait logique, mais cela n'est pas. Pour l'expliquer, je répondrai qu'il y a en France des chantiers où l'on construit des navires à meilleur compte qu'en Angleterre, mais que cependant je ne connais pas d'Anglais qui fasse construire en France; tandis que je connais des maisons françaises qui font construire en Angleterre. Les Anglais restent généralement chez eux.

M. Tisserand. Cependant les Anglais exploitent des filatures en France, à cause du bas prix de la main-d'œuvre?

M. Baugier. Oui, ils constituent des sociétés en France; mais, quant à confier à un entrepreneur français un travail, je ne crois pas qu'ils le fassent, du moins pour la typographie.

M. Gonnot. Il faut ajouter que quand un typographe français va travailler à Londres, il n'est généralement pas bien accueilli.

M. Baugier. C'est toujours le même principe : L'Angleterre aux Anglais !

M. Tisserand. L'écart que vous signalez entre les salaires de l'ouvrier belge et de l'ouvrier français ne finit-il pas par disparaître au bout d'un certain temps ? Est-ce que l'ouvrier belge ne prend pas les habitudes de l'ouvrier français et ne devient pas aussi exigeant ?

M. Barra-Lallier. Pas généralement; la plupart restent toujours à un taux inférieur.

M. Baugier. Les étrangers qui viennent travailler, soit dans la typographie, soit pour les terrassements, soit pour les moissons, ne restent pas en France; ils y viennent parce qu'ils y gagnent plus que chez eux, mais une fois leur bourse remplie, ils s'en retournent.

M. Tisserand. Il en est de même des ouvriers de la Creuse, qui quittent Paris après avoir fait leur moisson.

M. Baugier. On fait également travailler beaucoup en province, et cela nuit au marché parisien, le plus considérable peut-être au point de vue typographique. Les industriels trouvent en province des locaux plus vastes, des forces motrices telles que l'eau, qui ne leur coûtent presque rien; ils y ont la matière première et la main-d'œuvre à meilleur compte.

Déposition
de MM. Baugier,
Gonnot
et Barra-Lallier.
(Suite.)

M. Gonnot. Le gros almanach Bottin est composé par des femmes, au Mesnil.

M. Pitre. Il y a, en province, des imprimeries qui emploient exclusivement des femmes pour la composition; le travail des femmes vaut-il celui des hommes ?

M. Gonnot. Non.

M. Pitre. Les femmes n'ont pas plus d'aptitude, plus de rapidité ?

M. Barra-Lallier. Elles en ont plutôt moins.

M. Baugier. Elles ont moins de jugement et moins de correction.

M. Gonnot. Il y a aussi, à Paris, des maisons où l'on emploie des femmes?

M. Barra-Lallier. Elles sont payées à un taux dérisoire, et c'est ce qui engage les entrepreneurs à les occuper.

M. Gonnot. C'est pourquoi nous avons résisté, nous, vieux typographes, à l'introduction des femmes dans l'imprimerie. Qu'on les paye comme nous, et nous ne ferons plus d'objections.

M. le Président. Par qui le travail est-il dirigé ?

M. Baugier. En dehors du fonctionnaire spécialement chargé de la direction du *Journal officiel* et de ses collaborateurs de qui relèvent la rédaction, l'administration, la comptabilité, la matière et toutes les opérations qui intéressent le Trésor, les membres de la Société ont une organisation tout à fait libre : ils ont des commandites spéciales pour le *Journal officiel*, pour la Chambre, pour le Sénat, et chaque commandite nomme ses chefs.

Le Sénat a voulu avoir, au Luxembourg, un atelier spécial, qui coûte fort cher et ne donne aucun avantage; il y a un chef spécial pour l'équipe du Sénat; de même il y a des chefs spéciaux pour les équipes de la Chambre et du *Journal officiel*. Bien que, dans chaque équipe, il y ait un mouvement particulier, c'est le metteur en pages

qui donne le mouvement général; le tout est dirigé par l'administration que je représente.

Déposition
de MM. BAUGIER,
GONNOT
et BARRA-LALLIER.
(Suite.)

M. GONNOT. M. Lallier, le metteur en pages, est responsable du
service vis-à-vis de M. le Directeur.

M. BAUGIER. Chacun exécute dans sa sphère les ordres qui lui
sont transmis. Rien de ce qui peut engager l'État ne se fait, par mon
intermédiaire, sans l'assentiment de l'État.

M. LE PRÉSIDENT. Il faut toujours que l'administration se rende
compte du travail?

M. BAUGIER. Évidemment. Mais peu importe que ce soit tel ou tel
qui soit metteur en pages, ou à la tète d'une commandite.

J'ajouterai que personne ne peut être exclu de l'association ouvrière
pour cause d'indignité sans qu'il intervienne un jugement par les pairs:
le groupe se réunit, celui qui a commis une faute a des défenseurs,
et on le juge.

M. BARBERET. Y a-t-il eu déjà de ces jugements?

M. GONNOT. Il y en a eu un.

M. BAUGIER. Il y a eu aussi une question de nationalité étrangère.

M. GONNOT. C'est vrai, mais on a reconnu qu'il y avait erreur; il
s'agissait, dans ce dernier cas, d'un homme que l'on croyait Allemand.

M. BAUGIER. C'était un Alsacien, dont l'attitude pendant la guerre
n'avait pas paru correcte; il a justifié qu'il était alors en pays étranger
et qu'il ne s'était pas battu contre la France. On l'a gardé. Il y a eu un
véritable procès, instruit d'une façon absolument sérieuse.

M. GONNOT. Il a été jugé par les 82 compositeurs de l'atelier.

M. LE PRÉSIDENT. Combien avez-vous de collaborateurs?

M. BAUGIER. En comptant tout : la composition, la correction, la
conscience, le départ, le service des machines, on arrive à un chiffre
de 180 personnes.

M. Gonnot. Il y a 40 hommes employés aux machines, quelquefois plus.

M. Baugier. Je dois donner un renseignement à la Commission. Ce que nous appelons « la conscience », ce sont les typographes à la journée.

M. Gonnot. Ils font leur travail et ne sont surveillés par personne; on a confiance en eux.

M. Baugier. Tout dépend de leur « conscience ».

M. le Président. On doit cependant se rendre compte de ce qu'ils ont fait?

M. Baugier. Ce qu'ils font n'est pas facilement appréciable.

M. Gonnot. Il y a des travaux qui comportent beaucoup de corrections; le compositeur travaille plus ou moins « consciencieusement ». Le mot est bien appliqué.

M. Baugier. Les membres de l'association se sont interdit, vis-à-vis de l'État, toute grève, sous des peines déterminées. D'autre part, il y a la question des chômages; pendant les intersessions, les ouvriers qui composaient les comptes rendus des Chambres sont sans ouvrage. Mais il faut tenir compte de ce fait que les intersessions se produisent à époques à peu près fixes et pour une durée qui ne varie pas sensiblement; les ouvriers qui savent qu'ils seront libres vers telle date peuvent facilement se prémunir contre les inconvénients du chômage et trouver ailleurs une situation.

M. Barberet. D'ailleurs, la Société typographique leur procure des emplois?

M. Gonnot. Ce sont tous des ouvriers sérieux et estimés; cependant, en raison du peu de durée des intersessions, ils ne trouvent que ce qu'on appelle communément « des coups de main ».

M. Baugier. Pendant l'ajournement des Chambres à Pâques, ajournement qui dure de quatre à cinq semaines, l'équipe de la composition, qui compte soixante-deux personnes, se divise en trois parties qui travaillent successivement et sont payées tout le temps. C'est, en somme, une avance sur les bénéfices distribués en fin d'année.

Déposition
de MM. Baugier,
Gonnot
et Barba-Lallier.
(Suite.)

M. Gonnot. La moyenne de la journée est, pendant ce temps, de 8 francs.

M. Caël. Ce sont des vacances que vous donnez à vos ouvriers?

M. Gonnot. Malgré nous! Car ce sont les vacances des Chambres qui nécessitent cette mesure.

M. le Président. C'est avec beaucoup d'intérêt que la Commission, Messieurs, a entendu les explications et les renseignements que vous avez bien voulu lui fournir.

M. Baugier. Je prie la Commission de se rappeler que l'association des typographes du *Journal officiel* est absolument égalitaire; on y a le respect d'autrui, et l'organisation y est telle qu'il n'y a d'avantage particulier pour personne.

(Les déposants se retirent.)

ASSOCIATION COOPÉRATIVE

D'OUVRIERS TYPOGRAPHES

L'IMPRIMERIE NOUVELLE.

(Siège social : 11, rue Cadet.)

Représentée par MM. MORET, *Président du Conseil d'administration*, et MASQUIN, *Directeur*.

MM. Moret, *Président du Conseil d'administration*, et Masquin, *Directeur*, sont introduits.

M. le Président. Veuillez, Messieurs, faire votre déposition.

Déposition
de MM. Moret
et Masquin.

M. Moret. Sur la première question, relative à la constitution sociale, nous répondons que l'*Imprimerie nouvelle* s'est constituée sous la forme anonyme, à capital fixe.

Durant la période de gestation, — nous avions commencé nos verse-

Déposition de MM. Morey et Masquin. (Suite.)

ments en 1866, pour ne nous constituer qu'en 1869, — nous avions adopté la responsabilité limitée, type qui fut supprimé en 1867 et fondu avec l'anonymat. Notre association compte aujourd'hui 1,500 membres; les actions sont nominatives et de 100 francs; le capital est de 200,000 francs. Elle est administrée par neuf administrateurs, qui délèguent partie de leurs pouvoirs à un directeur, et sous la surveillance de neuf commissaires; les jetons de présence sont de 1 franc. Nous avons dû recourir à l'émission d'obligations; elles sont émises à 45 francs, remboursables à 50 francs et rapportent 2 fr. 50 cent. d'intérêt. Nous en avons mis 5,000 en circulation; une partie est déjà amortie; elles seront remboursées en l'an 1900, par voie de tirages annuels.

Sur la deuxième question, nous répondons que les frais de constitution de notre Société ont consisté bien plutôt dans les mille et une démarches d'un certain nombre d'hommes, dont il fallait payer les journées; dans la publication et la copie de la liste des actionnaires, dans les frais de réunions, d'enregistrement, de publications légales, que dans les honoraires de l'officier ministériel qui est dépositaire de la minute de notre acte sous seing privé, Mᵉ Duplan, notaire, qui n'a point voulu nous faire payer ses bons offices, afin d'encourager notre association naissante.

Sur la troisième question, ce que nous pensons de la loi de 1867, nous demandons à la Commission de nous étendre quelque peu. La modification de cette loi est indispensable au développement des associations ouvrières; il faut, pour que celles-ci donnent toute leur mesure, une législation en rapport avec l'objet qu'elles se proposent d'atteindre: l'émancipation des travailleurs par leur propre épargne.

Les premières lois sur les sociétés n'ont été faites qu'en vue du groupement des gros capitaux et des spéculations auxquelles pourraient donner lieu la circulation des titres au porteur. Il est concevable, jusqu'à un certain point, que les législateurs d'alors n'aient point prévu, ou n'aient point voulu prévoir l'association des petits capitaux, créés par l'épargne ouvrière, en vue de fonder des sociétés de production, et de transformer ainsi la condition des salariés.

L'Empire, qui ne faisait que des semblants de lois libérales — la loi sur la liberté de coalition en est une preuve vivante — créa, en 1867, un type nouveau (la société anonyme à capital variable), destiné censément à faciliter le groupement des petits capitaux;

Déposition
de MM. Moret
et Masquin
(Suite.)

permettant de constituer des sociétés en ne versant que le dixième du capital nominal, et laissant en outre aux associés, une fois leurs actions libérées, la faculté de retirer les neuf dixièmes de leur apport.

Le résultat fut qu'aucune, ou presque aucune association ouvrière ne se servit de ce type, par cette raison simple que la faculté de retrait réduisait en fait le capital énoncé au dixième de sa valeur. Deux cent mille francs n'en représentaient plus que 20,000, et les tiers avec lesquels les sociétés sont journellement obligées de traiter ne s'y trompaient point.

Nous n'avons l'intention de montrer à la Commission, ni les avantages, ni les défauts de la loi de 1867, qu'elle connaît sans doute aussi bien que nous. En principe, nous sommes partisans de la liberté absolue des contrats. Notre critique ne porte que sur la limitation du chiffre du capital.

Quoi! dans une démocratie, les petits capitaux, l'épargne des travailleurs n'auraient pas la liberté de se grouper dans la mesure de leurs efforts ou de leurs besoins! Quoi! il faudrait, il faudra donc toujours, quand la somme dépassera 200,000 francs, émettre des titres d'action de 500 francs!

Cela n'est pas admissible. Et pourtant, le projet de loi élaboré, il y a deux mois environ, par une commission extra-parlementaire, consacre à nouveau cette iniquité. L'article 3, sur les sociétés anonymes, est ainsi conçu :

« *Article 3*. Les sociétés anonymes ne peuvent diviser leur capital
« en actions ou coupons d'actions de moins de 100 francs, lorsque le
« capital n'excède pas 200,000 francs, *et de 500 francs lorsqu'il est*
« *supérieur.* »

Rien n'a été changé non plus au type sur les sociétés à capital variable. La société ne peut posséder plus de 200,000 francs. Il est vrai que cette somme peut être élevée annuellement, par décision de l'assemblée générale, de 200,000 francs à la fois. Mais, comme nous venons de le démontrer, cette forme de société est presque impraticable.

Fort heureusement, Messieurs, depuis la publicité donnée au projet de loi dont nous parlons plus haut, un fait considérable s'est produit, sur lequel nous fondons les plus grandes, les plus légitimes espérances. Le discours par lequel l'honorable M. Waldeck-Rousseau a inauguré vos travaux nous est un gage certain que les choses vont changer. Les travailleurs, qui n'ont point été gâtés sous ce rapport, voient enfin le Gouvernement de la République, dans la personne de M. le Ministre de l'intérieur, aborder résolument cette fameuse question sociale, et prendre l'engagement de lui donner une solution, au moins partielle, par la modification de lois d'une autre époque.

Résumant nos desiderata sur cette question, nous prions la Commission de vouloir bien les faire parvenir jusqu'au Parlement.

Nous répétons que nous sommes partisans de la liberté absolue des contrats. Les sociétés de travailleurs doivent pouvoir se former au moyen de mises de fonds minimes. Il faut des titres représentatifs sous forme d'actions. Les actions doivent toujours être nominatives et délivrées seulement quand elles sont libérées.

Les actions de 5oo francs sont inabordables pour nous qui ne versons que par petites sommes ; nous n'arriverions presque jamais à en posséder une ; le découragement s'emparerait des nôtres.

M. Barberet. Vous savez que la loi de 1867 permet d'émettre des actions de 5o francs, dont le dixième seulement est exigible en souscrivant. Elle permet, en outre, de délivrer des coupons sur les actions de 5oo francs. Vous ne jugez pas préférable de délivrer des coupons d'actions, au lieu d'attendre que les actions soient entièrement libérées ?

M. Moret. Nous savons très bien que nous pouvons faire des coupures, mais nous disons que les actions de 5oo francs sont inabordables pour nous.

Quand nous avons associé nos efforts d'intelligence et d'épargne, nous nous sommes proposé d'arriver à nous émanciper du patronat ; c'est uniquement pour cela que nous travaillons, avec quelques-uns de nos collègues, depuis plus de vingt ans.

Nous disons : la loi sur les sociétés anonymes n'a pas été faite pour nous, c'est évident, et M. Waldeck-Rousseau l'a reconnu dans son discours, car il dit qu'il faut revenir à quelque chose qui ressemble à la responsabilité limitée, dans une mesure tout à fait spéciale aux associations ouvrières.

Nous voudrions pouvoir créer des actions le plus minime possible, de 2o francs par exemple, car, plus le type est bas, plus on

est disposé à en prendre de nouvelles, ce qui pousse à l'épargne ;
au contraire, on est arrêté lorsqu'on se dit qu'il faudra arriver à
verser 500 francs.

Déposition
de MM. Moret
et Masquin.
(Suite.)

M. MASQUIN. Aux termes de la loi, on est responsable de l'action
souscrite ; on vous dit bien : vous ne verserez que 125 francs, mais à
un moment donné on peut réclamer les 500 francs. Tel qui ne prendra
pas une action de 500 francs en prendra successivement dix de
100 francs.

M. BARBERET. L'argument est fondé. Les travailleurs peuvent
mieux économiser par petites sommes. Si on leur parle de 500 fr.,
ils se figurent que c'est pour eux une impossibilité, et ils n'économisent rien du tout.

M. MORET. Plus les titres seront accessibles aux petites cotisations,
plus le désir d'en souscrire de nouveaux naîtra de la possession même
des premiers. Ceux de notre association sont de 100 francs ; c'est
déjà trop élevé. Pourtant, comme on leur sert un intérêt de 5 p. 0/0
l'an, nous voyons plusieurs de nos associés en posséder jusqu'à dix. Les
versements sont de 1 franc par semaine, au minimum. Ne voulant
point créer une nouvelle catégorie de patrons, nous demandons aux
législateurs de nous donner les moyens de ne jamais fermer la souscription et d'arriver ainsi, avec le temps, à émanciper notre corps de
métier, en lui permettant d'épargner la valeur de sa part d'outillage.

Telles sont, Messieurs, les considérations que nous tenions à vous
présenter relativement à la loi de 1867. M. Masquin, notre directeur,
va répondre à son tour à la suite de votre questionnaire.

M. MASQUIN. Je réponds à la cinquième question : que nous pouvons participer aux travaux de l'État dans la plus grande mesure

Voici la situation de notre association depuis sa fondation, c'est-
à-dire après treize années de fonctionnement, et cet énoncé est une
réponse anticipée à plusieurs des demandes de votre questionnaire :

Capital souscrit et versé.................... 200,000f 00c
Constructions et matériel................... 634,635 75
Travaux 4,393,396 01

Déposition
de MM. Mobet
et Masquin.
(Suite.

Main-d'œuvre payée aux associés 1,978,734ᶠ 11ᶜ

Bénéfices réalisés. 223,121 42

Amortissement du matériel. .   167,408ᶠ 00ᶜ ⎫
Intérêts payés aux actionnaires   ⎬ 219,898 00
  et obligataires. . . . .   52,490 00 ⎭

Ces deux sommes sont à ajouter aux bénéfices réalisés.

Nous avons 1,500 actionnaires, dont 130 seulement employés dans les ateliers, qui peuvent en contenir 250.

La maison possède 10 machines à imprimer, qui lui permettent d'aborder tous les genres de travaux. Elle a deux générateurs de 30 chevaux chacun et une machine de 40 chevaux.

Elle paye chaque semaine de 8 à 10,000 francs de main-d'œuvre.

Nous avons mis deux ans pour réaliser nos premiers 200,000 francs. Aussitôt que nous avons connu le discours de M. Waldeck-Rousseau, nous avons décidé une nouvelle émission de 2,000 actions nominatives de 100 francs, et nous avons adressé la circulaire suivante « aux syndiqués typographes et à toutes les branches similaires formant la fédération typographique française » :

CONFRÈRES,

L'heure est venue de doubler notre capital. Le moment nous paraît d'autant mieux choisi, que nous voyons enfin le Gouvernement de la République disposé à s'occuper franchement de la formation et du développement des associations ouvrières.

Le discours prononcé par M. Waldeck-Rousseau, Ministre de l'intérieur, à la séance d'inauguration de la Commission chargée de préparer l'accession des sociétés ouvrières aux travaux de l'État, nous montre la nécessité d'être prêts à entrer en lice, aussitôt que les conclusions de cette Commission auront reçu la sanction législative.

La critique faite par le Ministre de la loi de 1867, qui ne permet pas aux sociétés ouvrières de posséder un capital supérieur à 200,000 francs, nous est un sûr garant que les barrières mises par l'Empire en travers de l'affranchissement des travailleurs par leur propre épargne vont enfin tomber.

Nul mieux que les administrateurs de l'Imprimerie nouvelle n'ont ressenti les inconvénients de cette disposition législative, qui oblige les ouvriers associés à ne pas dépasser 200,000 francs de capital, à moins de faire des actions de 500 francs. La loi de 1867 maintenait une iniquité déjà ancienne; elle empêchait la démocratisation du capital par l'épargne, et continuait à tenir les travailleurs dans un état d'infériorité qui rendait dérisoire l'*égalité devant la loi*, inscrite dans le Code.

Déposition
de MM. Monet
et Masquin.
(Suite.)

Ne pouvant augmenter notre capital-actions, nous avons dû, à plusieurs reprises, faire appel au capital-obligations. Non seulement ce moyen est onéreux, mais il a encore l'inconvénient de tourner contre le but que nous nous sommes proposé en fondant l'**Imprimerie nouvelle**.

La grosse question, en matière d'affranchissement, est la possession de l'outil. Il faut que chaque travailleur, pour atteindre le but, soit mis à même de verser selon ses moyens, et dans un temps plus ou moins long, la somme nécessaire pour lui permettre de prendre place dans les ateliers sociaux.

L'action engage la responsabilité matérielle et morale de l'associé; l'obligation crée un privilège : c'est un simple placement d'argent.

Nous étions tellement convaincus de cette vérité fondamentale, que nous n'avons eu recours aux obligations que dans une mesure qui est loin d'être en rapport avec l'importance de la maison de la rue Cadet, et seulement pour faire face aux dépenses occasionnées par cette installation grandiose, qui ne portera ses fruits que le jour où tous les outils et tous les locaux seront occupés.

Aujourd'hui, il faut faire autre chose. Il faut nous fournir les capitaux nécessaires aux derniers payements de la construction, tout en nous laissant un disponible suffisant pour aborder l'adjudication de certains lots de travaux, soit de la Ville, soit de l'État, éventualité qui peut se produire très prochainement.

Nous entrevoyons déjà la nécessité d'acheter de nouvelles machines, car il faut nous préparer à entrer en lutte avec ces sociétés de capitalistes qui veulent monopoliser notre profession, et créent un danger pour nos salaires.

C'est notre épargne qui a fait la grande maison que nous avons fondée; c'est notre épargne qui en doublera l'importance, ou qui en fondera d'autres.

Si nous avions versé sans cesse depuis treize ans, nous serions les maîtres de la place.

Nous sommes trois mille syndiqués à Paris; à un franc par semaine, cela ferait 156,000 francs par an, et, depuis treize ans, nous aurions aujourd'hui **deux millions**.

Avec deux cent mille francs seulement, notre maison vaut un million : elle en vaudrait dix, si nous avions pu continuer nos versements. Mais la loi s'y opposait.

Cet appel a été entendu, et nous avons aujourd'hui 1,300 actions souscrites, dont 90 libérées.

Notre fonds de roulement n'a pour ainsi dire jamais existé, le développement continuel des travaux nous ayant constamment forcés d'acheter de nouveaux outils; il ne se compose guère que de la confiance que nos fournisseurs n'ont cessé de prodiguer à nos efforts. Il pourrait être augmenté par les versements permanents de nos adhérents, si la loi le permettait.

Au sujet de la sixième question, nous avons à dire que nous avons fait près de cinq millions d'affaires avec des particuliers, mais avec l'État, aucune. Si, pourtant : nous avons contribué à l'organisation de la société ouvrière qui fait en régie le *Journal officiel*, pour la plus grande gloire de M. Fallières, qui a accepté nos idées, les a fait accueillir par la Chambre, à sa satisfaction et au profit du budget. Mais notre association n'y est pour rien.

M. BARBERET. Elle y est moralement pour beaucoup.

M. MASQUIN. Nous avons reçu quelques commandes de la Ville, travaux difficultueux, tirés à petit nombre, et, par conséquent, peu rémunérateurs. On nous a prodigué des éloges que nous voudrions bien voir se traduire en commandes plus importantes.

Nous ne connaissons pas d'institutions de crédit qui puissent aider les associations ouvrières, et il y a longtemps déjà que nous avons résumé notre opinion sur ce sujet. Voici un passage d'un rapport à l'une de nos assemblées générales :

La maison continue sa marche ascendante et nous abordons les affaires sérieuses. Ici se présente une difficulté qu'ont rencontrée ceux qui nous ont précédés, et que rencontreront certainement ceux qui nous suivront, jusqu'à ce qu'une institution de crédit, formée par les ouvriers eux-mêmes, vienne la lever. Au lieu des petits travaux au comptant, les grandes affaires se règlent en billets à long terme, et un jour vous avez dans votre portefeuille 15 ou 20,000 francs de billets et pas un sou en caisse. Il faut de l'argent pour payer les ouvriers associés, les contributions, le loyer, etc. Comment faire? Vous allez chez les banquiers, les grands, où le taux de l'escompte est raisonnable. Vous frappez à plusieurs portes : refus poli, mais refus.

L'un d'eux à qui nous en demandions la cause, nous répondit : « C'est tout naturel. Si vous étiez seul, je vous connais, j'ai confiance, je prendrais votre papier, « mais vous êtes nombreux, engagés pour de trop petites sommes, et, comme il « se mêle à tout ce que vous faites *des choses que vous appelez sociales*, vous pouvez « être en désaccord sur *ces choses;* dans ce cas, pas un de vos associés n'hésiterait « à sacrifier son intérêt, celui de l'établissement, à ce que vous appelez *vos principes;* une maison comme la vôtre peut liquider en pleine prospérité. »

Telle est l'opinion du capital.

M. LE PRÉSIDENT. D'un capitaliste !

M. MASQUIN. Nous avons rencontré ce langage partout. Cependant je dois dire que, depuis deux mois, le Comptoir d'escompte nous a ouvert un compte d'escompte.

M. Barberet. A quel taux ?

Déposition
de MM. Moret
et Masquin.
(Suite.)

M. Masquin. Au taux ordinaire du Comptoir ; ce sont des conditions très favorables, et nous le reconnaissons d'autant mieux que nous avons passé par d'autres mains.

Notre directeur est nommé par le conseil d'administration et révocable à volonté. Lorsqu'on change de directeur, il faut payer le timbre et l'insertion aux *Petites Affiches*. Pour toucher à la Ville ou au Trésor, il faut des extraits de l'acte de société et différentes pièces notariées qui coûtent environ 80 francs. Notre première facture pour la Ville était de 178 francs ; nous avons dépensé 80 francs pour la toucher, au bout de quatre ou cinq mois.

Il y a encore plus fort : la Ville avait fait prendre un abonnement à la *Revue des Deux Mondes*, société anonyme : coût 50 francs. Lorsque la *Revue des Deux Mondes* s'est présentée à la caisse pour toucher le montant de sa quittance, on lui a demandé la production de pièces qui lui auraient coûté 80 francs ; elle a préféré supprimer l'abonnement.

Généralement l'État, les villes, les établissements publics, ne se pressent pas de payer ce qu'ils doivent ; mais au bureau des contributions, c'est étonnant avec quelle rapidité l'on fait rentrer l'argent.

L'imprimeur travaille à façon et ses travaux lui servent de brevet de capacité.

L'outillage appartient à la société.

Telle est notre réponse à la neuvième question.

Pour des travaux importants, et avec certitude de payement, nous avons fait souvent 20,000 francs de crédit ; nous avons constamment une dette flottante de 60 à 80,000 francs, dus par nos clients et que nous devons à notre tour à nos fournisseurs. Nos associés sont payés toutes les semaines.

Dans notre profession, les cautionnements sont peu élevés. Nous désirerions être payés par règlements de mémoires de tout travail terminé et livré.

Nous n'employons d'auxiliaires que pour les fonctions qui ne nécessitent pas d'apprentissage. Nous ne les recevons pas comme actionnaires, et ils ne participent pas aux bénéfices, puisque nous ne donnons pas de dividende, tous les bénéfices étant employés à l'agrandissement des ateliers. Nous payons aux actionnaires l'intérêt à 5 p. o/o du capital.

Pour être actionnaire, il faut appartenir à la typographie et faire partie de la chambre syndicale de la profession.

Pour le recrutement du personnel, on fait chaque année un tirage au sort et l'on appelle sur cette liste, par ordre numérique, les ouvriers dont on a besoin.

Nous reconnaissons que le tirage au sort a des inconvénients : il ne donne pas toujours toutes les aptitudes qu'exigent les travaux qui nous arrivent, mais nous n'avons pas encore trouvé d'autre moyen de procéder; laisser au conseil d'administration ou à la direction, qui ne veulent pas de cette responsabilité, le soin de choisir le personnel, ce serait donner lieu à des querelles continuelles. Nous trouvons toujours, d'ailleurs, un ensemble satisfaisant.

M. Moret. Il est bien entendu que les ouvriers qui ont obtenu le numéro *un* le jour où nous avons ouvert l'atelier sont inamovibles.

M. Masquin. Tant qu'ils se conduisent bien !

M. Moret. Le tirage au sort n'a lieu que pour les augmentations de personnel, et on le recommence chaque année ; ceux qui sont à l'atelier y sont à titre définitif, à moins que le travail ne baisse.

M. Masquin. Les directeurs ou chefs de service appartiennent à l'association. Cela se pratique ainsi, du reste, chez les patrons.

C'est un travail à façon que nous faisons. Le capital intervient pour acheter l'outillage; quant à la direction et à l'exécution, ce sont les ouvriers qui en sont chargés.

M. Barberet. Dans les ateliers de patrons, le metteur en pages n'est-il pas désigné par l'équipe elle-même ?

M. Masquin. Pas toujours. On laisse ordinairement à l'équipe le soin de choisir ses différents fonctionnaires, parce qu'elle est responsable du travail.

Quant aux périodes de chômage, si le travail baisse, on suspend les derniers appelés qui font partie de la maison, et on les rappelle d'abord avant de recourir à la liste.

M. Caël. Ceux qui figurent sur la liste travaillent ailleurs, mais sont toujours à vos ordres ?

M. Masquin. Il y en a qui ont une situation au dehors; on appelle alors le numéro suivant, et pendant l'année ils ne peuvent pas rentrer; mais si le sort leur assigne, l'année suivante, un bon numéro, ils sont susceptibles d'être rappelés.

Les patrons ne font pas travailler à l'étranger, mais les produits étrangers viennent ici nous faire concurrence : les belges, les anglais.

M. Caël. On nous a dit tout à l'heure que les Anglais étaient plus payés chez eux que nos ouvriers ne le sont chez nous?

M. Masquin. Le papier est meilleur en Angleterre, où il est exempt de droits. Nous ne pouvons pas faire ici les impressions en couleurs; les encres de couleur coûtent des prix fous.

En Angleterre, dans notre profession, comme dans d'autres, les ouvriers sont généralement plus payés que chez nous; ils travaillent un nombre d'heures moins considérable qu'ici; mais aussi, en Angleterre, les manufacturiers se succèdent de père en fils dans leurs maisons et capitalisent leurs bénéfices au taux de la dette anglaise, de 2 1/2 à 3 p. o/o; ils ne songent pas à se retirer au bout de 10 ou 15 ans, après avoir doté largement leurs filles, et à enlever à l'industrie le capital qu'ils y ont amassé. Il n'en est pas de même ici; on ne se contente pas d'un revenu aussi minime. Je puis me tromper, mais il y a là, je crois, des considérations dont il faut tenir compte.

Les accidents sont rares dans notre profession, et nos ateliers sont installés de façon à les rendre plus rares encore. Nous avons réalisé des conditions hygiéniques qui rendent le travail plus facile. Quant aux machines, nous leur avons assuré plus que l'espace réglementaire, d'abord pour éviter les accidents, et ensuite pour en rendre le fonctionnement meilleur, et la production s'en trouve bien.

Nous n'avons pas encore de caisse de retraite; quand nous aurons achevé de payer les dettes de notre nouvelle et grandiose installation, nous prélèverons un tant pour cent sur nos bénéfices pour constituer un fonds de retraite.

C'est le complément de notre conception. Nous estimons que nous aurons fait notre part en excitant le travailleur à se constituer un capital-outil, par l'épargne, et à le mettre en œuvre sous sa responsabilité et à son profit, en payant un salaire rémunérateur à son travail et à ses économies et en mettant ses vieux jours à l'abri du besoin.

Déposition de MM. Monet et Masquin. (Suite.)

Je dois dire un mot de ces soi-disant écoles professionnelles ou orphelinats dont tous les frais sont couverts par la charité publique et par des quêtes. Les travaux y sont faits par de pauvres enfants qu'on paye mal et qu'on nourrit de même ; cela nous fait une concurrence ruineuse.

M. Barberet. Est-ce de l'établissement religieux de Passy que vous voulez parler ?

M. Masquin. Il y en a d'autres. Tous ceux qui ont installé chez eux des écoles professionnelles l'ont fait dans le but, non pas tant d'apprendre convenablement un métier aux enfants que de tirer profit de leur travail peu rémunéré. Cela est si vrai que, aussitôt que ces enfants ont grandi et que leurs parents deviennent un peu plus exigeants, on les renvoie et on en prend d'autres.

M. Tisserand. Ce ne sont pas des écoles dans la véritable acception du mot ?

M. Masquin. Ce sont des fabriques d'apprentis. Une grande maison, la maison Ch..., qui fait de grandes et bonnes choses, où les enfants sont bien, fait imprimer une bibliothèque des communes exclusivement par des enfants, qui reçoivent un salaire dérisoire. Qu'on vende les livres bon marché, tant mieux ; mais le résultat n'en est pas moins, je le répète, de jeter tous les ans sur la place un certain nombre d'enfants dont l'industrie n'a pas besoin. Capables, ils trouveraient difficilement à se placer, mais la plupart du temps ils sont incapables. Comment empêcher cela ? Je suis partisan de la liberté, mais je dois constater le mal. — On renvoie ces enfants sitôt qu'ils connaissent à peu près une partie du métier, et ils viennent à leur tour faire baisser le taux du salaire, jusqu'à ce que, de guerre lasse, on les ramasse sur les boulevards extérieurs avec les pauvres petites que jettent sur le pavé les nombreux ouvroirs !

M. Moret. Les écoles d'apprentissage comme celle de la maison Ch... sont d'un excellent rapport, parce que, pendant deux ans, à peu près, les enfants ne touchent que des salaires très minimes et produisent presque comme des ouvriers.

M. Barbaret. Est-ce que pendant les six premiers mois ils ne coûtent aucun sacrifice à la maison ?

Déposition de MM. Moret et Masquin. (Suite.)

M. Masquin. Ils ne coûtent jamais rien à la maison. Au bout de quinze jours un imprimeur peu soucieux peut tirer parti d'un enfant : on lui fait recevoir la feuille, marger, etc., au grand détriment de l'art typographique. On use largement en province de ce procédé. Il faut quatre ou cinq ans pour faire un ouvrier compositeur connaissant toutes les parties du métier.

Nous avons, Messieurs, essayé de répondre avec clarté aux différentes questions que vous nous avez soumises; nous l'avons certainement fait avec sincérité.

En ce qui nous concerne particulièrement, nous avons fait une tentative d'émancipation, et le succès a couronné nos efforts.

Nous avons cru à la possibilité de l'association et nous avons foi dans ses bienfaits. Nous avons excité nos camarades à l'épargne, pour constituer un capital; nous avons attendu cinq années avant de rien entreprendre, et nous avons commencé avec 30,000 francs, versés par 350 actionnaires; aujourd'hui, nous sommes 1,500 avec un capital versé de 200,000 francs et un autre en cours de souscription depuis trois semaines, qui atteint déjà près de cent mille.

Notre association peut être classée parmi les maisons de deuxième ordre.

Nous avons fait tout cela avec nos seules ressources, sans protection ni patronage d'aucune sorte, sans demander à l'État aucune avance ni garantie d'intérêt, que l'on prodigue aux grandes sociétés. Aussi vous nous permettrez d'espérer qu'on voudra bien nous confier quelques-uns de ces travaux que l'on donne à nos patrons et que nous exécutons pour leur compte et à leur profit.

En terminant, Messieurs, permettez-nous de vous remercier de la mission que vous avez acceptée et que vous saurez accomplir pour le plus grand bien des travailleurs. Permettez-nous, surtout, de remercier M. le Ministre de l'intérieur de l'initiative qu'il a prise et qui a réveillé l'espérance au cœur de l'ouvrier.

Il appartenait au gouvernement républicain de s'occuper enfin des déshérités, de ceux auxquels on a sans cesse imposé une lourde part dans les charges sociales et qu'on a toujours oubliés dans la répartition des bénéfices.

Votre enquête peut avoir pour résultat de sauver les ouvriers, et la société avec eux, des désespoirs violents.

L'ouvrier n'est point d'une autre race que les favorisés de la science ou de la fortune; il souffre parce qu'il sent qu'il n'a pas dans la famille française la place qu'il mérite d'occuper. C'est lui, le paria, qui, dans les grands tournois pacifiques de l'industrie, contribue à la gloire du pays; c'est lui qui ferait la sécurité de ses frontières si jamais elles étaient menacées.

Nous remercions donc le Ministre qui a compris que le plus grand souci du législateur doit être de travailler à l'instruction de l'ouvrier, et qu'en l'élevant sans cesse en bien-être et en dignité on augmente la richesse et la grandeur de la France.

M. Houette. Vous demandez l'accession aux travaux de l'État; vous savez que, d'après les règlements, l'État est obligé de s'adresser à l'Imprimerie nationale?

M. Masquin. Mon opinion personnelle, basée sur l'expérience, est qu'on pourrait sans inconvénient, et même avec grand profit, supprimer l'Imprimerie nationale! D'abord cet établissement, comme producteur industriel, coûte très cher : il travaille pour l'État et des particuliers, et il n'a pas de frais généraux à payer; son outillage, d'une importance considérable, lui est fourni par l'État. Nous sommes contribuables et nous apportons notre part au budget de l'Imprimerie nationale, qui nous fait concurrence.

En dehors de l'Imprimerie nationale, les ministères donnent directement, par suite de relations personnelles, certains travaux à des imprimeurs; nous espérons fermement qu'on voudra bien penser à nous: encourager notre œuvre, ce sera faire une bonne action. Notre entreprise ne peut que contribuer au relèvement de l'ouvrier; nous poussons à l'épargne, qui est le plus noble sentiment. Donnez-nous un peu de ces travaux! Nous savons bien que nous ne travaillons pas pour nous retirer et vivre de nos rentes; nous voulons travailler pour mettre nos vieux jours à l'abri du besoin.

Le Ministère de l'intérieur, le Ministère de la guerre, le Ministère des travaux publics, font travailler dans différentes maisons; qu'on nous fasse une part! Sans doute, ce sera retirer du travail à un concurrent, mais c'est fatal; nous ne demandons pas une faveur, un privilège; ce n'est pas un droit que nous revendiquons; nous demandons que, sous cette forme au moins, on encourage notre association.

M. MORET. On ignore notre capacité; on nous prend sans doute pour une petite boutique; eh bien! non: nous pouvons faire de la grande imprimerie administrative comme chez Paul Dupont, chez Chaix, dans une proportion moins grande assurément, parce que nos locaux sont encore un peu restreints.

M. CAËL. Pourriez-vous lutter avec Oberthur, de Rennes? Il produit à très bon marché !

M. MASQUIN. Il a réuni tous les services.

M. CAËL. Il a la main-d'œuvre à meilleur compte.

M. MASQUIN. Et le loyer! Il payerait plus de 200,000 francs à Paris; nous avons, nous, un loyer de 20,000 francs.

M. CAËL. Autrefois c'était la maison Oberthur qui faisait les impressions pour l'Administration des télégraphes; mais, en vertu d'un contrat, nous sommes obligés maintenant de nous adresser à l'Imprimerie nationale.

M. MORET. Cela doit coûter trois fois plus cher.

M. HOUETTE. C'est obligatoire en vertu d'une ordonnance de 1823. Le Ministère de l'intérieur fait imprimer, je crois, chez Berger-Levrault la *Revue d'administration*; c'est une œuvre qu'il patronne, mais qui n'a pas à proprement parler le caractère officiel.

M. MASQUIN. Le Ministère du commerce fait faire des statistiques, nomme des commissions qui recueillent des documents sur le commerce extérieur; par exemple, ces documents, on croit bon de les répandre dans les administrations et de les communiquer au public; on cède à des éditeurs les volumes dont l'impression a été confiée à l'Imprimerie nationale; il n'y a rien dans les cahiers de charges qui oblige à donner ces travaux à l'Imprimerie nationale. Et puis on a déjà fait quelques accrocs à l'Imprimerie nationale; on peut bien en

Déposition
de MM. MORET
et MASQUIN.
(Suite.)

faire encore. Qu'on transforme l'Imprimerie nationale en musée, que cet établissement s'occupe des travaux d'art qui exigent des soins considérables, qu'il joue le rôle de Sèvres et des Gobelins.

M. Pitre. Vous demandez que l'établissement en question devienne une sorte de manufacture nationale, et non pas une usine faisant concurrence à l'industrie privée ?

M. Masquin. L'industrie privée travaillerait à meilleur compte, et dans de meilleures conditions.

Une campagne est engagée; espérons qu'elle réussira!

Je suis convaincu que M. le Ministre de l'intérieur et ses collègues prendront en considération les efforts que nous avons faits; tout ce qu'ils pourront nous confier sera un encouragement, sous la forme la plus digne pour les deux parties.

M. le Président. Les succès que vous avez obtenus répondent d'ailleurs de la manière dont vous exécuteriez les commandes qu'on vous donnerait.

M. Pitre. Est-ce que vos actions et vos obligations ont été souscrites exclusivement par des typographes faisant partie de votre association ?

M. Masquin. Lors des premières émissions, nous avons fait appel à notre clientèle ordinaire; mais comme les obligations sont au porteur, il s'est trouvé nécessairement parmi les souscripteurs quelques personnes étrangères à notre association. Pour la dernière émission, qui était de 100,000 francs, et que nous avons faite l'an dernier, nous nous sommes adressés au public.

Vous avez pu voir à ce sujet un article dans le journal le *Temps*. Nous avions un peu épuisé notre clientèle ordinaire, et nous avons vu venir à nous des personnes sympathiques aux idées que nous pratiquons; néanmoins, sur 2,000 obligations, 1,100 ont été souscrites encore par nos actionnaires.

Je crois que nous sommes les seuls à avoir eu recours aux obligations. Les tailleurs ont employé un autre moyen : ils n'ont pas d'outillage, et ils acceptent en comptes courants les épargnes des ouvriers tailleurs, même de ceux qui ne sont pas actionnaires chez eux; ils ont

Déposition
de MM. Moret
et Masquin.
(Suite.)

ainsi constamment un capital de 3o à 4o,ooo francs qui peut leur servir à faire des achats de draps.

L'action est nominative et très difficile à négocier. Au début, nous ne voulions pas toucher au capital; nous ne croyions pas avoir le droit de rembourser une action. Je disais : diminuer notre capital, c'est diminuer la garantie des tiers; néanmoins, l'assemblée a décidé — et elle a bien fait — que nous aurions des adhérents; quand un actionnaire meurt, nous remboursons à ses héritiers, trois mois après, le capital nominal.

Ce n'est pas seulement pour les héritiers, c'est pour l'associé lui-même que la négociation des actions présente des inconvénients. Celui qui avait chez nous 4 ou 5oo francs d'économie, ne pouvait pas vendre ses actions, ou bien il n'en trouvait qu'un prix dérisoire.

Nous avons créé une caisse de prèts sur titre que nous avons dotée d'un capital de 2,ooo francs; sur une action de 1oo francs libérée nous prètons 5o francs; l'emprunteur s'engage à nous rembourser en trente-cinq semaines, à raison de 1 fr. 5o cent. par semaine : il verse ainsi 52 fr. 5o cent., mais, d'un autre côté, son action déposée chez nous lui rapporte intérêt. Avec notre capital de 2,ooo francs, nous avons pu prèter déjà 11,ooo francs, parce que, toutes les semaines, il nous rentre de l'argent.

Au fur et à mesure que nous rencontrons, dans la pratique, des difficultés, nous essayons de les résoudre.

M. Pitre. Si, par exemple, un actionnaire possédant dix actions meurt, son fils lui succède-t-il comme propriétaire de ces dix actions?

M. Masquin. Pourvu qu'il remplisse les conditions de l'article 8 de nos statuts, qui dit que, pour faire partie de la société, il faut ètre typographe, exercer une des spécialités de la profession et appartenir à la chambre syndicale de la spécialité. S'il n'est pas dans ce cas, on lui rembourse les actions au capital nominal.

M. Pitre. Cependant si l'action vaut davantage?

M. Masquin. Elle n'a pas de valeur tant que nous ne distribuons pas de dividende.

M. Houette. Ne pourriez-vous pas évaluer la part qui revient à chaque action, à chaque inventaire?

M. Masquin. Quelle situation ferions-nous à celui qui voudrait en-trer? Il lui faudrait payer une plus-value.

M. le Président. Les bénéfices ne sont pas distribués?

M. Moret. En somme, personne ne perd.

M. Masquin. Les premiers qui sont venus ont fait des efforts; d'autres viennent, et cela ira ainsi jusqu'à la consommation des siècles. Nous savons bien que nous ne travaillons pas pour. nous. Mes collègues et moi nous sommes peut-être un peu ambitieux : nous considérons l'établissement industriel que nous dirigeons comme une démonstra-tion; nous sommes plutôt des apôtres que des commerçants. D'autres viendront qui appliqueront peut-être des idées plus pratiques; nous voulons, nous, démontrer qu'il est possible de faire quelque chose.

M. le Président. La Commission vous remercie, Messieurs, des renseignements que vous venez de lui donner, et qu'elle a écoutés avec beaucoup d'intérêt.

(Les déposants se retirent).

ASSOCIATION

LA COOPÉRATION TYPOGRAPHIQUE.

(Siège social : 28, rue Saint-Lazare.)

Représentée par M. Ch. DUMONT, *Directeur.*

M. Dumont est introduit.

M. Dumont. Nous sommes constitués en société anonyme, à capital variable, par acte notarié ; les frais de constitution se sont élevés à 600 francs environ. Nous datons de quatorze mois.

M. le Président. Pourquoi ne vous êtes-vous pas constitués par acte sous seing privé? La loi vous en donne la faculté.

M. Dumont. Il y a un article de la loi qui exige le versement du dixième du capital, et c'est même ce qui nous a empêchés de souscrire au delà d'un capital de 10,000 francs ; nous avons commencé par verser 1 franc, 2 francs, 5 francs par semaine. C'est parce que nous avions des difficultés avec un syndicat, que nous avons eu l'idée de nous constituer. Nous nous sommes dit : Nous allons d'abord réunir le dixième du capital qui doit être versé. Au lieu d'être 100 ou 200 actionnaires, nous avons tenu à être très peu tout d'abord, et puis nous nous sommes constitués par-devant notaire. Quand nos associés ont vu que les choses se passaient régulièrement, que l'acte était notarié et enregistré, ils ont fait leurs versements d'une façon très exacte, et au bout de huit mois, grâce à un crédit qui nous a été ouvert, nous avons pu commencer à travailler. Mais nous ne sommes encore qu'à l'état d'embryon, et nous ne pouvons pas nous comparer à l'*Imprimerie nouvelle.*

M. le Président. Quel est votre capital souscrit ?

M. Dumont. 10,000 francs. En un an nous avons versé plus de 7,000 francs par vingt et cent sous. C'est plutôt pour nous affranchir des exigences d'un syndicat que de celles du patronat que nous avons formé une association.

M. Barberet. Il est bon que la Commission sache qu'il y a deux syndicat typographiques : l'un a son siège dans la rue de Savoie, l'autre dans la rue Boutebrie. Les typographes qui ne font pas partie du syndicat de la rue de Savoie sont appelés *sarrazins* par ces derniers.

M. Dumont. Je ne conteste pas les services qu'a pu rendre le syndicat de la rue de Savoie, dont nous ne faisons pas partie, mais il nous a causé bien des désagréments.

J'ai l'honneur d'être prote de la *Petite République française;* une partie des ouvriers que j'avais embauchés ne faisaient pas partie du syndicat de la rue de Savoie, dont les règlements ne conviennent pas à tout le monde. A la *Petite République française,* on paye le tarif le plus élevé. Mais le syndicat de la rue de Savoie s'est dit : Il ne faut pas que des hommes qui ne font pas partie de notre chapelle travaillent à la *Petite République française,* même au tarif; et un beau jour on est venu sommer l'administration de la *Petite République française* d'avoir à renvoyer ses ouvriers.

En ma qualité de contre-maître, j'ai répondu : que les ouvriers ne travaillaient pas au-dessous du tarif, qu'ils avaient toujours fait leur devoir et qu'il n'y avait pas de raison pour les renvoyer.

Immédiatement, sommation d'avoir à exécuter ce que demandait le syndicat de la rue de Savoie, qui menaçait de faire vider les ateliers par ses adhérents.

Vous voyez, Messieurs, quelle était la situation : il fallait que les patrons renvoyassent des gens dont ils étaient très contents, ou qu'ils se missent en opposition absolue avec le syndicat de la rue de Savoie. L'administration n'a pas hésité. Le conseil se réunit : il déclara qu'il était satisfait de ses ouvriers, qu'il ne se préoccupait pas de savoir de quel syndicat ils faisaient partie, que les ateliers étaient ouverts à tout le monde, qu'on y payait le tarif le plus élevé, et qu'on ne renverrait personne.

Aussitôt, les ouvriers employés à l'atelier de la *République française* sont déclarés *sarrazins* au premier chef. Dans cette situation, je dus m'adresser au syndicat de la rue de Boutebrie, et prendre même des hommes qui ne faisaient partie d'aucun syndicat; je les décidai à adhérer à ce dernier syndicat, et je leur montrai que, pour éviter toutes ces difficultés, il n'y avait qu'un moyen, la coopération. Ce fut le point de départ de notre association.

Le personnel fut épuré, je dois dire avec plaisir qu'une dizaine seulement, à peu près, nous quittèrent; aucune mutation ne fut faite à la *République française*; tous les ouvriers font leur devoir et ceux qui ne figurent pas parmi nos premiers souscripteurs n'attendent que l'heure d'une deuxième émission pour souscrire à leur tour.

Nous sommes vingt-cinq et notre capital de 10,000 francs va bientôt être complètement versé; nous serons bientôt cinquante ou cent, mais il nous faudra dépenser encore 600 francs peut-être, pour porter notre capital à 20,000 francs. C'est un inconvénient de la loi. Peut-être le versement du dixième ne suffira-t-il plus ?

M. BARBERET. Il suffit toujours; vous n'avez qu'à faire une seconde émission, constituer de nouvelles actions jusqu'à concurrence de 200,000 francs.

M. DUMONT. Nous aurons toujours à dépenser de l'argent.

Voilà, Messieurs, les observations que j'avais à présenter au sujet des difficultés que nous avons rencontrées.

En ce qui concerne la loi que vous êtes appelés à élaborer, je vous prierai de faire une distinction entre les syndicats et les associations ouvrières ; ces deux choses n'ont rien de commun.

M. Barberet. Il n'est jamais entré dans l'esprit de la Commission de confondre les deux formes de groupement. Il faut que les associations soient constituées en vertu de la loi de 1867, qui n'est pas encore modifiée.

M. Dumont. Je demande la liberté sans restriction, mais la liberté pour tous ; qu'un syndicat ne puisse pas avoir assez de puissance pour empêcher ceux qui ne sont pas ses adhérents de travailler comme bon leur semble.

M. le Président. C'est la liberté du travail.

M. Dumont. Nos associés, laborieux, habiles, ont failli être victimes d'un syndicat ; il a suffi d'une administration qui les a laissés travailler, pour faire d'eux des coopérateurs.

M. Barberet. Du mal est né le bien ! Vous savez que lorsqu'un associé est exclu, se retire ou meurt, la société peut ne rembourser le capital qu'il a apporté qu'au bout de cinq ans et sans intérêts.

M. Dumont. Je ne serais pas partisan de cette disposition. Dans quelle situation se trouverait, par exemple, une femme qui ne pourrait toucher l'argent versé par son mari dans l'association?

M. Barberet. Mais si la coopération de cet associé a fait courir des risques à l'entreprise ?

M. Dumont. Ce serait à la société de voir dans quelles mesures elle peut faire le remboursement.

M. Barberet. La société est toujours libre de rembourser immédiatement, mais la loi lui accorde un délai de cinq ans pour le faire.

M. Dumont. Cela peut être sage.

Grâce à la confiance que nous inspirons, nous pourrions, dans une mesure assez large, entreprendre des travaux pour l'État ou pour de grandes administrations, le jour où nous serions appelés à soumis-

Déposition
de M. Dumont.
(Suite.)

sionner. Notre fonds de roulement se compose de nos 10,000 fr., et nous avons un large crédit ouvert à une banque.

M. le Président. Avez-vous déjà passé des marchés ?

M. Dumont. Nous n'en avons pas encore passé avec l'État — nous sommes trop jeunes — mais nous en avons passé avec la *Caisse centrale populaire* et la *Société de dépôts et comptes courants*, qui nous ont aidés dans notre entreprise.

En réalité, nous n'avons commencé à fonctionner qu'au mois de novembre dernier, et nous ne pouvons pas indiquer de résultats. Dans les deux derniers mois de l'année, nous avons fait un bénéfice net de 1,069 francs; vous voyez dans quelle proportion se trouvera augmenté par la suite le salaire de nos associés et collaborateurs.

M. Barberet. Combien ont été occupés dans l'entreprise ?

M. Dumont. Il y a eu des jours où nous avions trente personnes à notre compte; à l'heure qu'il est, nous en avons quinze ou seize. Nous avons tous des emplois ; nous n'occuperons, dans la société coopérative, qu'au fur et à mesure qu'on nous donnera du travail.

Le conseil d'administration est nommé pour quatre ans et renouvelable par quart, tous les ans; il choisit le gérant, qui est toujours révocable.

M. le Président. Avez-vous des certificats de capacité ?

M. Dumont. Nous sommes typographes depuis longtemps; j'ai l'honneur d'être prote et tous les ouvriers qui sont mes associés ont été pris parmi les meilleurs.

M. le Président. Avez-vous un matériel et un outillage ?

M. Dumont. Les caractères et le papier constituent le matériel; il faut pour cela un capital considérable, ou beaucoup de crédit. A l'heure actuelle, nous avons pour 16,000 francs de matériel. Nous avons une machine de la force de deux chevaux et de petites pédales, mais, lorsque nous faisons de grandes affaires, comme pour la *Société de dépôts et comptes courants*, la *République française* met ses presses à notre disposition. Pour le moment, nous ne faisons guère que composer chez nous, et nous imprimons ailleurs. Les machines coûtent cher, mais nous arriverons à nous en procurer. L'outillage est la propriété de l'association.

Déposition
de M. Dumont.
(Suite.)

M. le Président. Au cas où vous passeriez des marchés, pourriez-vous supporter une retenue de garantie sur les payements ? Quelles objections avez-vous à présenter contre le dépôt d'un cautionnement préalable ?

M. Dumont. A la rigueur, les banquiers qui nous ont aidés pourraient nous fournir de l'argent pour les cautionnements, mais nous préférerions de beaucoup une retenue sur les payements. Nous demanderions à être payés par acomptes.

M. le Président. Les auxiliaires salariés que vous pouvez employer participent-ils aux bénéfices ?

M. Dumont. Oui; nos statuts stipulent qu'à la fin de l'année ils auront une part dans les bénéfices.

M. le Président. A quelles conditions et formalités sont astreints les candidats au titre d'associé ?

M. Dumont. Nous avions deux associés qui ont été nommés directeurs d'imprimerie en province; ils ont cédé leurs actions. D'après les statuts, les actions ne peuvent être transférées qu'à des candidats agréés par le conseil d'administration; si le conseil d'administration ne les accepte pas, c'est l'assemblée générale qui prononce.

Lorsque nos 10,000 francs seront versés et que nous porterons notre capital à 20 ou 30,000 francs, les nouveaux actionnaires devront subir cette formalité; nous ne voulons avoir que des associés qui soient en communion d'idées avec nous.

M. Tisserand. Quelles conditions exigez-vous des candidats ?

M. Dumont. L'aptitude professionnelle, la moralité constatée, des garanties au point de vue de l'économie. Au début nous étions soixante-dix; les versements se sont faits pendant quinze jours, mais après cela, c'est devenu irrégulier, de sorte que ceux qui ne demandaient qu'à marcher étaient pris de découragement. Nous nous sommes alors décidés à réduire notre nombre à vingt-cinq : maintenant, nous avons donné l'exemple, et nous serons cinquante demain si nous voulons.

M. LE PRÉSIDENT. Vos associés ne font pas partie de la chambre syndicale ?

M. DUMONT. Non; il y a deux chambres syndicales : celle de la rue de Savoie, l'aînée, et celle de la rue Boutebrie, la jeune; chacun, dans notre opération, est libre d'adhérer à telle chambre qu'il lui convient, mais nous entendons, chez nous, être libres dans notre travail et traiter sans l'ingérence de tiers.

M. LE PRÉSIDENT. Avez-vous des associés ou des auxiliaires sortant des écoles professionnelles ?

M. DUMONT. Nous avons un prote de machines qui a été ingénieur; il nous sera très utile pour les installations. Il est actionnaire.

M. LE PRÉSIDENT. Avez-vous des apprentis ?

M. DUMONT. Nous avons un jeune homme qui n'a pas tout à fait terminé son apprentissage, et deux apprentis de treize ans et demi à quatorze ans, qui suivent les cours du soir. Ce sont de futurs actionnaires; à la prochaine émission, on leur donnera, comme gratification, une action pour laquelle on versera à leur compte vingt ou quarante sous par paye.

M. LE PRÉSIDENT. Par qui les ateliers sont-ils dirigés ?

M. DUMONT. Par le directeur et par un prote.

M. LE PRÉSIDENT. Les équipes ne choisissent pas leur chef ?

M. DUMONT. Pas encore.

M. LE PRÉSIDENT. Les patrons de votre profession font-ils exécuter des travaux à l'étranger ?

M. DUMONT. Évidemment, et cela s'explique par l'impôt sur le papier. Les grands magasins, les éditeurs, ont tout intérêt à faire imprimer à l'étranger : les imprimés ne payent pas les 10 fr. 40 cent. par 100 kilogrammes qui frappent le papier à son entrée en France.

Déposition
de M. Dumont.
(Suite.)

M. Pitre. Que font imprimer les magasins dont vous parlez?

M. Dumont. Des prospectus, des circulaires; je ne sais pas s'ils le font, mais ils pourraient le faire. Quant aux éditeurs, ils ne se font pas faute de se faire imprimer en Belgique.

M. Houette. N'y a-t-il pas aussi la question de la main-d'œuvre, qui sollicite les éditeurs à se faire imprimer en Belgique?

M. Dumont. Sans doute. Nous pouvons espérer que, grâce précisément aux associations coopératives, nous ne verrons plus de grèves, plus de coalitions; l'ouvrier trouvera enfin une rémunération plus forte de son travail sans exiger des salaires exagérés qui éloignent la clientèle. A l'heure actuelle, les ouvriers qui travaillent dans notre association se trouvent augmentés, sans secousse, de 50 centimes à 1 franc par jour, bien que nous ne soyons encore qu'au début, et, loin de payer plus cher, le client paye moins. Quel était le résultat des grèves? Un ouvrier, pendant dix ans, était resté dans une même imprimerie; il avait acquis, par son assiduité et son travail, la confiance de son patron et était arrivé au grade de metteur en pages. Tout d'un coup, une grève survenait, il était obligé de partir sous peine de forfaire à la corporation. Ce sont ces augmentations de salaires — dont nous n'avons certainement pas à nous plaindre — jointes à l'impôt sur le papier, qui ont provoqué la concurrence étrangère. On parera à ces inconvénients en multipliant les coopérations; j'estime que ces associations réussiront bien mieux par petits groupes qu'en nombre considérable.

M. Barberet. Cependant, pour entreprendre de grands travaux dans votre profession, il faut d'énormes capitaux et beaucoup d'actionnaires?

M. Dumont. Je ne prétends pas que les grandes associations ne puissent faire leurs affaires; elles sont fondées sur des bases déjà solides et exigent des conditions assez dures, puisque, pour y entrer, il faut toujours avoir obéi à un syndicat, mais j'estime qu'elles ne pourront pas marcher avec autant de discipline que les petites coopérations. Des hommes appartenant à une même corporation, ayant les mêmes sentiments, le même tempérament, les mêmes aptitudes, réussiront mieux à 25, 50 ou 100 qu'à 400 ou 500.

On ne s'entend pas lorsqu'on est trop nombreux. Si nous sommes cinquante et qu'une affaire se présente, nous voyons dans quelles conditions nous pouvons soumissionner; nous n'avons pas à craindre que, si cent sont d'accord pour marcher, mille se mettent en travers de la route. Je suis en très bons termes avec ceux qui font des essais de coopération; je vois de tous côtés que le succès ne couronne que ceux qui, n'étant pas très nombreux, savent s'entendre.

M. LE PRÉSIDENT. Êtes-vous assurés contre les accidents résultant du travail? Possédez-vous une caisse de retraite?

M. DUMONT. Nous n'avons pas de caisse de retraite. Je m'occupe, en ce moment, d'assurer tous ceux qui travaillent dans l'atelier à une société d'assurance spéciale.

M. LE PRÉSIDENT. Nous vous remercions, Monsieur, de votre déposition.

(Le déposant se retire.)

<hr>

ASSOCIATION

DES OUVRIERS EN LIMES.

(Siège social : 48, rue des Gravilliers.)

Représentée par M. MASSE.

<hr>

M. MASSE est introduit.

M. MASSE. Notre association date de 1848; elle a été constituée sous la forme collective, avec le patronage du Gouvernement.

Notre capital est de 150,000 francs, environ; l'apport de chaque associé est de 10,000 francs. Nous sommes vingt-cinq. Nous ne demandons, à nos nouveaux associés, le versement d'aucune somme :

leur capital se forme de leur part de bénéfices, qui leur est imputée chaque année, jusqu'à concurrence de 10,000 francs.

Déposition de M. Masse. (Suite.)

M. Pitre. Ils reçoivent néanmoins leur salaire ?

M. Masse. Oui, Monsieur.

M. Tisserand. Combien étiez-vous à l'origine ?

M. Masse. Quatorze.

M. Tisserand. Ces quatorze sont-ils restés membres de l'association ?

M. Masse. Au bout de deux ou trois ans, il n'en restait presque plus. Je suis entré en 1855 et je n'ai connu que deux anciens, qui sont demeurés dans l'association pendant une douzaine d'années.

M. Barberet. Votre association a-t-elle participé à la subvention de trois millions donnée en 1849 ?

M. Masse. Elle a reçu 10,000 francs.

M. Barberet. J'ai entendu dire qu'il y a un an, on opérait encore le remboursement de ces prêts. Depuis combien de temps vous êtes-vous liquidés ?

M. Masse. On avait dix ans pour rembourser; nous nous sommes liquidés au bout de huit ans.

M. le Président. Avez-vous passé des marchés ?

M. Masse. Nous n'avons jamais entrepris de marché à forfait; nous vendons et nous livrons dans les conditions de toutes les maisons de commerce.

M. le Président. Quelle est la moyenne de vos bénéfices annuels ?

M. Masse. Nous faisons de 160,000 à 180,000 francs d'affaires, nos bénéfices annuels sont de 25,000 à 30,000 francs.

M. Tisserand. Vous n'avez plus d'associés datant de la fondation ?

M. Masse. Non ; la majeure partie s'est retirée en présence des difficultés de premier établissement ; d'autres sont morts.

M. Tisserand. Dans quelles conditions se sont-ils retirés ?

M. Masse. Autrefois le capital de l'associé qui se retirait était acquis à l'association, mais les statuts ont été revisés en 1859, et maintenant, le capital de l'associé qui se retire lui est remboursé dans le délai de cinq ans. Beaucoup ne font que passer dans l'association : après y être restés quatre ou cinq ans et avoir amassé 5,000 ou 6,000 francs, ils veulent tenter la fortune et se retirent. Nous remboursons, en moyenne, de 40,000 à 50,000 francs tous les cinq ans, mais cela ne nous gène pas, car l'associé qui se retire est généralement remplacé par d'autres.

M. le Président. Avez-vous un gérant ?

M. Masse. Nous sommes deux gérants. La raison sociale est : Mangin, Masse et Cie. Il n'y a qu'un administrateur, qui fait les affaires de la société et qui peut être suppléé en cas d'absence.

M. le Président. Quel est le coût de la matière première ?

M. Masse. Nous n'employons que de l'acier, qui vaut de 80 à 150 francs les 100 kilog. La proportion de la matière première à la main-d'œuvre est très variable, et nous n'avons même jamais cherché à l'établir ; elle peut être, en moyenne, de 20 p. o/o.

M. le Président. Quelle est l'importance de votre matériel et de votre outillage ?

M. Masse. De 20 à 25,000 francs. Notre fabrication ne comporte pas de machines.

M. le Président. Employez-vous des auxiliaires ?

M. Masse. Nous en employons trente-cinq à quarante ; ils travaillent aux pièces, mais ils ne participent pas aux bénéfices.

M. le Président. A quelles conditions et formalités sont astreints les candidats au titre d'associés ?

M. Masse. Ils font un stage de six mois.

Pendant près de vingt ans, on faisait une retenue de 5 p. o/o sur les salaires, mais, comme le capital ne nous était plus nécessaire, nous avons supprimé la retenue.

M. Barberet. Le nombre de vos associés n'est pas limité?

M. Masse. Non, nous n'avons pas de commandites au dehors, et nous les recevons suivant les besoins de notre travail.

M. le Président. Par qui vos ateliers sont-ils dirigés?

M. Masse. Nous avons des chefs d'atelier. Un contremaître distribue les travaux.

M. le Président. Dans votre industrie, fait-on exécuter des travaux à l'étranger?

M. Masse. Je ne crois pas.

M. Barberet. N'importe-t-on pas en France des marchandises étrangères?

M. Masse. Si, beaucoup; mais les fabricants n'achètent pas des produits étrangers pour les revendre. Notre plus grand concurrent est l'Angleterre.

M. Barberet. Exportez-vous?

M. Masse. Oui, nous faisons des affaires avec les commissionnaires, principalement pour l'Amérique du Sud, pour Buenos-Ayres.

M. Barberet. Et pour les pays d'Europe?

M. Masse. Quelquefois pour la Suisse et l'Allemagne, mais très peu.

M. Barberet. L'importation est-elle supérieure à l'exportation?

M. Masse. Oui; je crois que la fabrication ne suffit pas à la consommation. Suivant nous, notre profession, à Paris, est destinée à disparaître; elle ne comporte pas d'augmentation. Dans beaucoup de

Déposition
de M. Masse.
(Suite.)

métiers, la main-d'œuvre a augmenté; chez nous, elle est restée stationnaire depuis 1848; les fabricants sont obligés de faire travailler en province, pour vendre à Paris.

M. LE PRÉSIDENT. Quel est le taux journalier du salaire?

M. MASSE. Il varie de 4 à 6 francs; sur soixante ouvriers, peut-être y en a-t-il deux ou trois qui gagnent 7 francs

M. PHILIPPE. Pourquoi vos prix de vente sont-ils limités par la concurrence étrangère? Cela ne tient-il pas à la différence de l'outillage?

M. MASSE. Probablement. Les Anglais se servent de machines.

M. BARBERET. N'auriez-vous pas avantage à employer, vous aussi, des machines?

M. MASSE. Notre fabrication n'est pas assez importante pour cela; et puis les machines coûtent très cher.

M. BARBERET. Y a-t-il en France des patrons qui emploient des machines?

M. MASSE. Oui, mais les grandes fabriques ne sont pas à Paris; la maison Limet, à Cosne, une des plus considérables, a commencé à Paris et s'est transportée en province. Nous-mêmes, qui sommes très petits relativement, nous prenons cette voie; ne trouvant pas à Paris assez d'ouvriers, nous avons créé, depuis trois ans, en province, un petit établissement où nous formons des apprentis.

M. PHILIPPE. N'avez-vous que des auxiliaires dans votre établissement de province?

M. MASSE. Cet établissement est dirigé par des associés; nous n'y avons encore que des apprentis.

Eu égard à la cherté de la main-d'œuvre à Paris, les fabricants achètent en province des produits qu'ils vendent comme ayant été fabriqués chez eux.

M. LE PRÉSIDENT. Vos associés sont-ils assurés contre les accidents résultant du travail? Possédez-vous une caisse de retraite?

M. Masse. Notre travail ne comporte pas d'accidents. Nous n'avons pas de caisse de retraite, mais il est question d'en former une.

M. le Président. Le Commission vous remercie, Monsieur, des renseignements que vous avez bien voulu lui fournir.

(Le déposant se retire.)

ASSOCIATION

DES BIJOUTIERS EN DOUBLÉ.

(Siège social : 6, rue du Parc-Royal.)

Représentée par MM. BARGERON, *gérant*,
et CANAT, *membre du conseil d'administration.*

MM. Bargeron, *gérant*, et Canat, *membre du conseil d'administration*, sont introduits.

M. le Président. Je vous prie, Messieurs, de faire votre déposition.

M. Bargeron. Nous sommes constitués en société anonyme, à capital et personnel variables. Nous ne connaissions pas la loi de 1867, et nous ignorions que nous pouvions nous constituer par acte sous seing privé; j'étais à peu près le seul ayant fait partie d'une association par actions nominatives, et ayant vu les commencements d'une société. Nous sommes allés au nombre de sept, chez un notaire, qui a dressé notre acte constitutif; cela nous a coûté 200 francs, que nous avons dépensés là à peu près inutilement. Nous demanderions que la loi fût plus claire, de manière à éviter les difficultés que nous avons rencontrées au début.

La responsabilité imposée pendant cinq ans, aux sociétaires qui se retirent ou sont exclus, n'est pas un obstacle; nous l'avons signalée dès le début, à tous nos souscripteurs, qui y ont adhéré.

Notre capital souscrit est de 25,000 francs, dont 19,000 francs sont actuellement versés. Le fonds de roulement est la partie du capital qui n'est pas employée au matériel; il se monte à 3 ou 4,000 francs. Le nombre des associés est de 160.

M. le Président. Avez-vous passé des marchés?

M. Bargeron. Nous recevons les commandes directement de la commission.

M. le Président. Quelles sont les institutions de crédit qui vous ont fait des avances?

M. Bargeron. Nous avons eu beaucoup de peine à en trouver. Nous avons pu enfin nous adresser à la *Caisse centrale populaire*, qui est, jusqu'à présent, le seul établissement qui nous ait crédités; encore a-t-il ses restrictions : il fait l'encaissement de nos effets et nous ouvre un compte de chèques, mais il ne fait pas l'escompte, et puis il ne nous crédite que dans une mesure restreinte, qui ne nous permet pas d'aller de l'avant, comme l'exigeraient nos affaires. Nous sommes assez heureux du côté de la fabrication, les commandes nous viennent; notre maison est bien notée, elle n'a été mise à l'index par aucun acheteur.

M. le Président. A quelle époque vous êtes-vous constitués?

M. Bargeron. En janvier 1882.

M. le Président. Quels résultats avez-vous obtenus l'année dernière?

M. Bargeron. Notre inventaire a été pour ainsi dire nul. Nous nous sommes trouvés très heureux d'avoir pu, dans la première année, mettre tout en mouvement, acheter beaucoup, et ne pas être en perte.

M. le Président. Le coût de la matière première, dans votre industrie, est-il élevé?

M. Bargeron. Il est très élevé. Dans la corporation de la bijouterie-or, ce doit être encore bien pis; chez nous, nous ne faisons que du placage.

M. le Président. Quelle est, dans un objet fabriqué, la proportion de la matière première à la main-d'œuvre?

M. Bargeron. Cela varie à l'infini, selon que l'objet est exécuté ar-

Déposition
de MM. Bargeron
et Canat.
(suite.)

tistiquement ou commercialement : nous avons, par exemple, des chaines de montre en doublé que nous vendons 33 francs la douzaine. Pour les articles de fantaisie, le prix de la façon est très élevé; la matière est meilleure et l'ouvrier y passe plus de temps.

Nous avons un approvisionnement pour lequel nous trouvons facilement crédit : telle maison nous fournit pour 8 ou 900 francs de matières par mois, et nous en livrerait davantage si nous en avions besoin.

M. le Président. Et l'outillage?

M. Bargeron. L'outillage est très important. Chaque maison a des matrices spéciales pour donner de l'appât à la concurrence. Nous n'avons pas tout ce qui nous est nécessaire, mais nous pouvons dire que la valeur de notre outillage est d'environ 5,000 francs.

M. Barberet. Le petit outillage manuel est-il la propriété de l'ouvrier?

M. Bargeron. Oui; le gros outillage appartient à la maison.

M. le Président. Employez-vous des auxiliaires?

M. Bargeron. Tout à fait exceptionnellement; si les sociétaires faisaient défaut à l'embauchage, un article des statuts nous donne la faculté d'employer des auxiliaires, mais ils devraient s'en aller aussitôt qu'un sociétaire se présenterait.

M. Caël. Vous n'occupez pas cent cinquante travailleurs?

M. Bargeron. Jusqu'à présent nous n'en avons occupé que douze ou quinze en moyenne; tout sociétaire prend un numéro d'ordre et peut travailler pour l'association, à son tour.

M. le Président. A quelles conditions et formalités sont astreints les candidats au titre d'associé?

M. Bargeron. Dans notre profession on se connaît. Je ne dirai pas que c'est comme une franc-maçonnerie, mais cependant nous nous connaissons assez pour exclure ceux qui ne nous plairaient pas, ce qui jusqu'à présent n'a pas eu lieu d'être. Notre association est très démocratique; elle est ouverte à tous : tout ouvrier qui verse le dixième du capital de son action est sociétaire; il ne fait pas de stage : nous exigeons seulement qu'il soit exclusivement ouvrier en doublé et qu'il dise où il a fait son apprentissage.

M. le Président. Avez-vous des associés sortant des écoles professionnelles ?

M. Bargeron. Non. La chambre syndicale des patrons, a, je crois, institué un cours professionnel, mais nous craignons que ce cours ne réponde pas à tous les besoins. Nous voudrions créer quelque chose de plus pratique, un cours où l'on enseignerait toutes les parties du métier, et en même temps une école où nos sociétaires se façonneraient pour ainsi dire au commerce et seraient initiés aux besoins d'une grande association. Voilà ce qui jusqu'à présent manque à l'ouvrier.

M. le Président. Par qui le travail est-il dirigé ?

M. Bargeron. Nous avons un directeur et un chef d'atelier.

M. le Président. Comment traversez-vous les périodes de chômage ?

M. Bargeron. Nous n'avons aucune organisation pour les combattre.

M. le Président. Les patrons de votre profession font-ils exécuter des travaux à l'étranger?

M. Bargeron. Il n'est pas très facile de savoir dans quelle mesure les achats se font à l'étranger. Nous avons vu paraître dernièrement le nickel, un métal qui n'est pas français et qui a fait tort à notre bijou en doublé; nous n'avons jamais vu qu'il fût fabriqué dans nos ateliers; il doit donc y en avoir une certaine importation.

M. Barberet. D'où vient-il?

M. Bargeron. Il vient tout façonné d'Amérique, et un peu d'Autriche, à l'état brut.

M. Pitre. On peut faire du nickelé à Paris?

Déposition
de MM. Bargeron
et Canat.
(suite)

M. Bargeron. Oui, il y a des sociétés métallurgiques qui tiennent tous ces métaux-là.

M. Barberet. En dehors du nickel, y a-t-il d'autres travaux faits à l'étranger?

M. Bargeron. La fabrication du doublé est spéciale à la France; c'est le fait que l'or a en France une valeur contrôlée qui nous a permis de créer cet article, lequel a bien moins de raison d'être dans les pays où l'alliage de l'or est libre.

M. Barberet. Il est question, depuis quatre ou cinq ans, dans la bijouterie-or, de donner la liberté du titre. Jusqu'à présent les ouvriers bijoutiers-or s'y sont opposés; les patrons ont varié : il y a eu, je crois, une délibération des patrons, qui se sont prononcés — M. Tirard lui-même — pour la liberté du titre.

Vous savez qu'il y a une proposition de loi qui tend à la création d'un quatrième titre, notamment pour la bijouterie de Montbéliard et de Besançon destinée à l'exportation; est-ce que l'industrie du doublé en souffrirait?

M. Bargeron. La question demanderait à être étudiée; nous n'avons jamais pu nous rendre compte du tort qui pourrait nous être fait par l'abaissement du titre de l'or. Si, par suite de la liberté donnée au titre, on arrivait à supprimer la fabrication du doublé, ou du moins à y porter une grave atteinte, nous trouverions peut-être un débouché dans la grande fabrication, qui résulterait précisément de cette liberté du titre, et il n'y aurait pas de raison pour que nous ne transformions pas notre outillage en conséquence.

M. Barberet. Combien y a-t-il d'ouvriers dans l'industrie du doublé, à Paris?

M. Bargeron. Il peut y avoir, dans notre partie, environ 400 travailleurs exclusivement bijoutiers en doublé, c'est-à-dire qui ont pu s'y maintenir après un apprentissage spécial.

M. Canat. Nous ne parlons que des bijoutiers; il y a d'autres corps

41.

Déposition
de MM. Bargeron
et Cavat.
(Suite.)

de métiers qui s'y rattachent, tels que les estampeurs, les découpeurs, les ciseleurs, etc.

M. Barberet. Et les bijoutiers en doré?

M. Bargeron. Ils doivent être beaucoup plus nombreux.

M. le Président. Nous vous remercions, Messieurs, de votre déposition.

(Les déposants se retirent.)

La séance est levée à midi.

11ᵉ SÉANCE.

MARDI 22 MAI 1883.

PRÉSIDENCE DE M. FRÉMAUX.

La séance est ouverte à 9 heures 10 minutes.

Sont présents : MM. DE MEAUX, GARNIER, GRISON, PITRE, CAËL, NÈGRE, HOUETTE, HENRY, PHILIPPE, DE LAIGUE, BARBERET.

M. BARBERET, *secrétaire*, donne lecture du procès-verbal de la dernière séance.

ASSOCIATION

DES OUVRIERS TEINTURIERS EN SOIE.

(Siège social : 49, rue de la Roquette.)

Représentée par M. CHARLES BELONS, *Directeur.*

M. CHARLES BELONS, *directeur,* est introduit.

M. LE PRÉSIDENT. Nous vous prions, Monsieur, de répondre au questionnaire dont vous avez sans doute pris connaissance.

M. BELONS. Mes réponses seront un peu limitées. Nous travaillons directement avec le gros commerce, les manufacturiers et les négociants.

Notre association, constituée sous la forme anonyme, se compose de dix associés; elle remonte à la date du 25 août 1881. Nous avons éprouvé assez de difficultés pour nous constituer. Quand on est novice, il faut s'entourer de beaucoup de renseignements et l'on perd beaucoup de temps pour se les procurer. Nous ne nous étions pas bien rendu compte des dispositions de la loi de 1867.

Déposition
de M. C. BELONS.
(Suite.)

Nous avons souscrit un capital de 10,000 francs divisé en 200 actions de 50 francs. Au début, nous avons versé le dixième du capital, soit 1,000 francs; une autre somme de 1,000 francs a été versée depuis, ce qui fait 2,000 francs. Notre fonds de roulement est de 12,000 francs, qui nous ont été avancés par la *Caisse centrale populaire*.

Nous avons déjà passé des marchés, mais pas par adjudication; nous traitons de gré à gré, avec des particuliers ou de grands industriels, soit de la place de Paris, soit de celle de Roubaix. Aujourd'hui nous sommes satisfaits des résultats obtenus; mais au début nous avons dû payer des frais d'actes qui se sont élevés à un chiffre assez important, au chiffre de 800 francs environ. Il est vrai que dans cette somme sont compris les frais de l'acte d'achat d'un atelier contenant une machine à vapeur installée pour une autre industrie que la nôtre et que nous avons transformée. A présent nous sommes au-dessus de nos affaires. En 1881 nous avons couvert nos dépenses seulement; en 1882 nous avons fait un bénéfice qui peut être évalué à 3,000 francs.

Au commencement de notre installation, nous avons dû réduire nos salaires, pour soutenir la crise commerciale. Nous avons établi un salaire quotidien, pour les dix associés, de 40 francs par semaine. Nous avons deux auxiliaires, un chauffeur et un manœuvre. Le manœuvre participe dans nos bénéfices en raison du travail qu'il fait.

Je suis le directeur de l'association; j'ai été nommé par le conseil, pour cinq ans, et je suis toujours révocable. J'ai été nommé lors de la formation de la société.

M. le Président. Le coût de la matière première est-il élevé dans votre industrie?

M. Belons. Nous employons des drogues, des produits chimiques qui ne sont pas d'un prix élevé. Nous achetons aussi des produits qui viennent d'Allemagne et qui font concurrence aux produits français. Au début de notre association, quelques fournisseurs se faisaient tirer l'oreille pour nous livrer des marchandises, mais aujourd'hui nous marchons aussi bien que la première maison de la place.

Nous avons un approvisionnement en droguerie qui vaut environ 2,000 francs.

La matière première représente un tiers et la main-d'œuvre les deux tiers du prix de fabrication.

Notre matériel et notre outillage peuvent être évalués à 25,000 fr.
Nous avons acheté le fonds 7,000 francs. Il y avait une machine à
vapeur, une lustreuse, une essoreuse et une turbine. Nous avons
ajouté environ 3,000 francs de cuivrerie. Le tout, je le répète, représente environ 25,000 francs.

M. Caël. Vous avez dû emprunter pour faire cette installation?

M. Belons. Oui, Monsieur, et nos emprunts ne sont pas encore
réglés. Nos payements s'échelonnent de mois en mois. J'ai déjà acquitté
une somme de 3,000 francs.

M. Pitre. Et le reste est à l'état de dette?

M. Belons. Oui, et nous nous acquittons, comme je viens de le
dire, par des acomptes mensuels.

M. le Président. Comment êtes-vous payés généralement?

M. Belons. A soixante jours. Chaque mois je donne mes relevés
de fournitures, suivant l'usage du commerce ; nous n'avons pas de
crédit illimité ; ce crédit ne va pas au delà de trois mois.

Nous employons des auxiliaires quand nous en avons besoin. En
novembre et décembre derniers, nous en avons occupé quatre ou cinq
en sus des dix associés.

M. Barberet. N'employez-vous pas des apprêteurs, comme les
patrons de Saint-Denis et de Puteaux?

M. Belons. Non, parce que nous ne faisons pas la pièce : nous
faisons seulement l'écheveau.

M. Barberet. Mais ne ferez-vous pas la pièce plus tard?

M. Belons. Oui, c'est notre intention. En ce moment des pièces
pour l'Amérique sont faites en grand nombre sur la place de Paris :
nous avons fait des velours lin et des velours en jute. Tous ces articles
rentrent dans nos attributions. Nous ne faisons pas que la teinturerie
en soie ; nous nous occupons des lins et des jutes, enfin de tout ce
qui regarde la teinture, excepté la laine.

Les villes de Roubaix et de Tourcoing font le tapis, le tussa, tissé

Déposition
de M. C. Belons.
(Suite.)

soie et coton. Ce sont des articles de fantaisie qui se font dans ces deux villes.

M. Barbéret. Je me trouvais dernièrement dans la rue du Sentier, chez M. Levallois, marchand d'étoffes en gros et adjoint au maire du IIe arrondissement ; il me faisait voir des articles teints à Puteaux, et il me disait que les Allemands introduiraient bientôt leur teinture en France, parce que la nôtre laissait à désirer.

M. Belons. S'agissait-il d'un produit tissé ou en écheveaux ?

M. Barberet. Il s'agissait d'un produit tissé.

M. Belons. Nous n'avons en France pour nous faire concurrence que la place de Lyon, et tous nos associés, sauf un qui est parisien, sont des ouvriers lyonnais. La teinture des articles en pièce faite par les Allemands ne nous touche pas ; elle intéresse plutôt les industriels de Puteaux, de Clichy et de Courbevoie.

Nos auxiliaires ont participé dans nos bénéfices suivant la somme de travail qu'ils ont faite. Nous donnons une gratification au mécanicien.

M. le Président. A quelles conditions et formalités sont astreints les candidats au titre d'associé ? Font-ils un stage ?

M. Belons. L'auxiliaire fait d'abord un stage de deux mois, ensuite le conseil fait une enquête pour se renseigner sur sa moralité et savoir où il a passé ; puis sa candidature est soumise à l'assemblée générale.

Nous n'avons pas d'associés ou d'auxiliaires sortant des écoles professionnelles ou des écoles d'arts et métiers. Nous n'avons qu'un jeune apprenti. Outre le directeur, il y a un contre-maître, qui est chargé de la direction des nuances. Je lui donne ses instructions et il les fait exécuter. On n'a affaire, dans la maison, qu'à deux personnes.

L'année dernière il y a eu une période de chômage, pendant laquelle nous avons été très gênés ; en ce moment nous n'avons pas à nous plaindre.

M. Pitre. Quand il y a chômage, vous restreignez les salaires ?

Déposition
de M. C. Belons.
(Suite.)

M. Belons. Oui, au lieu de toucher 40 francs par semaine, nous avons réduit, l'année dernière, notre salaire à 25 francs, afin de pouvoir faire face à nos engagements.

M. Pitre. Vos salaires étaient alors inférieurs à ceux que vous auriez touchés chez un patron.

M. Belons. Oui, nous ne travaillons pas chez un patron à moins de 6 à 7 francs par jour. C'était la nécessité qui nous avait obligés à réduire notre salaire de la semaine à 25 francs. Nous avons agi ainsi parce que nous entrevoyions un temps meilleur, et c'est ce qui est arrivé.

Aujourd'hui, on nous confie des marchandises qui représentent 15,000 à 20,000 francs, dans lesquelles il y a 300 kilog. de soie. Au début, nous avons été l'objet de beaucoup de critiques. On disait : Ces ouvriers ne s'entendront pas, ils n'ont pas de capitaux, et, en cas d'accident de fabrication, ils ne pourront donner aucunes garanties. Ces critiques nous faisaient beaucoup de tort ; mais nous avons fait la sourde oreille et nous avons travaillé de notre mieux. Beaucoup de nos camarades ne croyaient pas à notre réussite ; maintenant, ils sont des nôtres, parce que nos affaires marchent bien.

M. le Président. Voulez-vous répondre à la dix-septième question ?

M. Belons. Je ne connais pas, dans la passementerie, de patrons faisant exécuter de travaux de teinture à l'étranger ; il y en a qui reçoivent des tissés en pièces.

Nous ne sommes pas encore assurés contre les accidents, mais nous avons formé, en dehors de l'association, une société de secours mutuels qui n'est applicable qu'aux dix associés. Nous allouons 30 francs par semaine à chaque associé malade, après trois jours de maladie, constatée par le médecin. Ces secours sont prélevés sur les bénéfices. Nous n'avons pas constitué de caisse de retraite.

Sur la dix-neuvième question, nous n'avons rien à répondre.

M. Pitre. Vous avez dit que vos auxiliaires participaient dans vos bénéfices. Dans quelles conditions se fait cette participation ?

M. Belons. Ils y participent dans la proportion de 10 p. o/o de la somme qu'ils ont touchée au bout de la semaine.

Je suppose qu'un auxiliaire travaille chez nous pendant quinze jours, et qu'après ces quinze jours il n'y ait plus de travail pour lui; eh bien, on le renvoie; il reçoit d'abord son salaire pour quinze jours et ensuite un dixième de ce salaire qui représente le bénéfice que l'association est supposée avoir réalisé.

M. Houette. De sorte que la participation, en définitive, a lieu en dehors des bénéfices exactement réalisés pendant l'exercice. Ce n'est pas précisément une participation.

M. Belons. Nous procédons ainsi parce que l'ouvrier de la place de Paris est voyageur et qu'au moment du règlement définitif des comptes on ne le retrouverait plus.

M. le Président. C'est plutôt une augmentation de salaire qu'une participation.

M. Belons. Oui, c'est une gratification qui est donnée en supposant que des bénéfices ont été réalisés.

M. Houette. C'est tout à fait une gratification.

M. le Président. Vous procédez ainsi pour ne pas compliquer vos écritures?

M. Belons. Oui, Monsieur.

M. Pitre. Et il y a des ouvriers qui préfèrent ce système à tout autre?

M. Belons. Oui, ils préfèrent cela, parce qu'ils ne sont pas là pour contrôler les livres et que si on leur disait, en fin d'exercice : il n'y a pas de bénéfices, vous n'avez rien à recevoir, ils croiraient qu'on ne leur donne pas leur compte.

M. le Président. Vous n'avez plus rien à ajouter, Monsieur?

La Commission vous remercie.

(Le déposant se retire.)

ASSOCIATION

DES OUVRIERS LITHOGRAPHES DE PARIS.

(Siège social: 27 *bis*, rue Corbeau.)

Représentée par M.M. ROMANET, *gérant*, et ANDRIEUX, *deuxième gérant.*

———

MM. ROMANET et ANDRIEUX sont introduits.

M. LE PRÉSIDENT. Voulez-vous, Messieurs, répondre au questionnaire de la Commission?

M. ROMANET. Nous avons préparé des réponses écrites dont nous allons donner lecture:

Sur la première question, nous avons à dire que, constitués avant la loi de 1867, nous avons pris la forme en nom collectif vis-à-vis du gérant fondateur, et en commandite vis-à-vis des vingt-neuf autres fondateurs, ainsi que pour tous ceux qui adhéreraient aux statuts.

Nos statuts, datant de mars 1866, prévoient l'admission, la radiation et la démission des sociétaires ; c'est reconnaître de ce fait la variabilité du capital.

La deuxième question, touchant les difficultés d'application de la loi de 1867, nous est, pour ainsi dire, étrangère ; nous n'avons eu qu'à nous conformer à la loi de 1856.

Quant aux modifications à apporter à la loi du 24 juillet 1867, nous devons dire que telle qu'elle existe, elle ne reconnaît point l'existence des associations ouvrières.

Comme toutes les lois commerciales créées sous l'Empire, la même pensée a présidé à son élaboration : protection effective au développement des sociétés financières.

L'Empire avait besoin, pour se soutenir, de s'appuyer sur les propagateurs d'affaires plus ou moins licites; c'est pourquoi il a toujours eu recours à des moyens étranges, dont, pour nous, le plus important était le roulement de fonds. C'est l'Empire qui avait besoin, et qui, par conséquent, trouva tout naturel de créer toutes ces sociétés

Déposition
de MM. Rouanet
et Andrieux.
(Suite.)

financières, ne reposant sur aucune base solide en fait de direction, escomptant à l'avance la crédulité du public pour alimenter lesdites entreprises.

Voilà pourquoi la loi de 1867 a, à notre avis, réglementé ces sociétés seules, sans vouloir reconnaître l'utilité et les besoins du commerce. Elle a favorisé l'agglomération des capitaux, au détriment de l'industrie, les premiers exploitant la seconde, protégés qu'ils étaient par la loi; tel est le résultat que l'Empire espérait.

Nous devons reconnaître que tous ceux qui lui prêtèrent appui en cette circonstance ont pu réaliser de très beaux dividendes avec les fonds d'autrui, au grand détriment de l'industrie française.

Au point de vue général, nous estimons que le gouvernement républicain devrait, dans la mesure du possible, enrayer l'absorption, par la finance, de toutes les opérations commerciales, industrielles et de travaux publics.

C'est un fait bien connu que, dès qu'un industriel, quel qu'il soit, s'est lancé dans une entreprise quelconque, après y avoir mis, non seulement toute son intelligence, mais encore y avoir englobé son patrimoine et celui de ceux qui ont eu confiance en lui, il se trouve, par le fait même de l'ampleur qu'il a donnée à ses entreprises, obligé, à un moment donné, qui sera provoqué par une crise politique ou autre, de céder, à de gros capitaux, une ou deux affaires qui devaient, dans l'avenir, lui donner un bénéfice réel qui lui revient de droit, et qui, cependant, lui échappe par le seul fait de cette association de capitaux qui a pour nom : *Sociétés financières*, lesquelles, hardiment lancées, font que l'on trouve plus facilement des fonds en échange d'actions dont la valeur est numérique, plutôt qu'une somme de 100,000 francs en première hypothèque, sur une maison industrielle valant un million.

Les mêmes conséquences s'appliquent aux grands industriels comme aux petits, mais avec cette différence bien sensible, cependant : c'est que, plus on est petit, plus la difficulté est grande pour se procurer les fonds nécessaires, et la réalisation de l'emprunt beaucoup plus coûteuse.

Il faut donc que les lois viennent protéger d'une façon réelle et efficace le commerce et l'industrie contre l'attraction de la finance.

En ce qui touche les associations ouvrières coopératives, la loi de 1867 les a assimilées intentionnellement aux sociétés à capital va-

Déposition
de MM. Rouaxet
et Andrieux.
(Suit.)

riable, malgré les réclamations de quelques notoriétés, lors de la discussion ; mais le fait même de cette assimilation implique la non-reconnaissance des associations coopératives.

Que dit, en effet, le premier paragraphe de l'article 48? Il dit ceci :

« Il peut être stipulé, dans les statuts de toute société, que le capital social sera susceptible d'augmentation par des versements successifs faits par les associés, ou l'admission d'associés nouveaux, et de diminution par la reprise totale ou partielle des apports effectués.

« Les sociétés, etc. etc. »

Voilà, à notre avis, la phrase se rapprochant le plus de notre organisation ; mais elle ne fait que se rapprocher et ne reconnait point notre existence.

La loi du 29 juin 1872, qui tendait à prendre, partout où cela se pourrait, des droits fiscaux, à créer des impôts sur les revenus ou parts de dividendes, et la loi du 1er décembre 1875, promulguée le 10 du même mois, exemptant de ces droits plusieurs catégories de sociétés, s'exprime ainsi :

« Art. 2. La même exception s'applique aux parts d'intérêts de toute nature, dites *de coopération*, formées exclusivement entre des ouvriers ou artisans, au moyen de leurs cotisations périodiques. »

L'anomalie entre les lois est flagrante ; la loi de 1875 accorde des droits à des sociétés qui ne sont point légalement reconnues, puisque aucune loi, même celle de 1867, n'en fait mention.

De tout ce qui précède, on peut répondre à la troisième question posée par M. le Ministre de l'intérieur, que nous demandons qu'une loi spéciale vienne compléter la loi de 1867, reconnaisse notre existence légale ; qu'elle règle notre manière d'agir, que nos droits fiscaux soient atténués le plus possible, et qu'elle prenne pour base réelle l'article 2 de la loi de 1875 rappelé plus haut, ce qui, par conséquent, établirait pour les associations ouvrières un régime spécial et protecteur qui ne serait pas celui des sociétés en nom collectif, en commandite, ou anonymes.

C'est seulement après ce fait réalisé que les associations ouvrières auront un crédit réel, et pourront s'adresser à tous pour obtenir le crédit, soit pour les matières premières, soit pour l'emprunt de

Déposition
de MM. Romanet
et Andrieux.
(Suite.)

fonds dans des conditions *banquables* à peu près égales à celles du commerce ordinaire.

Nous dirons même que la création d'un crédit commercial et industriel, sous le contrôle de l'État, assurerait le développement rationnel des groupes producteurs ayant pour principe la coopération.

Cet appui moral et pécuniaire aiderait à traverser les crises de chômage ou autres qui viennent sans cesse nuire aux intérêts généraux; sous ce rapport, nous en parlerons plus loin, en suivant le questionnaire.

M. Barberet. Ainsi, vous n'avez pas cru devoir bénéficier des dispositions de la loi de 1867, ainsi que l'ont fait d'autres associations?

M. Romanet. Non, parce que nous n'y avions aucun intérêt.

M. Houette. Je ne comprends pas bien la critique que vous faites de la loi de 1867, et qui consiste à dire qu'elle est contraire aux associations ouvrières.

M. Romanet. Nous disons que la loi de 1867 se préoccupe plutôt d'entreprises commerciales que d'associations ouvrières. Une association est bien une entreprise aux yeux de la loi, mais, pour nous, l'association est plus que cela: c'est un ensemble d'efforts faits par des ouvriers qui se groupent et travaillent, petit à petit, pour atteindre un résultat profitable à tous. Or, ce n'est pas cette association qui est visée dans la loi de 1867, c'est plutôt le groupe financier. . .

M. le Président. Selon votre interprétation, la loi de 1867 n'a pas en vue les associations ouvrières.

M. Romanet. Oui, Monsieur.

M. Barberet. N'oubliez pas que la loi de 1867 a créé l'action de 50 francs, dont le dixième seulement est exigible en souscrivant.

N'est-ce pas là une disposition qui n'a eu en vue que les associations ouvrières ?

M. Romanet. Si, parfaitement.

M. Houette. L'association ouvrière a tous les droits d'une association financière : elle peut ester en justice de par la loi de 1867.

M. Barberet. Ces Messieurs veulent sans doute dire que la loi de 1867 permet l'agglomération des gros capitaux, contre lesquels les associations ouvrières ne peuvent pas lutter. A ce point de vue, il y a lieu de réfléchir.

Déposition de MM. Romanet et Andrieux. (Suite.)

M. Romanet. Si nous voulions faire une émission, on nous dirait : Sur quoi allez-vous la baser? Nous donnerions des renseignements, et l'on nous répondrait que nos garanties sont insuffisantes, notamment parce qu'aux termes de nos statuts notre gérant est révocable. Le capital abuse de l'ouvrier qui est obligé de marcher seul.

M. le Président. Nous avons cependant vu des associations faire des émissions d'obligations qui étaient prises par le public.

M. Romanet. Nous avons fait aussi une émission d'obligations, mais nous les avons placées parmi nous; nous n'avons pas voulu les lancer dans le public.

M. Houette. Je ne vois pas bien, je le répète, la nature des critiques que vous formulez et des désiderata que vous voudriez substituer aux dispositions de la loi de 1867. Vous disiez que vous éprouviez des difficultés pour traiter avec le capital; eh bien, vous pouvez changer vos statuts et nommer votre gérant dans d'autres conditions, de manière qu'il ne soit plus révocable *ad nutum*.

Y a-t-il, dans la loi de 1867, un point particulier qui vous semble discutable et n'auriez-vous pas une formule à nous indiquer ?

M. Andrieux. Nous avons considéré que la loi de 1867 était créée en faveur des associations financières, et que, de même qu'elle ne mentionnait pas, dans son texte, les associations ouvrières, elle faisait abnégation complète des intérêts de ces groupes de travailleurs. En agrandissant le cercle d'action des sociétés financières, la loi de 1867 nuisait, à notre avis, au développement des associations ouvrières.

Celles-ci ne peuvent jamais constituer qu'un petit capital prélevé sur les salaires hebdomadaires, et ce petit capital, réuni péniblement par des ouvriers, ne pourra jamais lutter contre l'agglomération des gros capitaux. La loi de 1867 protège le groupement financier; elle ne peut pas protéger en même temps le groupement des petites épargnes. Voilà notre sentiment sur la loi de 1867.

Déposition
de MM. Romanet
et Andrieux.
(Suite.)

M. LE PRÉSIDENT. Vous paraissez désirer la formation d'une société de crédit industriel et commercial, analogue au crédit foncier, et qui serait à la disposition des groupes d'ouvriers?

M. ROMANET. Oui, à la disposition des groupes présentant une certaine surface.

M. ANDRIEUX. Jusqu'à présent nous avons dû avoir recours aux capitaux, et nous savons ce qu'il nous en coûte. Nous payons 14, 15 et 16, p. o/o, et, dans ces conditions, nous n'avons pas à nous louer de nos relations avec les capitaux.

M. BARBERET. C'est là un taux usuraire.

M. ROMANET. C'est vrai, mais un capitaliste vous dit : Je vous prêterai 30,000 francs, à la condition que vous me donnerez tant pour cent sur votre chiffre d'affaires. On accepte et il faut payer un intérêt excessivement élevé.

M. BARBERET. Vous êtes-vous mis en rapport avec la *Caisse centrale populaire* ?

M. ROMANET. Nous n'avons encore fait aucune affaire avec elle.

M. PITRE. Ce n'est pas elle qui vous a prêté de l'argent à un taux aussi élevé ?

M. ROMANET. Oh ! non. Pour obtenir une avance de fonds de la *Caisse centrale*, il faut remplir certaines conditions, et notamment prendre un certain nombre de ses actions. Avant de traiter avec elle, il y a lieu d'examiner quels avantages on retire de son intervention.

Sur la quatrième question, nos statuts ayant prévu les cas de démission et de radiation, la responsabilité n'existe pas pour les membres sortants.

Donc, le paragraphe 3 de l'article 52 de la loi du 24 juillet 1867 n'a pu arrêter ni empêcher la rentrée de nouveaux adhérents.

La cinquième question, touchant notre participation possible aux travaux de l'État, nous semble double pour la première phrase, et nous y répondons dans ce sens.

Industriellement : Dans la mesure des maisons de premier ordre de notre industrie.

Déposition
de MM. Roma.. et
et Andrieux.
(Suite.)

Financièrement : En ce que, sur la justification de mise en œuvre et suivant le degré d'avancement des travaux, et l'État nous payant des acomptes comme il est fait sur les approvisionnements en matière de travaux publics, nous pourrions toujours répondre aux avances exigées par l'État.

Notre capital souscrit est de 332,000 francs. Notre capital versé, au 31 décembre 1882, était de 119,362 fr. 15 cent.

Le nombre de nos associés est de 250.

En outre de ce qui précède, nous croyons devoir présenter ces autres observations en réponse à cette même question :

Les associations ouvrières, aussi bien que les commerçants non associés, auront toujours à supporter les crises commerciales afférentes à leur spécialité; ainsi, tout ce qui touchera au luxe — et c'est la presque totalité — aura des écueils financiers. Une association ouvrière, à force de soins, de peines, peut être arrivée à se tenir au niveau de tous ses concurrents, avoir, tout comme eux, matériel, machines, etc. que peuvent nécessiter de grosses entreprises de travaux, et avoir cependant des passes bien difficiles.

Ce qui nuit actuellement le plus aux associations, en dehors des objections déjà présentées, c'est l'*impersonnalité.*

En effet, un particulier trouvera dans sa personnalité, soit près de parents ou amis ayant confiance en son intelligence, soit même, au besoin, par une assurance contractée sur sa vie, des fonds momentanés.

Ces moyens si puissants et si justes sont interdits à l'association. En effet, sur quoi se baseraient le bailleur de fonds et l'assureur? Sur le gérant ? Mais il est révocable. Sur les autres associés ? Mais, en affirmant même que la barque sera aussi bien conduite par le successeur, mieux même si l'on veut, comment le démontrer utilement ?

Ainsi que nous l'avons précédemment dit, l'État seul, dans un but d'utilité publique, peut venir utilement en aide aux associations ouvrières.

D'abord, parce que c'est soutenir la fortune publique que d'empêcher la ruine d'une maison de production.

Ensuite, parce qu'en admettant que l'État, ayant créé le Crédit industriel, s'avançât jusqu'à prêter l'équivalent du matériel, il aurait

Déposition
de MM. Romanet
et Andrieux.
(Suite.)

toujours la faculté de se récupérer dans un temps plus ou moins long.

Enfin, parce que encourager et soutenir la réalisation de la participation dans les bénéfices doit être le but de tout gouvernement républicain, soucieux des intérêts généraux qu'il a à sauvegarder.

Relativement à la sixième question, nous n'avons, jusqu'à ce jour, traité qu'avec des particuliers, pour des sommes de travaux variant de 30, 40 à 50,000 francs, et notre chiffre d'affaires annuel s'élève à 350,000 francs.

Les avances de main-d'œuvre nous ont été faites par un particulier, qui nous fait payer horriblement cher le service qu'il nous rend. D'où il provient que les bénéfices sont presque nuls par suite des charges, intérêts et frais d'agio qui nous incombent, faute de fonds

M. LE PRÉSIDENT. En effet, le taux de 16 p. 0/0 est excessivement élevé.

M. ROMANET. Nous avons traité avec une personne qui nous a prêté 30,000 francs pour six ans moyennant un bénéfice de 1 fr. 50 cent. p. 0/0 sur notre chiffre d'affaires. Nous nous sommes agrandis ; nous avons fait beaucoup d'affaires ; elles s'élèvent aujourd'hui à un chiffre de 350,000 à 400,000 francs par an, ce qui fait que notre prêteur reçoit un intérêt qui s'élève de 16 à 17 p. 0/0.

M. CAËL. Vous n'avez pas pu vous libérer envers votre prêteur?

M. ANDRIEUX. Non; nous n'avons pas pu trouver d'argent ailleurs pour le rembourser.

M. LE PRÉSIDENT. Avez-vous la faculté de remboursement?

M. ANDRIEUX. Oui, Monsieur.

M. LE PRÉSIDENT. Alors, vous pourriez faire cesser cette situation ?

M. ANDRIEUX. Nous nous sommes adressés à la *Caisse centrale populaire*, mais elle impose, pour première condition, une souscription à ses actions.

M. Pitre. C'est cette institution de crédit qui prête à toutes les associations ?

Déposition
de MM. Romanet
et Andrieux.
(Suite.)

M. Andrieux. L'association des marbriers n'a pas été satisfaite de ses rapports avec la *Caisse centrale populaire*.

M. Barberet. Cette association se trouvait dans une situation particulière. Elle avait en actif un matériel et des marchandises d'une valeur supérieure à son passif, et elle s'est laissé mettre en faillite. C'est du moins ce qui m'a été assuré. Dans ce cas, à qui la faute ?

M. Pitre. Ce sont là des difficultés qui ne sont pas personnelles à votre association ; elles sont générales, et le capital va où il a confiance.

M. Romanet. C'est vrai. Un industriel isolé trouvera plus facilement du crédit qu'une association. Jusqu'à présent, on n'a pas vu réussir beaucoup d'associations ; le capital hésite à leur donner la main.

M. Barberet. Vous êtes constitués en nom collectif ; vous êtes tous collectivement responsables, et alors vous offrez chacun une garantie de 250 francs, sans compter vos situations ultérieures.

M. Romanet. C'est encore vrai ; mais cette garantie est-elle bien effective s'il faut courir après chaque sociétaire responsable ?

M. Barberet. Cela dépend de la persévérance du créancier.

M. Pitre. Vous considérez le capital comme un adversaire et non comme un allié.

M. Romanet. Il est certain que le capital nous a rendu des services. Nous avons débuté en 1866, avec 6,000 francs. Nous avons aujourd'hui, en marchandises et en matériel, un avoir de 500,000 francs. Depuis 1866, il nous a fallu recourir au capital d'autrui, car ce n'est pas avec de petits versements par semaine que nous aurions pu marcher. Nous avons emprunté de l'argent qui nous coûte très cher.

La commandite a donné 119,000 francs et les bénéfices ont été

Déposition
de MM. Romanet
et Andrieux.
(Suite.)

de 155,000 francs. Le fonds de roulement est de 275,000 francs, composé tant par les bénéfices que par la commandite. Comme nous voulions nous agrandir, nous n'avons pas distribué de bénéfices; nous avons augmenté notre matériel avec nos bénéfices.

M. le Président. Votre matériel est un actif qui représente vos bénéfices ?

M. Romanet. Parfaitement.

M. le Président. Il semble que, dans la situation où vous vous trouvez aujourd'hui, et qui, en définitive, est prospère, vous devriez trouver des capitaux à bien meilleur compte ?

M. Romanet. En réponse à la septième question, nous avons à dire que notre gérant est nommé en assemblée générale extraordinaire, à la majorité absolue des voix, sans durée déterminée ; il est toujours révocable.

La huitième question est relative aux procurations nécessitées par les changements de gérants.

Jusqu'à ce jour, n'ayant traité avec aucune administration, le cas ne s'est point présenté ; mais nous pensons que l'extrait pur et simple et enregistré de la délibération nommant le gérant suffirait.

La neuvième question, se rapportant aux brevets de capacité, ne concerne point notre industrie. Nous avons la notoriété.

M. Barberet. Au lieu de certificats de capacité, avez-vous obtenu des récompenses aux expositions ?

M. Romanet. Oui ; nous avons obtenu des médailles d'argent aux expositions du Havre en 1868, de Paris en 1878, et une médaille d'or à Paris en 1879.

M. Houette. Quelle est votre raison sociale ?

M. Romanet. Romanet et Cie.

Le coût de la matière première forme l'objet de la dixième question, ainsi que le matériel et l'outillage.

Nos matières premières sont dans la proportion de un tiers du prix de vente.

Déposition
de MM. Romane
et Andrieux.
(Suite.)

Notre approvisionnement est habituellement fait pour six mois d'avance.

L'importance de notre matériel est comme suit :

Matériel....................	7,926ᶠ 75ᶜ
Agencement, matériel ordinaire...	13,043 95
Matériel — pierres............	48,007 85
——————— machines............	82,061 20
Constructions................	39,943 45
Compositions................	134,129 25
Soit un total de........	325,112 45

Nous sommes en possession de neuf machines et accessoires.

Notre outillage est propriété collective.

Quand nous mettons sur pierre un sujet dont nous sommes éditeurs et que nous devons tirer pendant quelques années, nous considérons ce sujet mis sur pierre comme une partie de notre matériel; c'est une matrice. Comme matières premières, nous avons le papier et les couleurs.

Notre approvisionnement peut être évalué de 35 à 40,000 francs.

Au début, nous avons loué un local à raison de 4,500 francs par an et pour vingt-quatre ans. Nous avons dépensé, pour nous installer, 50,000 francs. Cette somme est réduite aujourd'hui à 35,000 francs, parce que nous déduisons annuellement la dépréciation du matériel.

Nous arrivons maintenant à la onzième question. Il s'agit de savoir lequel vaut le mieux, ou du cautionnement préalable, ou de la retenue de garantie.

Nos travaux n'étant pas susceptibles de détérioration, ne peuvent être astreints, comme les travaux publics, à un délai de réception; la réception réelle a lieu à la livraison. Par ce fait, la retenue n'a pas lieu d'être faite.

Le cautionnement ne pouvant qu'entraver la marche de nos travaux, par suite des emprunts auxquels il faudrait avoir recours, ce qui nécessiterait des frais onéreux, réduisant à néant tout résultat bénéficiaire, ne peut être pris en considération; nous repoussons donc avec énergie le mode du cautionnement.

Quant au mode de payement, inscrit dans la douzième question, nous préférons être payés par acomptes périodiques, sur la justification d'exécution du travail.

La treizième question parle des auxiliaires salariés. — Nous n'en avons pas.

M. le Président. Votre association comprend 250 membres, mais vous ne travaillez pas tous ensemble?

M. Romanet. Non, le plus grand nombre d'entre nous travaille dans différentes maisons de Paris.

M. Caël. Quel est le nombre de vos associés qui travaillent ensemble?

M. Romanet. Environ 25 à 30. Les autres travaillent à Paris, en province ou à l'étranger.

M. Barberet. Vous avez des associés qui vont en province et à l'étranger?

M. Romanet. Oui. Lorsqu'une maison de province ou de l'étranger a besoin d'un bon imprimeur lithographe, elle s'adresse de préférence chez nous.

M. Barberet. E...-ce que vos associés font partie de la société lithographique?

M. Romanet. Oui, presque tous; il faut être lithographe pour être associé.

Nous employons des hommes de peine et des enfants pour recevoir la feuille. Ils commencent à travailler à 14 ou 15 ans; ils gagnent peu de chose; ce ne sont pas des imprimeurs, et la plupart d'entre eux ne se destinent pas à la lithographie.

M. de Meaux. Vos associés ne sont-ils pas vus d'un mauvais œil par les patrons?

M. Romanet. Non, la plupart des patrons viennent nous demander des ouvriers quand ils en ont besoin. Mais il y a des patrons avec lesquels nous n'avons pas d'aussi bons rapports.

Il y a des maisons avec lesquelles nous sommes directement en concurrence. Ces maisons ont une clientèle en Amérique et en Angleterre, où nous cherchons aussi à pénétrer. Nous les gênons un peu, mais nous nous efforçons de faire du travail soigné plutôt que de produire à bon marché.

Notre réponse à la quatorzième question est simple : Les candidats à notre association sont seulement astreints à l'adhésion entière à nos statuts, après demande écrite. Ils sont admis en assemblée générale, à la majorité absolue, et ne font point de stage.

La quinzième question est, pour nous, négative dans sa première partie, et affirmative dans la seconde. Non, nous n'avons pas, parmi nos associés, d'élèves des écoles professionnelles ou d'arts et métiers. Oui, nous avons des apprentis. Nous en avons deux en ce moment.

M. Barberet. Leur apprenez-vous toutes les spécialités de votre profession?

M. Romanet. Oui, nous leur apprenons leur métier entièrement.

Notre travail et nos ateliers sont dirigés par les gérants et par un chef d'atelier; tous sont sociétaires.

Quant aux périodes de chômage, elles ne peuvent se produire, dans notre industrie, et spécialement dans notre organisation, que par les absences de fonds.

En effet, nous pouvons toujours nous occuper chez nous, parce que nous sommes éditeurs. Nous avons toujours des compositions en train et des nouveautés à reproduire. Quand la commission ne nous donne pas de commandes, nous travaillons sur les nouveautés, de sorte que nous ne chômons jamais, à moins que les fonds ne nous fassent défaut. En ce moment, nous sommes occupés par une commande importante pour l'Angleterre, l'Amérique et l'Australie. Nous reproduisons un article destiné à la fête de *Christmas*.

Voilà ce que nous avons à dire sur la seizième question.

M. Pitre. Vous n'avez pas eu de chômage et vous pensez que vous n'en aurez jamais?

M. Romanet. Je le pense, je l'espère; mais il peut se produire des événements, une guerre, par exemple, qui nous forcent au chômage.

M. Pitre. Et, en cas de chômage, que feriez-vous?

Déposition de MM. Romanet et Andrieux. (Suite.)

M. Romanet. Nous n'aurions plus qu'à fermer l'atelier.

M. Pitre. Comme le ferait un patron ?

M. Romanet. Oui, Monsieur.

M. Barberet. Mais vous réduiriez d'abord, pour chacun des associés, la quantité de travail à faire à l'atelier ?

M. Romanet. C'est évident. C'est d'abord ce que nous ferions. Jusqu'à présent, tous ceux qui ont travaillé à l'atelier ont toujours reçu leur journée entière. En 1870, tout a été arrêté.

M. Pitre. On appelle chômage la diminution du travail et, quand le travail baisse, que faites-vous ?

M. Romanet. Je l'ai dit : on diminue la quantité de travail de chacun des associés qui sont à l'atelier, pour que tous aient au moins un morceau de pain. Mais chacun peut aller chercher du travail ailleurs. On va travailler chez les patrons, comme pis-aller. Les patrons connaissent très bien tous nos associés, ils les prennent s'ils ont du travail à leur donner.

M. Barberet. Combien y a-t-il d'ouvriers lithographes à Paris ?

M. Romanet. 1,500 environ.

M. le Président. De sorte que votre association comprend le sixième de la corporation ?

M. Romanet. Oui, Monsieur.

M. Barberet. En 1874, j'ai vu, dans l'amphithéâtre de l'École de médecine, une réunion de 1,500 lithographes. Il s'agissait de fusionner trois sociétés différentes. Tous les ouvriers de la profession étaient donc réunis ce jour-là ?

M. Romanet. Il y a de 1,500 à 1,800 ouvriers lithographes à Paris.

La dix-septième question nous demande si les patrons de notre industrie font exécuter leur travail à l'étranger. Non, que nous sachions.

Mais les maisons similaires de l'étranger nous font, en France, une concurrence ruineuse, par suite de l'agglomération des capitaux, qui leur permet de produire à des prix inférieurs, attendu qu'ils dominent aussi bien les marchés de vente que ceux d'achat.

Malgré notre infériorité pécuniaire, nous pourrions, croyons-nous, soutenir cette concurrence, si tous nos bénéfices n'étaient pas la pâture des financiers qui disent nous obliger.

18e question. — *Réponse :* Nos associés sont assurés contre les accidents.

Notre caisse de retraite est prévue, mais n'a pas encore fonctionné.

Nous donnons à la compagnie d'assurances contre les accidents six centimes par jour et par homme. En cas d'accident, la victime reçoit deux francs par jour, puis les soins du médecin pendant toute la durée de la maladie. Si l'accident est grave, il est payé, par la compagnie, une indemnité qui est fixée par les statuts.

Enfin, la dix-neuvième et dernière question ne nous touche pas. L'influence des travaux de notre industrie faits dans les prisons, couvents ou ouvroirs, est nulle.

M. LE PRÉSIDENT. Avez-vous, Messieurs, d'autres observations à présenter?

M. ROMANET. Non, Monsieur.

M. LE PRÉSIDENT. La Commission vous remercie, Messieurs, des explications que vous lui avez apportées.

(Les déposants se retirent.)

ASSOCIATION

DES OUVRIERS TAILLEURS DE LIMES

(Siège social : 28, rue de la Mare).

Représentée par M. ROUILLIER.

M. ROUILLIER est introduit.

M. LE PRÉSIDENT. Pouvez-vous, Monsieur, nous remettre un exemplaire de vos statuts?

M. Rouillier. J'en adresserai un exemplaire à la Commission.

Je vais répondre maintenant au questionnaire qui nous a été remis. Notre association est constituée en nom collectif; elle date de 1867.

M. le Président. Vous ne connaissiez pas encore, lors de votre constitution, la loi de 1867?

M. Rouillier. Non, mais si nous l'avions connue, nous n'aurions pas fait usage de cette loi.

Actuellement, nous sommes cinq associés, mais nous avons été jusqu'à quinze. A la suite de la guerre de 1870, notre association s'est beaucoup amoindrie. La situation était devenue trop pénible pour plusieurs d'entre nous; la position n'était plus tenable, parce que l'ouvrage manquait; on s'en est retiré petit à petit, et il n'est resté que quelques associés qui, après la guerre, se sont trouvés en présence d'un déficit assez fort, auquel ils ont voulu faire face pour l'honneur de l'association. A un moment donné, je me suis même trouvé seul.

Nous nous sommes constitués en nom collectif, et nous ne comprenons l'association que sous cette forme.

M. le Président. Vous n'êtes pas partisan de la société anonyme à capital variable?

M. Rouillier. Non, cette forme de société ne nous paraît pas bien honnête.

M. le Président. Pourquoi cela ?

M. Rouillier. Il nous semble qu'elle cache quelque chose et nous voulons qu'on fasse toujours tout à découvert.

M. le Président. La société anonyme ne cache rien; les choses s'y passent aussi à découvert que dans la société en nom collectif.

M. Rouillier. Nous ne le pensons pas.

M. le Président. C'est là votre avis ?

M. Rouillier. Oui, Monsieur.

M. Houette. Est-ce parce que la société anonyme ne vous paraît pas présenter assez de garanties ?

Déposition
de M. Rouillier.
(Suite)

M. Rouillier. Il me semble que cette société n'est pas consacrée par la loi.

M. Pitre. Mais si ; elle est prévue par la loi de 1867.

M. le Président. Peut-être voulez-vous dire qu'au point de vue commercial, le public a plus de confiance dans une société qui indique des noms de personnes responsables, que dans une société anonyme ?

M. Rouillier. Je veux dire que la forme d'association la meilleure est celle qui engage la responsabilité de tous les associés, qui les fait participer tous à une même œuvre. Dans une association, chacun de ceux qui en font partie doit envisager tout le bien et tout le mal qui peuvent en résulter. La société en nom collectif est celle où chacun apporte le plus d'activité et le plus de surveillance, c'est-à-dire ce qu'il y a de meilleur pour faire réussir une association.

M. Barberet. Vous préférez la société en nom collectif parce qu'il y a plus de responsabilité pour chacun des associés ?

M. Rouillier. Oui, Monsieur.

M. Henry. Vous trouvez que le lien est plus serré ?

M. Rouillier. Oui, Monsieur.

Chez nous, chaque associé doit souscrire pour une part de 10,000 francs de capital.

Le capital versé est de 20,000 francs ; notre fonds de roulement est de 3,000 à 4,000 francs. S'il avait été plus élevé, notre chiffre d'affaires eût beaucoup augmenté.

Nous ne passons pas de marchés avec l'État, ni avec les particuliers. Nous procédons par ventes journalières.

Nous n'avons pas d'institution de crédit qui nous fasse des avances.

Lorsque j'ai pris la situation, en 1871, l'association était en déficit de 12,000 francs. Beaucoup de sociétaires nous avaient quitté ; malgré cela, j'ai tenu à vouloir payer quand même les 12,000 francs qui étaient dus. Nous restions à cinq, qui avons travaillé jour et nuit, et nous avons pu liquider la position. De plus, nous sommes arrivés à conserver le fonds social de chaque sociétaire qui nous avait quittés, fonds social formé par des retenues faites sur leur salaire. Nous avons tenu à les rembourser quand même ; si nous avions voulu, ils pouvaient tout perdre, mais c'étaient là des économies péniblement amassées que nous leur avons rendues par notre travail. Nous les avons remboursés, ainsi que nos fournisseurs, en leur demandant les délais nécessaires. Ces fournisseurs sont encore aujourd'hui à notre disposition. Nous nous sommes adressés à la Banque, qui a très bien agi à notre égard ; nous avons pris des arrangements avec tout le monde et, en six ou sept années, nous avons mis notre situation à jour. Actuellement, nous ne devons plus rien et nous possédons 20,000 francs.

M. BARBERET. 20,000 francs que vous possédez et 12,000 francs de dettes payées, cela représente 30,000 francs environ de bénéfices que vous avez faits.

M. ROUILLIER. Oui, mais dans ces 30,000 francs de bénéfice, il y avait des marchandises à vendre, et les retenues que nous avons prises sur nos salaires.

La guerre de 1870-1871 a été pour nous une cause de grandes pertes, parce que nous fournissions, dans la zone militaire de Paris, beaucoup de gens qui possédaient de petites constructions. La guerre les a chassés et, quand ils sont revenus habiter la zone, ils étaient trop malheureux pour pouvoir payer ce qu'ils nous devaient.

Nous avons fait des affaires avec des Compagnies de chemins de fer et autres grandes administrations. Au fur et à mesure que nous recevions de l'argent, nous payions nos anciens fournisseurs et nous remboursions aux associés qui nous avaient quittés le fonds social dont j'ai parlé tout à l'heure. A l'un, nous avons remboursé 1,000 fr., à l'autre, 500 francs. En tout, nous leur avons payé 4,000 francs. Et notre association n'a commencé qu'avec de la bonne volonté, en 1867.

M. BARBERET. Les associés que vous avez ainsi remboursés ne sont pas rentrés dans l'association?

M. ROUILLIER. Non. A l'origine nous avons fait un fonds de 300 fr., au moyen de versements de un franc par semaine. Notre première opération a été une affaire de 300 francs faite avec l'association des mécaniciens. Nous avons eu le malheur, pour commencer, de perdre ces 300 francs, non pas que l'association des mécaniciens soit tombée en faillite ; j'ai fait tous mes efforts pour empêcher qu'on les poursuivît; ces hommes n'avaient rien sauvé, et nous avons pu obtenir qu'on ne prononçât pas la faillite contre eux. Vous voyez quel début pour nous. Notre association se fonde, nous recevons une commande de 3oo francs, nous livrons la marchandise et nous ne sommes pas payés. Aussi plusieurs associés nous ont-ils quittés du coup.

Déposition
de M. Rouillier.
(Suite.)

M. Pitre. Ils ne voulaient pas s'associer pour réaliser des pertes?

M. Rouillier. Voilà comment nous avons débuté. Et puis nous ne connaissions pas les usages du commerce.

Nous avions un apprentissage à faire de ce côté, et nous nous heurtions bien souvent à des difficultés. Des personnes qui auraient pu nous aider de leurs conseils nous disaient d'aller à droite quand il aurait fallu aller à gauche; aussi avons-nous dû lutter beaucoup.

M. le Président. Enfin, avec une ferme volonté, vous avez pu faire face à la situation?

M. Rouillier. Oui, Monsieur. Aujourd'hui notre position n'est pas très forte, mais enfin nous travaillons et nous sommes satisfaits. Il ne nous serait pas possible de faire de grandes entreprises, et, d'ailleurs, elles ne se présentent guère dans notre industrie. Il y a un côté avantageux dans notre association, c'est que nous travaillons tous aux pièces, ce qui nous permet d'établir exactement notre prix de revient et de fixer notre prix de vente. Avec le travail à la journée on est loin d'obtenir le même résultat.

M. Pitre. A quel sentiment obéissent les associations qui disent que le travail aux pièces constitue une exploitation de l'ouvrier, et qu'il faut repousser ce mode de travail?

M. Rouillier. Ceux qui disent cela se trompent. L'ouvrier qui est aux pièces travaille vite; il fait des progrès et produit beaucoup; il en résulte un bénéfice légitimement acquis. Il y a évidemment des travaux qu'on ne peut pas faire aux pièces, mais je ne parlerai, en ce moment, que de la taille, de la trempe et de la forge. Dans notre profession on gagne environ 5 à 6 francs par jour.

Quand nous employons des auxiliaires, nous leur allouons une

Déposition
de M. Rouillier.
(Suite.)

gratification. Il suffit d'un stage de six mois pour être reçu sociétaire.

Les sociétaires n'ont qu'à subir une retenue sur leur salaire, lorsqu'ils veulent entrer dans l'association. Les bénéfices ne sont pas partagés par parts égales, mais au prorata des gains.

Nous n'avons pas constitué de caisse de réserve ni contre les accidents. En cas de maladie, nous avons recours à la société de secours mutuels à laquelle nous appartenons tous.

M. DE MEAUX. Vous ne seriez pas obligés de réduire à nouveau le nombre de vos associés?

M. ROUILLIER. L'emploi de ce système présenterait de grandes difficultés, il exciterait des jalousies personnelles.

M. CAËL. On pourrait établir un tour de rôle.

M. ROUILLIER. Ce ne serait guère possible, parce qu'il y a des ouvriers spéciaux qui peuvent travailler dans telle maison et non dans telle autre.

M. LE PRÉSIDENT. Comptez-vous augmenter le nombre de vos associés ?

M. ROUILLIER. Oui, Monsieur, et nous le pourrons d'autant mieux que notre affaire est en bonne voie. Depuis que nous avons pu installer un magasin de détail dans la rue Saint-Sébastien — magasin gardé par un de nos associés — notre position s'est un peu améliorée, parce que la vente au détail est meilleure que la vente en gros, et nous sommes logés dans un centre industriel qui a besoin de nos produits.

M. BARBERET. Faites-vous l'exportation?

M. ROUILLIER. Nous avons reçu quelquefois des commandes pour l'étranger; elles sont rares. On ne fait pas exécuter de travaux à l'étranger. La concurrence étrangère ne nous atteint pas, elle n'intéresse que les patrons.

M. PITRE. Les produits anglais sont-ils meilleurs que les vôtres ?

M. Rouillier. Non, Monsieur; ces produits ont eu une réputation momentanée. Les anglais, disposant à l'origine de la matière première, ont presque toujours gardé pour eux les bons produits, et ils vendaient les autres chez nous. Mais, aujourd'hui, les aciers français peuvent lutter contre les aciers anglais. Il est certain que l'Angleterre produit la lime dans de très bonnes conditions, parce qu'ils divisent le travail dans des ateliers qui comprennent 1,000 et 2,000 ouvriers : les uns font une partie de la lime et les autres font l'autre partie. C'est à peine si, chez nous, nous avons des ateliers de 100 à 150 ouvriers.

Il y a environ 1,000 à 1,500 ouvriers en lime à Paris, et autant en province, mais je n'affirme pas l'exactitude de ces chiffres. Les anglais peuvent produire la lime à bon marché, en raison de la matière première qu'ils ont chez eux, et puis ils ont une autre manière que nous de faire le commerce. Pour conserver leur réputation, ils envoient de belles limes en France, et ils se débarrassent des mauvaises en les expédiant dans les Indes ou en d'autres pays. Ils font tout avec calcul. Leur fabrication est régulière lorsqu'ils ont des capitaux. Tandis que chez nous, un petit fabricant dont les ressources sont limitées, devra acheter de la marchandise moins chère et, par suite, moins bonne; son travail sera bien fait, mais la matière première sera inférieure.

M. Pitre. N'est-il pas vrai qu'à une certaine époque on a envoyé en Angleterre une lime anglaise qui a été sciée en deux par une lime française.

M. Rouillier. Je connais cette histoire, car j'ai été apprenti de la maison Raoul, qui en est le héros, et qui est l'inventeur de la lime d'acier fondu. Il a fait cette découverte comme beaucoup d'inventeurs, poussé par la nécessité de trouver quelque chose. M. Raoul occupait un petit atelier, dans une cour, où il fabriquait des limes avec de l'acier ordinaire. Dans la même maison demeurait une personne qui était employée à la douane et qui dit à M. Raoul : il est resté en douane des aciers qui pourraient peut-être faire votre affaire; venez les voir, ils ne seront pas vendus chers. M. Raoul alla voir ces aciers. C'était de l'acier fondu et il ne savait pas si on pouvait les employer à faire des limes, parce qu'il s'agissait là d'une matière extrêmement dure,

Déposition
de M. Rouillier.
(Suite.)

qui devait présenter dans le travail beaucoup de difficultés; il fit des outils spéciaux pour travailler cet acier fondu, et quand les limes furent faites, il constata qu'elles étaient d'une qualité bien supérieure aux limes d'Angleterre et d'Allemagne, faites en acier ordinaire. Il demanda qu'on lui fournît un tiers-point anglais d'une qualité supérieure; on le lui envoya d'Angleterre; il le scia avec sa lime d'acier fondu et en expédia les deux morceaux aux Anglais.

C'est à la suite de cette découverte qu'un rapport fut fait sur M. Raoul. Napoléon Ier le décora. Le fait est historique. J'en sais quelque chose puisque je suis apprenti de la maison de M. Raoul fils.

M. PITRE. Cette histoire m'a été racontée par le grand Arago.
La maison Japy ne fabrique-t-elle pas la lime?

M. ROUILLIER. Non, elle fait de la quincaillerie.
Je désirerais, Messieurs, vous donner un dernier renseignement.
Sur les bénéfices le capital prend 20 p. o/o et le travail 80 p. o.o. Nous faisons cette réserve en faveur de la caisse des retraites. Quant au sociétaire qui est obligé de se retirer par suite d'incapacité notoire, en laissant son capital dans la société, nous lui tenons compte de 8 p. o/o de ce capital — quand il n'en exige pas, bien entendu, le remboursement. Ainsi, un sociétaire malade qui reçoit d'une société de secours mutuels 2 fr. 50 cent. par jour, pourra ajouter à cette somme les intérêts du capital qu'il a dans l'association. Si ces intérêts s'élèvent à 1 franc par jour, avec les 2 fr. 50 cent. dont je viens de parler, ce sociétaire recevra 3 fr. 50 cent. par jour de maladie.

M. LE PRÉSIDENT. Nous vous remercions, Monsieur, des renseignements intéressants que vous nous avez donnés.

(Le déposant se retire.)

ASSOCIATION

DES OUVRIERS BIJOUTIERS EN DORÉ.

(Siège social : 12, cité Dupetit-Thouars.)

Représentée par M. CARPENTIER, *directeur.*

M CARPENTIER est introduit.

Déposition
de M. CARPENTIER.

M. CARPENTIER. Nous nous sommes constitués, en 1881, en société anonyme, à capital variable. Nous n'avons pas rencontré de difficultés pour nous constituer; nous nous sommes adressés à un notaire qui nous a tracé la route à suivre. Notre acte est notarié; nous ignorions la loi de 1867 qui permet de faire un acte sous seing privé. Les frais de notre constitution se sont montés à 380 francs, environ.

La responsabilité imposée pendant cinq ans aux sociétaires qui se retirent ou sont exclus n'arrête pas les souscripteurs.

Notre capital souscrit est de 20,000 francs, actuellement nous avons 7,600 francs de versés. Le nombre des associés est de dix-huit.

Au début, nous n'avions que 4,000 francs (deux dixièmes du capital) et nous ne pouvions pas marcher; nous nous sommes adressés à la *Caisse centrale populaire* qui nous a fait prendre de ses actions et nous a avancé de l'argent, jusqu'à concurrence de 8,000 francs dont nous lui payons l'intérêt à 5 1/4 p. o/o; mais ce n'est pas onéreux pour nous, parce que la somme que nous avons à payer de ce chef est inférieure à celle que produisent les deux cents actions de la *Caisse centrale populaire,* que nous avons souscrites.

M. PHILIPPE. Comment avez-vous payé ces actions de la *Caisse centrale?*

M. CARPENTIER. Nous avons d'abord versé 1,000 francs et nous nous sommes engagés à payer 400 francs tous les mois; sur les 25,000 francs d'actions que nous avons souscrits, nous avons actuellement 7,000 francs de versés.

M. BARBERET. Les actions sont de 500 francs, libérées de 125 francs.

I.

Déposition
de M. Carpentier.
(Suite.)

M. Carpentier. Lorsque nous avons besoin d'argent, nous pouvons emprunter à la *Caisse centrale*.

M. Philippe. A ce compte-là, vous pouvez lui emprunter même les 400 francs que vous devez lui verser mensuellement?

M. Carpentier. Parfaitement. Nous versons les 400 francs, qui sont passés à notre compte-actions, et le lendemain, nous pouvons emprunter une somme égale.

M. le Président. Quels résultats avez-vous obtenus?

M. Carpentier. A notre premier inventaire, au 31 décembre 1882, nous nous sommes trouvés en déficit de 12 francs.

M. Barberet. Vos affaires sont-elles plus prospères maintenant?

M. Carpentier. Nous n'avons pas été découragés pour cela, au contraire. Je dois dire que, dans notre métier, lorsqu'on s'établit, on est trois ou quatre mois à ne rien gagner; on fait alors ce qu'on appelle des échantillons. Et puis, nous avons eu beaucoup de frais généraux, de sorte que les bénéfices des huit mois suivants se sont trouvés ab_sorbés. Si nous faisions l'inventaire aujourd'hui, je suis certain que nous pourrions donner un bénéfice de 6 p. o/o sur les actions; pour une première année ce n'est pas mauvais.

La matière première que nous employons est le cuivre; c'est plutôt la main-d'œuvre qui est chère: elle représente environ les neuf-dixièmes de la valeur du produit.

M. Barberet. Employez-vous de l'or?

M. Carpentier. On en emploie pour la dorure, mais cela rentre dans la main-d'œuvre. Il n'y a pas de bijoutier qui dore chez lui: nous ne faisons que le bijou brut et ce sont des maisons spéciales qui font la dorure, par les procédés galvanoplastiques.

M. Pitre. On ne fait plus de dorure au mercure?

M. Carpentier. Très rarement.

M. le Président. Avez-vous des approvisionnements?

M. Carpentier. Nous avons toujours pour mille francs de marchandises d'avance. Nous n'avons pas de machines; nous ne possédons qu'un petit outillage à la main, qui est propriété collective, comme d'ailleurs chez tous les patrons de la bijouterie d'imitation; au contraire, dans la bijouterie or, chaque ouvrier a ses outils.

La difficulté pour nous, c'est la question des payements. Nous avons affaire à l'exportation et les commissionnaires ne nous payent souvent que soixante jours après livraison, ce qui nous fait quatre-vingt-dix jours de crédit; mais c'est l'usage du commerce, et c'est à nous à nous précautionner d'argent.

M. Barberet. N'avez-vous pas le même délai pour payer vos achats de matière première?

M. Carpentier. Du tout. J'ai été longtemps chef d'atelier, et je ne connais pas de maison qui fasse un crédit de plus d'un mois pour les fournitures de matière première.

Nos ouvriers sont aux pièces et on les paye à la semaine. Nous sommes dix-huit associés, et la maison est agencée pour les recevoir tous, mais c'est le travail qui nous manque, sept seulement sont occupés chez nous; les autres ont des emplois au dehors, et ils viennent comme actionnaires, versen vingt francs tous les mois.

Nous avons un apprenti.

Pour être associé, il faut être ouvrier bijoutier; nous ne faisons pas faire de stage.

L'assemblée générale nomme un conseil d'administration, qui est responsable de la gestion et choisit, parmi ses membres, un directeur.

M. le Président. Ce directeur fait-il fonctions de contremaître?

M. Carpentier. Non, il représente la maison et s'occupe de toutes les opérations. Il donne des ordres pour exécuter telle ou telle commission, et puis il y a un chef d'atelier qui distribue le travail; le travail fini est remis au directeur, qui est chargé de le faire expédier ou l'expédie lui-même.

Les mois de janvier et février sont une morte-saison pour la bijouterie; au lieu d'occuper les ouvriers six jours par semaine, nous ne les avons fait travailler que cinq jours; nous leur avons fait faire de l'avance. Seulement, nous n'avons pas beaucoup de fonds : il a fallu payer, pendant ce temps-là, 2,000 francs de main-d'œuvre et fourni-

Déposition
de M. Carpentier.
(Suite.)

Déposition
de M. Carpentier.
(Suite.)

tures, qui n'ont rien rapporté, et les intérêts de l'argent que nous avons dû emprunter pour faire marcher l'entreprise.

M. le Président. Avez-vous à souffrir de la concurrence étrangère?

M. Carpentier. Les étrangers viennent chercher nos modèles à Paris; ils prennent même le travail brut chez l'estampeur, le font ouvrer chez eux et nous le renvoient. Les Allemands — car ce sont eux qui nous font concurrence — viennent copier même les modèles exclusifs de nos maisons; on leur vend des échantillons, comme à tout le monde; ils vont chez les fournisseurs acheter en quantités l'ouvrage brut, l'emportent chez eux et le revendent ici 20 ou 25 p. o/o moins cher que nous ne pouvons le faire.

M. Barberet. Je crois que l'*Union nationale du commerce et de l'industrie* se plaint, justement, de la trop grande facilité avec laquelle on livre des échantillons au premier venu.

M. Carpentier. Nous faisons des affaires avec l'Angleterre, l'Allemagne et l'Espagne; quand un acheteur se présente chez un commissionnaire, on ne sait pas à quelle nationalité il appartient. Dans la fabrication, on a soif de travailler; vous croyez avoir vendu un échantillon qui vous procurera des commandes, et vous avez eu affaire à un concurrent direct, à un ennemi!

M. le Président. Après avoir fait fabriquer sur échantillons, les Allemands renvoient leurs produits en France?

M. Carpentier. Oui; ils ont à Paris des représentants qui font la place comme nous, et se présentent chez les commissionnaires anglais, américains, espagnols, qui achètent aux articles.

M. Barberet. Votre industrie était naguère encore toute parisienne?

M. Carpentier. Oui; malheureusement nous avons eu des grèves qui ont fait beaucoup augmenter les salaires. les ouvriers qui gagnaient 5 francs en 1868 ont recommencé à travailler en 1871 à 7 francs, parce que les vivres étaient plus chers.

M. Barberet. Quelle différence y a-t-il entre le coût de la main-d'œuvre française et le coût de la main-d'œuvre allemande?

M. Carpentier. La grosse de patins de boutons, qui coûte 24 fr. à Paris, est vendue ici 16 francs venant d'Allemagne. Voyez l'écart.

Déposition
de M. Carpentier.
(Suite.)

M. Barberet. La fabrication est-elle aussi bonne?

M. Carpentier. Oui; ils ont un outillage extrêmement perfectionné. On ne nous dit pas que cela vient d'Allemagne; tout d'abord on nous disait que cela venait de Vienne.

M. Barberet. Pourquoi ne vous outillez-vous pas comme les Allemands?

M. Carpentier. D'abord, il faudrait une machine qui coûte 1,000 francs; et puis, là-bas, l'ouvrier qui la fait marcher (un découpoir que l'on conduit les yeux fermés) gagne 2 francs, tandis qu'ici nous ne trouverions pas un ouvrier découpeur ou estampeur à moins de 5 à 6 francs par jour.

Ce n'est pas que le prix de la matière première soit exagéré : le cuivre vaut actuellement 200 francs les 100 kilogrammes; c'est la main-d'œuvre qui est pour nous la plus grosse difficulté.

L'ouvrier comprend bien le tort que nous fait la concurrence étrangère; on lui dit : Vous gagnez 7 francs par jour, mais il répond : C'est à peine si cela suffit à mes besoins. Je crois qu'il consentirait à une réduction du salaire, si l'on pouvait trouver le moyen de faire baisser le prix des objets de première nécessité.

M. Barberet. Il existe des associations coopératives de consommation, où l'on achète en gros les marchandises qui sont ensuite détaillées au prix de revient.

M. Carpentier. Je crois être ici l'interprète d'un grand nombre de nos collègues qui font l'article de Paris. Nous vivions peut-être mieux en 1867 et 1868; si l'on pouvait arriver à réduire le prix des objets d'alimentation et des loyers, le reste suivrait et les salaires pourraient baisser de 20 à 25 p. 0/0.

M. Pitre. La cherté croissante des terrains et l'augmentation continue des salaires des ouvriers du bâtiment, ne peuvent conduire à la diminution des loyers.

M. Barberet. Les loyers d'un taux élevé baissent d'un cinquième.

M. Pitre. Voilà trente ans que je demeure dans la même maison, et mon loyer a triplé; on vient encore de m'augmenter pour le terme prochain! (On rit.)

M. Barberet. Il ne se passera pas deux ans, selon moi, avant que la baisse ne soit générale. On a construit, à Paris, de quoi loger trois millions d'habitants, et il n'y en a que deux millions. Dès lors, la concurrence entre propriétaires, au profit des locataires, devient fatale.

M. Carpentier. Pour les accidents résultant du travail, voici ce que nous avons fait : Tous nos actionnaires appartiennent nécessairement à la chambre syndicale qui a organisé des groupes de mutualité composés de trente membres. Lorsqu'un de nos collègues est malade, nous lui donnons chacun un franc par semaine, ce qui lui fait trente francs; nous avons un fonds de réserve qui se monte à cinq cents francs; s'il se trouve deux ou trois malades à la fois, on puise dans ce fonds, de quoi donner trente francs par semaine à chacun, et lorsque tous sont guéris, nous continuons à verser cinquante centimes par semaine pour reconstituer notre fonds.

M. Barberet. Cette pratique a pris naissance, il y a environ un an, dans le quartier du Marais et dans le XI⁰ arrondissement.

M. Carpentier. Dans le Marais, nous sommes presque tous constitués par groupes de trente.

M. le Président. Combien êtes-vous d'ouvriers dans votre partie?

M. Carpentier. Quatre mille environ. Le doré comprend le deuil. le petit bronze et l'acier; c'est la même fabrication.

On fait, dans les prisons, le bracelet, la chaîne, tout ce qui se tourne et s'emmaille à la main. Tout jeune, j'ai été employé dans une maison pour laquelle j'allais, trois fois par semaine, à Mazas et au Cherche-Midi, donner des leçons aux prisonniers et, en même temps leur porter de l'ouvrage. Cela fait, naturellement, concurrence au travail libre.

M. Barberet. Est-ce qu'on ne fait pas de travaux de bijouterie dans d'autres prisons?

M. Carpentier. On en fait à Poissy également.

Il y a ici des maisons, rue Oberkampf et rue Beaubourg, qui occupent peut-être cent prisonniers, à qui elles font faire des bracelets; cela nous fait beaucoup de tort, parce que le bracelet est un article très avantageux pour la bijouterie : il nous est impossible de faire concurrence aux maisons qui emploient des prisonniers.

M. Pitre. Les prisonniers sont très peu payés?

M. Carpentier. Je crois que l'adjudicataire leur donne un franc par jour.

M. de Meaux. Quels motifs s'opposent au développement de votre société?

M. Carpentier. Nos statuts disent que celui qui veut faire partie de la société doit se mettre au pair des versements; or, chacun de nous devrait avoir versé actuellement cinq cents francs; la somme est un peu forte pour un ouvrier.

M. Barberet. Vous pourriez modifier vos statuts sur ce point. Plus vous aurez d'associés, plus vous aurez de capitaux.

M. Carpentier. Nous y avons déjà songé. Il faut cependant qu'on nous apporte quelque chose.

M. Philippé. Il y a des sociétés qui admettent un versement de tant par semaine.

M. Carpentier. C'est aussi comme cela que nous avons commencé. En 1879, nous avons formé un groupe et nous avons versé un franc par semaine, puis deux francs; nous travaillions chacun de notre côté, et nous ne nous réunissions que pour recevoir les cotisations. Lorsque nous avons eu chacun un capital de deux cents francs, nous nous sommes constitués, le 31 décembre 1881.

M. le Président. Nous vous remercions, Monsieur, de votre déposition.

(Le déposant se retire.)

Déposition
de M. Carpentier.
(Suite.)

ASSOCIATION DES COCHERS

(Siège social : 54, rue des Boulets)

Représentée par MM. LAURAYRE et DARDELLE.

MM. Laurayre et Dardelle sont introduits.

Déposition
de MM. Laurayre
et Dardelle.

M. Dardelle. Notre association a été constituée, en 1872, sous la forme anonyme et à capital variable.

La responsabilité imposée pendant cinq ans, aux sociétaires qui se retirent ou sont exclus, n'arrête pas les souscripteurs.

Notre capital souscrit est de 450,000 francs, et le capital versé de 325,000 francs. Notre fonds de roulement est de 20,000 à 25,000 fr.

Nous sommes cent associés. Nous avons soixante voitures en circulation, plus seize grandes remises et une vingtaine de voitures en réserve. Ce matériel représente le capital social, y compris les chevaux et les harnais.

M. Barberet. Le cocher qui entre dans votre association doit-il apporter son matériel ?

M. Dardelle. Non, le matériel est construit au siège social, où nous avons un atelier de charronnage, de peinture et de sellerie.

M. Barberet. Il y a d'autres associations de cochers où l'apport social est formé facultativement avec les voitures et les chevaux qu'apportent les cochers en entrant dans l'association.

M. Dardelle. Nous n'avons pas adopté ce système, parce que nous voulions avoir un même modèle de voitures.

Chaque sociétaire souscrit, en entrant, dix actions de 500 francs, qui sont nominatives. On ne peut entrer dans la société qu'en versant 2,500 francs. Il faut être associé pour pouvoir souscrire des actions.

M. Barberet. Comment s'opère le versement des 2,500 francs restants ?

M. Dardelle. Le premier de chaque mois, on établit une moyenne des frais d'exploitation de la voiture par chaque cocher. En dehors de cette moyenne, qui est fixée en ce moment à 14 francs par jour, chaque sociétaire qui n'a versé que 2,500 francs remet un franc par jour, jusqu'à concurrence de 2,500 francs. Ces remises sont portées à son compte-capital et rapportent 5 p. o/o d'intérêt.

M. le Président. Avez-vous un directeur ?

M. Dardelle. Oui, Monsieur, et un conseil d'administration. Le directeur est nommé par ce conseil; il est toujours révocable, et la durée de ses fonctions n'est pas déterminée. Si le conseil trouve que le gérant ne gère pas bien, on le prie de remonter sur la voiture. Le conseil d'administration est composé de sept membres. Nous avons, en outre, une commission de surveillance de six membres.

M. Caël. Avez-vous réalisé des bénéfices?

M. Dardelle. Notre bénéfice, cette année, est de 30,000 francs, que nous conservons. Depuis 1872, nous avons grandi. Nous avions d'abord fait une location sur la place Voltaire; ensuite, nous avons loué un terrain place Beauharnais, au prix de 15,000 francs, en passant un bail de cinquante ans et, sur ce terrain, nous avons fait des installations qui nous ont coûté 450,000 francs.

M. Barberet. Quand il se produit des accidents, soit qu'une voiture se brise, ou qu'un cheval soit couronné, que faites-vous ? Dans certaines sociétés on fait payer au cocher une amende de 300 francs et même de 500 francs.

M. Laubayre. Nous sommes assurés contre les accidents.

M. Barberet. Mais quand l'accident se produit par la faute de l'un de vos associés ?

M. Dardelle. Dans ce cas, le cocher participe pour la moitié dans la réparation.

Nous sommes assurés à la compagnie *la Seine*, qui a fusionné avec une autre compagnie.

M. Caël. Combien gagnez-vous par jour?

Déposition
de MM. Lacrayne
et Dardelle.
(Suite.)

Nos gains varient. Nos cochers doivent faire 14 francs de recette par jour; s'ils font 20 francs, la différence est pour eux.

M. Barberet. Et s'ils ne font que 10 francs, ils doivent ajouter 4 francs de leur poche. C'est le travail dit à la moyenne.

M. Houette. N'est-ce pas ce système qui est adopté par la compagnie des Petites-Voitures?

M. Dardelle. Non; dans notre société, lorsqu'un cocher fait une bonne journée, le surplus au-dessus de la moyenne est pour lui.

M. Barberet. Je crois que les cochers des Petites-Voitures travaillent à la feuille.

M. Dardelle. Oui, Monsieur. Chez nous on partage les bénéfices au prorata du travail.

Nous avons, au siège social, un vétérinaire qui fait la visite des chevaux tous les jours, à dix heures; s'il constate qu'un cheval est fourbu, qu'il est trop fatigué, on met ce cheval pendant un certain nombre de jours à l'infirmerie, où il est soigné à raison de 3 francs par jour, et au compte du cocher. Nous avons deux chevaux par voiture qui travaillent alternativement. Quelques cochers ont trois chevaux, dont deux sont jeunes.

Nous n'avons pas d'autres renseignements, Messieurs, à vous donner.

M. le Président. Nous vous remercions, Messieurs, de votre déposition.

(Les déposants se retirent.)

ASSOCIATION

D'OUVRIERS BIJOUTIERS EN OR ET JOAILLIERS

(Siège social, 33, rue Charlot),

Représentée par M. GROSVALLET, Directeur.

M. Grosvallet est introduit.

Déposition
de M. Grosvallet.

M. le Président. Veuillez répondre, Monsieur, au questionnaire dont vous avez eu connaissance.

M. Grosvallet. Nous formons une société coopérative, anonyme, à personnel et capital variables.

Pour nous constituer, le 29 juillet dernier, nous sommes allés trouver Me Brault, notaire à Neuilly, parce que nous ignorions la loi du 24 juillet 1867, dont l'article 21 nous permet de nous constituer par acte sous seing privé ; nous aurions pu éviter ainsi des frais dont le montant a été de 341 francs.

La responsabilité imposée pendant trois ans aux sociétaires qui se retirent ou sont exclus n'arrête en rien les souscripteurs ; il est assez juste que la société ait des garanties entre les mains de manière à prévenir tout ennui.

M. le Président. La loi édicte un délai de cinq ans.

M. Grosvallet. Nous nous en sommes remis au notaire, qui a revisé nos statuts.

Notre capital souscrit est de 30,000 francs, dont 9,000 francs sont versés et en roulement. Nous sommes vingt associés.

Nous avons toujours eu des commandes, et même d'assez fortes ; mais nous manquons de capitaux, et nous sommes obligés de faire de longs crédits ; il en résulte pour nous une grande gêne, et ce n'est qu'à force d'énergie que nous surmontons ces difficultés.

M. le Président. Avez-vous eu recours à des institutions de crédit ?

M. Grosvallet. Jusqu'à présent, nous sommes arrivés par nous-mêmes ; nous n'avons pas tenté de nous faire ouvrir quelque part un crédit.

Le directeur est nommé par le Conseil d'administration qui, lui-même, est élu par l'assemblée générale ; l'un et l'autre sont nommés pour un an, indéfiniment rééligibles, et toujours révocables par l'assemblée générale.

Le coût de la matière première est très élevé, vu que nous n'employons que de l'or. Notre matériel, qui a une valeur de 2,000 francs, est propriété collective.

M. le Président. Quelle est l'importance de la main-d'œuvre ?

M. Grosvallet. Chez nous, la moyenne des journées est de 8 francs.

Déposition
de M. Grosvallet.
(Suite.)

M. le Président. Quel est le rapport de la main-d'œuvre à la matière première, dans le prix d'un objet fabriqué?

M. Grosvallet. On ne peut pas établir de règle à cet égard. Il y a, dans la joaillerie, des objets où la main-d'œuvre triple et quadruple la valeur de la matière première; on peut compter, pour la joaillerie, une moyenne de 65 p. o/o de main-d'œuvre. Dans les autres articles d'or, la proportion pourrait être renversée.

M. le Président. Comment êtes-vous payés?

M. Grosvallet. Comme dans l'industrie : par règlement de comptes à 90 ou 120 jours. Jusqu'à présent, nous n'avons pas employé d'auxiliaires. S'il nous arrivait d'en avoir besoin, comme nos rangs ne sont jamais fermés, c'est parmi les auxiliaires que nous recruterions nos sociétaires; les voyant travailler, nous serions à même d'apprécier leur capacité. Nous ne les ferons jamais participer aux bénéfices puisqu'ils peuvent, s'ils le désirent, faire partie de la société.

Les candidats qui désirent faire partie de la société doivent se procurer les statuts, adresser une lettre de demande d'admission dans laquelle ils s'engagent à souscrire le nombre d'actions voulu, à faire un premier versement et à adhérer aux statuts. Cette lettre est lue en assemblée, tous les sociétaires présents doivent, s'ils connaissent le candidat, donner tous les renseignements nécessaires, et, après ces renseignements, on procède au vote pour la prise en considération. Le secrétaire accuse aux candidats réception de leur lettre et les invite à se présenter à la prochaine assemblée; ce n'est que huit jours après qu'a lieu le vote définitif. L'atelier est dirigé par un chef d'atelier qui est membre du conseil d'administration.

Lors de notre première réunion, au 13 novembre 1880, nous étions sept, et aujourd'hui nous comptons vingt sociétaires. Des sept sociétaires présents à cette réunion, nous ne restons plus que deux, et, pour arriver au nombre de vingt, nous avons dû admettre quarante-cinq sociétaires; la plupart sont partis ou ont été radiés pour diverses raisons : les uns parce qu'ils étaient impatients, et qu'ils prétendaient avoir une solution beaucoup plus prompte, tout en ne faisant rien pour cela que de verser plus ou moins régulièrement leur cotisation de deux francs par semaine; d'autres, parce qu'ils ne pouvaient se soumettre à la discipline, issue des règlements par eux

Déposition
de M. Grosvallet.
(Suite)

votés ; les autres, enfin, ont été radiés pour leur négligence ou parce que, n'étant pas à la hauteur de ce qu'ils avaient eu l'intention de poursuivre, ils étaient devenus méfiants, amenaient toujours de la division parmi nous, et allaient même jusqu'à former des petits groupes qu'ils entretenaient de leurs idées confuses, nuisibles à la marche de la société. Enfin, ce n'est qu'après nous être resserrés davantage, en faisant autant d'efforts et de sacrifices qu'il nous a été possible, que nous avons acquis, en peu de temps, une maison de commerce qui marche bien.

Voici les résultats acquis : lors de notre constitution, au 29 juillet dernier, nous possédions 3,000 francs, y compris l'installation et le matériel. A notre inventaire annuel du 15 janvier, nous avons reporté au compte des actionnaires un dividende de 9.95 p. o/o, nos intérêts payés; 10 p. o/o pour le fonds de réserve également, et 15 p. o/o pour l'agrandissement de l'atelier social.

M. LE PRÉSIDENT. Ainsi votre premier semestre a produit de très bons résultats ?

M. GROSVALLET. Ceci prouve que l'on peut arriver par le travail, et surtout par l'entente. Il faut faire des sacrifices; par exemple, lorsque nous avons une forte commission, chacun y met du sien : on travaille 14 et 15 heures, s'il le faut, sans rétribution pour les heures supplémentaires. Nous avons quelque crédit chez les marchands de pierres et de brillants; quelquefois les marchands d'or eux-mêmes nous font crédit de 30 jours, mais nous, nous sommes obligés, pour être payés, d'attendre trois, quatre et cinq mois. Quand nous avons des payements à faire, c'est à qui va déplacer ses petites économies pour les apporter à la société, et nous remboursons quand nous avons des rentrées assez fortes. Tout se passe d'une façon véritablement fraternelle.

M. BARBERET. Que pensez-vous de la liberté du titre ?

M. GROSVALLET. Cela nous aiderait énormément. Aujourd'hui, partout où nous nous présentons à la commission, pour l'exportation principalement, la première chose qu'on nous objecte, c'est la concurrence de l'Allemagne; si la liberté du titre existait, nous pourrions arriver à produire des objets aussi bon marché que nos concurrents.

M. Barberet, Pourquoi, à différentes époques, dans différentes réunions, les ouvriers bijoutiers de Paris de la partie or ont-ils constamment repoussé cette liberté du titre ?

M. Grosvallet. Pour moi, ils ne comprenaient pas leur intérêt ; la liberté du titre ne leur procurerait que plus de travaux.

M. Barberet. On a prétendu que la liberté du titre tuerait l'industrie du doublé.

M. Grosvallet. L'industrie du doublé n'est pas en majorité dans la fabrication parisienne.

M. Barberet. Elle occupe 400 ouvriers.

M. Grosvallet. Les ouvriers bijoutiers et joailliers en or sont plus nombreux.

M. Barberet. Les ouvriers de la partie or disent : nous sommes solidaires; l'abaissement du titre tuerait l'industrie du doublé. Nous avons entendu une association du doublé qui a prétendu le contraire. Je crois que ce n'est pas l'abaissement du titre qui empêcherait les acheteurs de s'adresser à la belle fabrication du Palais-Royal et de la rue de la Paix.

M. Grosvallet. D'ailleurs, puisque l'on serait contrôlé, celui qui voudrait moins dépenser achèterait de l'or à 12 ou 14 carats.

M. Barberet. Ce ne serait pas, je crois, au point de vue de la consommation française que la mesure aurait beaucoup d'importance.

M. Grosvallet. Je suis entièrement de votre avis. C'est surtout pour l'exportation qu'il faudrait pouvoir fabriquer de l'or à bas titre, pour relever notre chiffre d'affaires; les maisons qui occupaient, il y a dix ans, 20 ou 25 ouvriers, n'en occupent plus maintenant que 7 ou 8.

M. Barberet. Où se sont reportés ces ouvriers ?

M. Grosvallet. Beaucoup ne travaillent plus dans la bijouterie ; on en rencontre qui sont peintres, par exemple.
La concurrence que nous fait l'Allemagne est désastreuse. La

semaine dernière, je demandais à un commissionnaire s'il ne pouvait pas nous donner de commandes; il m'en fit voir une, entre autres, d'environ 5oo bagues, chaînes, bracelets, etc., et il me dit: les chaînes et les colliers sont pour Paris, mais le reste est pour l'Allemagne. Il achète à Pforsheim ces objets 25 et 3o p. o/o meilleur marché qu'à Paris.

M. HOUETTE. Le titre est différent?

M. GROSVALLET. Oui, peut-être à titre égal les Allemands arriveraient-ils à vendre un peu meilleur marché qu'ici, parce que la main-d'œuvre, chez eux, est bien moins chère. A Pforsheim, à Hanau, où l'on fabrique beaucoup, les ouvriers gagnent 4 et 5 francs; ici le plus bas prix de la journée est de 6 francs.

M. BARBERET. Selon vous la liberté du titre ne pourrait qu'être favorable à la fabrication parisienne?

M. GROSVALLET. Absolument. Le chiffre de nos exportations augmenterait et nous pourrions occuper les ouvriers parisiens qui ont toujours fait primer cette industrie par le goût.

Les Allemands sont toujours venus chercher nos modèles pour les reproduire, cela est indiscutable. Il y a des commissionnaires qui traitent directement avec l'Allemagne; on nous demande une douzaine d'échantillons de 12 modèles différents, au prix le plus bas, en nous promettant des retours très forts; en un mot, on nous dore la pilule, et jamais nous n'avons de retours; les modèles vont en Allemagne et ne reviennent pas.

M. BARBERET. On vient vous plagier vos modèles?

M. GROSVALLET. Ni plus ni moins. Le fabricant se laisse aller, et c'est tout naturel.

M. BARBERET. Je trouve, au contraire, que c'est bien imprudent.

M. GROSVALLET. On a toujours soif d'affaires, surtout en ce moment. Un commissionnaire vient échantillonner, mais il ne dit pas que c'est pour l'étranger; on se dit: si nous avions des retours sérieux, cela nous ferait de l'ouvrage, nous gagnerions de l'argent. C'est un piège auquel on se laisse prendre assez facilement.

Déposition de M. GROSVALLET. Suite.

M. BASSERET. La chambre syndicale patronale de la bijouterie a discuté cette question des échantillons; on a une bonne promesse de ne plus les donner aussi facilement mais on procède toujours de la même façon; c'est ce qui fait que l'exportation de la bijouterie en a laissé des deux tiers.

M. NICOU. Il serait urgent de créer des [illegible] inférieures à ceux qui existent.

M. GROSVALLET. Nous pourrions exporter [illegible] aujourd'hui et nous montrer un peu plus [illegible] à l'égard de ces exportateurs qui viennent nous demander des échantillons pour les faire reproduire en pays étranger; si l'exportation continue à diminuer et que la loi ne vienne pas à notre secours, je crois que d'ici quelque temps la bijouterie sera en danger; la production de la France est beaucoup trop considérable pour le marché intérieur. Autrefois le fléau faisait de très fortes commandes; quinze, vingt douzaines des mêmes articles à la fois; à chaque course, on avait des retours; à peine avait-on fini la commande qu'on en recevait une autre; aujourd'hui c'est bien changé: Quand par hasard on reçoit une commande, c'est une douzaine au plus d'articles du même modèle.

M. LE PRÉSIDENT. La mode change beaucoup.

M. GROSVALLET. On veut avoir des nouveaux modèles pour arriver à les faire reproduire; on savait que les articles d'Allemagne ne sont pas fait avec autant de goût que les nôtres, mais ils se vendent tout de même.

Une commissionnaire de Buenos-Ayres me disant dernièrement que l'on vend au Brésil des articles à un titre tellement bas, qu'à force de les essayer dans les vitrines, on voit apparaître le vert-de-gris.

M. HENRY. On ne devrait pas être satisfait de marchandises de qualité si médiocre.

M. BASSERET. La valeur du bijou consiste beaucoup dans la forme dans le goût.

M. HENRY. Le goût et la forme restent le privilège de l'industrie parisienne.

M. Grosvallet. On nous copie.

M. Pitre. Est-ce que la loi sur les modèles ne vous garantit pas, dans une certaine mesure, contre ces contrefaçons?

M. Grosvallet. Il faudrait déposer chaque modèle nouveau, ce qui est impossible.

M. Houette. Pourquoi cela?

M. Grosvallet. Il y a un si grand nombre de modèles qu'on finirait par ne plus s'y reconnaitre : il suffit de mettre une feuille en travers, sur un objet, au lieu de la mettre en long, pour avoir un modèle différent.

Voilà, Messieurs, quels ont été les debuts et quelle est la situation exacte de notre société. J'ai l'honneur, en son nom, de vous remercier de l'intérêt que vous portez au principe en vue duquel elle est fondée, et de vous prier de faire tous vos efforts pour faciliter sa marche progressive.

M. le Président. La Commission vous remercie, Monsieur, des renseignements que vous avez bien voulu lui fournir.

(Le déposant se retire).

PROJET D'ASSOCIATION

DES MÉCANICIENS ET CHAUFFEURS DES CHEMINS DE FER.

Déposition de M. GUIMBERT, ex délégué des mecaniciens et chauffeurs des chemins de fer révoqués à la suite d'une pétition qu'ils adresserent, en 1873, au Ministre des travaux publics, pour fonder une société de secours mutuels.

M. Guimbert est introduit.

M. Guimbert. Le système que je soumettrai à la commission est celui dont M. Paul Bert a eu l'initiative comme directeur d'un chemin de fer d'intérêt local, du côté de Fougères, qui a été repris par la compagnie de l'Ouest. Dans ce système, tous les employés étaient admis à la participation; c'est, du reste, ce qui existait autrefois à la

I.

compagnie d'Orléans, laquelle donnait à ses employés un dividende calculé à tant pour cent de leurs appointements fixes. Mais ce dividende a été diminué, et il n'est plus aujourd'hui que de 10 p. 0/0 du traitement, et il est versé à la caisse de la vieillesse.

L'employé qui entre maintenant dans la compagnie d'Orléans peut s'attendre à une retraite dérisoire; il est vrai que la compagnie, voyant que la situation de ses invalides était des plus précaires, par suite de la suppression du dividende de la participation, a amélioré la caisse de retraite; mais elle a fixé des conditions d'âge et de durée de services qu'il est presque impossible d'atteindre.

On objectera peut-être qu'il y a des mécaniciens qui restent sur leur machine malgré leur âge de 55 ans, mais il faut considérer que ceux qui ont aujourd'hui 55 ans d'âge et 25 ans de services ont fait, au début des chemins de fer, un travail relativement bien plus doux que celui qu'on exige aujourd'hui.

M. Barberet. Est-ce que la compagnie d'Orléans ne fait plus participer son personnel à ses bénéfices?

M. Guimbert. En 1855, les employés ont reçu un dividende qui s'élevait jusqu'à 43 p. 0/0 de leurs appointements; aujourd'hui on ne leur donne plus que 10 p. 00, qui sont versés à la caisse de la vieillesse, et, pour que leur retraite soit plus forte, on leur fait subir une retenue.

Les conditions de la retraite, à la compagnie d'Orléans, sont les mêmes pour tous les employés : il y aurait pourtant une distinction à faire en faveur des mécaniciens et des chauffeurs, qui sont soumis à toutes les intempéries, à des alternatives de chaleur et de froid, à la trépidation de la machine, à un mouvement de tangage et de lacet qui brise les jambes.

Il n'y a pas de compagnie qui réforme ses employés avec plus de désinvolture que la compagnie d'Orléans; elle se trouve en quelque sorte libre à leur égard, du fait de l'ancien régime de la caisse de la vieillesse, et elle leur dit : Vous ne faites plus un service satisfaisant, je vous mets à la réforme; allez-vous-en, vous avez votre caisse de retraite. Or cette caisse de retraite est quelque chose d'absolument dérisoire.

M. Barberet. Quel système proposeriez-vous?

M. Guimbert. Celui qu'avait préconisé M. Paul Bert et qu'il a mis en pratique, à savoir la participation des employés aux bénéfices de de l'exploitation : les chefs de gare, chefs de train, mécaniciens, etc., auraient l'exploitation d'un chemin de fer, et le service se ferait d'autant mieux que les employés assureraient eux-mêmes leur recrutement.

Déposition de M. Guimbert. (Suite).

M. Henri. C'est-à-dire que le fermage de l'exploitation serait donné au personnel exploitant.

M. Guimbert. Il y aurait alors une émulation parmi le personnel pour arriver à un bon résultat.

M. Henri. Ce système ne serait réellement avantageux pour l'association que vous avez en vue qu'autant que la ligne donnerait de bénéfices; toute ligne qui donne des pertes (et c'est le cas de la plupart des chemins de fer d'intérêt local) ne pourrait être exploitée de la façon que vous indiquez.

M. Guimbert. L'État fournirait le matériel et la matière première nécessaires; les associés ne donneraient que leurs bras et pourraient même avoir une commandite pour les aider dans cette entreprise.

M. Caël. C'est ce qui a lieu pour l'exploitation du *Journal officiel*.

M. Philippe. Ce serait, à proprement parler, un louage d'ouvrage; or le Ministre, en instituant cette Commission, a appelé son attention précisément sur le point de savoir s'il ne serait pas possible de substituer, au louage d'ouvrage, un autre mode d'intervention des ouvriers dans le travail.

M. Guimbert. Ce serait une très belle chose que de faire participer les employés aux bénéfices de l'exploitation; je suis persuadé, d'ailleurs, que les employés exploiteraient à meilleur marché.

M. Barberet. Ne pourriez-vous réunir un certain nombre de vos collègues et discuter ensemble la question que vous nous présentez ? Alors vous nous apporteriez une délibération collective.

M. le Président. Ce système de l'association générale des employés pour l'exploitation des chemins de fer soulève des questions très ardues et très complexes; je vous engage à y réfléchir et à formuler par écrit un projet de statuts que vous pourriez soumettre à la Commission.

M. Pitre. J'admets que l'État consente à vous confier l'exploitation d'une ligne qui produit quelques bénéfices; l'affaire marche bien, mais tout à coup un accident épouvantable se produit, il y a un million d'indemnités à payer aux victimes ou à leurs ayants droit; que va devenir l'association ?

M. Guimbert. Que font les compagnies en pareil cas ?

M. Pitre. Les compagnies payent !

M. Guimbert. C'est-à-dire que les actionnaires reçoivent un dividende moins élevé; et puis il y a la garantie de l'État.

M. Pitre. Mais quelle est la garantie offerte par l'association ? Elle est nulle.

M. le Président. Nous vous prions, M. Guimbert, de vouloir bien formuler très nettement vos idées par écrit et d'y joindre un projet des statuts de l'association que vous désireriez voir constituer.

(Le déposant se retire.)

La séance est levée à midi un quart.

FIN DE LA PREMIÈRE PARTIE.

TABLE DES MATIÈRES.

1re PARTIE.

DÉPOSITIONS.

Dépôt légal. 4° trimestre 1971